Prem Lélia de Haan

Bei Schamanen

Die Indianer im mexikanischen Hochland

nymphenburger

Alle Erlebnisse sind authentisch.
Die Namen der Personen und Orte
wurden geändert.

© Nymphenburger Verlagshandlung GmbH, München 1985
Alle Rechte, auch der photomechanischen Vervielfältigung
und des auszugsweisen Abdrucks, vorbehalten

Umschlaggestaltung: Christel Aumann, München
Satz: SatzStudio Pfeifer, Germering
Druck und Binden: Wiener Verlag, Himberg bei Wien
Printed in Austria 1985
ISBN 3-485-00490-1

Inhalt

Für Lena

Es war Nacht, als Vincente von den Zeremonien auf dem heiligen Berg zurückkam. Die Anspannung der entsetzlichen Anstrengungen und Ängste, die wir an diesem Tag durchgemacht hatten, steckte mir noch zu tief in den Knochen, als daß ich Schlaf hätte finden können. Wir lagen auf einer Bastmatte in seiner Hütte. Sterne funkelten durch die Ritzen. Ich hatte Vincente noch nie gesehen. Aber ich wußte, daß er es war, der da draußen mit Jesusita sprach.

Nach Sonnenuntergang war sie plötzlich unruhig geworden, hatte etwas von einer Gefahr gemurmelt, in der sich Vincente befände, hatte uns eine Matte in die Hütte gelegt und war verschwunden.

Trotz der unüberschaubaren Weite, der weglosen Wildnis und der Dunkelheit, in die sie mit sicherem Schritt tauchte, war ich nicht überrascht, daß sie ihn gefunden hatte.

Jesusita war, wie ihr Mann Vincente, ein *márá'akáme*, eine Schamanin vom Stamm der Huichol-Indianer. Und Dinge zu sehen, die anderen unsichtbar blieben, gehörte zu ihrem täglichen Leben. Ein Leben, in dem die sogenannte nicht-alltägliche Wirklichkeit ebenso real ist, wie die alltägliche. Jedenfalls für die Huicholes. Für mich war, seit dem Moment unserer Landung bei ihnen, letztere manchmal so unvorstellbar geworden, wie die erste.

Seit fünf Wochen lebten wir bei den Huichol-Indianern in den mexikanischen Bergen der Sierra Madre Occidental. In einer mysteriösen, magischen Welt, einer Sphäre unglaublicher Kräfte, die die Huicholes durch bewußte Isolation, Unnahbarkeit und uraltes Wissen über Jahrtausende gesammelt, geehrt, gehegt, gepflegt und erhalten haben.

Eine Welt, für die die Kraft, die wir unseren »eigenen Willen« nennen, nicht ausreicht, um sie zu betreten, um es in ihr auszuhalten, um in ihr zu leben und sie lebend wieder zu verlassen.

Wäre es allein nach meinem Willen gegangen, wäre ich niemals vier Monate bei den Huichol-Indianern geblieben, auch nicht fünf Wochen. Ich wäre gar nicht erst hingekommen. Ohne die Kraft des Schicksals, Karmas, Kismets oder wie man es sonst nennen will, hätte meine Reise in die Mystik, deren erster Schritt ein Jahr vorher in der Schweiz geschah, überhaupt nie begonnen. Ich hatte nicht gewollt.

Gegen meinen Willen war ich damals zu einem Leonard Orr[1]–Seminar in die Schweizer Berge gefahren, mitten hinein in innere Widerstände, Panik und Ängste. Doch was geschehen sollte, geschah. »Spiritual healing« und »Spiritual water and fire purification« standen nicht nur auf dem Seminar-, sondern auch auf meinem Schicksals-Programm. Die Erlebnisse waren so unbegreiflich, die Geschehnisse so markerschütternd, Heilung und Reinigung so gründlich, daß ich vorübergehend nicht nur meinen Verstand verlor, sondern auch meinen Körper. Er löste sich vor meinen Augen auf.

Als ich beides wiederfand, war ich nicht mehr dieselbe, war mehr. Nicht mehr nur Körper und Geist. Ich war auch im Bewußtsein einer von Körper und Geist unabhängigen Seele.

Mein Körper schien neu, mein Verstand, veraltet, begann sich plötzlich für Mystik, Magie, Bewußtseinsspaltung und -veränderung, Seelenwanderung, Schamanen, Visionen und Gesichte zu interessieren. Indianer wurden der Gegenstand meiner Lektüre. Dabei war ich mehrmals auf die Huicholes gestoßen. Viel war es nicht, was über dieses »Volk der Schamanen« geschrieben worden war. Aber was ich über sie las, z. B. »Jeder dritte unter ihnen scheint ein Heiler oder Zauberer zu sein«[2], zog mich an, wie das Licht den

Nachtfalter. Und als solcher (jedenfalls für alle, die es mit Verstand betrachteten) buchte ich auch: zweimal Mexico City, open return.

Ich hatte keine Ahnung, wo genau die Huicholes in Mexiko leben, wie wir zu ihnen gelangen, oder wo überhaupt wir landen würden. Ich wußte nur eins, ich wollte zu ihnen. Ich wollte mit diesen Menschen, die noch in enger Verbindung mit Göttern und Geistern, den Elementen und dem Kosmos stehen, leben; wenn möglich, bei einem Schamanen wohnen; von ihnen lernen, anders und anderes zu sehen; wollte nach meinen ersten, zufälligen mystischen Erlebnissen und meist vergeblichen Versuchen, sie zu wiederholen oder zu steigern, mit ihrer Hilfe weitere, über die verständliche Wirklichkeit hinausgehende Erfahrungen machen.

Ein Buch über meine Erlebnisse bei den Huicholes zu schreiben, hatte ich nie vorgehabt. Daß ich es nach dieser Reise, anhand der Aufzeichnungen, die ich allein für mich gemacht hatte, doch tat, war »Zufall«.

Eine Woche hatten wir gebraucht, um uns von Mexico-City aus mit Bussen und Lastwagen und schließlich mit einer kleinen Sportmaschine in die »Sierra de los Huicholes« durchzuschlagen.

Der Pilot ließ uns gerade soviel Zeit, um rauszuspringen, schmiß uns unseren Rucksack hinterher und startete, wie vom Teufel gejagt, wieder durch. Als sich die Staubwolke gelegt hatte und wir die Augen öffneten, standen wir im Nichts. Wir, das waren meine vierjährige Tochter Lena und ich. Das Nichts war das Nichts von dem, was ich mir eingebildet hatte, mir nicht vorgestellt zu haben. Es war unvorstellbar. Auf einem anderen Stern gelandet zu sein, hätte mich nicht weniger erschreckt.

Wir standen auf einer »mesa«, einem etwa 2000 Meter hohen, von Schluchten und Tälern umringten Tafelberg. Vor uns eine Handvoll leerer, verwahrloster Hütten, eine Geistersiedlung. Dahinter tauchten, vom Geräusch des Flugzeuges angelockt, ein paar Indianer auf, starrten uns aus sicherer Entfernung an, waren ebenso plötzlich verschwunden, wie sie erschienen waren.

Die Sonne stand senkrecht. Nirgends ein Flecken Schatten. Nichts geschah. Andere Indianer kamen, gafften uns feindselig an, ließen uns wortlos stehen.

Litt ich bereits an Halluzinationen? Waren das Menschen oder böse Geister? Aussehen taten sie jedenfalls wie aus einer anderen, furchterregenden Welt. Ihre Züge waren hart, die Augen schwarz und stechend. Ihre Körper strahlten eine Feindseligkeit aus, die, physisch wahrnehmbar, jeden Schritt auf sie zu lähmte. Ihr Lachen war böse, verachtend, gemein. Die grellbunten Stickereien mystischer Tiere und Ornamente auf ihrer schmutzig-weißen Kleidung wirkten hypnotisierend in der farblosen Landschaft der Sierra. Kränze großer Federn wehten auf ihren breitkrempigen Strohhüten, als würden sie die Gestalt unter sich jeden Moment in die Luft heben und mit ihr entschwinden.

Ein Zurück gab es nicht. Jedenfalls nicht in nächster Zukunft. Der willkürliche Flugverkehr in die Berge war auf unbestimmte Zeit eingestellt worden. Die gemietete Maschine, die uns in die Sierra gebracht hatte, hatte im Flug nur eine Tür verloren. Wir aber hatten, wie es schien, schon nach den ersten Stunden bei den Huicholes alles verloren. Jede Hoffnung, jede Vorstellung, jede Erwartung waren wie Seifenblasen zerplatzt. Jede Frage, die ich stellte, jede Bitte um Aus- oder Unterkunft blieb unbeantwortet.

Gepeinigt von glühender Hitze und eiskalter Ablehnung hockten wir da. Lena wühlte apathisch im Sand. Ich sah ihr zu, gestraft von der Einbildung, daß sie sich schutzsuchend in der roten Erde vergraben wollte, von der sie sich farblich kaum noch unterschied.

Nach fünf hilf- und hoffnungslosen Stunden glaubte ich im ersten Moment, Opfer eines Trugbildes zu sein. Das erste, was ich davon sah, war ein unendlich langer Schatten, der langsam an meinen Füßen vorbeizog. An seinem Ende stand ein gnomhaftes Wesen. Ein etwa zehnjähriges Mädchen mit dem Gesicht einer alten Frau. Sie sagte kein Wort, gab uns mit dem Kopf ein Zeichen, ihr zu folgen.

In meiner Verzweiflung wäre ich auch dem Teufel in die Hölle gefolgt. Ich ahnte nicht, daß wir genau das taten, als wir verdreckt und halbverdurstet hinter Dolores hertrotteten. Sie war Gehilfe, Prügelknabe und böser Geist der »curandera«, oder wie manche Huicholes sie nannten, »bruja regañona«, der keifenden Hexe, Carmelita.

Nach halbstündigem Fußmarsch auf schmalem Pfad erreichten wir Carmelitas Haus. Ich achtete nicht auf das Gefühl, in eine Falle gelaufen zu sein, nicht auf den falschen Ton der Liebenswürdigkeit, mit der Hexen ihre Opfer einzufangen pflegen und sie uns einlud, bei ihr zu wohnen.

Ich hatte keine Wahl und nahm dankbar die – wie sich bald herausstellen sollte – folgenschwere Einladung an. Daß sie eine Curandera, eine Schamanin ohne heilige Gesänge war, die ihre magischen Kräfte dem Bösen verschrieben hatte, wurde mir erst bewußt, als wir schon längst in ihrem Bann steckten und mich nur noch die unerklärliche Gewißheit, an dem mir bestimmten Platz zu sein, in der Sierra festhielt.

Denn wenn ich seit unserer Ankunft auch an der Richtigkeit des Weges zweifelte, so gab es doch keinen Zweifel, daß ich mich am richtigen, vom Schicksal vorgeschriebenen Ort befand – zumindest geografisch.

Durch »Zufall« hatte ich einen Tag nach unserer Landung in Mexico City einen Psychotherapeuten kennengelernt, der mit halluzinogenen Pflanzen experimentierte. Gegen seinen Willen brachte mich ein weiterer »Zufall« mit der Witwe seines kürzlich verstorbenen Indianer-Freundes Oswaldo zusammen. Die Witwe hieß Bertha. In ihrem Haus traf ich Santos Paria, den »der Zufall« einen Tag vorher zu ihr geführt hatte.

Santos Paria war ein junger Huichol-Indianer. Als ich drei Tage nach unserer Ankunft in der 18-Millionen-Stadt vor ihm stand, glaubte ich nicht mehr an Zufälle. Ich glaubte nur noch daran, daß unser Weg in die »Sierra de los Huicholes« längst gebahnt war.

Santos hauste in einem Hinterzimmer und fertigte aus Wollfäden, die er auf eine mit Wachs bestrichene Unterlage drückte, fremdartige Bilder an, die er an Touristen verkaufte. Ein junges, scheues Indianer-Mädchen half ihm dabei.

Santos sprach wenig, aber die Unterhaltung mit ihm dauerte ewig. Es schien, als erdachte er nicht, was er sagte, sondern als erfühlte er seine Worte. Ich war fasziniert. Trotzdem hatte ich alle Mühe, meiner Unruhe Herr zu werden. Lena lag mit Fieber und Durchfall im Hotel. Nach unendlichen Stunden schweigender Pausen eröffnete er mir den Weg in die Sierra.

Als ich gehen wollte, kam Bertha mit Bleistift und Papier. Santos sollte mir einen Brief an seinen Onkel, den Mara'a-kame Hilario, mitgeben. Da weder er des Schreibens noch sie der Huichol-Sprache mächtig waren, diktierte er ihr den Brief auf Spanisch. Ich bezweifelte, dort oben jemanden zu finden, der ihn verstehen würde. Aber Bertha meinte: »Die meisten Huicholes können ein bißchen Spanisch. Und ich glaube, ein Assistent vom Gobernador kann auch lesen.«

Dann schrieb sie noch einen zweiten Brief, der mich, zu meiner Überraschung, als Freund des Coronels Oswaldo und seiner Witwe ausgab. Ihr war meine Verwunderung nicht entgangen. »Die Sierra ist eine andere Welt«, erklärte sie, »in die man nicht einfach hineinspazieren kann. Die Huicholes haben ihre eigenen Gesetze. Wenn du nicht durch eine Einladung oder Empfehlung geschützt bist, machen sie mit dir, was sie wollen.«

»Wie meinst du das?«

»Nun, sie stecken dich tagelang ins Gefängnis, oder in

den Block. Oder sie nehmen dir alles weg. Günstigstenfalls jagen sie dich wieder davon.«

»Ist das schon einmal passiert?«

»Ja. Aber außer ein paar Anthropologen hat sich noch nie ein Fremder in die Sierra Huichola vorgewagt.«

»Warst du noch nie dort?«

Sie lächelte: »Nicht allein. Aber ich habe Oswaldo oft in die Sierra begleitet.«

Über Oswaldo, ihren verstorbenen Mann, erfuhr ich von ihr nur soviel, daß er den Huicholes in vieler Weise geholfen, und, obwohl er eine Mexikanerin geheiratet hatte, ein von ihnen hochgeachteter Mann gewesen war. Vor einem halben Jahr war er, nach dem Besuch eines heiligen Ortes in der Sierra, auf mysteriöse Weise gestorben. Bertha weinte und schüttelte den Kopf, als ich sie nach den genaueren Umständen seines Todes fragte. Sie hatte den Brief beendet und unterschrieb mit einem Namen, den sie von den Huicholes erhalten hatte und den sie mich bat, nie einem Nicht-Huichol zu nennen.

Aus einer spontanen Eingebung heraus nahm ich sie in den Arm. Sie erwiderte die Umarmung und murmelte: »Du gehst einen schweren, gefährlichen Weg. Gib acht.«

LEID

In der Sierra merkte ich schnell, wie recht Bertha hatte.

Der Inhalt des Briefes brachte uns eine gewisse Achtung und die offizielle Erlaubnis vom Gobernador des Bezirks ein, uns in der Sierra aufzuhalten. Er hatte mich einen Tag nach unserer Ankunft zu sich zitiert und sich die Briefe von seinem Assistenten zweimal vorlesen lassen. Die Nachricht, daß ich Oswaldo angeblich kannte und zu Hilario wollte, sprach sich wie ein Lauffeuer herum – doch leider nicht bis zu meinem Schicksal. Das nahm einen ganz anderen Lauf, mitten durch's Fegefeuer.

In einer Welt, in der nichts, aber auch gar nichts mehr mit erlernten und gewohnten Maßstäben zu errechnen und zu messen war, nichts mehr in die Schablonen meiner Wahrnehmung, Erziehung und Konditionierung paßte, fühlte und benahm ich mich wie ein Tier, das seinen Instinkt verloren hatte. Ich war weit davon entfernt, zu begreifen, wo hinein wir geraten waren, und tappte von einer Falle in die nächste. Carmelita schikanierte uns von morgens bis abends. Manchmal auch nachts. Es dauerte lange, bis ich die »Fremdartigkeit« dieser Frau als das erkannte, was sie war, nämlich schiere Boshaftigkeit.

Das Kämmerlein, das sie uns zugewiesen hatte, war alles andere als das, was ich mir unter einer Unterkunft bei Indianern vorgestellt hatte. Immerhin überwanden wir den Schock des Drecks, erbettelten ein Schlafgestell und atmeten mit dem Rest unseres Mutes auf, da wir überhaupt eine Bleibe gefunden hatten. Aber nach einem kurzen Spaziergang fanden wir unsere Sachen in einem modrigen, eiskalten

14

Verschlag wieder. Carmelita hatte uns, ohne Erklärung oder Vorwarnung, dorthin auf die nackte Erde, zwischen vertrocknete Fäkalien, Abfall, vierzehn tote und drei lebendige Skorpione umquartiert.

Lena und ich putzten das Loch mit unseren Tränen und trösteten uns mit dem Vorteil, daß unsere neue Behausung, im Gegensatz zu der alten, die nur durch die Hexenküche zu erreichen war, auch ein winziges Türchen direkt nach draußen hatte. Dort, vor unserem Verschlag, malten wir mit Steinen und Stöckchen einen Garten, in dem wir uns tagsüber aufhielten, wenn wir auf dem Rancho waren.

Eines Morgens war der Garten zerstört. Carmelita reagierte auf keine Frage, tischte stattdessen außer den trockenen Maisfladen, die wir bisher zu essen bekommen hatten, zum ersten Mal etwas Kaktusgemüse auf.

Drei Tage mästete sie uns mit Zuwendungen aller Art, um am vierten Tag unsere Freude über ihre unverhoffte Freundlichkeit mit ebenso abruptem wie totalem Nahrungsentzug zu schlachten. Sie hatte über Nacht alle Essenssachen versteckt und weigerte sich, uns, selbst gegen Höchstbeträge, auch nur eine Tortilla zu verkaufen.

Die ersten Bissen, die wir nach zwei Tagen bekamen, waren fast ungenießbar versalzen. Wir aßen sie trotzdem und redeten uns ein, daß es süßer Kuchen sei. Was ein Fehler war. Denn als wir um Wasser baten, teilte sie uns mit, es sei keines da. Die Quelle sei versiegt.

Durstgeplagt liefen Lena und ich zum Wasserloch. Es war randvoll, doch so weit entfernt von der Ranch, daß wir jedesmal, wenn wir hitzegeplagt von dort kamen, schon wieder durstig waren. Da Carmelita und Dolores abwechselnd die Küche bewachten, gelang es mir nicht, irgendeinen Behälter zu entleihen.

Auf einem Acker fanden wir schließlich eine verrostete Dose. Nachdem die Hexe sie bei uns entdeckt hatte, setzte nicht nur die Trinkwasserversorgung wieder ein. Dolores mußte sogar Wasser zum Waschen für uns herbeischleppen. Allerdings zu dem Preis, daß seitdem unser separater Eingang mit einem großen Schloß verriegelt war und blieb und wir oft Stunden warten mußten, bevor Carmelita die Hütte aufsperrte, durch die wir nun zu gehen gezwungen waren, um in unsere klägliche Bude zu gelangen.

Versuche, eine andere Unterkunft zu finden, bis es mir gelingen würde, mit Hilario in Kontakt zu treten, blieben erfolglos. Bertha hatte mir gesagt, daß, wenn der Mara'akame mich akzeptieren würde, auch eine Chance bestünde, auf seinem Rancho wohnen zu dürfen. Aber es war schier unmöglich, ihn ausfindig zu machen.

Berthas Briefe hatten zwar bewirkt, daß jeder in der Sierra zu wissen schien, daß ich zu Hilario wollte. Aber keiner schien zu wollen, daß es mir gelang, ihn zu besuchen. Jeder, den ich nach ihm oder einer Hütte fragte, begegnete uns mit unerweichbarer Abweisung oder unbrechbarem Schweigen. Bis sich eines Tages ein alter Mann erbarmte und mir doch eine Antwort gab.

Wir waren ihm mitten in der Wildnis begegnet, wo er auf einem Wege saß, als ob er uns erwartet hätte. In seinem Schoß lag ein besticktes Frauengewand, Rock und Bluse, das er mir zum Kauf anbot. Nachdem wir uns über den Preis geeinigt hatten, teilte er mir in knappen Worten, die keine Rückfragen duldeten, mit, daß man uns genau beobachtete und uns nicht so sehr deshalb ablehnte, weil wir *teiguares*, Fremde, waren, sondern weil wir immer noch bei der »bruja regañona« lebten.

Es war ein Teufelskreis. Um der Hexe zu entkommen, brauchten wir eine neue Bleibe. Um diese zu finden, brauchten wir Hilfe. Um Hilfe zu bekommen, müßten wir erst einmal bei Carmelita auszuziehen. Aber wohin? Ich hatte einfach nicht den Mut, das Risiko einzugehen, auszuziehen, um dann womöglich ohne Dach über dem Kopf mit Lena dazustehen. Aber es schien mir gar nichts anderes übrig zu bleiben, wenn ich meinem Ziel, *mit* den Huicholes oder gar bei einem Mara'akame zu leben, näher kommen wollte.

Am Tag nachdem der Alte mit mir gesprochen hatte, zwei Wochen nach unserer Ankunft in der Sierra, fand ich endlich jemanden, der bereit war, mich zu Hilario zu bringen. Das heißt, »bereit« war eigentlich übertrieben. Wie sich herausstellte, hatte Santos' jüngerer Bruder Pablo von seinem Vater den Befehl erhalten, mich zu ihm zu führen.

Es war weniger Höflichkeit als Unsicherheit, die mich davon abhielt, gleich mit Sack und Pack und Lena loszuziehen. Ich hielt es für angebracht, Hilario erst einmal kennenzulernen und herauszufinden, ob es überhaupt möglich sein würde, einige Zeit mit Lena auf seinem Rancho zu bleiben.

Pablo, mein junger Führer, hatte mir am Tag vor unserem Aufbruch gesagt, daß der Weg zu dem Mara'akame sehr weit sei. Deshalb entschloß ich mich, Carmelitas Angebot anzunehmen und Lena bei ihr zu lassen, in der Hoffnung, es ohne sie an einem Tag hin und zurück zu schaffen. Ich hatte kein gutes Gefühl dabei. Aber die Aussicht, endlich meinem Ziel näher zu kommen, machte mich taub gegenüber der Stimme, die mich davor warnte, Lena allein zurückzulassen. Nach der Hälfte des strapaziösen Pfades war ich sogar froh, nicht auf sie gehört zu haben.

Je näher wir Hilarios Rancho kamen, umso ängstlicher und nervöser wurde Pablo. Nur mit einem Geschenk und gutem Zureden konnte ich ihn davon abhalten, umzukehren. Als wir tief unter uns den Rancho endlich sahen, weigerte er sich endgültig, weiterzugehen und beteuerte, er würde hier auf mich warten.

Sechs Hunde sprangen mir kläffend und zähnefletschend aus der Umzäunung entgegen. Eine Frau rief sie zurück. Meine Frage nach Hilario beantwortete sie mit einer ausgiebigen Musterung meiner Person. Mit dem Kinn deutete sie schließlich unter die *kareta* in der Mitte des Hofes.

Im Gegensatz zum *ki*, dem fensterlosen, strohgedeckten Huichol-Haus aus Steinen und sonnengetrockneten, rotbraunen Lehmziegeln, sind Karetas luftige Pfahlbauten aus Bambus, Binsenrohr und Ästen. Sie werden von vier, etwa 1,50 Meter hohen, gegabelten Stämmen getragen und sind, neben den Kis, auf fast jedem Rancho zu finden. Sie dienen als Lager und im Sommer als Schlafhütte. Der luftige Unterbau ist in den Stunden, wenn die Sonne senkrecht steht, oft der einzige schattige Arbeitsplatz.

Ich ging um die Katera und traute meinen Augen nicht. Das sollte Hilario sein? Ich hatte mir einen beeindruckenden, starken, strengen aber väterlichen Hünen vorgestellt, der mich sofort kritisch in die Mangel nehmen, mich endlich von der Last der Ungewißheit über mich und meine Pläne befreien würde, und stand vor einem vielleicht 80jährigen Greis, der keinerlei Notiz von mir nahm.

Er lehnte mit ausgestreckten Beinen an einem der Stützpfeiler und flocht ein Band aus Halmfasern, aus dem die Huicholes ihre Hüte fertigen.

Sein korpulenter Körper war in Lumpen gehüllt, sein kräftiges, kinnlanges, graues Haar mit einem Stoffetzen gebändigt.

Ich starrte ihn fassungslos an. Dieser Mann sollte der große, gefürchtete Mara'akame sein? Ich wollte, nein ich konnte, nein, ich wollte es nicht glauben. Denn diesen Mann kannte ich. Ich hatte ihn schon ein paarmal im »Zentrum« des Bezirks gesehen. Zwar wirkte er jetzt schwach, müde, alt, nicht so robust wie dort. Aber ich erinnerte mich genau an ihn. Jedesmal, wenn ich ihm begegnet war, hatte er weggeschaut, und doch hatte ich in seiner Nähe immer das Gefühl gehabt, beobachtet zu werden.

Während der ganzen Zeit, in der ich ihn gesucht hatte, wußte er also längst Bescheid. Und nun saß er da und ließ mich wieder in der Luft hängen. Aber warum war ich dann hier? Schließlich hätte er meinen Besuch weiterhin zu verhindern

gewußt, wenn er nicht gewollt hätte, daß ich bei ihm auftauchte. Trotzdem sah er mich nicht ein einziges Mal an.
Weder meine Worte, noch die Briefe oder das Gastgeschenk, fünf Meter »»manta« (Leinen), das ich, auf Berthas
Rat hin, aus Mexico City mitgeschleppt hatte, konnten ihm
eine sichtbare Reaktion abgewinnen. Seine Unnahbarkeit
knackte meinen Elan und meine Erwartungen wie eine
Schale, ohne die ich nur noch quälenden Durst, Hitze und
furchtbare Unsicherheit empfand.

Ich stotterte mit meinem Anliegen herum und wurde immer
wütender über die Oberflächlichkeit des Quatsches, den ich
daherredete, und überhaupt über die ganze Situation.

Plötzlich, wie von einem Schlag getroffen, wurde mir spei-
übel. Alles begann sich zu drehen. Ich bekam kein Wort
mehr heraus, ging in die Knie. Hilario hob mit einem jähen
Ruck seinen Kopf. Das Drehen erstarrte. Der Anblick seiner Augen erschreckte mich bis ins Mark. Im ersten Augenblick dachte ich, er sei blind. Doch dann, für den Bruchteil
einer Sekunde, stieß durch den Schleier, der seine Augen
wie durchsichtige Lider bedeckte, die vogelwilde Schärfe
eines gnadenlosen Adlerblicks. Ich hatte das Gefühl, daß
ich in der Mitte gespalten war und ein Schwall von Gestank,
gedanklicher Dreck, aus mir herausströmte.

Sein Zeichen, mich aus seiner Nähe zu entfernen, mich
unter die Kareta zu seiner Frau in den Schatten zu setzen,
war wie eine Bestätigung dieses Eindrucks. Ich schämte
mich zutiefst. Auf einmal war ich mir meiner Ungeduld,
meiner Anmaßung, meines Unverständnisses, und, was
mich am meisten beschämte, einer versteckten Verachtung
für diese Menschen bewußt. Eine Verachtung, die ich, seitdem wir in der Sierra waren, spürte.

Die Erkenntnis, daß ich, die sich von den Huicholes verachtet fühlte, selbst die Verachtende war, öffnete mir eine Tür
nach der anderen: Ich verachtete die Huicholes, weil ich
nicht verstand, warum ich mich von ihnen verachtet fühlte,

weil ich nicht verstand, daß ich mich selbst verachtete, weil ich eben nicht verstand.

Hilario brummelte etwas, worauf mich seine Frau Marisita fragte, was ich hier wolle. Ich war erleichtert. Er hatte also nur einfach meine Worte nicht verstanden und war deshalb so abweisend. Aber schon wußte ich, ich machte mir wieder etwas vor. Ich wiederholte meine Fragen und merkte zu meinem Erstaunen, daß meine Worte jetzt klarer, ehrlicher waren.

Wieder murmelte Hilario etwas. Das junge Mädchen, das bei uns gesessen hatte, rannte davon. In die Richtung, aus der ich gekommen war. Kurz darauf kam sie mit Pablo zurück. Obwohl ich kein Wort von ihm gesagt hatte, wunderte es mich nicht mehr, daß Hilario ihn in der Nähe wußte.

Den Tränen nahe, blieb Pablo am Gatter stehen. Hilario schrie ihn an, würdigte ihn aber keines Blickes. Pablo schlich langsam näher, hockte sich hinter den Mara'akame. Hilario gab ihm die Briefe, er sollte vorlesen. Er sah sie an, bekam aber kein Wort heraus. Ich ging zu ihm, wollte ihm helfen. Hilario machte eine ärgerliche Bewegung. Glaubte er, ich würde etwas anderes lesen, als da stand?

Endlich fing Pablo an. Als er fertig war, trat Stille ein. Ich hatte das Gefühl, oder vielleicht auch nur den Wunsch, mich in Luft aufzulösen. Hilarios unerwarteter Befehl, mich zu ihm zu setzen, materialisierte mich wieder. Er forderte mich auf, ihm mein Anliegen vorzutragen. Zu meinem Entsetzen sagte er plötzlich zu allem »ja«. Und jedes Ja machte die Angst, die mich packte, größer. Zum Schluß wollte er wissen, ob ich allein sei. Ich sagte nein und hatte damit eine Erklärung für meine Angst: Lena.

Wie sollte ich hier mit ihr leben, in dieser Gottverlassenheit und Unsicherheit. Wie sollte ich sie vor all den Tieren, vor Hitze, nächtlicher Kälte, Krankheiten schützen?

Oh Gott, hätte er bloß nicht ja gesagt. Aber er hatte es getan, klar und deutlich. Wir konnten kommen, in drei Tagen. Ich sah Hilario an. Hatte ich ihn auch wirklich richtig verstanden? Hatte er mich überhaupt verstanden?

Ich würde also wirklich hier mit Lena bleiben, hier schlafen und essen, mit ihm Peyote nehmen, von ihm lernen können, stellte ich zum Abschied vorsichtshalber noch einmal fest. Hilario sah mich mit seltsamem, mitleidigem Blick an und schüttelte dann den Kopf. Jetzt verstand ich überhaupt nichts mehr. Nur eines war klar: das Gespräch war beendet.

Ich achtete nicht auf den Weg, nicht auf den Schweiß, die Erschöpfung, stolperte hinter Pablo bergan. Wem hatte das verneinende Kopfschütteln gegolten? Meiner Begriffsstutzigkeit, meiner Ungläubigkeit oder den Fragen? Warum hatte er mich in diese Ungewißheit entlassen?

Ich ließ meinen Frust an Pablo aus: »Ras' doch nicht so, verdammter Mist!«

Er hörte nicht. Ich gab's auf, mit ihm Schritt zu halten, sank unter einen Baum und heulte mir mein Leid aus dem Leib. Ja, ich bemitleidete mich zutiefst und fand, ich hatte allen Grund dazu. Ich fühlte mich zerpflückt und auseinandergenommen. Nichts war mehr von mir übrig geblieben.

Als ich aufsah, war Pablo fort. Mir war's egal. Mir war alles egal. Ich schloß die Augen, lehnte mich an den Baum. Sterne, Flimmern, Farben, unendliche Stille. Und plötzlich die Antwort auf Hilarios Widerspruch: Er wollte, daß ich allein entschied, ob die Antwort für mich Ja oder Nein war. Er wollte, daß, wenn ich mich für das Ja entschied, es ohne die geringste Erwartung oder Hoffnung tat. Die Entscheidung war in Wirklichkeit eine Entscheidung über mich selbst.

Ich erschrak. Dazu war ich mit Lena doch gar nicht in der Lage. Der Gedanke an sie brachte mich wieder auf die Beine. Ich hatte ja noch drei Tage und tröstete mich mit der Hoffnung auf ein Zeichen.

Das Zeichen kam schneller als erwartet. Aber es war kein Zeichen. Es war ein Hammerschlag.

Kaum hatte Dolores Pablo und mich in der Ferne entdeckt,

erschien Carmelita mit gestikulierenden Armen vor ihrem Haus. Ich blieb stehen, wartete. Wo war sie? Wo blieb sie? Lena! Sie war nicht da. Meine Beine wurden weich, begannen zu laufen. Es war etwas passiert. Ich wußte es, rannte die letzte Meile, raste an den keifenden Weibern vorbei, stürzte in unsere Kammer, hörte im Dunklen ihr Wimmern. Sie lebte! Aber was hatten sie mit ihr gemacht? Ich nahm sie in die Arme, trug sie ans Licht. Sie schrie auf. Ich sah ihr entstelltes Gesicht, wich zurück in die Dunkelheit, spürte das Zucken und Beben ihres Körpers, das Klammern ihrer Arme. Oh Gott, das war es nicht wert! Warum hast du sie gestraft und nicht mich! Aber im selben Moment wußte ich, daß, wer immer es auch bewirkt hatte, wußte, daß genau das mich am härtesten traf.

Tränen fielen auf das erbärmliche Bündel in meinem Arm. Ihr Gesicht war verschmiert und verquollen, das rechte Auge entzündet, total zugeschwollen. Carmelita und Dolores schrien, sie träfe keine Schuld. Ich sei von bösen Geistern besessen, sie allein gelassen zu haben, und Lena sei ein Coyote, weil sie sich mit Bissen gegen jede Hilfe gewehrt habe.

Ihrem Gezeter entnahm ich, daß Lena schon seit Stunden in diesem Zustand war. Sie war hingefallen, hatte geweint und sich dabei den Dreck ihrer Hände ins Auge gerieben, das sich sofort entzündet hatte.

Ich handelte wie in Trance, ruhig, kalt, sicher; erstaunt, die richtige Medizin dabei zu haben. Borwasser, Tropfen, Augensalbe, Kompressen, Verband. Trotz ihrer Schmerzen ließ Lena absolut widerstandslos alles über sich ergehen. Ihr unglaubliches Vertrauen zu mir, das darin lag, erschreckte mich.

Als sie endlich ruhig und erschöpft dalag, schwor ich ihr, sie auf dieser Reise nie wieder allein zu lassen. Sie nahm meine Hand, versuchte zu lächeln, schlief ein.

In dieser Nacht beschloß ich, nicht zu Hilario zu gehen.

Es fiel mir schwer, mir einzugestehen, wie groß meine Furcht vor der Nähe dieses Mannes war. Vor allem aber, so glaubte ich, war es Lena, um derentwillen ich mich dagegen entschied, zu dem Mara'akame zu ziehen.

Die Schikanen der bösartigen Hexe erschienen mir greifbarer und eher zu bewältigen, als die Umstände und Gefahren, die uns bei Hilario erwarten würden.

Carmelita brachte mich zwar zum Flippen, aber Angst hatte ich vor ihr nicht. Außerdem hatte ich in der Zwischenzeit von anderen, weniger furchterregenden Mara'akaten in der Umgebung gehört und nahm mir vor, so lange bei Carmelita durchzuhalten, bis sich mir ein neuer Weg in die »andere Wirklichkeit« offenbarte. Ich war so sicher, daß dieser Weg vorhanden war, daß ich mich manchmal fragte, ob er mich am Ende doch noch zu Hilario führen würde.

Ohne diese mir unerklärliche und unverständliche Sicherheit, hätte ich die Qualen, die ich bei der Hexe noch durchleiden sollte, wohl auch nicht durchgestanden. Immer wieder hatte sie versucht, mich daran zu hindern, zur Quelle zu gehen; hatte sich geweigert, mir ein Gefäß zum Wasserholen zu leihen; mir die Dose, die ich fand, geklaut und den Eimer, den ich ohne zu fragen nahm, aus der Hand gerissen, um uns mit willkürlichen Rationierungen zu schikanieren.

Eines Morgens tat sie kreischend kund, sie brauche Wasser, warf mir die großen Kürbisflaschen vor die Füße, daß ich dachte, sie würden zerspringen, und jagte uns aus der Hütte. Wir durften zum ersten Mal Wasser holen und uns damit das Gefühl verdienen, auch berechtigt zu sein, sie hin und wieder um eine Schale voll zu bitten.

Meine Freude darüber war kurz. Denn als Lena und ich am Nachmittag einen Spaziergang machten und ich von einigen Huicholes mit Steinen bombardiert wurde, erkannte ich, daß Carmelitas vermeintlicher Sinneswandel eine Falle gewesen war.

Die Steine, die mich trafen, taten weniger weh, als der innere Schmerz, den ich, und sicher auch Lena, empfand. Obwohl ich sie mit meinem Körper schützte und ihrer nichts abbekam, weinte sie herzzerreißend: »Mammi, was haben wir denn getan?«

Vom Assistenten des Gobernadors, der gerade vorbeikam und ungerührt zusah, erfuhr ich den Grund der nun auch noch mit physischen Mitteln zum Ausdruck gebrachten Antipathie der Huicholes gegen uns:

Carmelita hatte über Dolores verbreiten lassen, daß wir, die *teiguares*, das Wasserloch verseucht hätten. Es hieß, wir hätten unsere Kleider im Brunnen gewaschen. Daß das durch das winzige Loch in der Überdachung gar nicht möglich war, spielte keine Rolle. Auch die Tatsache, daß mehrere Frauen Lena und mich am selben Morgen im kilometerweit entfernten Bach hatten waschen gesehen, war eher von Nach- als von Vorteil, da es ihre Phantasie noch zu beflügeln schien.

Auf dem Rückweg unseres »Spaziergangs« gingen wir an der Quelle vorbei, um meine Wunden zu kühlen und unseren Durst zu stillen. Das Wasser war weiß wie Lauge, ungenießbar. Dolores hatte der Glaubwürdigkeit ihrer Worte kräftig mit Seife nachgeholfen. Als ich das sah, befahl ich Lena, langsam nachzukommen und raste los.

Je näher ich der Hütte kam, um so sichtbarer wurde, daß ich in einer Verfassung war, die die beiden Hexen in Angst und Schrecken versetzte.

Sie schrien schon von weitem, ich sei schuld, wenn ihnen etwas zustieße, und wenn wir uns noch einmal der Quelle näherten, würde man auch uns umbringen.

Ich ahnte, daß ihr Schachzug in der Hoffnung geschehen war, daß wir ihnen nun total ausgeliefert sein würden. Denn wenn noch irgendeine Chance bestanden hätte, auf einem anderen Rancho aufgenommen zu werden, war sie jetzt durch das Gerücht, das die beiden in die Welt gesetzt hatten, bestimmt verspielt. Wenn nicht bald ein Wunder geschehen würde, würde uns kaum noch etwas anderes übrigbleiben, als abzureisen.

Inzwischen war ich zur Hülle einer so unbändigen Gewalt geworden, daß ich das Gefühl hatte, mit dem kleinen Finger töten zu können. Sie schrien wie es ihre Art war, bei jeder Gelegenheit zu schreien. Aber als ich direkt vor ihnen stand, kreischten sie in nackter Angst. Ich war wie gelähmt vom Genuß des Vergnügens, das mir ihr Anblick bereitete, dachte: sehr schön, endlich Hexe gegen Hexe, Zahn um Zahn, machte noch einen Schritt und verringerte damit den Abstand auf Millimeter. Beiden blieb die Luft weg. Carmelita holte aus zum Schlag. Aber sie wußte anscheinend eher als ich, was geschehen würde, wenn sie ihn ausführte, und erstarrte mit hoch erhobenem Arm. Es war eine irrwitzige Situation, aus der ich mich wortlos entfernte.

Die Verwandlung, die durch diesen Auftritt stattfand, war unglaublich. Carmelita war und blieb einige Tage wie ein scheues Mädchen, so diensteifrig und liebenswürdig, daß sie mir fast leid tat. Dolores huschte mit verängstigtem Blick durch die Gegend und wagte kein Wort mehr in meiner Gegenwart zu sagen.

Anfänglich hielt ich die Dauer dieser mysteriösen Wende für die Folge meines Schweigens. Aber auch als ich es nach drei Tagen mit großer Sparsamkeit brach, hielt die Wirkung an. Lange genug, um mich derart in Sicherheit zu wiegen, bis ich blind genug war, in die nächste Falle zu laufen.

Es war keineswegs so, daß ich nicht auch weiterhin alles in der Sierra Menschenmögliche unternommen hatte, um diesen Teufelinnen zu entfliehen. Ich hatte den Gobernador eingeschaltet, der nur leere Versprechungen machte, hatte jeden, den ich traf, nach der Möglichkeit einer anderen Unterkunft gefragt. Aber sobald sich die geringste Andeutung einer eventuellen Chance ergab, wußte Carmelita davon und irgendetwas geschah, was unser Entkommen verhinderte.

Als z. B. Angél, der größte Saufbold der Sierra, über die Vermietung einer Hütte mit mir in Verhandlung trat, starb sein Kind und er heulte, daß das Carmelitas Rache sei.

Nachdem der Sohn des Mara'akame Antonio, der für den *calihuey* (das religiöse Zentrum der Gemeinde) verantwortlich war, versprochen hatte, ein Treffen mit seinem Vater zu arrangieren, geschah die Sache mit der Wasserverseuchung und er konnte sich nicht mehr erinnern, je mit mir gesprochen zu haben.

Schließlich kam der Tag, an dem ich soweit war, aufzugeben, jedenfalls vorübergehend.

Carmelita hatte mal wieder alles Eßbare versteckt und verweigerte uns jede Nahrung. Ich hatte inzwischen herausgefunden, daß sie den Spaß an ihren Boshaftigkeiten am schnellsten verlor, wenn wir überhaupt nicht darauf reagierten. Es machte sie rasend, daß das Bitten und Betteln, das ihre Aktionen anfänglich hervorgerufen hatten, ausblieb.

Zwei Tage verbrachten Lena und ich auf dem »Dorfplatz« inmitten der Ansammlung leerstehender Hütten, in der Hoffnung, jemanden zu finden, der uns etwas zu Essen verkaufte.

Die »tienda« (Laden), die es dort angeblich gab, war wie immer verriegelt. Trotzdem war der Haufen leerer Bierdosen seit dem letzten Mal, als wir im Zentrum waren, erheblich gewachsen.

Alles, was wir von den paar Huicholes, die dort herumlungerten, bekamen, waren kalte, wortlose Blicke und höhnisches Gelächter. Obwohl mir Lenas Unbekümmertheit Mut machte, wir Loblieder über das Fasten komponierten und keineswegs Angst hatten, zu verhungern, glaubte ich in diesen Tagen, an der völligen Gleichgültigkeit, mit der uns diese Menschen behandelten, zu zerbrechen.

Bevor wir am Abend zu Carmelita zurückgingen, heulten wir uns so lange aus, bis wir wieder lachen konnten. Denn irgendetwas warnte mich davor, der alten Hexe auch nur ein Zeichen von Schwäche zu zeigen. Heute weiß ich, warum: Seit wir bei der Hexe wohnten, hatte sie versucht, mich *kräftemäßig anzuzapfen.*

Am zweiten Tag ohne Nahrung begegneten wir am Abend drei Männern, die nicht aus dieser Gegend waren. Von ihnen erhielten wir nicht nur ein paar Kekse, sondern auch die Nachricht, daß am nächsten Morgen ein Flugzeug erwartet würde. Sie waren bepackt mit Opfergaben, die sie an einem heiligen Ort dem Pazifischen Ozean darbringen wollten.

Innerhalb von Minuten stand mein Entschluß fest. Ich impfte Lena ein, Carmelita kein Wort davon zu sagen, und packte heimlich unsere Sachen, um am nächsten Morgen abzureisen. Lena weinte. Sie wollte zwar von der Hexe fort. Aber sie wollte in der Sierra bleiben. Fassungslos und glücklich über die Möglichkeit, daß sie von allem weniger berührt geblieben war, als ich dachte, versprach ich ihr, daß wir zu den Huicholes zurückkehren würden, doch wenn möglich, an einen anderen Ort. Jedenfalls würde es gut sein, für ein paar Tage mit Lena ans Meer zu fahren, neue Kräfte zu sammeln, alles Notwendige einzukaufen, um unabhängig von der Ungastlichkeit der Huicholes in der Sierra leben zu können und dann zu versuchen, auf irgendeinem Weg in ein weiter westlich liegendes Gebiet zu kommen.

Ein ungewöhnlich freundlicher Huichol von dort hatte mir erzählt, daß die Leute der Gemeinde, in der wir gelandet waren, die aggressivsten und fremden-feindlichsten seien. Er begründete dieses extreme Verhalten mit der besonders exponierten Lage durch den einzigen »regelmäßigen« Flugverkehr und mit den drei Gefahren, die dieser für die Tradition und Kultur der Huicholes mit sich brachte: Mestizen, Gringos und Bier.

Lena und ich waren gerade mit dem Packen fertig, als Carmelita uns rief und, als sei es das Selbstverständlichste auf der Welt, Tortillas und sogar Bohnen auftischte. Mein Hunger war größer als mein Stolz. Aber diesmal war ich wachsam. Ich beobachtete, wie Dolores sich aus der Küche schlich, rannte ihr blitzschnell nach und ertappte sie gerade noch rechtzeitig vor unserer Tür. Carmelita stellte sich blind und taub.

Nachts war ich schon fast eingeschlafen, als ich Dolores Stimme vor unserer Tür vernahm: »Señora, Señora, komm schnell!«

Ich wühlte mich aus dem Schlafsack und riß die Tür auf.

»Was ist denn?«

»Schnell, schnell, meine Tante, meine Tante!«

In der Annahme, es sei etwas Furchtbares mit Carmelita geschehen, warf ich mich in meine Sachen: »Was ist denn passiert?«

»Komm, komm schnell!« Sie drängte mich derart, daß ich gar keine Zeit hatte, auf die Idee zu kommen, es könne eine Falle sein. Draußen packte ich sie am Arm: »Sag endlich, was los ist.«

»Es ist ein Geheimnis, komm, meine Tante will dich in ein Geheimnis einweihen.«

»Was?!« Aber sie hatte sich losgerissen und rannte davon. Ich folgte ihr und stand plötzlich vor Carmelita. Erschrak, als ich sie sah, dachte aber, das Mondlicht sei schuld daran. Sie sah grauenerweckend aus, hielt einen Käfig, in dem ein winziger, schwarz-grün schimmernder Vogel saß. Also doch. Ich erkannte sein Piepsen sofort. Ich hatte es oft gehört, aber nie ausmachen können, woher es kam. Jedesmal, wenn ich Carmelita darauf angesprochen hatte, war sie wütend geworden und hatte gekeift, das ginge mich nichts an, ich sei verrückt, es gäbe keinen Vogel und ich solle sie mit meinen Fragen in Ruhe lassen.

Sie nahm das Tier aus dem Käfig, den sie Dolores gab. Der Vogel war so klein, daß man nur seinen Kopf sah. Sie hielt ihn nah an ihren Mund, flüsterte irgendetwas. Dann schnellte ihre Hand mit solcher Geschwindigkeit vor, daß ich zurückfuhr, in der Annahme, sie schleudere ihn mir ins Gesicht. »Verfluchte Hexe!« fauchte ich sie auf deutsch an, nicht wissend – oder nicht wissen wollend –, wie recht ich hatte. Einen Moment lang muß ich es gewußt haben. Denn noch jetzt erinnere ich mich ganz genau des Bewußtseins, in Gefahr zu sein. Damals hielt ich es für Einbildung oder Angst und folgte ihnen hinter die Hütte.

Erst dort bemerkte ich, daß Carmelita ein Bündel im Arm trug, dessen Inhalt sie nun vor sich ausbreitete. Es war Vollmond und so hell, daß ich sogar das mir zugewandte Auge des kleinen Vogels sah. Es starrte mich an, schien mir plötzlich überdimensional.

Carmelita hatte damit begonnen, den Vogel mit Wasser aus einer Kürbisflasche zu waschen. Dann parfümierte sie ihn mit einem stinkenden Zeug und hängte ihm etwas um den Hals, das sie schnell mit dem Fetzen verdeckte, in den sie ihn zum Schluß kleidete.

Ich konnte das Gefühl des Angeglotzt-werdens nicht mehr ertragen und streckte dem Vogel die Zunge raus. Carmelita tuschelte mit ihm. Sein mir zugewandtes Auge fixierte mich dabei ständig, so daß ich plötzlich den Eindruck hatte, daß sie über mich sprachen. Mir kam das Ganze ziemlich albern vor und ich verlor auf einmal jegliches Interesse an dem Theater.

Ich erinnere mich genau, das Gefühl gehabt zu haben, aufzugeben. Damals glaubte ich allerdings, daß ich es aufgab, etwas über den Sinn des mysteriösen Getues zu erfahren. Jetzt weiß ich, daß ich unbewußt einen Teil von mir aufgab.

Das monotone Gemurmele Carmelitas muß mich irgendwann eingeschläfert haben. Als ich die Augen aufmachte, waren der Vogel, sie und Dolores verschwunden. Im ersten Augenblick dachte ich, ich hätte alles nur geträumt. Dann war ich sicher, gar nicht geschlafen zu haben, und dann merkte ich, daß mir hundeelend war. Mehr weiß ich nicht.

Wie ich später von Lena erfuhr, hatte ich mich in jener Nacht, am folgenden Tag und in der darauffolgenden Nacht in Fieberwahn und Alpträumen gewälzt. Erst am zweiten Morgen nach der Vogelnacht kam ich soweit zur Besinnung, daß mir klar wurde, wir hatten das Flugzeug verpaßt. Es stank erbärmlich in unserem Verhau. Aber Lena ging es gut. Sie war froh, daß ich wieder ansprechbar war, und plapperte wild drauflos: Carmelita sei nett zu ihr gewesen und habe ihr immer zu essen gegeben, und warum ich die Hexe geschlagen hätte, sie habe doch nur versucht, mich daran zu hindern, mir den Finger in den Hals zu stecken … das hätte ich immer getan, wenn ich aufgewacht sei, auch noch, als schon gar nichts mehr herauskam … und ganz furchtbar viel Wasser hätte ich getrunken, das sie einfach aus der Küche geholt habe, und immerzu hätte ich um mich geschlagen und was von einem Vogel gesagt, dabei wäre doch gar keiner dagewesen … und ob ich jetzt endlich wieder gesund sei und wieder mit ihr reden würde, sie sei nur einmal aus der Hütte gegangen zum Kacki machen, das sei nachts gewesen und sie habe überhaupt keine Angst gehabt und habe sonst immer mit mir geredet, auch wenn ich nicht geantwortet habe, denn wenn ich überhaupt etwas gesagt habe, habe sie es sowieso nicht verstanden und schlafen habe sie ja auch kaum können, weil ich immer so'n Krach gemacht habe.

Ich konnte mich an nichts, von dem sie erzählte, erinnern, mich nur vage entsinnen, daß jedesmal, wenn ich für kurze Zeit zu Bewußtsein kam, der Gedanke an sie es gewesen war, der mir die Kraft dazu gegeben hatte. Ich kroch aus meinem Dreck, rieb mich ab, stieg zu Lena in den Schlafsack und nahm dieses unbeschreibliche Wesen, das mich wahrscheinlich am Leben gehalten hatte, in die Arme. Den ganzen Tag und die nächste Nacht lagen wir eng umschlungen zwischen Wachen und Schlafen, Lachen und Schweigen.

Der Entschluß, den schweren, steilen Abstieg nach Las Blancas zu dem Mara'akame Vincente zu wagen, war der dritte Versuch, der Hexe zu entkommen und eine andere Bleibe zu finden.

Ich hatte lange gebraucht, um aus dem Schweigen, vorgetäuschten Nichtwissen und den widersprüchlichen Geschichten, mit denen die Huicholes auf meine Fragen nach Vincente reagierten, herauszufinden, daß er in Las Blancas lebte.

Las Blancas! Ausgerechnet der am schwierigsten erreichbare Ort! Das Tal lag zwar direkt unterhalb der Mesa. Nur lagen zwischen hier und dort viele hundert Höhenmeter zum Teil senkrecht abfallender Felswand.

Wie ich dort hinunter, geschweige denn wieder herauf kommen sollte, darüber dachte ich lieber nicht nach. Aber wie sollte Lena das schaffen? Ich hatte ihr und mir geschworen, sie nie wieder allein bei der Hexe zu lassen. Die Erinnerung an ihren Zustand bei meiner Rückkehr quälte mich noch nach Wochen. Sie mußte mit und wenn ich sie tragen müßte. Tragen! Das war die Lösung. Zwei Tage brauchte ich, um einen Huichol dazu zu überreden, uns ein Maultier zu leihen.

Als wir in der Hütte des Mara'akame Vincente lagen, waren noch nicht einmal zwölf Stunden vergangen, und doch schien es mir eine Ewigkeit her, daß wir Carmelita und die Mesa verlassen hatten. Ein kolossaler Abgang. Dramaturgisch genial als Einstieg für einen dramatischen Abstieg. Ich hätte es wissen müssen. Aber hatte ich es nicht gewußt? Hatte ich nicht bis zur letzten Minute versucht, unser Vorhaben vor Carmelita zu verheimlichen? Als dann das Maultier vor ihrer Hütte stand, begann der Kampf ums Entkommen. Die halbe Nacht versuchte sie, mit Drohungen, Unkereien und Weissagungen unseren Plan zu vereiteln. Am Morgen des Aufbruchs war nichts entschieden. Keiner gab auf. Sie verweigerte uns Wasser und Nahrung. Ich raste zur Kilometer weit entfernten Quelle. Als ich mit Wasser und anderweitig erbettelten Tortillas zurückkam, zeterte und schrie sie schon von weitem, Lena lüge, noch bevor diese mir sagen konnte, daß Carmelita das Muli losgebunden und verjagt habe.

Zwei Stunden später hatten wir zwar das Tier wieder, aber die für den Abstieg notwendige Morgenkühle verpaßt. Es war zu spät und zu heiß, um aufzubrechen. Die Hexe hatte wieder einmal gesiegt. Ich gab auf, jedenfalls für diesen Tag. Da jagte sie uns aus dem Haus und sperrte es zu. Meine Forderung, ich wolle noch etwas zum Trinken mitnehmen und unsere Schlafsäcke und die Schachtel Kerzen herausholen, die ich Vincente hatte mitbringen wollen, machte sie zur Furie. Sie kreischte, der Schlüssel sei weg, wir hätten bis zur Dunkelheit zurückzusein, sonst schmeiße sie unsere Sachen heraus, keiner käme nachts in ihr Haus.

Während mich der Kampf mit dem Drang, Carmelita an die Gurgel zu springen, vorübergehend bewegungsunfähig machte, tröstete ich mich mit dem Gedanken, daß ich zum Glück wenigstens die Spritze mit dem Serum gegen Skorpionstiche dabei hatte. Seitdem ich einen Huichol-Jungen innerhalb von Minuten jämmerlich an einem Stich hatte sterben sehen, trug ich sie immer am Leib.

Wir hatten schon den Wald am Rande des Tafelberges erreicht, da keifte Carmelita hinter uns her, der Abstieg nach Las Blancas sei weiter rechts. Ich bezweifelte, daß dort wirklich der richtige Weg sei. Bisher hatte sie uns noch jedesmal ins Unglück geschickt. Meine Zweifel verflüchtigten sich auch nicht, als wir der gewiesenen Richtung folgten und tatsächlich plötzlich am Beginn eines mörderischen Abwärtspfades standen.

Bei seinem Anblick packte mich die nackte Angst. Aber jetzt zögern, hieße umkehren. Ich befahl Lena, sich so weit wie möglich auf dem Muli zurückzulehnen, und stürzte mich vorsichtig über die Schwelle der Überwindung. Das war kein Pfad, das war ein Fließband aus Geröll. Und nach den ersten Zickzack-Kurven nahm das Unglück seinen Lauf.

Das Muli scheute, ich zerrte, glitt aus, das Tier auf mich drauf, Lena schrie, rutschte ab, Steine ... Abgrund ..., ich komme nicht auf die Beine ... lose Leine ... das Viech macht kehrt ... schleift mich mit dem Fuß im Trensengewirr – Schweiß ... Staub ... Blut ... Lena weint, ich schreie ...

Der dramatischste Tag meines Lebens hatte soeben begonnen und setzte sich in vierstündigen Irrwegen, blutigen Kämpfen mit dem störrischen Maultier, Kreislaufkollaps, Verzweiflung, Stürzen, kurzer Ohnmacht und Todesängsten fort.

Daß in der Dämmerung die Geier über uns zu kreisen begannen, wunderte mich nicht. Daß wir der eiskalten Nacht im Freien, zwischen Schlangen und Skorpionen entkamen, erschien uns allerdings wie ein Wunder – in Form von Jesusita. Sie fand uns mehr tot als lebendig, verkratzt und blutend in einem Canyon, in den ich Lena und das Muli, halb wahnsinnig vor Erschöpfung, Durst und Hitze, auf der Suche nach Wasser und Schatten gezerrt hatte.

Wir hatten dort zwar Wasser gefunden, aber es war zu schmutzig, um damit den entsetzlichen Durst zu löschen. Wir fanden auch Schatten, aber im Gewühl der dschungelartigen Vegetation entlang dem Bach, trotz verzweifeltem Suchen, keine Möglichkeit mehr, die steile Felswand zurückzuerklimmen. Ich fiel in einen Zustand erlösender Gleichgültigkeit. Lena spielte mit Steinen, als gäbe es nichts anderes auf der Welt, als habe es nie etwas anderes gegeben.

Plötzlich stand sie vor uns. Groß, schlank, mit einer unglaublich kraftvollen Ausstrahlung. Sie sagte nichts, sah uns an. Ihr Blick durchbohrte mich bis ins tiefste Innere. Ich fühlte, daß das nach den letzten Wochen und Stunden nicht schwierig war.

Den versteckten Pfad, über den sie uns aus der Schlucht führte, hätte ich nie gefunden. Wir folgten ihr zu einem kleinen, zwischen Gestrüpp und Hügeln verborgenen, »rancho«. Zwei von einem runden Zaun umgebene fensterlose, einräumige Lehmhütten. Die eine war Wohnraum, die kleinere Küche. Einer weiteren Ohnmacht nahe sank ich mit Lena in ihren Schatten und beobachtete die beiden Truthähne, die über den Hof stolzierten.

Nicht ein Hauch des erlösenden Abendwindes erreichte den Brutkessel des von Bergen umringten Tals. Weder Bitten noch Zeichen oder Flehen konnten Jesusita dazu bewegen, uns etwas Trinkwasser zu geben. Hatte sie keins? Verstand sie mich nicht? Sie rührte sich nicht, saß stumm und bewegungslos im Licht der Abendsonne.

Wie so oft in letzter Zeit begann ich an der Wirklichkeit der Situation zu zweifeln. Wurde ich langsam verrückt? Irgendwann war der Durst plötzlich fort. Da stand sie auf und kam mit einem kleinen Becher voll Wasser zurück. Nach dem ersten Schluck mußte ich all meine Willenskraft aufbieten, um etwas für Lena übrig zu lassen. Sie trank zwei Schlückchen, stellte dann den noch fast halbvollen Becher ab. Ich konnte es nicht fassen. »Hast du denn keinen Durst mehr?« »Nein.«

In meiner Fassungslosigkeit verwandelte sich die Vorstellung zu verdursten, zu Gier in meinem Mund. Ich erschrak, als ich Jesusitas starr auf mich gerichtetem Blick begegnete. Daß sie die Frau des Mara'akame Vincente, und dies sein Rancho war, erfuhren wir erst, als sie ihn suchen ging.

Ich glaubte die beiden noch immer vor der Hütte reden zu hören, als mich eine Bewegung neben unserem Lager hochschreckte. Im selben Moment zischte ein Streichholz, entflammte einen Kienspan, zwei Augen, die mich augenblicklich in die Leere nagelten. Der Gedanke, daß diese Augen bestimmt kein Licht brauchten, um zu sehen, mehr sahen, als ich mir je würde vorstellen können, schien für immer mein letzter Gedanke zu sein. Es war, als saugten diese Augen mich ein. Ich sah, daß Vincente sprach, hörte aber nur das Sausen, das das Gefühl von schwerelosem Fall begleitete. Ich spürte, wie etwas in seiner Hand meinen, dann Lenas Kopf berührte, die neben mir im Schlaf tief aufstöhnte, hörte das Schluchzen, das diese Berührung in mir auslöste, folgte dem Befehl, mich zurückzulegen, fühlte das Kribbeln der Tränen, die in meine Ohren rannen.

Plötzlich, als habe jemand in meinem Hirn Licht gemacht, sah ich klar. Etwas, das ein Karibu-Schamane einst dem Polarforscher Knud Rasmussen erzählt hatte, bekam konkreten Sinn für mich:

»Alle wahre Weisheit kann nur fern menschlicher Wohnstatt erkannt werden, draußen in der großen Öde. Und sie wird nur durch Leiden erworben. Not und Leiden sind die einzigen Dinge, die den Geist des Menschen dem öffnen können, was den anderen verborgen bleibt.«[3]

Mich dem zu öffnen, hatte ich mich in die Sierra Madre Occidental aufgemacht. Als wir losfuhren, spürte ich Freude, Erwartung und Aufregung. Natürlich hatte ich auch Angst. Angst davor, allein mit einem vierjährigen Kind in eine unbekannte Wildnis zu einem der verschlossensten und geheimnisvollsten Ureinwohner-Stämme Mexikos zu fahren. Auf Not und Leiden war ich nicht gefaßt. Im Gegenteil. Heute bin ich sicher, daß ich gerade das mit Hilfe der Schamanen umgehen wollte.

Fünf Wochen brauchte ich, um zu erkennen, daß es diesen Umweg nicht gab. Nicht die seltsam erlösende Berührung Vincentes war es, die mich die Huicholes und das bisher bei ihnen Erlebte in einem anderen Licht sehen ließ. Es waren die Leiden der Unbegreiflichkeit ihrer Gemeinheiten, ihrer Verachtung, ihrer Lügen, Bosheiten und ihrer Schadenfreude, die mir meine, den Verstand beherrschende Gewohnheit, die Dinge nur nach erlernten Mustern zu sehen, bewußt machten und mich diese – nicht die Huicholes – als Quelle meiner Qualen erkennen ließen.

Auf einmal wußte ich, daß alle Ängste, Verzweiflungen und Frustrationen, die ich bis dahin bei den Huicholes durchlitten hatte, nur Folge dessen waren, was ich mitgebracht hatte: Hoffnungen, Erwartungen, Ängste, Ansprüche, Gewohnheiten, und notwendig waren, um mich von dem einengenden Ballast, den ich mit mir rumschleppte, zu befreien.

Ich war vom Schicksal in einen Hexenkessel gesetzt worden, der alles, was mich hinderte, die Realität zu sehen und zu nehmen, wie sie ist, aus mir herauskochte und mich schließlich verstehen ließ, daß jemand, der mit der irdischen Wirklichkeit nicht fertig wird, keine Chance hat, die mystische zu erfahren. Auch wenn – oder gerade weil die eine manchmal so unvorstellbar ist wie die andere.

Es war bestimmt kein Zufall, daß ich erst heute diesem Mara'akame begegnet, und, wenn vielleicht auch nur für diese Nacht, in sein Haus aufgenommen worden war.

Als Jesusita und Vincente später wieder in die Hütte kamen, fühlte ich mich seltsam leicht, der Vergangenheit entbunden, wie neugeboren. Ein Gefühl, aus dem heraus ich mich erinnerte, daß ich in dieser Nacht Geburtstag hatte.

Im Schein des harzhaltigen Hölzchens, das Jesusita an einen Stein lehnte, zogen sie sich aus, schlugen Staubgebilde aus ihren Kleidern und krochen, trotz der Kälte, nackt unter die dünne Decke auf ihrem Bett aus Bambusstäben. Auf einmal war es mir peinlich, in meinen verdreckten Sachen dazuliegen. Als das Holzscheit verglüht war, zog ich sie aus und deckte mich damit zu.

Ihre bis in den frühen Morgen nicht endende Unterhaltung erschien mir wie das Gemurmel eines Baches, und die Spukke, die Vincente alle Augenblicke ausspie, wie alles Böse und Schlechte, von dem er seine Worte befreite.

Schreck durchfuhr mich, noch bevor ich die Augen öffnete.

Hatte ich alles nur geträumt? Ich tastete nach Lena, sah in ihrem strahlenden Gesicht den Spiegel der Veränderung, die ich nun langsam in meinem ganzen Körper als unglaubliche Energie zu spüren begann.

Wir waren allein. Auch die andere Hütte war leer. Das Maultier döste noch immer unter dem Baum, an den ich es abends gebunden hatte. Lena verlangte, daß ich mich für die Schläge, mit denen ich immer wieder versucht hatte, das Tier zum Weitergehen zu bewegen, bei ihm entschuldigte. Ich tätschelte es mit der linken Hand. Die Rechte, eine einzige offene Wunde, brannte wie Feuer. Das rohe Fleisch war, mit Dreck vermischt, getrocknet, sprang bei jeder Handbewegung wieder auf. Ich holte tief Luft und riß die restliche Haut, die das Führungsseil des Mulis gestern in Fetzen gerissen hatte, ab.

Lena sah unberührt zu. Mein Vorschlag, in die Schlucht zum Waschen zu gehen, versetzte sie in heillose Panik. Sie schrie und schlug auf mich ein. Ich nahm sie in die Arme, sagte Dinge, von denen ich nicht wußte, daß ich sie wußte, mit einer Stimme, die ich nicht kannte, spürte körperlich, daß sich meine Einstellung zu ihr über Nacht total verändert hatte. Noch nie hatte ich eine solche Geduld und ein so totales Verständnis für sie aufgebracht, wie in diesen Minuten.

Noch mehr als diese Feststellung erschreckte mich die heilende Wirkung, die mein mich selbst überraschender innerer Friede auch auf Lena hatte. Unglaubliche Dankbarkeit und unendliches Vertrauen lagen in der Zärtlichkeit, mit der sie sich an mich schmiegte. Wir fühlten, daß etwas geschehen war, das jeden von uns von einer furchtbaren Last zu erlösen begann.

Die Schreckenserlebnisse des vorangegangenen Tages hatten mich an die Schwelle des Wahnsinns gebracht. Aber sie hatten mich auf unübersehbare Weise zu der Erkenntnis geführt, daß alle meine Ängste um Lena nichts anderes waren

37

als meine eigenen, unbewältigten Ängste, für die ich Lena immer wieder die Schuld gegeben hatte, weil sich in ihr widerspiegelte, was ich in mir selbst nicht erkannte.

Nicht die Strapazen und äußeren Umstände, denen ich sie auslieferte und die sie hundertmal besser meisterte als ich, waren es, die sie, seit wir in der Sierra waren, zu dem von mir oft gehaßten, ängstlichen, unselbständigen, lästigen Bündel gemacht hatten. Es war die Unerfüllbarkeit meiner unbewußten Forderung an sie gewesen, mich von meinen Ängsten um sie zu befreien. Sie konnte es nicht, hätte es auch bei Beachtung aller Verbote und Ermahnungen nicht geschafft. Denn meine Angst, daß ihr etwas zustieße, war in Wirklichkeit meine Angst davor, was dann mit mir passierte. Kaum hatte ich das erkannt, reduzierte sich die untragbar geglaubte Last der Verantwortung für Lena auf ein überschaubares Minimum.

Vergnügt kamen wir von der Wasserstelle zurück. Jesusita saß, eng an die Wand gedrückt, im schmalen Schatten der Hütte. Sie fragte, wo wir gewesen seien. Wir kämen vom Bach sagte ich, hätten dort uns und unsere Kleider, in Ermangelung von Seife, mit Sand geschrubbt und in der Sonne getrocknet. Wir strahlten vor Sauberkeit.

Ihr Zorn sprang mich an, wie ein wildes Tier: »Du hast zu fragen, bevor du zum Wasser gehst!«

Irgendetwas hielt mich davor zurück, Jesusita nach dem Warum zu fragen. Auch wußte ich, daß es zwecklos war, sie um etwas zu essen zu bitten oder zu fragen, wo Vincente sei. Ich hatte angefangen zu begreifen, daß hier alles seine richtige Zeit hatte, und wenn man diese abwartete, sich fast alles von selbst beantwortete.

Wir hockten uns neben Jesusita und sahen ihr bei der Arbeit zu. Sie stickte. Alle Huicholfrauen sticken. Ich hatte noch nie eine gesehen, die einfach nur dagesessen hätte, ohne etwas zu tun. Wenn sie nicht Mais mahlten oder Tortillas (ihre, und lange Zeit auch unsere Hauptnahrung) backten, webten sie Gürtel und Taschen oder bestickten Leinen für die Kleidung ihrer Männer.

Jesusita legte ihre Arbeit beiseite, betrachtete die Stickereien auf meinem Rock, wollte wissen, von wem ich ihn hatte. Ich erzählte ihr, daß der alte Mann, dem wir damals inmitten der Öde auf einem Pfad begegnet waren, ihn mir verkauft hatte. Sie wollte, daß ich ihr diesen Mann genau beschrieb, was ich tat.

Ich hatte bis zu diesem Kauf noch keine bestickte Frauen-Kleidung gesehen und war mir gar nicht sicher gewesen, ob ich die grelle Buntheit der Tiere und Muster schön fand. Ich hatte die Sache aber trotzdem genommen, weil mich meine langen Hosen noch mehr zu einem Fremdkörper unter den Huicholes machten.

Die Huicholfrauen tragen lange, weite Röcke (*ibui*). Die langärmeligen, schlichten Blusen (*kutuni*) stehen in knalligem Kontrast zu den einfarbigen Röcken, von denen sie zwei bis drei in verschiedenen Farben übereinander tragen. Ihre *rikuri* (Kopfbedeckungen) sind zwei, an zwei Seiten soweit zusammengenähte Tücher, daß an der Spitze ein Loch bleibt, in das sie mit dem Kopf schlüpfen. Das vordere Tuch wird dann wieder zurück über die Stirn gezogen, von wo es nach hinten über Haare und Nacken fällt. Die einzige Verzierung ihrer Röcke und Blusen sind bunte Bisen.

Die Kleidung der Männer dagegen ist ein einzigartiges Schmuckwerk. Das weiße Leinen (Manta) ihrer Hosen (*huerurri*) und Hemden (*kamirra*) hat breite, in ›petit-poit‹-Art bestickte Borten.

Das Hemd, das über die Hose fällt, ist an den Seiten bis zum Ärmelbündchen offen und wird über der Hüfte mit einem breiten, gewebten Gurt (*juayame*) zusammengehalten. Über ihn sind zwei bis drei schmalere, bunte Gürtel (*kurrira*) gebunden. Bei festlichen Anlässen kommt noch ein *huaikuri* (eine Art Gürtel aus kleinen, leeren Taschen) dazu.

Ihr Hab und Gut tragen die Huicholmänner in oft bis zu sechs gewebten oder bestickten, flachen Taschen (*kuchuri*), die schräg über die Brust an langen Schulterbändern hängen. Das dreieckige, um den Hals gebundene Schultertuch (*tubarra*) ist an zwei Seiten mit breiten, roten Flanellstreifen eingefaßt. Die Perlenarmbänder (*matsúwa*) an ihren Handgelenken symbolisieren ursprüngliche Halterungen mystischer Schilde.

Wie alles im Leben der Huicholes, haben auch die gewebten und gestickten Motive ihrer Kleidung magische oder religiöse Bedeutung. Die Symbole selbst haben einen besonderen mystischen und mythologischen Gehalt. Hirsch (Inkarnation der Tugend), Adler (Erhalt des Lebens), und der, durch einen fünfzackigen Stern oder eine fünfblättrige Blume dargestellte, Peyote-Kaktus sind die am häufigsten auftauchenden Symbole. Die Schlange repräsentiert Leben, Regen und Blitze. Die Untergründe stellen Wasser, gestickte Kiesel Feuer, die gebrochenen Linien Donner dar.

Auch in den kaum zu erkennenden, nicht beendeten Teilen der Stickereien liegt ein tieferer Sinn: nur die Götter sind vollkommen und kein Huichol möchte das Werk der Götter übertreffen.

Die Muster, Farben und Elemente sind seit Jahrhunderten immer dieselben geblieben. Nur die Ausführung der Motive ist von Familie zu Familie verschieden. Sie wird, da die Huicholes ihre Sachen tragen, bis sie auseinanderfallen, meist auf kleinen Mustertüchern verewigt, und so von Generation zu Generation vererbt.

Wie ernst die Huicholes diese Familientradition nehmen, erfuhr ich, als eine Frau mir einen *huaikuri* (Gürteltasche) verkaufte und später feststellte, daß sie vergessen hatte, ein bestimmtes Motiv abzukopieren. Um das nachzuholen, nahm sie zwei Tage Fußmarsch in Kauf.

Auch wenn heute viele Huicholfrauen nur noch mechanisch ausführen, was ihre Vorfahren einst in tiefer religiöser Einsicht, unter Peyote-Einfluß, bewußt und in bestimmter Absicht schufen, gibt es immer noch eine ganze Reihe, die diese Tradition nicht nur mit Nadel und Faden, sondern im vollen Bewußtsein der magischen Kraft ihrer schöpferischen Fähigkeiten fortsetzen.

»Wenn eine Huichol etwas weben oder sticken will, fängt ihr Mann eine große Schlange. Er klemmt ihren Hals in die Gabelung eines Astes und hält das Reptil hoch, während die Frau dem Tier mit der Hand über die ganze Länge des mit prachtvollen Farben und Mustern verzierten Rückens streicht. Dann fährt sie sich mit derselben Hand über Stirn und Augen, um so die Fähigkeit zu erhalten, ein wunderschönes Werk zu vollbringen.«[4]

Was Carl Lumholtz vor fast hundert Jahren beobachtete, hat immer noch Gültigkeit. Der Glaube an die, großes künstlerisches Können gebende, Kraft der Berührung einer Schlange ist noch heute so lebendig, wie der Glaube an die magische Kraft des Kunstwerkes selbst.

Die sichtbaren Aspekte dieser Macht werden jedoch oft eifersüchtig vor den Blicken der anderen verborgen. Auf Festen und Versammlungen habe ich mich immer wieder gewundert, warum manche Huicholes ihre Kleidung links herum, mit der Stickerei nach innen, tragen.

Eines Tages entschloß ich mich, Vincente nach dem Grund zu fragen. Es war ein Entschluß. Denn die Augen, die mich jedesmal durchbohrten, bevor er – wenn überhaupt – antwortete, der Blick, der danach forschte, ob und welcher Antwort die Frage und ich würdig seien, verlangte vor jeder Frage die bewußte Entscheidung, diesem Blick standhalten zu wollen.

Vincente lachte, als ich ihn fragte, warum Huicholes ihre Sachen verkehrt herum anziehen. Er schien nicht über die Frage, sondern über die Leute zu lachen, die dies taten: »Sie wollen nicht, daß andere die Stickereien sehen und kopieren.«

»Fürchten sie den Verlust der magischen Kraft der Sticke-rei?« Bei den Nachfragen war ich oft voreilig und dachte nicht an seine Reaktion. Diese blieb unbeantwortet, nicht mal eines Blickes würdig. Tage später deutete er plötzlich auf seine Frau, die tief in ihre Handarbeit versunken war: »Darin liegt die Kraft, nicht in der Kopie. Die Augen kön-nen nicht schöpferisch sein. Das kann nur die Seele.«

So gut ich konnte, hatte ich Jesusita den Mann beschrieben, der mir Rock und Bluse verkauft hatte. Danach hatte sie ih-re Arbeit wieder aufgenommen und war in unansprechbares Schweigen entrückt.
»Ya has tomado peyote?«
Die Frage, ob ich schon einmal Peyote gegessen habe, kam so unvermittelt, daß ich erschrak. Ich sagte nein.
Sie machte eine fahrige Bewegung über die Ornamente mei-nes Rockes und sagte: »Du wirst Peyote nehmen. Vor-sicht.«
Ich starrte auf den Rock. Eine Hitzewelle durchflutete mei-nen Körper. Die Hoffnung, von den Huicholes in die Ge-heimnisse des heiligen, halluzinogenen Kaktus eingeweiht zu werden, hatte ich beinahe aufgegeben. Ich war viel zu aufgeregt, um darauf zu achten, ob das der richtige Augen-blick sei, und fragte: »Wird Vincente ihn mir geben? Werde ich mit ihm Peyote nehmen?«
Sie stand abrupt auf und verschwand in der Küchenhütte. Ich hätte mir die Zunge abbeißen können. Aber über keinen Peyote-Kaktus hätte ich mich im nächsten Moment mehr freuen können, als über die Wasserkalabasse und die Tortil-las, die sie herausbrachte und uns überreichte. Die Maisfla-den waren das erste, was wir seit 24 Stunden zu essen beka-men.

Mais ist hier, wie überall in der Sierra, die Haupt- und meist einzige Nahrung der Huicholes. Er wird vorwiegend in

Form von Tortillas gegessen. Nur selten gibt es »frijoles« (Bohnen), in der Regenzeit, wenn die Kühe mehr Milch geben, auch mal salzigen Käse dazu. Die Milch selbst wird von den Indianern nicht getrunken. Fleisch gibt es nur während der Fiestas. Die Viehzucht dient in der Hauptsache der Aufzucht von Opfertieren und wird nur von wenigen betrieben.

Die Huicholes sind Maisbauern, oder besser gesagt, Mais-Anbauer. Denn Handel wird mit dem Mais nicht getrieben. Das Ackerland ist knapp, und gesät wird nur soviel, daß der Ertrag für den Eigenbedarf bis zur nächsten Ernte reicht. Bei schlechten Wetterverhältnissen sind Hungersnöte daher keine Seltenheit. Ist der Vorrat vorzeitig erschöpft, treibt der Hunger viele Huicholes in die Städte, wo sie ihre Handarbeiten und Dienste für Pfennigbeträge verkaufen. Doch zu Beginn der Regenzeit kehren alle zurück. Die Saat des Mais vereint sie wieder und die Arbeit mit der Erde macht sie alle gleich. Sie löst die politische und geistige Hierarchie, in der die Huicholes Gemeinde, Göttern und Gesetzen dienen, auf. Alle, Mara'akate, Gobernadores, Beamte und Kinder nehmen mit ihren Familien am Maisanbau teil.

Wann und wo die, wie man annimmt, ursprünglich nomadischen Jäger mit Mais und Ackerbau in Berührung kamen, weiß man nicht. Fest steht jedoch, daß Mais für die Huicholes mehr ist, als nur gegenwärtige Lebensgrundlage. In ihren Mythen und der Religion nimmt Mais eine ebenso zentrale Rolle ein, wie Rothirsch und Peyote. Er ist Teil der mystischen Einheit, die Peyote, Mais und Rotwild bilden. »Sie sind eins, sie sind wir, unser Leben« sagen die Huicholes.[5]

Es ist eine Einheit, die das Leben der Huichol-Indianer bestimmt. Eine Einheit allerdings, in der Mais die geheimnisvollste und unvertrauteste Stelle einnimmt. Im Gegensatz zu der liebevollen, vertrauten, ja zärtlichen Einstellung der Huicholes zu Peyote und Rothirsch, begegnen sie dem Mais mit großem Respekt. Dieses Verhalten schlägt sich sowohl in der Handhabung von Mais wie auch in der geistigen Haltung ihm gegenüber nieder.

Ihrem Glauben nach ebenso unergründbar wie unersetzlich, wird Mais in Zeremonien und Riten, aber auch beim Anbau und Ernten mit größter Achtung und Aufmerksamkeit behandelt. Denn ihr Leben hängt nicht allein vom Mais, sondern auch vom Wohlwollen seiner Geister ab. Und diese sind launisch, so empfindlich wie anspruchsvoll.

Jede der fünf Maissorten besitzt einen besonderen Geist, der durch die fünf Maisfarben Weiß, Blau, Rot, Gelb und Schwarz symbolisiert wird.

Da also jeder dieser Geister einen speziellen Charakter hat, wird der Mais peinlich genau nach den Farben sortiert, bevor er – hauptsächlich zu Tortillas – verarbeitet wird.

Mehrmals am Tag sieht man die Frauen die gekochten Körner mit »metate« und »mano« (Trog und Handstein) mahlen und auf runden Blechen (comal) über dem offenen Feuer zu tellergroßen Fladen rösten. Ein Huichol verspeist bis zu dreißig Tortillas am Tag.

Auch die süß oder sauer zubereitete Atole (ein schleimiger Brei) wird aus Mais gemacht. Für Feste und zeremonielle Mahlzeiten werden Unmengen von »tejuino« (Maisbier) gebraut und Körbe voll kleiner, dicker Tortillas und »tamales« aus Mais bereitet. Tamales sind Röllchen aus salzlosem Maisteig, die, kunstvoll in Maisblätter gebunden, in heißem Wasser gegart werden.

»Mais ist unser Leben«, sagen die Huicholes und meinen das wörtlich. Er ist ein göttliches Geschenk, das ihnen jederzeit wieder genommen werden kann, wenn es nicht mit äußerster Vorsicht und größter Achtsamkeit behandelt wird. Ihr Leben ist von seiner Existenz so abhängig, wie seine Existenz von der Behandlung, die sie ihm zukommen lassen.

Seine Aufzucht bedarf der gleichen behütenden Aufmerksamkeit und Fürsorge wie das Leben ihrer Kinder, deren zartes Wesen mit den grünen Ähren des Mais verglichen wird. Wie der Mais sind auch sie Grundlage für den Fortbestand der Huicholes.

Wie unsicher diese Basis ist (hohe Kindersterblichkeit und unvorhersehbare, oft katastrophale Wetterbedingungen für die Maisernte), läßt sich schon daran erkennen, wie rapide die Zahl der ursprünglich angeblich 20.000 Huichol-Indianer sinkt.

Heute gibt es, verteilt über die Staaten Nayarit, Jalisco, Durango und Zacatecas, nur noch rund 9.000 Huicholes. Die meisten von ihnen leben in der »Sierra de los Huicholes«. Dieses 4.107,5 Quadratmeter große Gebiet, das sich über den Grat der Sierra Madre Occidental ausdehnt, ist in fünf »comunidades« (Gemeinden) unterteilt.

Gemäß der geografischen Unterteilung sind auch die Huicholes in fünf große Gruppen untergliedert, die sich sowohl in der Sprache als auch in der Ausführung ihrer Riten und Zeremonien voneinander unterscheiden.

Die von 1000 bis 3000 Meter hohen Tafelbergen, von steilwandigen Canyons und tiefen Tälern zerklüftete Landschaft macht eine Kommunikation zwischen den einzelnen Stämmen und Gemeinden fast unmöglich.

Eine den einzelnen Gruppen übergeordnete Stammesorganisation gibt es nicht. Jede Gemeinde ist autonom, hat ein eigenes politisches und religiöses Zentrum, das jedoch nur sporadisch genutzt und bewohnt wird.

Jede Gemeinde setzt sich aus einzelnen kleinen »Ranchos« und mehreren »Rancherias« zusammen. Eine Rancheria (*kíekári*) ist eine weit verstreute Ansammlung von Ranchos. In der »Sierra de los Huicholes« gibt es etwa 400 solcher Rancherias.

Diese einst auf der Lebensform von Großfamilien basierenden Gemeinschaften sind heute eher nur noch als Gebietsbezeichnungen zu verstehen. Zwar sind die in ihnen lebenden Familien auch heute noch mehr oder minder eng verwandtschaftlich miteinander verbunden. Doch ist diese Verbundenheit, nicht zuletzt durch die große Entfernung, die zwischen den einzelnen Ranchos liegt, nur noch bei zeremoniellen Anlässen wahrnehmbar.

Die Abnahme der Gemeinschaftsorientierung auf verwandtschaftlicher Basis hat dazu geführt, daß die meisten Huicholes in Einzelfamilien mit ihren unverheirateten Kindern auf winzigen, einsamen Ranchos leben. Es sind rundumzäunte Höfe, die aus zwei oder mehreren Hütten und dem angrenzenden Acker- und Weideland bestehen.

Diese wie Kleckse über die Sierra verteilten Ranchos verbindet nichts miteinander, außer der Zugehörigkeit zu der Gemeinde, in der sie liegen. Ein Grund, weshalb man bei diesen Indianern eher von einem Huichol-, als von einem Stammes-Bewußtsein spricht.

Obwohl jede Gemeinde alljährlich eine neue Regierung aus den eigenen Reihen wählt, kann man das Leben der Huicholes als politisch führungslos bezeichnen. Dinge des alltäglichen Lebens werden auf Rancho-Ebene geregelt und ausgeführt. Die politisch-religiösen Zentren, Ansammlungen meist leerstehender Lehmhäuser, werden nur während der großen Versammlungen und Fiestas bewohnt.

Mehrmals im Jahr verlassen die Familien ihre Ranchos, um an den großen Zeremonien-Festen im *calihuey* des Zentrums teilzunehmen. Der Calihuey setzt sich aus dem *toki*, dem Zeremonienhaus (ein großer, einräumiger Rundbau) und mehreren kleinen *ririkis* (Tempeln) zusammen.

Auch die Rancherias, in denen jeweils mindestens ein Mara'akame ansässig ist, besitzen einen Calihuey für ihre Zeremonien. Doch die großen Jahreszeiten-Fiestas, die mehrere Tage dauern, finden im Calihuey des Gemeinde-Zentrums statt. Um dort hinzugelangen, nehmen die Huicholes nicht selten tagelange, beschwerliche Reisen auf Mulis, Pferden oder zu Fuß in Kauf. Denn die Ranchos liegen, auch innerhalb der einzelnen Gemeinden, oft viele Stunden oder tagelange Fußmärsche voneinander entfernt.

Der Mara'akame Vincente, den ich nach dem Grund der großen Distanz zwischen den einzelnen Ranchos fragte, antwortete: »Die Huicholes wollen in Frieden leben.«

»Würde eine engere Gemeinschaft diesen Frieden stören?«

»Das würde sie.«

»Heißt das, daß die Huicholes besonders streitlustig sind?«

»Nein. Wir achten das Leben, nicht nur das eigene.
Wer mit der Natur lebt, muß in Frieden mit ihr sein. Sonst stirbt er.«

»Und der Mensch gehört zur Natur.«

»So ist es. Aber mit ihm in Frieden zu leben, ist schwerer als mit einem Baum. Wenn du dich unter einen Baum setzt, gibt er dir Friede und Kraft, gibt, gibt nur. Menschen geben nicht nur. Sie nehmen auch. Wenn sie keinen Frieden haben, nehmen sie dir deinen. Raum hilft uns, ihn in uns selbst zu finden.«

Wie verletzlich dieser Friede ist, haben wir immer wieder erlebt. Auf jeder Fiesta gab es Streitereien und Schlägereien. Nicht nur unter Männern, auch unter Frauen. Vor allem aber zwischen Frauen und Männern fanden Handgreiflichkeiten statt, aus denen allerdings meistens die Frauen als »Sieger« hervorgingen.

Zuverlässige Angaben, woher diese, die totale Isolation gewohnten Menschen, stammen, gibt es nicht. Der Name »Los Huicholes« wurde ihnen von den Mexikanern gegeben. Sie selbst nennen sich *Wirrá' rika*, was soviel wie Zauberer oder Heiler bedeutet.

Ihre Traditionen, Bräuche, Riten und Sprache lassen darauf schließen, daß sie dem Ursprung nach Nahuatl sind. In Urzeiten sollen sie als Nomaden aus Asien eingewandert sein. Tatsächlich ist ihre physiognomische Ähnlichkeit mit den Tibetern frappierend.

Mutmaßungen, daß sie später von den Azteken aus dem Tal von Mexiko (dem heutigen Mexiko-City) vertrieben wurden, sind ebenso wenig belegt wie die Annahme, daß die Huicholes, aus dem Osten oder Nordosten Mexikos stammend, an der Küste lebten, bevor sie sich in der Sierra niederließen. Ob dies in prähistorischer Zeit oder möglicherweise erst beim Zurückweichen vor den Eroberern geschah, ist ebenfalls ungewiß.

Religiöse und mythische Überlieferungen der Huicholes und ihre tiefe Verbundenheit mit »*Wirikuta*«, dem Heiligen Land des Peyote, in der Wüste von San Luis Potosí, lassen jedoch den Schluß zu, daß sie aus dem Osten Mexikos in die Sierra kamen und »in der Wirklichkeit wie in den Mythen, heute wie in Urzeiten, dem Weg ihrer Vorfahren folgen.

Dieses Urvolk soll seine Heimat unfreiwillig verlassen und dann in den Bergen gelitten und geschmachtet haben, bis es der erste Mara'akame auf den ursprünglichen Pfad der Vorväter nach Wirikuta zurückführte. ... auf alle Fälle ziehen die Huicholes heute auf ihren Peyote-Pilgerreisen nach Wirikuta durch ein Gebiet, von dem sie auch die winzigste Besonderheit kennen und mit einem Huichol-Namen benannt haben, und das vollständig in ihre Religion eingegangen ist. Berge, Höhlen, Wäldchen, Wasserstellen, Quellen, Flüsse und Felsen, all das gehört zu den ›heiligen Orten‹, zu denen die Vorfahren, gemäß der mündlichen Überlieferung, bei ihrem Exodus kamen, und die nun von den heutigen Huicholes während der Peyote-Jagd wieder aufgesucht werden.«[6]

Wirikuta liegt etwa 300 Meilen von der Sierra Huichola entfernt. Bis vor wenigen Jahren legten die Huicholes diese Strecke ausnahmslos zu Fuß zurück. Sie brauchten dafür eineinhalb Monate. Seitdem Anfang der fünfziger Jahre immer mehr Mestizen in das Gebiet der Indianer eingedrungen sind und ihnen ihr Land weggenommen haben, ist den Huicholes der direkte Weg über die Berge und Wüsten von

Jalisco und Zacatecas nach San Luis Potosí durch die hohen Zäune der dort angesiedelten Mestizen versperrt. Doch nichts kann sie daran hindern, alljährlich in das Land ihrer Götter und Urväter zu pilgern. Um Auseinandersetzungen mit den Mestizen zu vermeiden, reisen sie in Lastwagen zusammengepfercht auf Umwegen bis in das öde Gebiet von Real de Catorce, von wo aus sie zu Fuß auf Peyote-Jagd nach Wirikuta gehen.

EINSICHTEN

Jesusita war schon sechsmal im Heiligen Land des Peyote gewesen. Ihr Gesicht war das faszinierendste Frauengesicht, das ich je gesehen habe. Es machte mir ebenso Angst, wie es mir Frieden gab. Die rechte Hälfte war sehr markant, hatte harte, ausgemergelte Züge, wirkte kleiner, eingefallener als die linke, das Auge schmaler, schärfer, strenger. Es war die Gesichtshälfte eines Mannes.

Die linke Seite dagegen war weiblich und weich; schien länger, straffer, fast faltenlos. Das Auge blickte gütig und sanft.

Jesusita war nicht hübsch, war größer als die meisten Huicholfrauen, breit und knochig gebaut. Sie war auch nicht freundlich, sondern wortkarg und abweisend. Und doch strahlte sie, strahlten ihre Blicke und Bewegungen, ihre Haltung und Handlungen eine solche Bewußtheit, Harmonie, Ruhe und Anziehungskraft aus, daß sie mir auf eine fast unwirkliche Weise wunderschön erschien.

Immer wieder, wenn ich sie ansah, beschlich mich eine grenzenlose Sehnsucht, den Zustand zu erreichen, in dem sich diese Frau befand. Obwohl ich mich in ihrer Gegenwart klein, oberflächlich, unbewußt, schwach und dumm empfand, war ich wie gefesselt von ihrer Ausstrahlung und hielt bald jede Minute, die ich nicht in ihrer Nähe verbrachte, für Zeitverschwendung.

Daß Jesusita ein Mara'akame war, wußte ich damals noch nicht, jedenfalls nicht bewußt. Mein Verstand war noch hinter etwas her, was mein Körper unbewußt schon als gegenwärtig wahrnahm.

Voller Ungeduld wartete ich auf die Rückkehr des Mara'a-

50

kame Vincente. Jesusita hatte gesagt, daß er mittags zurück sein würde. Ich nahm das als Aufforderung, auf ihn zu warten. Sie stickte und ich beneidete sie um ihre Beschäftigung. Da fiel mein Blick auf die alte Tasche, die ich von einer Indianerin bekommen hatte. Die Erinnerung an diese Frau, in deren Hütte ich ein paar Tage zuvor »durch Zufall« geraten war, überkam mich wie eine Streicheleinheit.

Ihre Stimme, ihr Ausdruck, ihre Gesten waren von unglaublicher Weichheit gewesen. Sie war mir wie die vollendete Verkörperung von Güte und Weiblichkeit erschienen. Ihr ganzes Wesen stand in so krassem Gegensatz zu den anderen Huicholfrauen, daß mir die Begegnung mit ihr einen tiefen Eindruck hinterlassen hatte. Als sie mich beim Abschied auch noch einlud, wiederzukommen, zweifelte ich einen Moment lang an der Wirklichkeit der Begebenheit. Dazu hatte mich in der Sierra noch nie jemand aufgefordert. Ich nahm mir vor, sie aufzusuchen, sobald wir wieder auf der Mesa sein würden.

Eigentlich hatte ich die besagte Tasche gar nicht haben wollen. Sie schien mir weder typisch huichol noch waren die bunten Vogelstickereien beendet. Jetzt war ich froh darüber und bat Jesusita um Nadel und Garn. Das würde mich von der Warterei ablenken.

Der Versuch war umsonst. Die verletzte Hand schmerzte unerträglich. Also brachte ich Lena das Sticken bei. Glühend vor Eifer und Freude über die unerwartete Aufmerksamkeit, machte sie sich an die Arbeit. Ich war wieder mit meinen Gedanken allein. Je länger ich nachdachte, umso sinnloser erschien mir die Warterei.

Ich hatte vorgehabt, Vincente zu fragen, ob wir unsere Sachen holen und einige Zeit bei ihm wohnen könnten, in der Hoffnung, von ihm etwas beigebracht zu bekommen. Aber mit Lena war das alles ja gar nicht möglich. Allein der Gedanke, mit ihr den Abstieg noch einmal, und dazu mit Gepäck, machen zu müssen, versetzte mich in Panik. Anderererseits war die Tatsache, hier keinen eigenen Raum zu haben, abhängig zu sein, wenn überhaupt, nur Tortillas zu essen zu bekommen, für sie ebenso unzumutbar wie die Einsamkeit, die mörderische Hitze hier unten und die Mücken, die uns schon jetzt jeden Flecken sichtbarer Haut zerstochen hatten. Außerdem schien Vincente sowieso die meiste Zeit zu Zeremonien und Heilungen unterwegs zu sein. Und selbst wenn ich ihn begleiten dürfte, was sollte ich dann mit Lena machen?

Da saß sie, vertieft in ihr neues Können. Und da war wieder dieser Schmerz in mir, wie eine furchtbare Erinnerung. Aber woran? An meinen Zorn? Weil ich mich durch sie immer wieder an meinen Vorhaben gehindert fühlte?

Ich schleppte schon lange, seit dem Besuch bei Hilario, etwas mit mir herum, das ich nicht wahrhaben wollte. Jetzt, da ich neben Jesusita saß und auf Vincente wartete, überkam es mich mit unabwendbarer Macht: das Gefühl, mir selbst etwas vorzumachen.

Ich spürte, daß irgend etwas in mir kurz davor war, aufzubrechen. Es packte mich mit solcher Heftigkeit, daß ich aufsprang. Ich sah mich um, erschrak. Was ging hier eigentlich vor? Angst überkam mich. Ich versuchte, einen klaren Gedanken zu fassen. Aber es ging nicht. Ohne Verständnis nahm ich wahr, was ich sah.

Jesusita saß wie versteinert da. Lena schlief im Schoß einer uralten Frau. Deren Kommen hatte ich überhaupt nicht bemerkt. Wieso schlief Lena am hellichten Tag? War auch ich eingeschlafen gewesen? Hatte ich geträumt?

Noch bevor ich merkte, was ich tat, ging ich, ging einem unbändigen Drang nach, zu gehen. Folgte meinem Körper, der geführt zu werden schien. Hörte, daß mir jemand folgte. Ich nahm an, daß es Jesusita war, wollte mich umdrehen. Aber irgendetwas hielt mich davon ab. Ich hatte Angst und doch keine. Es war mehr wie das Bewußtwerden der Angst, die ich unbewußt vor dem gehabt hatte, was nun geschah.

Die Erinnerung an die Geschehnisse der letzten zwanzig Stunden, an die befreienden Erkenntnisse, durchfuhr mich wie eine wohltuende elektrisierende Welle. Und dann fühlte ich nur noch ein wahnsinniges Kribbeln, daß jetzt, hier etwas Langersehntes geschah.

Ich war wie betäubt, wunderte mich, was diese Wirkung ausgelöst hatte. Fragte mich, wohin ich eigentlich wollte. Hatte kurz darauf das Bedürfnis, stehenzubleiben. Als auch die Person, die mir folgte, stehenblieb, war ich auf einmal sicher, genau dort zu sein, wo *sie* mich hingewollt hatte.

Wir standen auf einem Hügel, auf einem kreisrunden Platz. Obwohl ich in keiner Weise erschöpft war, war das Verlangen, mich zu setzen, so stark, daß es mir die Beine wegzog. Blitzartig fielen mir Castaneda-Beschreibungen solcher Plätze ein.

Wieder hinderte mich etwas daran, mich umzusehen. Die in der Sonne gleißende Landschaft vor mir ließ meinen Blick nicht los, führte ihn zu den Gipfeln einer Bergkette in der Ferne. Die Sonne blendete mich. Ich blinzelte. Mir war, als schaute ich aus großer Entfernung auf die Erde, auf die gewaltige Natur, auf die Schöpfung schlechthin. Sah plötzlich die Aura der Berge am Horizont. Ein für den »normalen« Blick unsichtbares, bläuliches Licht, das sie ausstrahlten. Probierte, ob ich auch die Aura der Bäume direkt unter mir sehen konnte. Sie war weiß.

Die Kraft, die meinen Kopf geradeaus gerichtet hielt, verschwand. Ich drehte mich um. Wie Geschosse trafen mich die Augen der Person, von der ich geglaubt hatte, daß es Jesusita war. Sie mußte es sein. Es war ihre Statur, ihre Kleidung. Aber es war nicht ihr Gesicht, nicht das Gesicht, das ich kannte.

Mein Kopf schnellte zurück. Mir wurde schwindelig. Ich konnte vor Schreck weder sehen noch hören. Alles verschwamm. Wie um dem Furchterregenden hinter mir zu entgehen, tauchte ich in das Nichts.

Ich spürte weder mich noch sonst irgendetwas mehr. Wußte nicht, wieviel Zeit vergangen war, als ich plötzlich anfing, Dinge zu sehen, die sich nicht vor, sondern hinter meinen Augen abzuspielen schienen. Immer wieder tauchte ein großes, rundes Auge auf, das mich mit entsetzlicher Schärfe fixierte. Dann wich es zurück. Doch bevor ich erkennen konnte, ob es zu einem Reptil oder zu einem Vogel gehörte, war es wieder ganz nah, katapultierte sich in ein weit entferntes vogelartiges Wesen und jedesmal, wenn ich glaubte, Lena darin auszumachen, löschte es alles aus.

Ich versuchte, ein solches Bild festzuhalten, indem ich mich zwang, nicht an Lena zu denken. Es blieb stehen, verwandelte sich aber sofort in einen endlosen, weißen Faden, der, wie von einem Spaghetti-saugenden Maul, von einer ekligen auberginefarbenen Masse gierig verschlungen wurde. Das andere Ende, das sich verzweifelt wand, schien mit mir verbunden, riß an meinen Eingeweiden. Ich sah zu der Masse, die nun in rasender Geschwindigkeit Bilder gebar, in denen ich den wahren Hintergrund all meiner Angstzustände der letzten Wochen erkannte.

Ich *sah* die Angst, mich, die Gültigkeit dessen, was ich war, zu verlieren; die Angst, meine Bequemlichkeit, Gewohnheiten, Bedürfnisse und Sicherheit aufzugeben; sah meine, von Lena total unabhängige, Angst, bei Hilario oder hier zu bleiben; die Angst vor *meinem* Hunger und *meiner* Einsamkeit, vor Peyote, Geistern, Menschen, Mara'akaten, Natur und Tod.

Aber es ging nicht nur um die Erkenntnis der Ängste. Es ging um die Angst vor der Erkenntnis, daß ich Angst davor hatte, zu leiden. Leid, das mir widerfuhr oder widerfahren könnte, zu akzeptieren. Es zu akzeptieren bedeutete nicht, es durch Unachtsamkeit heraufzubeschwören, sondern zu einem Leidenszustand ebenso Ja zu sagen, wie zu einem Glückszustand.

Der Schmerz, den ich so oft durch Lenas hinderlich geglaubte Gegenwart empfand, war in Wahrheit das unbewußte schmerzliche Wissen gewesen, daß allein ich selbst es war, die mir mit dieser Angst im Wege stand.

Ich hatte zwar erkannt, daß meine Ängste um Lena meine eigenen, unbewältigten Ängste waren. Aber das, *wovor* ich Angst hatte, (an-)*zu erkennen*, es zu akzeptieren, freiwillig zu durchleben und dadurch Ängste abzubauen und zu überwinden, darin lag mein Problem.

Ich war nicht bereit, zu leiden, nicht bereit, Leid frei-willig, so wie Glück, auf mich zukommen zu lassen. War unfähig, ein leidvolles Erlebnis subjektiv ebenso hingebungsvoll anzunehmen und zu erleben, wie ein glückserfülltes. Statt es *frei* von Furcht *willig* einzugehen, hatte ich versucht, jedes Übel mit in Angst verwandeltem Wider-Willen zu verhindern, und dadurch nur doppeltes Leid erfahren. Denn das, was mir trotzdem widerfuhr, erlebte ich nicht frei als das, was es wirklich war, sondern erlitt es in den Widerständen meiner Unfrei-Willigkeit, die mich jeder Leidsituation gegenüber blind vor Wut und Angst gemacht hatte.

All diese Situationen erlebte ich jetzt noch einmal, *sah*, daß das Leid nicht in ihnen, sondern in mir gewesen war, erkannte, daß nichts, nicht einmal der Tod, von sich aus etwas Schreckliches an sich hatte, daß das Schreckliche nur den Vorstellungen entsprang, die ich von den Dingen hatte.

Plötzlich wurde mir bewußt, daß, seit wir in der Sierra waren, ich mich in einem latenten Leidenszustand befand. Der unbewußte Wille, mein Schicksal selbst zu bestimmen, Leid nicht freiwillig zu ertragen, hatte mich in gewisser Weise geistes-krank, von Sinnen vor Angst, gemacht.

Jetzt, da ich die Situationen noch einmal emotional durchlebte, meiner Angst *zusah*, sah ich, in schrittweiser Wiedererlangung meiner Sinne, einem Heilungsprozeß zu, aus dem ich, von jeder mir *gezeigten* Angst befreit, hervorging. Auf einmal verwandelten sich die Bilder in Wolken. Das erste, was ich wieder spürte, war der Boden unter meinen

Händen. Dann wurde mir klar, daß ich auf der Erde lag und mit offenen Augen in den Himmel starrte.

Jesusita war nicht mehr da. Ich war erleichtert, daß mich niemand hier liegen sah, mußte aber unwillkürlich über diese Erleichterung lachen. Ich fühlte mich unglaublich entspannt, fröhlich und voller Kraft.

Obwohl ich mich nicht erinnern konnte, aus welcher Richtung wir gekommen und wie lange wir gelaufen waren, schien ich genau zu wissen, wolang ich gehen mußte. Lena kam mir entgegengesprungen. Ich freute mich mit dem ganzen Körper über ihre Gegenwart. Zum ersten Mal empfand ich einen tiefen Trost, nicht allein zu sein.

Als ich Jesusita am selben Platz sitzen und sticken sah, zweifelte ich einen Moment daran, daß sie ihn je verlassen hatte. Ich hatte den sehnlichen Wunsch zu baden. Fragte, ob ich mit Lena zum Bach gehen dürfte und staunte, als sie aufsah. War das dieselbe Frau oder sah ich sie jetzt nur anders? Ihr Gesicht war völlig verändert, alles Harte, Bedrohliche verschwunden. Sie nickte, und als sie lächelte, spürte ich ein seltsames Kitzeln im Bauch.

»Nimm«, sagte sie, reichte mir zwei große Kürbisflaschen, die neben ihr gestanden hatten, erklärte mir den Weg zur Trinkwasserquelle. Ohne zu wissen warum, empfand ich das als große Auszeichnung.

Auch die Greisin nickte freundlich und richtete zum ersten Mal das Wort an mich. Sie sagte, daß sie Vincentes Mutter sei. Auf die Frage, wie sie heiße, reagierte sie erst, nachdem Jesusita etwas auf Huichol zu ihr gesagt hatte.

»Maria«, antwortete sie, als habe sie sich den Namen gerade ausgedacht, und lachte mit zahnlosem Mund, als gefiele ihr der neue Name. Dann scheuchte sie uns freundlich davon.

Es dauerte eine ganze Weile, bis wir die Trinkwasser-Quelle im Schatten von Büschen und Bäumen oberhalb des Flußufers fanden. Die Wurzeln eines riesigen Mangobaumes umrahmten das Wasserloch, so als halte er etwas sehr Wertvolles in seinen Armen. Ich hatte den Eindruck, daß die Natur selbst sich uns darbot. Der paradiesische Anblick erfüllte mich mit Ehrfurcht. Die Gier verschwand. Der Versuch, auf Vorrat zu trinken, mißlang. Wir füllten die Flaschenkürbisse und gingen baden.

Die Enttäuschung darüber, daß Vincente während unserer Abwesenheit zurückgekehrt war und nun schlief, stand mir wohl ins Gesicht geschrieben. Jesusita lächelte. Ich wunderte mich, daß ich bisher überhaupt noch nicht an den Rückweg gedacht hatte, stellte mit Entsetzen fest, daß es längst viel zu spät dazu war. Wir konnten doch nicht noch eine Nacht … Aber warum eigentlich nicht? Was brauchten wir schon von dem Kram, der da oben – wenn überhaupt noch – bei der Hexe lag? Ich dachte an die Schlafsäcke, an Seife, Medizin, frische Wäsche und hatte plötzlich das Gefühl, auf alles verzichten zu können.
»Willst du noch eine Nacht hierbleiben, oder wollen wir zurück?« fragte ich Lena, die versuchte, den Gang der beiden Truthähne nachzumachen.
»Nein, hierbleiben!« rief sie.
»Aber wir haben überhaupt nichts dabei.«
»Mammi, das ist doch egal.«
Jesusita kam aus der Küche mit einer kleinen Schale voll grünlich-beigem Brei: »Vincente wird heute abend mit dir sprechen.«
»Dann dürfen wir noch eine Nach bleiben?«
Sie antwortete nicht, nahm meine verletzte Hand und schmierte einen Teil des Breis darauf. Dann verdünnte sie den Rest mit Wasser und reichte ihn mir. »Trink.« Das war kein Angebot, das war ein Befehl.
Ich trank, setzte die Schale ab und dachte, mich zerreißt's. Es schüttelte mich am ganzen Körper. Noch nie in meinem Leben hatte ich etwas so ekelhaft Bitteres getrunken. Lena lachte über meine Grimassen.

Jesusita sah mich ungerührt an. Ihr Blick verbot jede Frage. Ich ahnte, daß es Peyote war. Wut überkam mich. Wieso hatte sie mich nicht gefragt? Ich war überhaupt nicht darauf vorbereitet. Ich hatte Angst. Nein, nicht schon wieder! Ich lehnte mich an die Mauer und zwang mich, schnelle, zusammenhängende Atemzüge zu machen. Eine Technik, mit der ich mich schon oft erfolgreich aus Panikzuständen geatmet hatte. Meine Drüsen produzierten plötzlich Unmengen von Speichel. Ich spuckte aus. Aber sofort füllte sich mein Mund wieder mit dem schaumig-pappigen Zeug.

Jesusita und die alte Frau nahmen keine Notiz von mir. Sie machten in der Mitte des Hofes ein Feuer. Lena half ihnen dabei. Erst jetzt fiel mir auf, daß es schon zu dämmern begonnen hatte.

Ich merkte überhaupt nichts. Ob es wirklich Peyote war? Oder bildete ich es mir nur ein, wegen des widerlichen Geschmackes, von dem ich gelesen hatte? Bei dem Gedanken daran schüttelte es mich. Auf einmal wurde mir entsetzlich übel. Ich hatte das Bedürfnis aufzustehen. Mir war kalt. Ich ging in die Hütte, um die Decke zu holen, die Jesusita uns am Vorabend gegeben hatte, fuhr zusammen, als ich Vincente auf seinem Bett liegen sah. Ich hatte ihn ganz vergessen. Vorsichtig tastete ich mich im Halbdunkel zu unserer Matte.

Ich hörte, daß jemand zu mir sprach, öffnete die Augen. Vincentes Gesicht war ganz nah: »Du bist also noch da. Gut. Sehr gut.« Damit verließ er die Hütte.

Einen Moment lang glaubte ich, daß er es gut fand, daß ich noch auf dieser Welt war. Ich hatte im Schlaf einen unglaublich sphärenhaften Gesang gehört und war noch ganz unter dem Eindruck des Gefühls, von ihm unendlich weit fortgetragen worden zu sein. Aber dann dachte ich, Vincente müsse wohl meine Anwesenheit auf seinem Rancho gemeint haben.

Ich konnte mich nur noch daran erinnern, daß ich die Decke hatte holen wollen und daß ich, während ich nach ihr griff, das Gefühl gehabt hatte, daß Vincente aufgewacht sei.

Noch ganz benommen von dem Traumgesang, der mich auf wirkliche oder eingebildete Weise durchdrungen hatte, stand ich auf. Meine Bewegungen waren sehr langsam. Mein erstes Gefühl war, daß ich von einer Krankheit genesen sei. Irgendetwas war anders, nicht mehr da. Ich fühlte mich leicht, erleichtert, wie von einem schwächenden Virus befreit.

Vincente hockte mit seiner Frau und seiner Mutter beim Feuer. Lena war nicht da. Jesusita stand auf und hieß mich, ihr in die Küchenhütte zu folgen.

»Hallo Mammi. Hast du aber lange geschlafen.«

Ich sah nichts. Dann stolperte ich fast über Lena. Ganz allein saß sie in der nur von der Glut des Herdfeuers erhellten Finsternis und aß.

Jesusita gab mir Tortillas und stellte mir eine Pfanne vor die Nase. Noch bevor sich meine Augen an die Dunkelheit gewöhnt hatten, roch ich, was drinnen war. Aber erst der Geschmack ließ es mich glauben. Es war tatsächlich Rührei. Zwar hatte ich schon Hühner in der Sierra gesehen, doch noch kein Ei. Da das Futter knapp war, legten sie kaum welche.

Als wir wieder in den Hof traten, waren Vincente und seine Frau fort. Maria saß allein beim Feuer. Ärger und Unsicherheit mischte sich in die Erleichterung, die ich mir nicht eingestehen wollte. Warum kam ich einfach nicht mit Vincente zusammen? Warum hieß man mich bleiben, wenn er mich doch nicht sehen wollte? Warum war er schon wieder verschwunden? Jesusita hatte mir doch gesagt, daß er abends mit mir reden würde.

Langsam konnte ich mich des Eindrucks nicht mehr erwehren, daß er mir aus dem Wege ging, daß das Ganze ein abgekartetes Spiel war. Denn mit jedem angekündigten, nicht stattfindenden Zusammentreffen verloren die immer wieder neu geplanten Fragen an Bedeutung und Gültigkeit.

Mit Bestürzung stellte ich fest, daß selbst das, was ich ursprünglich wollte, nämlich ihn bitten, zurückkommen und bleiben zu dürfen, sich als Frage erübrigt hatte. Ich war ja schon mitten drin.

Die Alte schimpfte, als Lena ein Hölzchen in die Glut warf. Lena sah sie an, hob noch einen Ast auf und schmiß, bevor ich sie daran hindern konnte, auch diesen hinein. Maria lachte. Die Reaktion der Huicholes sind niemals abzuschätzen. Sie unterliegen einfach anderen Normen.

Ich war müde. Aber die Zeit schien mir zu schade zum Schlafen. Sollte ich vielleicht doch auf Vincente warten? Maria sah mich an. Als sie sich meiner Aufmerksamkeit sicher war, legte sie sich demonstrativ hin, zog sich ihren Rikuri übers Gesicht. Sie wollte offensichtlich allein sein.

Ich bettete Lena auf unser Lager in der Hütte und schlief sofort neben ihr ein, träumte von Dolores, die mich gefesselt hatte. Dann stand ich vor einem großen Feuer, hinter dem Hilario, Vincente und noch ein paar andere Männer saßen. Sie begannen, an irgendetwas zu ziehen, an meinen Fesseln, irgendwelchen Bändern, die von mir ausgingen, zerrten mich daran ins Feuer. Ich wehrte mich verzweifelt, wachte davon auf, daß Lena an unserer Decke zog, in die ich mich verwickelt hatte.

Es war noch früh am Morgen. Das Bett unserer Gastgeber war schon wieder, oder immer noch, leer. Auch Maria war nicht mehr da. Lena und ich standen auf, traten vor die Hütte hinaus und banden das Muli von der abgegrasten Stelle an einen anderen Baum. Wir machten einen Spaziergang und blieben den ganzen Vormittag allein.

Zum ersten Mal getraute ich mich, mir meine Erleichterung richtig einzugestehen und sie zu genießen. Ich war Vincente dankbar, daß er mir bisher aus dem Weg gegangen war. Denn wäre ich ihm in dem von Ängsten eingemauerten Zustand begegnet, in dem ich auf sein Rancho gekommen war, wäre ich bestimmt nicht mehr da. Wie hätte ich eine Mauer überwinden können, ohne sie gesehen zu haben!

Jede Einsicht, die ich bisher hier gewonnen hatte, hatte mich nicht nur ein Stückchen der Mauer, die mein Bewußtsein umschloß, wahrnehmen lassen. Sie hatte sie sogar zum Einsturz gebracht.

Ich war überrascht, wie gut meine Hand über Nacht verheilt war und wie schnell ich mich, im Gegensatz zu den bisherigen Umständen, an die Situation hier, fast wie an ein neues Zuhause, gewöhnt hatte.

Mittags kam Jesusita zurück. Sie brachte ein junges Mädchen mit. Wortlos verschwanden sie in der Küche, ließen mich mit meinem Willkommensgruß stehen, während ich mir bewußt wurde, sie nur aus dem Wunsch willkommen geheißen zu haben, selbst willkommen zu sein.

Allmählich wurde mir klar, daß das, was ich, in meiner bisherigen Denkweise, bei den Huicholes als das unbeschreibliche Gegenteil von Höflichkeit empfand, gar nicht unglaubliche Unhöflichkeit war, sondern das Handeln und Reagieren aus einem unglaublichen Selbstempfinden heraus. Einem Selbstbewußtsein, das in seiner unverfälschten, un-wegerzogenen, ursprünglichen Form weder Höflichkeit noch Unhöflichkeit kannte.

Plötzlich stellte sich mir Unhöflichkeit nicht mehr als das Gegenteil von Höflichkeit dar, sondern Höflichkeit als das Gegenteil von Bewußtheit, als erlernte Begrenzung des Selbst-Bewußtseins.

Diese Menschen konnten gar nicht unhöflich sein, weil sie nie, wie wir, gelernt hatten, »höflich« – nämlich zu anderen Menschen freundlicher als zu sich selbst – zu sein.

Wir haben es gelernt, und wie! Machen wir nicht anderen mit diesem, mit Strafen, Drohungen und Schlägen in uns hineingeprügelten, Verhaltensmuster täglich Freude? Ist uns aus lauter Höflichkeit das Wohlergehen anderer etwa

61

nicht wichtiger als das eigene? Sind wir nicht sogar stolz auf unsere, wenn auch nur selten gelobte, Selbstlosigkeit, diese vielgerühmte, von Höflichkeit überschattete Blindheit für unser Selbst?

Ich jedenfalls machte es, dachte es, war es. Wie oft hatte ich zum Beispiel anderen zugehört, aus Angst, unhöflich zu sein, immer weiter zugehört, obwohl ich mich durch ihre Tiraden gelangweilt, belästigt, verletzt fühlte! Wie oft war ich, programmiert darauf, zu anderen freundlicher zu sein als zu mir selbst, in der Scheiße anderer sitzen geblieben, statt meinem wirklichen Empfinden nachzugehen, aufzustehen und ein bißchen freundlicher zu mir selbst zu sein! Oh Scheiße, verdammte Scheiße, hatten wir uns nicht ein bißchen zu weit aus dir herausgewagt? Wie konnten, wie würden wir von hier zurückkehren?

Auf einmal beneidete ich diese Menschen, die ohne die Sorge, unhöflich zu sein, leben, ihren wirklichen, un-schuldigen Empfindungen nachgehen konnten. Etwas, wozu wir in unserer »ach so verbreitungswerten« Zivilisation gar nicht mehr fähig sind. Denn wie kann man in einer von Höflichkeit verseuchten Welt immun gegen die Angst, unhöflich zu erscheinen, bleiben?

Jesusita rief uns in die Küche, hieß uns auf der Erde Platz nehmen, schob uns Wasser und Tortillas hin. Auf dem Lehmsockel, der etwa ein Drittel des dunklen Raumes einnahm, brannte das Feuer. Ein Brett an der Wand diente der Aufbewahrung einer spärlichen Ansammlung von Küchenutensilien. Darunter stand ein großer Flaschenkürbis (*jicara*) voll Wasser auf der Erde. Auf einem Pfahl in der Ecke war eine primitive Mühle befestigt, mit der das Mädchen die gekochten Maiskörner zerkleinerte, bevor Jesusita sie mit dem Handstein zermahlte und aus dem Teig zwischen beiden Händen Tortillas klatschte.

Ich war überrascht, als ich sah, daß auch sie erst jetzt zu essen begannen. Inzwischen war es uns zur Selbstverständlichkeit geworden, allein zu essen. Denn die Huicholes essen mit keinem Teiguare, mit keinem Fremden (wörtl. übersetzt: falscher oder böser Mann), jedenfalls nicht, solange sie ihn als fremd betrachten, oder zumindest als zu fremd, um mit ihm gemeinsam zu speisen. Denn fremd wird ein Teiguare, ein Weißer oder Mestize, immer bleiben. Auch wenn er fast sein ganzes Leben bei den Huicholes verbringt, wie der Mestize Pedro de Haro oder der Amerikaner Peter, der sich seit zehn Jahren in der Sierra aufhält.

Obwohl Pedro de Haro, von dessen Persönlichkeit und Lebensgeschichte es die verschiedensten Versionen gibt[7], seit seiner Kindheit bei den Huicholes lebt, für sie u. a. bei der mexikanischen Regierung für die Verfassung und gegen die Siedler im Huicholgebiet eingetreten ist, eine Huichol geheiratet hat und ihm, ebenso wie besagtem Peter, das fast Unmögliche gelungen ist, nämlich die Laufbahn eines Mara'akame einzuschlagen, sind auch sie »teiguare« geblieben. Pedro mit dem Spitznamen »maldito« (etwa: falsche Zunge) und Peter, wie alle Weißen, »el gringo« genannt. »Gringo« ist eine Verballhornung des Ausrufes, mit dem man die grün uniformierten Amerikaner aufgefordert hatte, Mexiko zu verlassen: green go!

Die Stunden verliefen, ohne daß Vincente sich blicken ließ. Ermutigt durch das gemeinsame Essen hatte ich anfänglich versucht, einige Informationen von Jesusita zu bekommen. Zum Beispiel, wann *Namawita Neirra*, das nächste große Jahreszeitenfest stattfinden würde – Achselzucken; ob man uns erlauben würde, daran teilzunehmen – Schweigen; ob es Peyote war, was sie mir am Vorabend gegeben hatte – Schweigen. Ich gab's auf.

Was war an dieser Frau, das mich so stark anzog und mir gleichzeitig Furcht einflößte? Der plötzliche Gedanke, daß sie womöglich selbst ein Mara'akame sei, bestürzte mich.

63

Die Stille wurde fühlbar. Ich spürte einen Windhauch, richtete mich verwundert auf. Kein Lüftchen rührte sich.

»Darf ich bei dir bleiben?«

Was ich wie ein Echo vernahm, ließ mich aufhorchen.

Hatte ich das gesagt? Wieso bei *ihr*? Im Nachhall der Worte wurde mir bewußt, daß ich nicht ihre Gegenwart gemeint hatte. Aber was dann? Verwirrt suchte ich in ihrem Gesicht nach einer Antwort. Jesusita sah mir fest in die Augen. Und endlich sah ich ein, daß ich, in meiner Fixierung auf Vincente, die Wirklichkeit dessen, was wirklich geschehen war, nicht wahr-genommen hatte, daß ich jemandem, auf den ich wartete, und dem, wonach ich suchte, längst begegnet war: in Jesusita.

Den Rest des Nachmittags befand ich mich in einem Zustand höchster Wachsamkeit. Nicht, daß ich Gefahr witterte. Es war keine Wachsamkeit nach außen, sondern nach innen. Irgendetwas an Jesusitas Gegenwart verlangte mir ein ständiges Bewußtsein meiner selbst ab, meiner Bewegungen und Worte, Gedanken und Gefühle. Wir blieben lange Zeit still.

Lena versuchte, mit dem jungen Mädchen, das Jesusita mitgebracht hatte, Kontakt aufzunehmen. Es war das scheuste und schönste Mädchen, das ich je gesehen hatte. Ich konnte mich gar nicht satt an ihr sehen. Jesusita bemerkte es, lachte in ihrer sparsamen Art: »Kuka Ibi ist meine Nichte. Sie lebt bei uns.«

Nach einer langen Weile fügte sie hinzu: »Wir haben keine Kinder«, und nach einer weiteren Pause: »Sie wird sich vollenden.« Wie in Gedanken versunken wiederholte sie diesen Satz ein paarmal, bevor sie sagte:

»Vincente wird sie lehren.«

Ich starrte Kuka Ibi an. Daß sie sich vollenden würde, bedeutete, daß sie ein Mara'akame werden würde. Also können auch Frauen Mara'akame sein.

»Bist du …« Jesusitas jäher Blick ließ meine Frage, ob sie ein

Mara'akame sei, im Hals stecken bleiben. Ich konnte dem, was ich sah, nicht standhalten. Meine Augen flüchteten zu Kuka Ibi. Ihre klaren Züge, die riesigen, mandelförmigen Augen und ihr schönes edles Profil erschienen mir wie das lebende Abbild antiker Aztekenköpfe.

Als ich die rundliche Frau mit dem feixenden Gesicht über den Hof kommen sah, zuckte ich unwillkürlich zusammen. Das höhnische Grinsen kam mir sofort bekannt vor, rief eine höchst unangenehme Erinnerung in mir wach. Nur wußte ich nicht, woran. Sie stieß mich grob an, lachte dabei laut auf, sagte etwas zu Jesusita. Als ich das Wort »Hilario« hörte, rieselte es mir eiskalt über den Rücken. Es war Marisita, Hilarios Frau.

Sie nahm ein großes Stück Manta aus ihrem Bündel und gab es Jesusita. Ich sah, daß es ein Teil von den fünf Metern war, die ich Hilario mitgebracht hatte, und fühlte mich verraten. Jesusita befühlte den Stoff. Ich murmelte schnell etwas von den Kerzen, die immer noch bei Carmelita lagen und die ich ihr und Vincente hatte mitbringen wollen. Aber den eigentlichen Verrat empfand ich darin, daß sie nun wußte, daß ich auch schon bei Hilario gewesen war.

Der von hämischem Gelächter untermalte Wortschwall Marisitas ließ mir keinen Zweifel, daß sie etwas blöd Komisches zu berichten hatte. Sicher lachten sie über meinen Auftritt bei Hilario und über meine Feigheit, nicht zurückgekommen zu sein.

Aber während ich gerade noch von dieser Vorstellung gepeinigt war, wußte ich auf einmal, daß die Entscheidung, nicht zurückzugehen, richtig, daß nur das Motiv »Lena« falsch gewesen war. Außerdem wäre ich ohne das Erlebnis bei Hilario bestimmt nicht hierhergekommen und wäre schon gar nicht immer noch hier. Ich war am richtigen Platz. Und diese Gewißheit ging nicht von meinem Verstand, sondern von meinem Körper aus.

»Gib mir eine Zigarette«, befahl Marisita. Es war ein Befehl, den mir, außer Jesusita, jeder Huichol, dem ich bisher begegnet war, erteilt hatte.

Nachdem mir zu Ohren gekommen war, daß ein italienischer Anthropologe drei Tage in einem Gefängnis in der Sierra verbracht hatte, weil er sich geweigert hatte, dieser Aufforderung nachzukommen, befolgte ich sie jedesmal prompt. Diesmal war es jedoch nicht möglich.

»Ich habe keine mehr.«

Marisitas Lachen verschwand. Sie beugte sich vor, griff nach meiner Tasche, wühlte darin herum. Jesusita sah ungerührt zu. Daß Huicholes meine Tasche durchsuchten, hatte ich schon ein paarmal erlebt. Da jedoch nie jemand etwas nahm oder fand – nach dem ersten Mal hatte ich den Inhalt entsprechend reduziert –, hatte es mir nie viel ausgemacht.

Jetzt, hier, fühlte ich mich zum ersten Mal bestohlen. Es war nicht Marisitas Handeln, sondern Jesusitas Nicht-Handeln, das mir etwas nahm, das ich eben noch glaubte, hier endlich gefunden zu haben; das Gefühl der Geborgenheit.

Mit zusammengebissenen Zähnen kämpfte ich gegen die Tränen an, die mir die Wut über eine überwunden geglaubte Verzweiflung in die Augen trieb.

Es war zwecklos, mir länger etwas vorzumachen. Bei den Huicholes gibt es nichts, aber auch gar nichts, worauf sich ein Fremder verlassen kann. Weder auf ihr Wort, noch auf ihr Schweigen, weder auf ein Verbot noch ein Versprechen, auf keine Einladung oder Zurückweisung, auf eine Freundlichkeit ebenso wenig wie auf eine Gemeinheit.

Ihre ständig wechselnden, nicht abzuschätzenden Stimmungen, ihre unerwarteten und unvorhersehbaren Reaktionen nahmen jeder Situation, kaum daß man glaubte, sich daran gewöhnt oder gar sie im Griff zu haben, ihre Gültigkeit.

Es war, als ob die Sierra und ihre Bewohner es geradezu darauf anlegten, einem Fremden seine Programmiertheit und Illusionen immer wieder vor Augen zu führen, ihm alles Geglaubte, Erlernte als Lug- und Trugbild zu offenbaren.

Sich hier dem Gefühl von Beständigkeit und Geborgenheit hinzugeben, war der größte Fehler, den man machen konnte. Die Sierra bot weder das eine noch das andere, weder auf psychische noch physische Art.

Trotz unzähliger Beispiele hatte ich mich immer wieder geweigert, es zu glauben, hatte getreu meinen gewohnten Maßstäben gemessen, vertraut – und gelitten, war von einer Lehre in die nächste Leere gefallen.

Langsam erhärtete sich der Verdacht, daß ich nicht in der Sierra war, um das Heil nicht-alltäglicher Wirklichkeit zu genießen, sondern das Unheil der alltäglichen Wirklichkeit zu ertragen. Wie es schien, holte ich all das Leiden nach, das ich in unserer von finanzieller, sozialer und emotionaler Scheingeborgenheit geprägten Welt der Entwicklung meines Bewußtseins und Selbsts schuldig geblieben war.

Bar jeglicher Illusion von Geborgenheit begriff ich, daß auch dieser Schmerz notwendig war, um zu erkennen, daß Geborgenheit niemals als Gefühl, sondern nur als Zustand wirklich sein kann. Ich hatte sie immer und überall gesucht, nur nicht dort, wo allein sie zu finden und zu verwirklichen war: in mir selbst. Das Glück, das ich bei dieser Erkenntnis empfand, entsprang dem Wissen, daß ich, wie jeder Mensch, sämtliche Voraussetzungen dafür hatte. Sie waren nicht erst seit eben da. Nur war das Bewußtsein für sie eben erst erwacht. Und ich wußte, daß es nicht umsonst geweckt sein würde, weil es nicht umsonst gegeben worden war.

Man konnte sich hier wirklich auf nichts verlassen. Eben noch beraubt, saß ich plötzlich beschenkt da. Die beiden Frauen lachten los, als hätten sie meinen erstaunten Blick erwartet. Ohne zu wissen, warum, lachte ich mit. Und wie in einem Schleiertanz enthüllten sich mir in diesem Lachen all die mystischen Geschehnisse, die ich in dem bisherigen Glauben, daß nicht-alltägliche Erlebnisse mir nur mit Hilfe und in Gegenwart eines Mara'akame möglich sein würden, nicht als solche erkannt hatte.

Unbewußt und ungeachtet der mich umgebenden Kräfte hatte ich das, was mich zu tieferen Erkenntnissen geführt hatte, für Einbildungen und Halluzinationen gehalten. Hatte sie mir als seltsame Zustände in Folge der Krisen zu erklären versucht, in die ich durch ungewohnte und dramatische Umstände geraten war.

Eine tiefe Dankbarkeit und Zuneigung diesen Menschen gegenüber erfüllte mich. So hart, gemein, direkt, bösartig und abweisend sie in der normalen Wirklichkeit schienen, so sanft und behutsam hatten sie mich ganz nebenbei über die Schwellen meines alltäglichen Bewußtseins in Bereiche geführt, in denen Begriffe von Freund und Feind, Schmerz und Freude ihre Bedeutung verloren; in denen ich für kurze Momente eins mit mir, und damit eins mit allem geworden war.

So einfach war das. Indem ich meine Einbildungen als wirklich akzeptierte, akzeptierte ich mich. Und indem ich mich akzeptierte, fühlte ich mich sogar von den abweisendsten aller Menschen akzeptiert – wenn auch auf einer anderen Bewußtseinsebene.

War das wirklich so einfach? Ich sah auf, sah ihn an. Er nickte. Ohgott, sah ich vielleicht auch schon Geister? Jesusita hatte ihn doch erst morgen zurückerwartet. Hatte er etwa meinen Gedanken zugehört?

Vincente tätschelte Lenas Wange. Er war also wirklich da. Und was das Erstaunlichste war, ich freute mich, glitt in die körperliche Empfindung, zu treiben, mich treiben zu lassen, getrieben zu werden von einer Kraft, der ich, in mir unbekannter Weise, vertraute.

Vincente holte einen Armstuhl aus der Hütte. Ein kunstvolles Bambusgeflecht, das, aufgehängt an der Hüttenwand, bisher einen für einen Stuhl sonderbaren Platz eingenommen hatte. Er stellte ihn so, daß er dem tiefen Einschnitt, den die untergehende Sonne in die Berge zu brennen schien, gegenübersaß.

Überflutet von ihrem warmen Schein schaute er mit weit geöffneten Augen in die Quelle ihrer Strahlen. Ein heftiges Verlangen, mich zu ihm zu setzen, ergriff mich. Es war so stark, daß ich im Kampf gegen die lähmenden Hemmungen, die mich immer wieder daran hinderten, spontanen Impulsen dieser Art nachzugehen, zu zittern begann.

Der Energieschub dauerte nur einen Moment lang. Dann hatte ich die Kraft zu handeln verpaßt. Ärgerte mich, als Lena zu Vincente hüpfte und sich einfach neben ihn auf die Erde setzte. Sie sah zu ihm auf. Er sah sie an, führte ihren Blick der sinkenden Sonne entgegen.

Es war das erste von vielen Malen, die ich sie um ihre Unbefangenheit und um Eigenschaften, die ihr noch nicht wegerzogen waren, beneiden sollte.

Die Strahlung, die von Vincente ausging, war überwältigend. Im Schein des riesigen, rot-gelb lodernden Feuerballs wirkte er wie ein Katalysator der Sonnenkraft, und ich glaubte förmlich zu sehen, daß er sich mit Wärme und Licht auftankte. So bildlich hatte sich mir die Beziehung, die Schamanen zu Sonne, Licht und Feuer haben, noch nie dargestellt.

Das Wort »Schamane« ›stammt über das Russische vom tungusischen *shaman*.‹[8] Ein Terminus, der u. a. auf das Pâli-Wort *samana* (= buddhistischer Mönch oder Asket, ein nach Weisheit Strebender), wie auch auf die vedische Wurzel *śram* (sich aufheizen oder Entsagung üben)[9] zurückgeführt wird.

Schamanen sind Menschen, die den *normalen* Bewußtseinszustand, den Zustand als Mensch, überschreiten, vom *sterblichen* ins *unsterbliche* Bewußtsein überwechseln können. Denn Schamane-sein ist ein Geisteszustand, ein Zustand des Erleuchtetseins, der dem Schamanen magische und heilende Kräfte verleiht und ihm »die Fähigkeit gibt, mit geschlossenen Augen in der Dunkelheit zu sehen, Dinge und kommende Ereignisse zu erkennen, die anderen verborgen bleiben.«[10] Der Schamane ist ein Seher, Heiler und Visionär.

Vor allem aber zeichnet sich der Schamane durch das Beherrschen von Ekstase-Techniken aus, die ihn im »schamanischen Bewußtseinszustand« befähigen, ekstatische Himmelfahrten und gefährliche Unterweltreisen zu unternehmen, um in *unmittelbare, konkrete* Beziehung zu übernatürlichen Kräften und Wesen, die wir Götter und Geister nennen, zu treten.

Nach Meinung einiger Ethnologen ist der Schamanismus wahrscheinlich so alt wie die Menschheit selbst. Schamanen gibt es auf der ganzen Welt. Teilweise kulturell seit Jahrtausenden ohne die geringsten Berührungspunkte, sind ihre Methoden doch überall von überraschender Ähnlichkeit. Der Begriff Schamane wird heute für unterschiedliche Menschen unterschiedlicher Fähigkeiten in verschiedenen Kulturen angewandt. Doch obwohl »einer der Vorteile der Verwendung dieses Begriffs darin besteht, daß ihm die nachteiligen Obertöne fehlen, die mit den bisherigen Bezeichnungen (wie Hexendoktor, Zauberer, Seher, Medizinmann etc.) verbunden waren, ist nicht jeder Medizinmann oder Hexendoktor ein Schamane«[11] und, wie ich im Laufe der Zeit bei den Huicholes erfuhr, nicht jeder Schamane ein Mara'akame.

Der Huichol-Begriff *márá'akáme* (Mehrz.: *márá'akáte*) ist nicht einfach zu erklären. Er beinhaltet wesentlich mehr als die heilenden Fähigkeiten und sozialen Aufgaben eines üblichen Schamanen.

Der Mara'akame ist mystische, magisch-religiöse und politische Institution. In seiner Person sind die Funktionen eines spirituellen Führers, Heilers, Politikers, Mittlers zwischen Göttern und Menschen, Sehers, und Hüters der heiligen Gesänge und Traditionen der Huicholes vereint. Er bewacht die Identität und das kulturelle Erbe seines Volkes und verteidigt mit der ihm zu Gebote stehenden Macht all das, was *Huichol-sein* bedeutet.

Was dies bedeutet, wurde mir am verständlichsten in den Worten, mit denen ein Indianer das Indianersein beschrieb: »Indianersein ist ein Daseinszustand, der Ort des Herzens. Dem Herzen gewähren, der Energieverteiler auf diesem Planeten zu sein; deinem Herzen, deinen Empfindungen, deinem Fühlen gewähren, deine Energie zu verteilen; jene Energie aus der Erde zu ziehen und vom Himmel herunter; sie herunterzuziehen und vom Herzen – der wahren Mitte deines Wesens – aus zu verteilen, das ist unsere Aufgabe.

Etliche Überlieferungen sprechen von vier oder fünf verschiedenen Welten und sagen, der Schöpfer habe all diesen Welten ein einfaches Gesetz gegeben: daß wir in Harmonie und Gleichgewicht mit allen Dingen leben sollen, einschließlich der Sonne. Und ein ums andere Mal haben die

Menschen diese Harmonie zerstört; auch wir haben diese Harmonie zerstört. Und wieder haben wir es ohne irgendwelche Not getan. Wenn wir dieses Gleichgewicht nicht wiederherstellen, so ist dies unsere letzte Chance.«[12]

Die Schamanen sind die letzten Bewahrer und Hüter dieses Gleichgewichts. Zu ihren wichtigsten Aufgaben gehört es, dieses Gleichgewicht nicht nur innerhalb der menschlichen Gemeinschaft, sondern auch in und zu anderen Daseinssphären herzustellen und zu erhalten. Daseinssphären, zu denen sie, kraft ihrer ekstatischen Fähigkeiten, ihren Körper zu verlassen, Zutritt haben.

Das Beherrschen der Ekstasetechnik des *magischen Fluges* hebt den Schamanen von allen anderen Magiern und Heilern ab.

In vielen Stämmen ist der Schamane wegen seiner – meist durch Berufung bedingten – übernatürlichen Fähigkeiten und intensiven ekstatischen Erlebnisse von der übrigen Gemeinschaft abgesondert. Ein großer Teil des religiösen und sozialen Lebens findet ohne seine unmittelbare Anwesenheit statt.

Der Huichol-Mara'akame dagegen ist fest in die Gemeinde integriert. Er spielt in allen Lebensbereichen die entscheidende Rolle. Ist nicht nur magisch-religiöses, sondern auch kulturelles, spirituelles und, da er dem Gobernador übergeordnet wird, auch politisches Oberhaupt.

Um Mara'akame (spanisch »cantador«: Dichter und Sänger heiliger Gesänge) zu werden, bedarf es nicht nur der »göttlichen Berufung«, die sich meist durch Träume oder Krankheit kundtut. Es ist ein langer und mühsamer Weg, der große physische Ausdauer, spirituelle Kräfte, enorme Selbstbeherrschung, innere Ausgeglichenheit und das Erlangen eines besonderen seelischen und körperlichen Gleichgewichts erfordert.

Dieses »schamanische Gleichgewicht«[13] ist besonders wichtig, um das ständige und intensive Erreichen nicht-normaler seelischer Zustände, den Wechsel zwischen dem »normalen Bewußtseinszustand und dem schamanischen Bewußtseinszustand«[14] zu meistern.

Die Pflichten eines Mara'akame und die an ihn gestellten Anforderungen setzen außerdem großes religiöses Wissen, soziales Einfühlungsvermögen, Intelligenz, Urteilskraft und natürlich magische Kräfte und Fähigkeiten voraus, die ihm durch seine *Schutz-* und *Hilfsgeister* und die Gabe des heiligen Gesangs zuteil werden.

Vor allem aber ist er ein »Meister der Ekstase«[15], ein Spezialist bestimmter Techniken, die ihn befähigen, in der durch seinen magischen Gesang herbeigeführten Entrückung seinen Körper hinter sich zu lassen und als körperlose Seele die ekstatische Reise in die außerirdischen Bereiche des Himmels und der Unterwelt zu unternehmen.

Er begibt sich auf den *magischen Flug*, um mit den Göttern und Ahnen zu reden, den Geistern zu befehlen, um die Toten ins »Reich der Schatten« zu begleiten, um Krankheits- und Unglücks-Ursachen zu erfahren, seine Mitmenschen zu heilen, zu schützen und ihnen das Übernatürliche zu erklären. Die Vorbereitungszeit des Mara'akame beträgt fünf Jahre.[16]

Neben seiner theoretischen und praktischen Lehre tritt er in dieser Zeit, mittels eines mystischen Verbündeten, mit Wesenheiten (Naturgeistern, Schutz- und Krafttieren) in Verbindung, zu denen er eine persönliche, vertraute Beziehung aufbaut und die er als Schutz- und Hilfsgeister in Besitz nimmt.

Er kann diese Wesenheiten, von denen die meisten Tiergestalt haben, sehen. Er kann sie rufen, mit ihnen sprechen und ihnen befehlen. Sie dienen ihm nicht, indem er von ihnen »besessen« wird. Sie sind es, die von ihm kontrolliert werden, die ihm übernatürlichen Beistand leisten, indem er sie meistert.

Da der angehende Mara'akame während der Lehrzeit mit

keiner anderen Frau als mit der eigenen schlafen darf, sollte er verheiratet sein. Unverheiratete Männer, die den Weg des Schamanen einschlagen, dürfen während ihrer Lehrjahre keine sexuellen Beziehungen haben. Wer dieses Gebot mißachtet, verliert seine heilende Kraft, wird krank oder ein Hexer.

Die Berufung zum Mara'akame erfolgt meistens durch bestimmte Träume, die der »Auserwählte« als Knabe oder während der Reifezeit hat. Auch eine schwere Krankheit kann ein Zeichen seiner »Wahl« sein.

Obwohl es kein bestimmtes System der Unterweisung gibt, und der Mara'akame-Anwärter einen großen Teil seines Wissens während der Fiestas, Zeremonien und aus den Gesängen anderer Mara'akate bezieht, muß er eine Vielzahl genau festgelegter, schwieriger Aufgaben und komplizierter Rituale erfüllen, Prüfungen bestehen, körperliche und materielle Entbehrungen auf sich nehmen und u. a. mindestens fünf aufeinanderfolgende Pilgerfahrten nach Wirikuta machen.

Auf diesen Reisen, auf denen er seine Fähigkeit unter Beweis stellen muß, die volle Verantwortung für die von ihm geleitete Pilgergruppe zu übernehmen, nimmt er die Identität *Tatewarís* an. Tatewarí (Unser Großvater Feuer) war der Erste Huichol-Mara'akame. Er führte die Götter auf die erste Peyote-Jagd und ist, neben seinem Mittler *Káuyumari*, die wichtigste Gottheit für alle Mara'akate.

Der Weg des Mara'akame ist hart, der innere und äußere Druck, die einmal begonnene Lehrzeit zu beenden, groß. Versager stellen eine Bedrohung für sich und andere dar. Denn »jene die scheitern, laufen Gefahr, Hexer zu werden, denn sie erwarben Zauberkräfte, ohne jedoch die Kraft und das Wissen aufgebracht zu haben, diese auch zu beherrschen.«[17]

Nicht immer ist mit dem Ende der Lehrzeit auch die Übernahme der Funktionen als Mara'akame verbunden. Oft findet die tatsächliche Einweihung erst Jahre nach Beendigung der Vorbereitungszeit statt. Denn die Schlüsselerfahrung der Schamanenweihe ist die Begegnung mit Sterben und Tod und die folgende Erfahrung von Wiedergeburt oder Selbstheilung und Erleuchtung.

Diese Erfahrung, als die bedeutendste Quelle schamanischen Wissens, kann spontan erfolgen, durch das Ekstaseerlebnis der Zerstückelung oder Zerfleischung des eigenen Körpers, indem der Schamane bei vollem Bewußtsein stirbt und, nach mystischem Flug der körperlosen Seele, zu neuem Leben erwacht.

Sie kann aber auch willentlich erlangt werden, durch richtige Ausführung genauester Anweisungen, die das Bewußtsein des Schamanenanwärters derart dramatisch verändern, daß eine Erfahrung von Tod und Wiedergeburt unvermeidlich ist.

Es gibt viele Wege, um die Tod/Wiedergeburt-Erfahrung zu machen. Auch die Krise einer schweren Krankheit oder eines Unfalls kann zum Gefährt werden, das den Schamanen-Lehrling auf höhere Bewußtseinsebenen in das Reich von Krankheit und Tod, ins Jenseits trägt, aus dem er als *Heiler, der sich selbst geheilt* hat, als Mara'akame wieder hervortritt.

Obwohl im Gegensatz zu anderen Volksstämmen das Amt des Mara'akame nicht vererbbar ist, gibt es, wie ich selbst erfahren habe, einige Huichol-Familien, aus denen immer wieder, meist eine Generation überspringend, bedeutende Mara'akate hervorgingen.

Auch Frauen können Mara'akate oder Cantadores werden, was jedoch äußerst selten der Fall ist. Aber sie singen nie im Calihuay, sondern nur während des Heilens im privaten Kreis.

Viele Huicholfrauen haben große magische Kräfte. Doch sie singen nicht, haben keinen Sang. Sie sind *curanderas* (Heilerinnen) oder Hexen. Gegenwärtig gibt es in der Sierra nur zwei Frauen-Mara'akate. Eine davon ist Jesusita. Sie selbst hat nie eine Silbe darüber verloren. Aber noch bevor Vincente es mir bestätigte und ich sie eines Nachts singen hörte, war ich sicher, daß sie ein Mara'akame ist.

Wieviel Mara'akate es unter ihnen gibt, wissen die Huicholes selber nicht. Carl Lumholtz, der sich als erster eingehend mit den Huichol-Indianern beschäftigte (1900/1921) und dem es anfänglich schien, daß jeder Dritte ein Heiler oder Doktor sei[18], schrieb später diese Fähigkeit einem Viertel aller männlichen Huicholes zu.[19] Myerhoff bezieht sich auf die Aussage eines Mara'akame und hält es für wahrscheinlicher, daß es etwa fünfzig in der Sierra Huichola gibt.[20] Ich selbst habe allein in dem von uns besuchten Gebiet das Wirken von elf Mara'akaten miterlebt.

Auf die Frage, wie jemand Mara'akame oder Cantador wird, antwortete der Huichol-Schamane Daniel:

»Er wird als solcher geboren.«

»Gott sagt, wer ein Cantador wird?«

»Er sagt es. Wenn das Kind geboren ist, weiß es der Mara'akame.

Er weiß es genau hier, in der matsúwa (Daniel zeigte auf das Pulsband, Halterung mystischen Schildes). Später weiß er es in seinem Herzen. Er sieht es.«

»In welchem Alter wird er Cantador?«

»Mit fünfzehn beginnt er den Traum, den er dort in *Aramara*, dort in *Parietsíe*, dort in *Aurramanaká*, dort in *Rapawiyeme*, dort in *Tajeimá* träumen wird. Er beginnt mit fünfzehn.«

»Nicht vorher?«

»Nicht vorher.«

»Und wann hört er auf?«

»Wenn er zwanzig ist.«

(Aramara ist die Gottheit des Westens, Parietsíe die des Ostens, Aurramanaká die des Nordens, Rapawiyeme des Südens und Tajeimá des Zenits.)

»Welches ist der Name der Gottheit der Mara'akate? Gibt es einen speziellen Schutzgeist?«

»Er heißt Káuyumari. Er ist dort in Wirikuta.«

»Wie sieht er aus.«

»Wie Peyote.«

»Sagt man nicht, er ist wie ein kleiner Hirsch?«

»Er sieht aus wie ein kleiner Hirsch, er sieht aus wie Peyote, wie ein Spiegel ...«

»Wie ein Spiegel?«

»So sieht er aus, wenn der Mais reif ist; etwa im August oder September sieht er so aus. Káuyumari ist der, der den Cantador begleitet.«

(Káuyumari ist die heilige Rotwild-Person, die als Mittler zwischen Tatewarí und den Mara'akaten den Mara'akame-Anwärter lehrt und leitet.)

»Ist es wahr, daß, wenn ein Huichol einen Mara'akame um etwas bittet, der Mara'akame es von Káuyumari und Káuyumari seinerseits es von den Göttern erbitten muß?«

»Das ist wahr.«

»Und dann gibt der Gott Káuyumari die Antwort, und Káuyumari gibt sie dem Mara'akame und der Mara'akame gibt sie an die Person weiter, die ihn gebeten hat?«

»So ist es.«

»Jemand, der beginnt, Cantador zu werden – was macht der? Was hast du gemacht, als du anfingst, ein Cantador zu werden?«

»Nun, dort (...) kommt ein Hirsch gerannt, kommt näher, stirbt nicht. Dann sagt ein anderer Cantador zu dem, der lernt, ›Jetzt wirst du zu singen beginnen. Hier kommt Kauyumari, dort.‹ Der, der lernt, sagt, er möchte, aber er wisse nicht wie.«

»Káuyumari kommt, um es ihm zu sagen?«

»Er sagt es ihm. ›Hier kommt Káuyumari‹, wiederholt der Mara'akame. ›Er kommt her, wenn du singst‹. Der Lernende beginnt zu singen. Dann, nach einer Weile, nach einer

Stunde, wenn er es gut macht, dann fühlt er, daß er singen kann. Káuyumari kommt und lehrt ihn und schon nach einer Weile kann er es und muß sich nicht mehr so anstrengen.«

»Weil Káuyumari ihm die Worte sagt?«

»Káuyumari sagt ihm alles, er lehrt ihn.«[21]

Diese Art der Unterhaltung zeichnete allmählich auch meine Gespräche mit Vincente und anderen Huichol-Indianern aus. Denn mit der Zeit hatte ich gelernt, daß, wenn ich überhaupt Informationen von ihnen erhalten wollte, dies nur über den Weg der ganz kleinen Schritte möglich war. Antworten auf Fragen zu bekommen, die auf Neugier oder Spekulationen basierten, war schier unmöglich. Solange ich mir nicht das notwendige Vorwissen für weitere Fragen erworben hatte und sie nicht so formulieren konnte, daß mein Gesprächspartner sie im Wesentlichen nur noch zu bestätigen oder zu verneinen brauchte, antwortete er überhaupt nicht.

Wollte ich z. B. von Vincente etwas über das Heilen erfahren, mußte ich damit beginnen, ihn nach den Quellen von Krankheiten zu fragen. So war ich gezwungen, alles Hypothetische aus meinen Fragen auszuklammern und ihnen mindestens ebenso große Aufmerksamkeit zu schenken wie den Antworten. Ein schwerer Prozeß, an dem ich manchmal hoffnungslos verzweifelte. Allzuoft brachen die wenigen, allein schon durch ihre Rarität so wertvoll gewordenen Gesprächspartner das Thema, aus Gründen einer Unachtsamkeit meinerseits, abrupt ab und waren zum Teil erst Wochen später, manchmal gar nicht mehr, bereit, es wieder aufzunehmen.

Warum mir, vor meinen ersten Peyote-Erfahrungen, keine einzige Frage nach der *anderen Wirklichkeit* beantwortet wurde, verstand ich erst nach verschiedenen Begegnungen mit ihr. Erst durch wiederholte Überschreitung des alltäglichen Bewußtseins war ich in der Lage, seine Begrenztheit zu erkennen und alles, was hinter diesen Grenzen liegt, als unerklärbare, weil mit dem bloßen Verstand nicht faßbare, nicht-alltägliche Wirklichkeit zu akzeptieren, die weder durch Lehr-, noch Lern-, sondern ausschließlich durch Verwirklichungsprozesse erfahrbar ist.

Ohne diese Erfahrungen selbst gemacht zu haben, war alles, was ich über die *andere* Wirklichkeit gelesen oder sonstwie erkundet hatte, intellektuelle Vorwegnahme eines Bewußtseinszustandes, der mit dem Verstand gar nicht nachvollziehbar ist. Denn alles, was mit nicht-alltäglichen Bewußtseinszuständen verbunden ist, kann nur schrittweise und nur von denen *wirklich* verstanden werden, die diese Stadien selbst erreicht haben. Durch das eigene Erlebnis verwirklicht, steht das Wissen der Erfahrung in keinem Verhältnis mehr zu dem Wissen über Erfahrungen.

An einem Tag, an dem ich besonders viele Informationen von Vincente erhalten hatte, beugte er sich plötzlich zu mir und sagte: »Wenn du von hier fortgehst, wirst du nichts gelernt haben.« Er sagte das am Ende eines langen Gesprächs über Mara'akate, sah mich, bis zum mimischen Höhepunkt meines Entsetzens, gnadenlos an. Dann bog er sich vor Lachen so weit zurück, daß er mitsamt seinem Stuhl umzukippen drohte. Mit einem Ruck schnellte sein Oberkörper wieder vor, so nah an mich heran, daß sein Mund fast mein Ohr berührte: »Bevor du glaubst, was du siehst und hörst, beginne zu sehen und zu hören, was du nicht glaubst. Wenn dir das gelingt, brauchst du nicht mehr zu glauben. Dann wirst du wissen. Denn Diesseits und Jenseits sind eins. Das ist die Wirklichkeit. Wenn du die Sierra verläßt, wirst du nichts gelernt haben. Du wirst aus Erfahrung wissen.«

Den letzten Satz wiederholte er schnell, mit großer Eindringlichkeit, ein paarmal, bis Versprechen und Drohung, die darin lagen, sich gegenseitig aufhoben und ich keines Gedankens darüber mehr fähig war.

Ich machte noch häufig die Erfahrung, daß es etwas besonderes mit diesen Wiederholungen auf sich hatte. Alle Mara'akate, die mit mir sprachen, bedienten sich ihrer. Jedesmal, wenn sie eine vermeintlich zusammenhanglose Aussage oder eine Ergänzung zu einer Antwort selbst formulierten, wiederholten sie diese in schneller Abfolge mehrere Male. Und obwohl es immer derselbe Wortlaut war und die Wiederholung nur den Sinn des Bekräftigens und Einprägens zu haben schien, wirkte sie wie eine Zauberformel, die mit jeder Verdoppelung eine tiefere Einsicht in die Bedeutung des Gesagten gab.

Die nächsten Tage waren erfüllt von Vincentes und Jesusitas Gegenwart. Zu meiner Verwunderung fühlte ich mich durch sie nicht eingeengt, sondern freier denn je. Frei von der Sorge unerfüllter Erwartungen, frei zu gehen, wann und wohin wir wollten, frei von jedem Zeitdruck, aber keineswegs frei von Bewußtheit.
Jedesmal, wenn ich aus der Hütte oder mit Lena vom Bach auf den Hof zurückkam, waren die beiden da, so präsent und ausdauernd, daß ich deutlich spürte, daß eine bestimmte Absicht darin lag.
Ihre Reaktionen mir gegenüber blieben unberechenbar. Neidvoll beobachtete ich ihre gleichmäßige Aufgeschlossenheit für Lena. Vor allem Vincente hatte ihr sein Herz geöffnet. Die Aufmerksamkeit und Ehrfurcht, mit der er sie wie ein vollkommenes Wesen behandelte, erteilte mir sehr eindeutige Lehren. Manchmal hatte ich jedoch auch den Eindruck, daß die Vertrautheit, mit der die beiden miteinander umgingen, auf einer Art von Kommunikation und Bekanntschaft beruhte, die nicht von dieser Welt war und von der ich mich auf schmerzliche Weise ausgeschlossen fühlte. Auch Lena spürte das sehr genau, was sich in einer ganz neuen, sehr energischen Selbstsicherheit auszudrükken begann. Einmal, als Vincente von einem Spaziergang

mit ihr zurückkam, sagte er, daß Lena eine sehr alte Seele sei.

Anfänglich hielt ich es für einen Scherz, als er mich bat, ihnen Lena zu verkaufen. Ich hatte in der Sierra schon verschiedene Angebote dieser Art bekommen. Ein Vater wollte mir sogar seine zwei Söhne für Lena geben. Seltsam schien mir, daß auch er ein Mara'akame war. Ich ertappte mich mehrmals dabei, wie ich Lena anstarrte und zu ergründen suchte, wieso sie gerade meine Tochter war. Eine Tatsache, die auch über Vincentes Verständnis hinauszugehen schien. »Du mußt vorsichtig sein mit diesem Kind.« Diesen Satz hörte ich sehr oft von ihm, und jedesmal traf er mich auf eine andere, sehr beeinflussende Weise.

Mit der Zeit erfuhr ich, wie sehr Jesusita und Vincente unter ihrer Kinderlosigkeit, vor allem aber unter der Frage litten, warum die Götter ihnen diesen Wunsch verwehrten. Unzählige Opfer hatten sie für die Erfüllung dieses Wunsches schon gebracht. Selbst das größte Opfer, eine Reise nach Wirikuta allein für diesen Zweck, war von den Göttern unbeachtet geblieben.

Als wir einmal über die von der mexikanischen Regierung verbotene, von vielen Huicholes aber immer noch praktizierte Polygamie sprachen, fragte ich Vincente, warum er sich nicht eine zweite Frau nehme. Er sah mich völlig entgeistert an. »Ich bin ein Mara'akame.« Mehr war er nicht bereit, dazu zu sagen.

Auch alle anderen Mara'akate, die ich kennenlernte, hatten nur eine Frau. Treueverpflichtung wie auch die Furcht vor dem fertigen Mara'akame mögen Gründe dafür sein. Im Laufe der Zeit bekam ich den Eindruck, daß die Verbindung zwischen einem Mara'akame und seiner Frau viel inniger, vielschichtiger und auch offensichtlicher ist, als die anderer Huichol-Paare. Vincente und Jesusita waren das beste Beispiel dafür. Sie wirkten wie die Verkörperung der Zusammengehörigkeit aller Gegensätze. Obwohl, oder gerade weil sie sehr verschieden waren, er zart, leicht, weich und freundlich, sie dagegen groß, bodenständig, hart, streng, bildeten sie eine vollkommene Einheit, in der sich das ganze Universum widerspiegelte. Jesusita war Erde, Wasser und Diesseits, Vincente Luft, Feuer und Jenseits. In den Tagen ihrer gemeinsamen Anwesenheit war es, als habe sich der Rancho in ein Kraftfeld verwandelt.

Lumholtz beschrieb die Ausstrahlung, die er in Gegenwart mancher Huicholes empfand, einmal als »tierischen Magnetismus«, der eine sehr beruhigende Wirkung auf ihn hatte. Mich dagegen veranlaßten die überaus magischen Schwingungen und Strömungen, die von ihnen ausgingen, zu größter Wachsamkeit. Die Unbegrenztheit ihrer Gegenwart zwang mich zu einer Bewußtheit, die mich so anstrengte, daß ich mehrmals am hellichten Tag einschlief.

Als ich mir schließlich einer seltsamen neuen Kraft bewußt wurde, die ich in mir zu spüren begann, wurde mir auch die Absicht, die in ihrem ungewöhnlichen Verhalten gelegen hatte, klar.

Seitdem sie mir ihre Zeit zum Geschenk machten, hatte ich begonnen, den Verlauf von Zeit als das Kommen und Gehen einer Energie in mir zu empfinden und somit die Zeit als einen fühlbaren Ratgeber zu erfahren, ob zu handeln oder nicht zu handeln, zu reden oder zu schweigen sei. Wenn ich mir der rechten Zeit bewußt war, bekam ich nicht nur durch jede Aktion, sondern auch durch jedes Stillhalten mehr vermittelt, als ich hätte erfragen können.

Durch die Erfahrung, daß das bewußte Tun und Lassen des Menschen ebenso kosmischen Gezeiten unterliegt, wie Flut und Ebbe des Meeres, Wachsen und Welken der Natur, erkannte ich mich in blitzartigen Erleuchtungsmomenten als Teil einer kosmischen Einheit, die nicht durch willkürliche Identifizierung des eigenen Bewußtseins erzeugt werden, sondern nur jenseits aller Selbstbegrenzung, im Erlebnis des Unendlichen in uns, als Wirklichkeit wachsen kann.

HEXEN UND HEILER

Am letzten Abend unseres ersten Besuchs in Las Blancas saßen wir länger als sonst im Hof bei »Unserem Großvater
Feuer«.

Meine Beziehung zum Feuer hatte sich durch das Leben mit
ihm und durch das, was Vincente mir über die dem Feuer
innewohnende, göttliche Potenz Tatewarí vermittelte, täglich vertieft. Ich hatte eine sehr viel bewußtere Einstellung
zum Feuer bekommen.

An jenem Abend wurde ich den Eindruck nicht los, daß es
die Flammen waren, die mich davon abhielten, Jesusita und
Vincente meinen am Nachmittag gefaßten Entschluß mit-
zuteilen, Las Blancas am nächsten Morgen zu verlassen.
Eine Kraft, die aus dem Feuer kam, gebot mir, nicht darüber zu reden.

Ich spürte genau, daß der Zeitpunkt, aufzubrechen, richtig
war. Doch etwas in mir wehrte sich dagegen. Bis mir, wie
aus den Flammen entstiegen, die Erkenntnis kam, daß es die
Angst davor war, diesem neuen, noch ungewohnten Gefühl
einer unerklärlichen Gewißheit mehr zu vertrauen als meinem Verstand, der sich fragte, ob es wirklich die richtige
Entscheidung sei.

Ich erschrak furchtbar, als Vincente etwas in die Glut warf,
das wie ein kleines Feuerwerk explodierte. Ich erschrak
noch mehr, als ich die funkelnde Glut seiner Augen sah. Für
einen Bruchteil von Sekunden glaubte ich, zu schielen.
Dann veränderte sich mein Blickfeld so drastisch, daß mir
vorübergehend schwindelig wurde. Ich wußte, daß sich
nicht, was ich sah, sondern wie ich sah, verändert hatte.
Alle Konturen seines Gesichts und dessen, was hinter Vin-

cente lag, verschwanden in einem seltsamen Schimmer, der
seine Augenpartie flimmernd umgab und etwas ausstrahlte,
das mich wie ein Elektroschock traf.

»Geht nicht dort (allí) zurück, wo ihr hergekommen seid.«
Ich hörte es ganz deutlich. Da ich aber Vincentes Mund
nicht sah, hatte ich den Eindruck, daß er mit seinen Augen
sprach.

Ich dachte an die Schlucht, in die wir uns auf dem Herweg
verirrt hatten, wollte über den unnötigen Rat, nicht auf dem
gleichen Weg zurückzugehen, lachen, war aber wie gelähmt, hörte den Satz noch ein paarmal.

In dem Augenblick, als ich begriff, daß er nicht *dort*, sondern *dorthin* (ebenfalls allí) gemeint hatte, wußte ich, daß
wir nicht zu Carmelita zurückgehen sollten. Und plötzlich
fiel es mir wie Schuppen von den Augen: Der Gesang, den
ich am zweiten Tag im Schlaf gehört zu haben glaubte, war
weder Traum noch Einbildung gewesen. Vincente hatte neben mir gesungen, hatte mich von einem Bann befreit. Ich
erschrak und geriet dadurch wieder in den Normalzustand.
Erinnerungen kamen, und mit ihnen stürzten Fragen über
Fragen auf mich ein. Ich spürte, daß es zwecklos war, Vincente um eine Erklärung zu bitten. Meine Zeit an ihrem
Feuer war abgelaufen. Fast trotzig blieb ich sitzen. Vincente
schüttelte den Kopf, als mokiere er sich über mein Verhalten. Jetzt war schon alles egal: »Warum?« fragte ich zaghaft.
Vincente kniff die Augen zusammen. Sein Kopf schnellte
vor: »Warum was?«

Der ungewöhnlich schroffe Ton seiner Stimme verunsicherte mich noch mehr. Hatte ich mir die Bedeutung des
»dorthin« nur eingebildet? Hätte ich bloß nicht gefragt.
Sein jetzt ganz offensichtlicher Zorn jagte mir Furcht ein.

»Du fragst nach einem Warum, ohne zu wissen, warum du
fragst«, donnerte er mich an. »Du stellst solche Fragen, weil
dir das Wissen anderer glaubhafter und weniger bedrohlich
erscheint als das eigene.«

84

»Du meinst, ich habe Angst vor meinem eigenen Wissen?«
»Wer so fragt, hat Angst vor der Wirklichkeit, Angst vor
dem Wissen, das in ihm ist. Es ist da, in dir, du fühlst es. Es
bedroht dich, weil du nicht weißt, was es ist. Du willst es
nicht wahr-haben.«
Er schwieg. Ich wollte mich verteidigen. Da fuhr er mich
von neuem an: »Du glaubst nicht, was du weißt. Du glaubst
nur an das Wissen, das du wahrhaben *willst*. Du weißt
mehr. Aber solange du es nicht wahr*haben* willst, kannst du
es auch nicht wahr*nehmen*.«
Kaum hatte Vincente die Rede – die längste, die ich je von
ihm gehört hatte – beendet, schloß er die Augen und begann
zu summen. Jesusita, die schweigend neben dem Feuer gelegen hatte, setzte sich auf, entzündete ein Ocote-Scheit
und gab es mir: »Geh' jetzt schlafen. Du mußt morgen sehr
früh aufstehen.« Ich hatte bisher immer noch kein Wort von
meinem geplanten Aufbruch gesagt. Aber nun war es ja
auch restlos überflüssig geworden.
Bald nachdem ich mich hingelegt hatte, kamen auch die beiden Mara'akate in die Hütte. Ich fragte mich, ob sie je richtig schliefen. In mehr oder minder großen Abständen sprachen sie oft die ganze Nacht miteinander.
Anfänglich hatte ich geglaubt, Vincente rede im Schlaf.
Dann hatte ich bemerkt, daß Jesusita jedesmal, wenn auch
oft erst nach längerer Zeit, darauf reagierte. Vielleicht lag es
an ihren veränderten Stimmen, vielleicht an den Abständen,
jedenfalls hatte ich immer deutlicher den Eindruck, daß sie
nicht im normalen Wachzustand miteinander sprachen.
Der Boden unter unserer Matte kam mir in dieser Nacht
noch härter vor als sonst. Ich fror und war müde. Aber ich
konnte nicht schlafen. Der Widerhall von Vincentes Worten und Bilder von Szenen mit Carmelita wechselten sich
ab.
Das Gemurmele der beiden untermalte meine Gedanken
auf sonderbare Weise. Ich hatte das Empfinden, geistig be-

gleitet zu werden, die Überzeugung, daß das, was ich hörte, und wann und wie ich es hörte, in Zusammenhang mit dem stand, was ich dachte, den Lauf meiner Gedanken beeinflußte.

Vincente hatte recht. Ich wußte längst, daß Carmelita eine Hexe war, und zwar nicht nur im Sinne eines schikanösen, bösartigen Weibes, wie ich mir bisher vorgemacht hatte.

Jetzt, da es für mich eine Tatsache war und nicht mehr erschreckende Einbildung, deren Wahrnehmung mich bis vor kurzem wahrscheinlich dazu gebracht hätte, endgültig abzureisen, sah ich plötzlich alles, was mit Carmelita zusammenhing, von einer ganz anderen Seite.

Ich hatte mich oft gewundert, daß Carmelita während der ganzen Zeit, in der wir bei ihr gewohnt hatten, kein einziges Mal die doppelt und dreifach gesicherte Umzäunung ihres Hofes verlassen hatte. Aber erst jetzt brachte ich es mit den Erzählungen der Huicholes in Zusammenhang, daß Hexen und Hexer so gut wie nie ihren Rancho verlassen, aus Angst, getötet oder verjagt zu werden. Auch ließ sie nie einen Huichol in ihr Haus.

Einmal hatte ich gewagt, einen Mann mit einem kranken Kind mitzubringen, weil er gehört hatte, daß die Wunde eines Kindes, die ich nur mit etwas Salbe behandelt und verbunden hatte, geheilt war. Als wir auf den Hof traten, war Carmelita mit einer Machete auf ihn losgegangen. Der Mann floh, ohne auf die Medizin zu warten, um die er mich gebeten hatte.

Obwohl Carmelita nie den Rancho verließ und auch an keiner Fiesta teilnahm, wußte sie auf rätselhafte Weise über alles Bescheid, selbst über Dinge, die in anderen Gemeinden passierten. Natürlich bezog sie einen Teil ihrer Informationen von Dolores, die alle Wege für sie erledigte. Außerhalb der Umzäunung nutzte das kleine Biest jede Gelegenheit, nicht nur als ausführendes Organ, sondern ebenso wirkungsvoll auf eigene Initiative ihr Unwesen zu treiben.

Seit über die Huicholes zum ersten Mal geschrieben wurde, ist bekannt, daß sie eine sonderbare Auffassung von Ehrlichkeit haben. In fast allen Berichten findet man Andeutungen darüber, daß die Huicholes, wenn sie überhaupt antworten, meistens die Unwahrheit sagen.

Anfänglich hielt ich sie für die größten Lügner, denen ich je begegnet war. Später wurde mir klar, daß sie es nicht aus Falschheit oder Feigheit taten, sondern gezwungenermaßen. Ich selbst, der Fremde, war es, der sie zu diesen *Un*wahrheiten zwang, indem ich Fragen stellte, die sich diese Menschen nicht anmaßten, wirklich beantworten zu können, oder Fragen, die die Geschichte sie gelehrt hatte, besser nicht zu beantworten. Fragen, die für den Befragten eine ganz andere, viel tiefere Bedeutung hatten als für den Fragenden; Fragen, die, oft ebenso ungewollt wie unbedacht, die Gefühle, den Glauben und die Tradition der Huicholes tief verletzen konnten und oft genug tief verletzten. Die falschen Antworten der Huicholes waren fast immer nur Folge falscher Fragen.

Huicholes, die die Lüge als Mittel zum Zweck benutzen, sind Ausnahmen. Carmelita und Dolores gehörten zu diesen Ausnahmen. Ihre Unwahrheiten bedurften keiner Fragen. Sie benutzten die Lüge nicht zur Erhaltung des eigenen, sondern zur Zerstörung des Seelenfriedens eines anderen. Vor allem Dolores. Ihre Lügen waren von solcher Boshaftigkeit, daß sie mit ihren knapp zwölf Jahren bereits zu einer noch größeren Hexe heranzuwachsen drohte, als es ihre Meisterin war.

Carmelita versuchte, ihr mit Prügeln und anderen Mitteln diesen Ehrgeiz auszutreiben. Mal hungerte sie ihn tagelang aus der Kleinen heraus, mal ließ sie sie Schwerstarbeit verrichten. Einmal sperrte sie sie drei Tage lang in einen Verschlag und erzählte mir, das Mädchen sei verreist. Später erfuhr ich von Dolores, wo sie gewesen war. Ich glaubte ihr kein Wort. Doch als sie wieder »verreist« war, entdeckte ich

87

sie tatsächlich in dem Verhau. Ich öffnete ihn, aber sie traute sich nicht heraus. Als ich Carmelita holte, schrie diese, Dolores habe sich selbst eingesperrt.

Bald fand ich heraus, daß sie nicht die einzige Informationsquelle Carmelitas war. Denn selbst an Tagen, an denen auch Dolores das Haus nicht einmal verließ, um Wasser zu holen, wußte Carmelita auf geheimnisvolle Weise von irgendwelchen Neuigkeiten.

Durch den Spalt oberhalb der Hüttentür sah ich, daß es bald zu dämmern beginnen würde. Es war also schon zu spät, um zu versuchen, einzuschlafen, aber auch noch zu früh, um Lena zu wecken. Beim Gedanken an Carmelita durchlief mich ein Horrorschauer.

Es schien mir unbegreiflich, daß mir nicht eher bewußt geworden war, daß Carmelita eine Vertreterin der schwarzen Magie war. Aber was hätte sich dadurch verändert? Hätte es überhaupt etwas geändert? Wäre es nicht vielleicht viel schlimmer gewesen, gleich an Hilario zu geraten?

Jetzt, während ich darüber schreibe und mehr weiß, als ich noch vor ein paar Monaten wissen konnte (oder wollte), glaube ich, daß das Schicksal manchmal sehr gnädig war.

Mit der Zeit erfuhr ich nämlich, daß Hilario keineswegs für alle Huicholes nur der mächtige Mara'akame war. Viele sahen in ihm einen gefürchteten Hexenmeister.

Wie hätte ich entscheiden sollen, wo wir besser aufgehoben gewesen wären, wenn oft nicht einmal die Huicholes selbst zwischen einem Hexer und einem Heiler unterscheiden konnten? Denn einer mag in einem Bezirk als böser Hexer verschrien und an einem anderen Ort wegen seiner großen heilenden Fähigkeiten hoch angesehen sein.

In ihrer Eigenschaft als Mara'akate, Cantadores oder Curanderos haben die Huichol-Schamanen zwar die Pflicht, in den ersten fünf Jahren ihre Dienste ausschließlich und unentgeltlich der eigenen Comunidad (Gemeinde) zur Verfügung zu stellen. Danach aber können sie gehen, wohin sie gerufen werden.

Die Tatsache, daß sie dies in unterschiedlicher Funktion tun, und sie nicht nur in andere Gemeinden, sondern auch über die Grenzen der Sierra Huichola hinaus gerufen werden, was sie wiederum mit unterschiedlichen Menschen in Berührung bringt, mag zu dem unterschiedlichen Image beitragen, das viele von ihnen haben. Zu den benachbarten Coras, zum Beispiel, werden sie nur wegen ihrer Fähigkeiten als Zauberer geholt.

Wie eng oft die Grenze zwischen Hexer und Heiler zu ziehen ist, liegt unter anderem daran, daß beide bis zu einem gewissen Punkt die gleiche Laufbahn und daher auch bis zu einem gewissen Grad vergleichbare Kenntnisse haben.

Vincente nannte den Umgang mit dem Bösen »die Macht ohne Weisheit«. Das bedeutet aber nicht, daß nicht auch jeder Mara'akame diese Macht besitzt. »Ein Mara'akame muß sie haben«, sagte Hilario mir später einmal, »sonst ist er kein Mara'akame.« Die Frage ist, wie er damit umgeht. Denn das Erlangen dieser Macht ist nur eine Stufe auf dem Weg.

Auf dieser Stufe stehengeblieben zu sein, ist nicht immer der Grund dafür, daß einer ein Hexer ist. Auch muß ein Hexer nicht immer am Ende seiner Lehrzeit angekommen sein. Ebenso wie es vorkommen kann, daß ein Zauberer heilende Kräfte erlangt, kann ein vollendeter Cantador, ein »weißer Schamane«, durch Mißachtung der Gebote seine magische Kraft, zu heilen, zu singen oder zu träumen, verlieren und sich nur noch als »schwarzer Schamane« betätigen.

Es gibt auch Mara'akate, die sich ohne den Verlust dieser Fähigkeiten für die Macht des Bösen, für die schwarze Magie, entscheiden. Denn wie der Cantador Daniel bestätigte, ruht in jedem Heiler auch ein Hexer:

»Sind Cantadores und Hexer das gleiche? Bist du ein Cantador oder ein Hexer?«

»Ja.«

»Bist du ein Hexer?«

»Auch.«

»Bist du ein Cantador?«

»Ebenfalls.«

»Dann lernen auch Hexer?«

»Ja.«

»Nur sie tun Schlechtes.«

»Nein.«

»Sie tun nichts Böses?«

»Nein.«

»Sind sie das gleiche wie Mara'akate?«

»Das gleiche.«

»Du meinst, es gibt gute Cantadores und schlechte; Mara'akate, die ihre Macht dazu benutzen, Böses zu tun?«

»Ja.«

»Gibt es viele?«

»Ja, viele.«

»Sagt man nicht, daß sie Geld dafür bekommen, anderen Böses anzutun?«

»Das ist wahr.«[22]

Die Preise für einen Zauber rangieren zwischen hundert Pesos und drei Stieren, je nachdem, von wem, wofür und womit man wen verhexen lassen will. Die Motive dafür sind in der gesamten Emotionsskala zu finden. Leidenschaft, der Wunsch, einen Mann oder ein Mädchen in sich verliebt zu machen, kann ebenso der Grund für die Inanspruchnahme von Zauberkräften sein, wie der Wunsch, jemanden aus Gier, Eifersucht oder Rache krank zu machen oder sterben zu lassen.

Mord und Totschlag, in unserem Sinne, gibt es so gut wie gar nicht in der Sierra. Einige Zauberer sind jedoch dafür bekannt, schon viele Menschenleben auf dem Gewissen zu haben. Doch vor das Stammes-Tribunal kommen diese Menschen nicht. »Das ist viel zu gefährlich«, sagte mir Jesús, der Gobernador der Gemeinde. Sie werden höchstens vertrieben oder ebenfalls durch einen Zauber bestraft, was nicht selten ihren Tod zur Folge hat.

Ein Zauberer schreckt auch vor einem Mara'akame nicht zurück. Es heißt, daß der vor einigen Jahren gestorbene Colás, der als der gütigste und beliebteste Mara'akame seit vielen Generationen galt, ebenso ein- oder mehrmals behext war (aber nicht daran starb) wie Hilario und andere. Mächtige Männer wie diese können sich oft selbst aus der Macht des Bösen befreien. Sie wissen auch, wie sie herausfinden können, warum, von wem und mit welchem Zauber einer belegt ist. Trotzdem gelingt es nicht immer und nicht jedem Mara'akame, den Verhexten aus dem Bann zu erlösen.

»Ich wurde behext, drei Jahre nachdem ich meine Lehrzeit begonnen hatte«, erzählte mir der junge, aber schon sehr angesehene Mara'akame Cassillano.

»Von einem Hexer?«

»Einem was?«

»Von einem Cantador?«

»Ja.«

»Kanntest du ihn?«

»Ich kenne ihn.«

»Warst du krank?«

»Sehr.«

»Wer hatte ihn beauftragt?«

»Niemand.«

»Er tat es aus eigenem Antrieb?«

»Aus Eifersucht.«

»Aus Eifersucht?«

»Aus Eifersucht.«

»Aber du warst in der Lehrzeit. Wegen einer Frau ...«

»Nein. Er wollte nicht, daß ich ein Mara'akame werde.«

»Er war eifersüchtig auf deine Macht?«

»Ich hatte noch keine. Aber er wußte, daß ich mehr Macht haben würde als er.«

»Er wußte es?«

»Er hatte es geträumt.«

»Hast du dich selbst geheilt?«

»Nein.«

»Du hattest nicht genügend Kraft?«

»So war es.«

»Hat dich ein Mara'akame geheilt?«

»Der zweite.«

»Der erste hat es nicht geschafft?«

»Er hat die ganze Nacht gesungen. Aber nach fünf Tagen war ich immer noch krank.«

»Dann hat ein anderer Cantador für dich gesungen?«

»Mein Onkel.«

»Wer ist dein Onkel?«

»Jacinto. Er ist ein großer Curandero. Er weiß sehr viel über die Heilkraft der Pflanzen.«

Dieses Gespräch fand statt, kurz nachdem ich Cassillano beim Heilen zugeschaut hatte. Wochen später sollte ich die Kraft seines Onkels noch am eigenen Leib zu spüren bekommen.

Inzwischen war es hell geworden. Ich war überzeugt, keine Minute richtig geschlafen zu haben. Aber als ich mich aufsetzte, waren Vincente und Jesusita nicht mehr in der Hütte. Auf unserer Tasche lagen zwei Tortillas und zwei kleine beige Stückchen, die wie Trockenobst aussahen. Nur waren sie hart. Ich wußte sofort, daß es Peyote-Buttons waren. Eine ganze Kette davon hing unter dem Büschel gefiederter Zauberpfeile an der Hüttenwand. Als ich die getrockneten Scheibchen sah, wußte ich auch, daß ich die beiden Mara'a-kate nicht wiedersehen würde, zumindest nicht an jenem Tag.

Mir fiel ein, was ich über die kräftigende Wirkung von Peyote gehört hatte, und ich ahnte, daß die Scheibchen für den sofortigen Gebrauch bestimmt waren. Ohne lange zu überlegen, nahm ich ein Stück in den Mund und begann es so schnell und so klein zu kauen, wie ich konnte. Ich schluckte und hatte das Gefühl, einen Eiswürfel verschluckt zu haben. Es schüttelte mich. Es hatte den gleichen bitteren Geschmack wie der Brei, den Jesusita mir gegeben hatte. War das wirklich erst vor ein paar Tagen gewesen? Es schien mir eine Ewigkeit her.

Ich griff zu der kleinen Kürbisflasche, die Vincente uns geschenkt, und die ich schon gestern für den Rückweg gefüllt hatte, und versuchte, den Geschmack hinunterzuspülen.

Ich fühlte mich einsam, im Stich gelassen, befürchtete, der Wirkung allein nicht gewachsen zu sein, und steckte den zweiten Button in die Tasche. Dann zog ich mich an.

Ungeheure Mengen von Speichel sammelten sich in meinem Mund. Plötzlich wurde ich furchtbar müde. Aber irgendwie war mir klar, daß ich diesen Punkt überwinden mußte. Ich durfte auf keinen Fall einschlafen, stand schnell auf und weckte Lena. Während sie die Tortillas aß, schleppte ich mich zu unserem Muli, sattelte es und band es an den Zaun.

Auf dem Hof überfiel mich große Traurigkeit. Ich war traurig, den Rancho zu verlassen, traurig, ohne ein Wort des Dankes oder Abschieds gehen zu müssen, keine Möglichkeit zu haben, nach einem Wiedersehen zu fragen. Ich mußte lachen, als mir bewußt wurde, daß letzteres der eigentliche Grund meiner Niedergeschlagenheit war. Ich wollte mich gar nicht so dringend bedanken. Ich wollte mehr.

Da stand ich im unwirklichen Licht der Morgendämmerung und wurde plötzlich einer unglaublichen Leichtigkeit gewahr, die mich ergriffen hatte. Müdigkeit und Besorgnis waren wie weggeblasen. Ich fühlte mich leicht und frei und froh. Selbst meine Angst, wie Lena es aufnehmen würde, sich wieder auf das Maultier setzen zu müssen, war weg.

Es gab auch gar keinen Grund dafür. Kaum saß sie drauf, rief sie: »So Muli, Hü!«

Das Tier trippelte so schnell über den schmalen Pfad, so zielstrebig bergan zum Fuße des Steilhangs, daß ich kaum hinterherkam und ihm die Führung überließ.

Lena war fröhlich und schwatzte, als würden wir einen gemütlichen Ausflug machen. Es war unglaublich, wie kräftig, wach und zuversichtlich ich mich fühlte. Auch die Aussicht, zunächst zu Carmelita gehen zu müssen, um unsere Habseligkeiten, die wir dort gelassen hatten, abzuholen, schreckte mich nicht mehr. Als nach zwei Stunden die Wirkung des Peyote nachließ, nahm ich ohne jede Bedenken, aber mit großem Ekel vor dem Geschmack, den zweiten Button. Diesmal trat seine erhebende Wirkung ohne Vorstufen ein.

Wir hatten etwa zwei Drittel des Weges und die Hälfte des Steilhanges hinter uns gebracht, als uns zwei Huicholes überholten. Obwohl der Zickzack-Pfad oft so steil war, daß ich mir immer wieder das lange Seil des Maultiers umband und mich von ihm ziehen ließ, und Lena mehrmals beinahe samt Sattel über das Hinterteil des Tiers abrutschte, erklommen die beiden Männer die Canyon-Wand auf fast senkrechtem Weg.

Wir entdeckten sie erst, als sie direkt unter uns waren. Sie riefen uns etwas zu, und wir blieben stehen, damit sie nicht von den immer wieder neben uns abrutschenden Felsbrokken getroffen wurden.

Auf gleicher Höhe hockten sie sich neben uns, boten uns kleine, rote Früchte an und wollten wissen, wo wir herkamen und wohin wir wollten. Ich erzählte ihnen von unserem Besuch bei Vincente und Jesusita, was offentlichtlich Eindruck auf sie machte. Von Carmelita sagte ich lieber kein Wort.

Sie selbst wollten auch auf die Mesa, wo an diesem Tag angeblich ein Flugzeug erwartet wurde. Sie waren auf dem Weg zum Pazifischen Ozean.

Ihre Worte trafen mich wie ein gnädiger Schlag. Ein Flugzeug. Das Meer. Die beiden kamen mir vor, wie von den Göttern gesandt. Das war's. Das war die Lösung. Wir würden da anfangen, wo wir bei der Hexe aufgehört hatten. Auf ans Meer.

Es war noch sehr früh. Das Flugzeug kam, wenn es kam, nicht vor acht. Wir hatten also noch eine gute Chance, es zu schaffen, aber natürlich keine Chance, mit den Huicholes Schritt zu halten. Sie winkten uns freundlich zu und waren bald verschwunden.

Lena sang ein selbstgereimtes Freudenlied, als sie von meinem Plan hörte, und trieb das Muli mit ihren Hacken voran.

Man konnte Carmelitas Haus schon von weitem sehen. Je näher wir ihm kamen, umso mulmiger wurde mir. Aber ich war fest entschlossen und sicher, es sollte so sein.

Die Frage, wie ich den bei Carmelita deponierten Rucksack nach der nun doch fühlbaren Anstrengung, die hinter uns lag, von Carmelitas Haus bis zur Sandpiste transportieren sollte, beantwortete sich von selbst. Der Rancho des Mannes, von dem ich das Maultier geliehen hatte, lag nur wenige hundert Meter von der Landebahn entfernt.

Ich zitterte am ganzen Körper, als ich Carmelitas Hof betrat. Das Muli hatte ich draußen festgebunden und Lena vorsichtshalber gleich darauf sitzen lassen.

Fünf Minuten später trieb nun sogar auch Lena das mit unserem Rucksack schwer beladene Tier mit kräftigen Schlägen auf seine Flanken an. Carmelitas Auftritt hatte sie schnell gemacht.

Wie eine Furie war die Hexe herumgesprungen, hatte an dem Rucksack gezerrt, den ich zum Gatter schleifte und geschrien, ich hätte dazubleiben. Der Gobernador und die »tupiles« (Huicholes in Polizeifunktion) suchten mich überall. Sie wollten mich ins Gefängnis stecken, weil ich das Wasser verseucht, das Maultier gestohlen und sie alle betrogen hätte.

Es nützte nichts, mir vorzumachen, daß Carmelita während

unserer Abwesenheit total verrückt geworden sei. Zumindest an dem Verdacht des Maultier-Diebstahls war was dran. Schließlich hatte ich es ursprünglich nur für einen Tag geliehen.

Kurz vor Erreichen des Zaunes war ich drauf und dran, vor Angst durchzudrehen. Dolores hatte sich vor das Tor gestellt und hielt es zu. Mit letzter Kraft fegte ich sie beiseite. Carmelita war wie von Sinnen. Sie bemerkte nicht einmal, daß sie ihren Schutzwall verlassen hatte. Zitternd hob ich Lena vom Muli. Als Carmelita sie packte, verlor ich den Verstand. Ich brüllte, wie ich wahrscheinlich noch nie in meinem Leben gebrüllt hatte. Die Hexe flog rückwärts, raffte ihre Röcke und stob, Dolores voran, in ihre Umzäunung zurück.

Während wir sie immer noch hinter uns zetern hörten, sahen wir von weitem eine ungewöhnlich große Menschenansammlung am Rande der Sandpiste stehen.

Ich kann keineswegs behaupten, daß ich die Erwartung dessen, was vor uns lag, beruhigender fand als das, was wir gerade hinter uns hatten. Bei der Unberechenbarkeit der Huicholes war nie abzusehen, wann, wie und worauf sie reagierten. Und wer wußte, was Carmelita diesmal für Lügengeschichten verbreitet hatte.

Ich setzte Lena und den Rucksack in einiger Entfernung von der Menschenmenge ab, überquerte die Piste und eilte zum Rancho des Muli-Besitzers, ständig in der Furcht, zurückgerufen oder aufgehalten zu werden. Aber nichts dergleichen geschah.

Der Mann, der uns das Maultier geliehen hatte, war nicht da. Seine Frau empfing mich völlig gelassen und freute sich, daß ich ihr den Betrag, den wir für einen Tag ausgehandelt hatten, für jeden weiteren Tag zahlte, den wir fort gewesen waren.

Zurück an der Landebahn setzte ich mich zu Lena und betete zu allen Göttern, von denen ich gehört hatte, daß es sie gab, daß das Flugzeug bald und auch wirklich kommen möge.

Als ich den Gobernador auf uns zukommen sah, gerann mir das Blut in den Adern. »Oh Gott!«

»Was ist denn, Mammi?«

»Ich weiß es nicht. Drück die Daumen, daß alles gut geht.«

Ich stand auf und ging ihm entgegen.

»Du willst fort?« Jesús Stimme war streng, sein Gesicht, wie immer, undurchsichtig.

»Ja.«

»Das geht nicht.«

Meine Beine gaben nach. »Warum nicht?«

»Warum willst du fort? Du wolltest doch länger bleiben.«

»Wir kommen wieder.«

»Wann?«

»Mit dem nächsten Flugzeug.«

»Warum, was wollt ihr noch hier?«

»Dürfen wir denn nicht zurückkommen?«

Er lachte: »Ihr könnt gar nicht weg.«

»Warum? Was haben wir denn getan?«

»Was?«

»Ja, was? Warum willst du uns nicht gehen lassen?«

»Ich? Ich habe damit nichts zu tun.«

Bildete ich es mir nur ein, oder sah er an mir vorbei in die Richtung, in der das Haus der Hexe lag? Steckte er womöglich mit ihr unter einer Decke?

Er sah mich wieder an: »Heute kommt kein Flugzeug.«

»Aber zwei Männer aus Las Blancas haben es gesagt. Da vorn sitzen sie. Sie warten auch.«

Jesús sah sich um. »Sie haben mit euch gesprochen?« Seine Frage klang erstaunt.

»Ja.«

»Die sind nicht aus Las Blancas.«

»Gut, aber wir haben sie heute morgen auf dem Rückweg von dort getroffen.«

»Ihr wart in Las Blancas?«
»Ja, bei Vincente.«
Der Gobernador machte plötzlich einen sehr verunsicherten Eindruck. Einen Moment lang standen wir schweigend da. Dann zog er die Schultern hoch und die Mundwinkel herunter:
»Ihr könnt es ja versuchen. Wenn das Flugzeug bis Mittag nicht da ist, kommt es nicht.«
Ich hätte ihn küssen können.
»Ihr müßt da vorn warten«, sagte er und lachte, während er mit über seinem dicken Bauch verkreuzten Armen zusah, wie ich mich abmühte, den Rucksack zu schultern.
»Was murmelst du denn?« fragte ich Lena, die die ganze Zeit leise vor sich hingesprochen hatte. Sie murmelte weiter, nur jetzt lauter, daß ich es hören konnte: »Laß es gut gehen, laß es gut gehen, laß es gut gehen. Mammi, kann ich jetzt endlich aufhören, die Daumen zu drücken?«
Ich umarmte sie: »Ja, das kannst du!« Ich war überzeugt, noch am selben Tag das Meer zu erreichen.
Wir folgten Jesús bis zu den beiden Männern, die abseits von den Versammelten saßen. Sie nickten freundlich. »Gut«, sagte der eine. »Es ist gut«, wiederholte er. »Gut, daß du es gemacht hast.«
Mir wurde ganz schummerig bei der Vorstellung, daß er es so meinte, wie ich es verstand.
Ein Junge kam angerannt: »Du sollst zu dem Gobernador kommen.«
Jesús stand bei den anderen, die immer wieder verstohlene Blicke zu den beiden Männern warfen.
»Laß deine Tochter hier«, empfing mich Jesús. Etwas Befehlendes lag in seiner Stimme. Ich sah ihn entgeistert an. Er lachte über den gelungenen Scherz, und alle Umstehenden lachten mit. Dann wurde er wieder muffig: »Wenn du zurückkommst, hast du dich bei mir zu melden.«
Ich sagte »ja« und wünschte, er würde aufhören, mich mit

seinen blöden Scherzen reinzulegen. Andererseits mußte ich zugeben, daß ich in einer Verfassung war, deren Ausstrahlung sicher überaus verlockend und erfolgversprechend für kleinere Quälereien war. Ich mußte mich mehr zusammennehmen. »Wollen die auch alle fliegen?« fragte ich den Gobernador in möglichst sachlichem Ton, bemüht, meine Sorge, keinen Platz zu bekommen, zu verbergen. Aber Jesús hatte keine Lust mehr, mit mir zu reden.

Von einem anderen Huichol erfuhr ich, daß ihre Maisvorräte beinahe verbraucht waren und sie eine Lieferung Maismehl von der »Operacion Huicot« erwarteten.

Die »Operacion Huicot« ist Teil eines *Hui*chol-*C*ora-*T*arahumara-Koordinierungs-Programms, das der INI (Instituto Nacional Indigenista) Ende 1960 ins Leben gerufen hatte. Der INI ist eine Einrichtung der mexikanischen Regierung, dessen politische Machenschaften, wie sich noch herausstellen sollte, sich keineswegs so positiv und uneigennützig gestalteten, wie sie gern den Anschein erweckten.

Nach drei Stunden gaben die ersten die Hoffnung auf, daß das Flugzeug noch kommen würde. Die Gruppe begann sich aufzulösen. Schließlich blieben nur noch ein Huichol, der erste den ich in »zivilisierter« Kleidung sah, und einige Frauen und Kinder zurück.

Der jüngere der beiden Männer, die mit uns auf die Maschine warteten, stand auf und ging zu ihnen. Er war, wie ich inzwischen erfahren hatte, der Mara'akame Cassillano. Er sprach mit dem anders Gekleideten, der plötzlich zu weinen anfing und sich unter anscheinend großen Schmerzen auf die Erde setzte. Cassillano kniete neben ihm. Er holte einen »muwieri« (gefiederten Pfeil) aus seiner Umhängetasche und ließ ihn mit schnellen Bewegungen über den Körper des Kranken gleiten. Dieser hatte sein rechtes Bein ausgestreckt, über das sich Cassillano nun beugte, während er durch die Hose hindurch daran zu saugen begann. Zwischendurch spie er immer wieder kräftig aus.

Ich konnte der Versuchung nicht widerstehen und ging näher heran.

Cassillano drückte jetzt mit der linken Hand in den Oberschenkel des Kranken und machte eine Bewegung, als ob er etwas fortwarf. Ich konnte nicht erkennen, was er fortschleuderte oder ob überhaupt etwas in seiner Hand gewesen war. Gerade fragte ich mich, ob die beiden wohl wirklich an den »Firlefanz« glaubten, den sie da vollzogen, als Cassillano, der seinem Patienten noch einmal mit dem Federpfeil über den Körper strich, in seiner Bewegung innehielt. Er fuhr herum, machte mit wütendem Gesicht und hocherhobener Hand eine abwehrende Geste. Ich erstarrte, plötzlich überzeugt, daß er den störenden Einfluß meiner Gedanken gespürt hatte. Kurz darauf stand der Mann, den er behandelt hatte, ohne Schwierigkeiten auf.

Ich kann nicht behaupten, daß ich glaubte, Cassillano habe ihm die Ursache des Schmerzes herausgesogen. Aber daß der Geheilte durch seinen Glauben die Heilung mit bewirkt hatte, das war zu sehen. Die Art, wie er aufstand, drückte keinerlei Zweifel, sondern bereits die Erfahrung von Schmerzlosigkeit aus.

Die Hitze war inzwischen unerträglich geworden. Gnadenlos brannte sie in unser Bewußtsein, daß die Mittagsstunde bereits überschritten war. Aber die Zuversicht, mit der Cassillano und der Alte trotzdem regungslos bei der Landebahn verweilten, machte auch mir Mut, weiterhin an die Ankunft eines Flugzeuges zu glauben.

Cassillano ließ sich nur zögernd auf ein Gespräch mit mir ein. Über Carmelita kamen wir auf das Thema Hexerei, und er erzählte mir, wie er selbst mit einem Bann belegt worden war.

Noch bevor ich es hörte oder sah, wußten alle, es war da: das Flugzeug. Aus allen Richtungen kamen sie, die ich längst wieder auf dem Weg zu ihren Ranchos wähnte, herbeigelaufen.

Die kleine Maschine hüpfte förmlich über den Kamm und landete mit einer riesigen Staubwolke. Der Pilot riß sie herum und donnerte in unverminderter Geschwindigkeit auf die Menschen zu, die schreiend auseinanderstoben. Was wie ein makaberer Scherz eines übermütigen Piloten ausgesehen hatte, entpuppte sich aber schnell als die Verachtungsbezeugung eines gelackten, mexikanischen Macho-Typen. Ohne den Motor abzuschalten, schmiß er die Tür auf und brüllte die Leute in abfälligem Befehlston an, zu entladen, und zwar ein bißchen plötzlich. Als er Lena und mich entdeckte, rückte er sich den Gürtel seiner eleganten Hose zurecht und musterte uns von oben bis unten. Die Indianer, die ihm dabei im Wege standen, stieß er grob beiseite: »Dreckiges Pack.«

»Passagiere?« rief er Jesús zu, der sich ebenfalls wieder eingefunden hatte.

»Vier!«

»Wer?«

Der Gobernador zeigte auf die beiden Männer und auf Lena und mich.

»Kommt nicht in Frage«, überbrüllte der Pilot den Krach der Motoren. »Ich nehme nur die Frau und das Kind mit.« Er zwinkerte mir über seine Brille zu: »Steigt ein.« Cassillano und sein Begleiter, die neben uns standen, wichen unter der fuchtelnden Hand des Piloten zur Seite.

In diesem Moment leuchtete irgendeine Warnlampe in mir auf. Sie betraf nicht den Piloten, noch die Gefahr, zurückzubleiben. Es war eine innere Warnung, auf keinen Fall den Weg der beiden Männer zu ihren Göttern zu verhindern. Ich fühlte mich auf die Probe gestellt, fühlte, daß die Entscheidung, die ich traf, von größerer Bedeutung sein würde, als ich ahnen konnte.

»Die beiden waren vor uns da. Sie müssen uns alle mitnehmen, bitte«, flehte ich den Piloten an.

»Kein Platz.«

»Dann nehmen Sie wenigstens noch einen mit.«

Der Mara'akame schüttelte den Kopf: »Wir können nur zusammen gehen.«

Der Pilot schnauzte: »Nein, nur zwei. Jetzt steigen Sie endlich ein!«

Noch bevor ich recht wußte, was ich tat, sagte ich: »Dann nehmen Sie die beiden mit. Wir bleiben hier.«

»Kommt nicht in Frage. Ich kann es nicht verantworten, Sie hier bei diesen Wilden zu lassen. Kommen Sie endlich, sonst fliege ich allein.«

»Was soll das heißen?«

»Das heißt, daß ich diese Teufel nicht mehr transportiere.«

Die Situation nahm langsam absurde Ausmaße an. Um uns überhaupt verständigen zu können, mußten wir schreien. Aber ich schrie nur noch aus Angst, tatsächlich zurückzubleiben: »Für wen halten Sie sich eigentlich?«

»Für einen Piloten des INI!« Er stieg in die inzwischen entladene Maschine.

In meiner Panik startete ich einen letzten verzweifelten Versuch: »Das trifft sich gut. Ich arbeite nämlich auch für den INI und habe den Auftrag, diese beiden Männer zum Direktor zu …«

Die Tür knallte zu. Die Motoren heulten auf. Das Flugzeug rollte zum Start, drehte, nahm Anlauf, hielt neben uns. Die Tür flog auf: »Los, rein.«

Cassillano hob Lena, den Rucksack und mich in die Öffnung, sprang hinterher, reichte dem Alten die Hand. Das Flugzeug rollte los. Gemeinsam zerrten wir ihn rein und die Tür hinter ihm zu.

Die Rache des Piloten war grausam. Als wir in der kleinen Stadt landeten, waren wir nicht nur grün im Gesicht. Es kam mir auch so vor, als hätten wir einen Flug vom Mars hinter uns.

Die beiden Huicholes hatten die ganze Zeit kein einziges Wort gesprochen. Und dann, ganz plötzlich, waren sie verschwunden. Kein Aufwiedersehen und – ich hatte mir tatsächlich eingebildet, es verdient zu haben – kein Dankeschön. Aber wer weiß, vielleicht war ich es, die Grund hatte, danke zu sagen. Wir waren der Hexe entronnen.

Das Personal in dem Hotel, in dem wir vor knapp zwei Monaten schon einmal übernachtet hatten, wollte nicht glauben, daß wir es wirklich waren. Man hatte uns längst für verschollen gehalten. Als der Besitzer von unserer Rückkehr erfuhr, lud er uns als Ehrengäste an die üppig gedeckte Familientafel.

Dusche, warmes Wasser, Swimming-Pool, Brot, richtige Betten, Hühnchen, Gemüse, Saft und Wein, welch ein Luxus, welches Vergnügen, diese einst so selbstverständlichen Dinge bewußt zu genießen. Und doch war da das Bewußtsein, daß es eben nur ein Genuß, keine eingebildete Notwendigkeit mehr war.

An diesem Abend dachte ich zum ersten Mal an Deutschland und daran, Briefe zu schreiben. Die halbe Nacht saß ich sprachlos vor weißem Papier und dachte an das, was hinter uns lag. Ich blätterte in meinen Aufzeichnungen. Aber nichts, was da stand, schien für einen Brief geeignet. Wenn überhaupt, würde das ganze nur als Ganzes beschreibbar sein. Also schrieb ich, daß es uns gut gehe etc., konnte mir aber nicht verkneifen, hinzuzufügen, daß wir bisher die meiste Zeit bei einer Hexe gelebt hatten.

Die Vorstellung, welche Vorstellungen das bei den jeweiligen Empfängern hervorrufen würde, amüsierte mich. Wirklichkeit ist wirklich ein sehr relativer Begriff. Erst als ich den dritten Brief mit dem gleichen Satz beendete »Wenn wir uns am Meer erholt haben, gehen wir in die Sierra zurück«, sprang mich die Frage an: »Wieso eigentlich?«

Im Gegensatz zu damals weiß ich heute viele Antworten. Und fast täglich kommen neue hinzu. Aber ich bin mir nicht sicher, ob irgendeine davon die Frage, warum ich wirklich zurückwollte, beantwortet.

GENESIS

Die nicht mehr für möglich gehaltene Freundlichkeit von
Menschen, das Wasser und unsere Unbeschwertheit hatten
den Abstecher ans Meer gelohnt. Und doch konnte ich es
kaum erwarten, wieder in der Sierra zu sein.
Die versteckte Hoffnung, unsere beiden Reisebegleiter wie-
derzutreffen, blieb unerfüllt. Ich ertappte mich immer wieder dabei, wie ich nach ihnen Ausschau hielt.
Am vierten Tag überkam mich eine große Nervosität. Noch
am selben Abend, es war ein Samstag, beschloß ich, am folgenden Morgen den Bus zurück in die Stadt zu nehmen.
Nach unserer Ankunft aus der Sierra hatte ich dort erfahren, daß für Anfang der Woche ein Flug in die Sierra geplant
war. Seine Route stand noch nicht fest. Auch hatte ich noch
nicht die geringste Ahnung, wie es weitergehen sollte. Aber
irgendetwas zog mich in die Stadt und vor allem zurück in
die Sierra. Ich hatte das unbestimmte Gefühl, sonst etwas
Wichtiges zu versäumen.
Am Montag war immer noch nicht sicher, ob und wenn ja,
wohin ein Flugzeug fliegen würde. Wir kauften trotzdem
alles Notwendige ein, um, egal wo wir landen würden, unabhängig zu sein: Konserven, Kerzen, Taschenlampe, Bat-
terien, Topf und Pfanne, Teller, Becher, Besteck, einen Plastikkanister sowie Perlen, Stickgarn und Nadeln. Letztere
waren Dinge, um die mich die Huicholes immer wieder gebeten hatten.
Lena war den ganzen Tag mit mir herumgerannt. Nachmittags ließ ich sie auf ihren eigenen Wunsch am Planschbecken
des Hotels unter der Obhut der Besitzerfamilie und fuhr, da
die Telefonverbindung zusammengebrochen war, noch

einmal zum Flughafen. Die Nachricht, daß das einzige Flugzeug, das in absehbarer Zeit die Sierras anflog, am nächsten Morgen ausgerechnet wieder dort landen würde, wo wir herkamen, erschien mir wie eine Fügung des Schicksals. Denn seit wir die Mesa verlassen hatten, war ich das Gefühl nicht mehr losgeworden, dorthin zurückkehren *zu müssen*.

Während ich auf dem Rückweg zum Hotel über das Warum nachdachte, sah ich die Gestalt eines Huichol am Taxifenster vorbeihuschen. Das war doch … Tatsächlich. Ich ließ den Fahrer halten, sprang heraus. Es war Rosalio, Cassillanos Begleiter. Ich freute mich so sehr, ihn zu sehen, daß ihn meine Fröhlichkeit fast ansteckte. Er nahm mein Angebot, ihn, wo immer er auch hinwollte, mitzunehmen, an und stieg ein.

Verwundert stellte ich fest, wie vertraut mir diese Menschen, trotz aller Widrigkeiten, geworden waren. Durch seine Gegenwart fühlte ich mich in der Stadt mit einem Schlag ebenso fremd wie wahrscheinlich dieser Huichol. Vor lauter Wiedersehensfreude brachte ich kein Wort heraus und erschrak, als er dem Taxifahrer ein Zeichen gab, anzuhalten.

Um uns herum war nur ödes Land. Als Rosalio ausstieg, sah ich hinter uns eine kleine Bretterbude mit einem Reklameschild für Getränke. Ohne zu überlegen stieg ich mit aus, zahlte das Taxi und bat Rosalio, etwas mit mir zu trinken, bevor er weiterzog. Er lachte und nahm ohne Zögern an.

Mit zwei Flaschen Cola in der Hand setzten wir uns in den Straßengraben. Es war sehr still und ich traute mich lange nicht, diese Ruhe zu unterbrechen. Rosalios Gesicht war schmaler als das der meisten Huicholes. Die scharfe, gebogene Nase gab ihm ein vogelartiges Aussehen. Seine lange, dünne Gestalt und die Gelassenheit seiner Bewegungen hatten etwas sehr Aristokratisches.

Auf meine Frage, wie ihre Reise ans Meer verlaufen sei, antwortete er: »Wir haben unsere Pflichten und Aufgaben erfüllt.«

»Die Pflicht, dem Meer zu opfern?«

»Das war Cassillanos Pflicht.«

»Warum warst du dort?«

»Aus persönlichen Gründen.«

»Um die Götter um etwas zu bitten?«

»So war es.«

»Und dafür mußtest du ans Meer gehen?«

»Ja.«

»Woher wußtest du das?«

»Cassillano wußte es. Er hat es mir gesagt.«

Rosalio war nicht bereit, mehr über seine Gründe der Pilgerfahrt zu sagen. Doch das Schweigen war gebrochen. Der Klang seiner Stimme und seine ausnehmend guten Spanischkenntnisse verleiteten mich, Fragen nach dem Ursprung der Pilgerschaften an den Pazifischen Ozean zu stellen. Und so erfuhr ich in dem Straßengraben eine Huichol-Version der Entstehungsgeschichte der Menschheit:[23]

Als der Urknall das Universum erschütterte, entstand eine große, geballte Feuersglut: *Ta'yáupá*, Unser Vater Sonne[24]. Durch das Zusammenwirken von Sonne (männlich) und Wasser (weiblich) entstand *Canahué*, eine hermaphroditische Gottheit, die – halb Mann, halb Frau – *Tmurrahue*, den ersten Huichol, gebar.

Tmurrahue lebte glücklich in einer paradiesischen Welt, in der *Nakawé* (Unsere Urgroßmutter Erde) ihm alles darbot, was er brauchte. Regelmäßig besuchte er eine Höhle am Pazifischen Ozean (der Ort, der noch heute von den Huicholes aufgesucht wird), um mit Urgroßmutter Erde zu sprechen.

Doch eines Tages sah er, wie zwei Vögel sich liebten, ein Nest bauten und Junge bekamen. Danach stellte er fest, daß auch alle anderen Tiere Paare bildeten, und er begann, sich einsam zu fühlen. Sein Wunsch nach einer Partnerin wurde so groß, daß er Tag und Nacht von ihr zu träumen begann und alles andere um sich herum vergaß, auch seine Besuche bei Nakawé.

Eines Tages erschien ihm *Cú*, die Schlange. Sie fragte ihn, wieso er allein sei, da doch alle anderen Geschöpfe eine Partnerin hatten, bot ihm einen Maiskolben dar und sagte: »Wenn du seine Körner säst, wird dir daraus eine Gefährtin erwachsen.« Sie wies ihn an, eine Steinaxt anzufertigen. Damit sollte er Bäume fällen, um die Maiskörner einzupflanzen.

Tmurrahue tat, wie ihm geheißen. Doch als er die Steine bearbeitete, weinten sie. Er schlief ein, und als er erwachte, waren die Steine wieder ganz. Dieses wiederholte sich mehrere Male, bis Cú erschien und ihm riet, mit einem großen, unbearbeiteten Stein die Bäume zu fällen. Tmurrahue befolgte ihren Rat, doch ohne Erfolg. Diesmal waren es die Bäume, die klagten, und als er erwachte, standen sie wieder an ihrem alten Platz. So ging es fünf Tage, bis Tmurrahue den Schlaf bekämpfte und eine alte Frau mit schlangenartigem Haar entdeckte, die sich auf eine Seeschlange stützte. Tmurrahue erkannte in ihr Nakawé und beschwerte sich, warum sie seine Arbeit zerstörte.

Urgroßmutter Erde erwiderte, sie habe es getan, weil seine Bemühungen umsonst seien, da eine große Sintflut käme. Sie habe für ihn ein Geschöpf des Meeres als Gefährtin vorgesehen gehabt. Doch statt sich an sie zu wenden, habe er auf Cú gehört und sich für ein Geschöpf der Erde entschieden. Deshalb müsse sie nun eine neue Welt schaffen.

Sie nahm den Maiskolben, den Cú ihm gegeben hatte, und sagte, daß in seiner Spitze alle Bosheit und Unzufriedenheit enthalten sei. Doch bevor sie Tmurrahues Gefährtin, eine schwarze Hündin, daraus schuf, brach sie die Spitze ab und steckte sie Cú, der Schlange, auf das Schwanzende. Das ist es, was wir heute als die Schelle der Klapperschlange kennen. Dann wies sie Tmurrahue an, aus der einen Hälfte eines Kürbisses, die damals riesig waren, ein Kanu zu bauen, und fünf Maiskörner von jeder Farbe, fünf Kürbisstiele, um Feuer zu machen, die kleine Hündin und sich selbst hineinzulegen. Tmurrahue tat, wie ihm geheißen. Nakawé schloß das Boot mit der anderen Kürbishälfte als Deckel. Die Sintflut begann und überspülte die alte Welt.

Wie auch in anderen Details unterscheidet sich die mir von Rosalio erzählte Version der Huichol-Genesis von anderen Versionen auch in der Dauer der Sintflut. Lumholtz (1902) gab sie mit fünf Jahren, Rosalio mit fünfmal 28 Tagen an.

Nach dieser Zeit also erhob sich der Mond, der sich aus den Fluten geformt hatte, besetzte seinen Platz im *Tajeimá* (Himmel) und beendete somit Stürme und Niederschlag. Seither trägt er den Namen *Metzeri* (der das Wetter reguliert).

Tmurrahue landete mit seinem Kanu auf einer Bergspitze in der heutigen Sierra Huichola. Das Wasser sank, Tmurrahue fand Zuflucht in einer Höhle, in der er mit der Hündin lebte, und begann, die Felder zu bestellen. Doch jedesmal wenn er erwachte, war alle Arbeit getan, der Mais gesät, der Boden von Unkraut befreit. In der fünften Nacht legte er sich auf die Lauer und beobachtete, wie eine schöne weiße Frau aus dem Hundefell stieg, eine *jícara* (Wasserbehälter) nahm und zum Wasser ging. Die Frau sah so aus, wie er sie in seinen früheren Träumen gesehen hatte. Aus Furcht, sie könne sich wieder in einen Hund verwandeln, verbrannte er das Fell.

Da hörte er vom Wasser her furchtbares Geheul. Er rannte zum Fluß und fand die Frau. Sie brannte. Er löschte das Feuer, und obwohl keine Narben zurückblieben, behielt *Tatei Xuturí*, die erste Huicholfrau, die braune Farbe, die auch ihre Nachkommen haben.

Die Ähnlichkeit dieser Legende mit der biblischen Geschichte ist unübersehbar. Die Annahme, daß diese Ähnlichkeit von Jesuiten- und Franziskaner-Mönchen noch verstärkt wurde, liegt nahe. G. G. López gibt in seinem Buch »El mundo de los Huicholes«, in dem eine ähnliche Version erzählt wird, jedoch zu bedenken – und sicher nicht zu Unrecht –, daß die Huichol-Indianer niemals den Wunsch oder die Bereitschaft hatten, die Religion kennenzulernen, die die Missionare ihnen beizubringen versuchten. López hält es daher auch für »nicht logisch anzunehmen, daß die Padres, die den Eroberern folgten, dazu beitragen konnten, die primitive Tradition der Huicholes zu modifizieren oder zu ergänzen.«[20]

Rosalio, den ich darauf ansprach, lachte: »Wir haben einige ihrer Heiligen übernommen. Denn je mehr Götter wir haben, umso größer ist die Chance, daß unsere Gebete erhört werden. Aber geändert haben sie an unserem Glauben nichts.«

Es war spät geworden. Rosalio sagte, daß er und Cassillano noch in derselben Nacht mit einer Lastwagenladung des INI in die Sierra zurückkehren wollten, da der Abflug ungewiß sei und in zwei Tagen *Namawita Neirra*, das Sonnenfest in La Mesita beginnen würde, das zwei Stunden Fußmarsch vom Gemeindezentrum entfernt lag.

Seit Wochen wartete ich auf die Möglichkeit, bei einem der großen Zeremonienfeste dabeisein zu können, und bat ihn aufgeregt um die Erlaubnis, mit Lena daran teilnehmen zu dürfen.

»Wer weiß«, antwortete er, sah mich aber in einem plötzlichen Entschluß an und sagte: »Ja.«

Damit war die Entscheidung, dorthin zurückzukehren von wo wir herkamen, endgültig besiegelt.

Am nächsten Morgen um fünf Uhr saß ich mit Lena in dem kleinen Flughafengebäude auf unserer Proviantkiste. Den Inhalt des Rucksackes hatte ich auf das Allernötigste reduziert, den Rest dem Hotelbesitzer in Verwahrung gegeben.

Zwar konnte ich jetzt den Rucksack tragen, aber die Kiste keine zehn Meter weit heben. Nun, es würde sich finden.

Mit uns warteten bepackte Indianer auf den Abflug, der inzwischen für acht Uhr angesagt war. Sie kamen aus den Städten, wo sie ihre Garnbilder verkauft oder sich als Saisonarbeiter verdingt hatten.

Kurz vor elf saßen wir in der großen, klapperigen Propellermaschine, kurz nach elf wieder in der Halle. Das Flugzeug war kaputt. Gegen zwölf entdeckte ich den Piloten, der uns vor zwei Monaten geflogen hatte. Und um zwei schließlich hatte ich ihn soweit, uns in seiner kleinen Maschine in die Sierra zu fliegen. Die Tür, die wir während des ersten Fluges verloren hatten, war erneuert worden.

Als er sich einverstanden erklärte, konnte ich dem Versuch nicht widerstehen, mich nach den Landemöglichkeiten in der Gemeinde zu erkundigen, von der mir ein dort ansässiger ausnehmend freundlicher Huichol berichtet hatte.

Elias, der Pilot, kannte sich aus in der Sierra. Er war einer der ersten gewesen, die, vor noch gar nicht langer Zeit, die Sierra zum ersten Mal angeflogen hatten. Inzwischen hatte er, dem Anschein seiner grauen Haare und seines Bauches nach, das Pensionsalter für Piloten wahrscheinlich überschritten, war aber immer noch ein passionierter Flieger.

Er erklärte, daß es seit der letzten Regenperiode endgültig unmöglich geworden sei, dort zu landen. Denn Spekulationen des INI und der mexikanischen Regierung, durch billigen Holzkauf und verpflichtende Kredite Geld mit der »Dummheit« der Huicholes zu machen, seien dort ebenso fehlgeschlagen, wie die Bemühungen einiger US-Mafiosis, mit Hilfe der Indianer in verschiedenen Gebieten der Sierra neue Marijuana-Anbaumöglichkeiten zu erschließen.

»Landebahnen«, so Elias, »werden in der Sierra nur gebaut, um das Land auszubeuten. Gebiete, die keinen Gewinn versprechen, werden einfach wieder fallengelassen, nicht mehr angeflogen.«

Während der ersten Zeit unseres Aufenthaltes in der Sierra, als ich noch einige Packungen deutscher Zigaretten hatte, hatte ich mich immer wieder über eine sonderbare Reaktion der Huicholes gewundert.

»Cigarrillo?« war das erste und oft einzige Wort gewesen, das sie mit mir sprachen. Doch wenn ich ihnen die verlangte Zigarette aus einer ihnen unbekannten Packung anbot, wehrten sie erschrocken ab, faselten etwas von Marijuana, schimpften über die Gringos, die ihnen das gefährliche Kraut, »das verrückt macht«, gebracht hatten, und nahmen, trotz meiner Beteuerung, daß es sich um ganz normale Zigaretten handele, keine an.

Keiner der Männer war bereit gewesen, mir Näheres über ihr unerklärliches Verhalten zu sagen. Nur einer deutete schließlich an, daß Marijuana schuld am Tod zweier seiner Brüder sei. Er kam aus einem sehr abgelegenen Gebiet der Sierra.

Erst Wochen später, nachdem er überrascht festgestellt hatte, daß wir immer noch da waren, hatte er mir anvertraut, daß seine Brüder im Kampf gegen die Gringos erschossen worden seien. Sie hatten sich geweigert, die »Pflanze, die das Böse bringt«, weiterhin anzubauen. Denn die Gringos hatten nicht nur die finanziellen Versprechungen, mit denen sie die Huicholes zum Anbau überredet hatten, nicht eingehalten. Sie hatten auch versucht, die Indianer süchtig zu machen.

Elias bestätigte, daß vor einigen Jahren in der Sierra tatsächlich erbitterte Kämpfe deshalb stattgefunden hatten. Die Huicholes hatten sich mit Waffen ominöser Herkunft gegen weiteren Marijuana-Anbau erfolgreich zur Wehr gesetzt.

»War die mexikanische Regierung darin verwickelt?« wollte ich von Elias wissen, der sich inzwischen ziemlich in Rage geredet hatte.

Er zuckte mit den Schultern. »Die haben ihre eigenen Methoden und Wege. Aber am Ende haben auch sie nur das eine Ziel, sich die Huicholes zum eigenen Nutzen gefügig zu machen. Seit einiger Zeit versuchen sie es jetzt in der Gemeinde, in der ihr wart. Statt Nahrung liefern sie ganze Flugzeugladungen von Bier, um die Indianer verblöden zu lassen, ihre Traditionen zu brechen und sie abhängig zu machen.«

»Das sagen Sie, als Mexikaner?«

»Nein, das sage ich als Mensch. Sehen Sie sich doch mal die Leute dort oben an, wenn die nächste Bierlieferung kommt. Was meinen Sie, zu was allem die Huicholes bald bereit sein werden, wenn man ihnen droht, kein Bier mehr zu liefern?«

»Aber haben Bemühungen, zum Beispiel des INI, nicht auch positive Seiten? Ich habe gehört, daß das Institut plant, dort eine Wasserpumpe zu installieren und die Gemeinde mit tausend Obstbäumen, 80 Schweinen und 200 Hühnern zu beliefern.«

»Positiv für wen? Die Frage ist doch, wer am Ende den Nutzen daraus zieht. Was hätten Sie davon, wenn ich Sie, statt für zehntausend, für dreitausend Pesos, ohne Sie zu fragen irgendwohin fliegen würde, wo Sie gar nicht hinwollen? Der Profit läge einzig und allein bei mir.«

Als ich ihn fragte, was der Flug kosten würde, stellte sich heraus, daß in diesem Fall der Profit allerdings auf meiner Seite lag. Elias machte kein Hehl aus seiner Sympathie für Lena und mich, nahm noch eine Huicholfrau mit und arrangierte, daß der Flug, wegen der ausgefallenen Maschine, nicht als Sonderflug deklariert wurde, so daß ich statt umgerechnet ca. 400 nur 40 Mark zahlen mußte.

Je näher wir der Mesa kamen, um so mehr Sorgen machte mir die Frage, wo wir in der kommenden Nacht schlafen sollten. Ursprünglich hatte ich vorgehabt, noch am selben Tag nach La Mesita weiterzuziehen. Aber dazu war es inzwischen zu spät. Es wurde früh und schnell dunkel in der Sierra. Und da ich nur die Richtung kannte, in der La Mesita lag, wollte ich auf keinen Fall das Risiko eingehen, von der

Dunkelheit überrascht zu werden. Außerdem hatten Elias'
Worte mir Angst gemacht. Als er hörte, daß wir nach La
Mesita wollten, empfahl er mir, mich mit einem langen
Stock zu bewaffnen, da es in dem Canyon, den wir auf dem
Weg zu durchqueren hatten, nur so von Coyoten und toll-
wütigen Füchsen wimmele.

Das Zentrum war wie ausgestorben. Kein Mensch war zu
sehen. Elias hatte es sehr eilig gehabt, noch vor Beginn der
Abendwinde die Sierra zu verlassen. Bevor er abflog, nahm
er Rita, der Huicholfrau, die mit uns gekommen war, das
Versprechen ab, Lena und mir wenigstens für die eine
Nacht Unterkunft zu gewähren. Doch kaum war die Maschine gestartet, verschwand Rita ohne ein Wort.
Ich wartete lange darauf, daß sie zurückkommen und uns
holen würde. Schließlich begriff ich, daß wir umsonst warteten, wunderte mich aber über die Gleichgültigkeit, die ich
dabei empfand. Da sah ich jemanden zwischen zwei Hütten
entlanghuschen. Ein Schauer der Freude durchrieselte meinen Körper. Ich hatte nur einen Schatten gesehen, war aber
ganz sicher, daß es die Frau war, von der ich die Vogeltasche
bekommen hatte. Ich erinnerte mich, daß sie nicht weit von
hier wohnte, in einer etwas abseits gelegenen Hütte des
Zentrums.
Ich ließ Lena beim Gepäck und rannte hinter ihr her, suchte
und rief, konnte aber niemanden entdecken. Ihre Hütte war
leer. Nichts deutete darauf hin, daß diese oder irgendeine
andere Hütte zur Zeit bewohnt war. Nur die Tür stand, im
Gegensatz zu den anderen, offen. Kurzentschlossen schickte ich Lena zum Holzsammeln, brachte den Rucksack in die
Hütte der Frau und schleifte dann die Kiste hinterher. Bei
Einbruch der Dunkelheit kehrten wir vom Wasserholen zurück und weihten mit Suppenwürfel und Nudeln den Koch-
topf ein.
Der verlassene Ort wirkte so gespenstisch, daß mir der Ge-

danke kam, ob vielleicht inzwischen eine Epidemie ausge-
brochen war. Trotzdem fühlte ich mich wohler und freier
als in der bedrohlichen Atmosphäre der Tage, an denen
Menschen hier waren.

Wir saßen am Feuer, warteten auf das Garen der Nudeln
und machten Pläne für den nächsten Tag, als die morsche
Tür aufflog und eine dunkle Silhouette im Rahmen stand.
Ich griff blindlings nach einem Ast. Die Person trat ein. Im
Schein der Flammen erkannte ich Rita. Sie wollte wissen,
von wem wir die Erlaubnis hatten, in dieser Hütte zu sein,
sah den Topf auf der Feuerstelle und verlangte etwas zu essen.

Ich erzählte ihr von der Frau, die ich vorher gesehen zu haben glaubte und von der ich hier einmal eine Tasche gekauft
hatte.

»Hier wohnt niemand«, sagte sie schroff, »schon lange
nicht mehr.«

Ich kramte die Tasche aus dem Gepäck, um meine Worte zu
beweisen und reichte sie ihr. Rita erschrak, zog die schon
ausgestreckte Hand ruckartig zurück, sprang auf, stieß
dabei, wie mir schien, absichtlich, den Topf um, stand wie
erstarrt da. Lena und ich sahen sie entgeistert an. Ohne ein
weiteres Wort lief sie davon. Ich konnte gerade noch einen
Teller voll Suppe für Lena retten, bevor sie ganz ausgelaufen
war.

Ich war zu müde, um mir Gedanken über Ritas Verhalten
zu machen, oder mir noch einmal etwas zu kochen, steckte
Lena in den Schlafsack, suchte mit unserer neuen Taschenlampe die Hütte nach Skorpionen ab, lehnte den Rucksack
gegen die nicht verschließbare Tür und schlief, das
Schnappmesser griffbereit, sofort ein.

Nachts wachte ich jedoch immer wieder vor Kälte auf und
legte Holz auf das Feuer. Die Luft hier oben war zu dünn,
um die sengende Hitze des Tages zu halten. Sobald die Sonne unterging, sank die Temperatur rapide ab. Es war eiskalt

in der Hütte. Der Wind pfiff durch die Ritzen der baufälligen Hütte. Im Dach klaffte ein riesiges Loch.

Morgens weckte mich ein Geräusch vor der Hütte. Ich öffnete die Tür und bekam den Schreck meines Lebens. Vor mir stand die wüste Gestalt Hilarios. Im ersten Moment hoffte ich, mich zu irren. Er war zwar noch in der gleichen zerlumpten Aufmachung wie früher, war aber keineswegs mehr der trotz seiner Korpulenz gebrechlich und lebensmüde wirkende Mann, den ich auf seinem Rancho angetroffen hatte. Er strotzte vor Kraft und herrschte mich an, die Tür frei zu geben. Ohne Umschweife verlangte er, etwas von der Frau zu erfahren, in deren Hütte ich mich zu befinden glaubte. Ich war zu aufgeregt, um einen klaren Gedanken zu fassen, aber sicher, daß er durch Rita von ihr wußte.

Im Gegensatz zu Jesusita, der ich die Frau damals nur genau hatte beschreiben sollen, wollte Hilario, daß ich ihre Stimme nachmachte, die, wie ich mich erinnerte, von ungewöhnlicher Weichheit war.

Ich war total übermüdet und noch ganz schlaftrunken. Mein Mund war trocken, mein Magen knurrte. Die Situation war absurd. Ich räusperte mich verlegen. Hilario fuhr mich an: »Los!«

Ich versuchte es. Erst beim dritten Anlauf schien es mir einigermaßen gelungen zu sein. Er gab mir ein Zeichen, daß es genug sei, setzte sich hin und forderte eine Zigarette.

Ich überlegte krampfhaft, was ich als Erklärung dafür hervorbringen konnte, daß ich nicht zu seinem Rancho zurückgekehrt war. Er entzündete die Zigarette in der restlichen Glut, legte ein paar Äste hinein, paffte ein paarmal, hustete und prustete dann: »Hier also.«

»Mammi, was heißt, ›du siehst ja aus wie eine Frau‹«, unterbrach mich Lena in meiner Verwirrung. Geistesabwesend sagte ich ihr die spanischen Worte. Lachend Hilario zugewandt, wiederholte sie diese und zupfte an dem Taschentuch, das wie ein Kopftuch um sein Haar gebunden war.

115

Einen Moment lang war nur das Knistern des Feuers zu vernehmen. Sein Kopf schnellte so abrupt zu Lena herum, daß sie zusammenzuckte und ihr das Lachen verging. Beide starrten sich eine Ewigkeit an, bis es Lena zuviel wurde und sie fragte: »Was schaust'n so?« Ich mußte lachen. Aber Hilarios Gesicht blieb ernst. Die Kinnbewegung, mit der er in Lenas Richtung wies, deutete ich als Frage, wer sie sei. »Das ist meine Tochter.«

Hilario schüttelte fast unmerklich den Kopf. Ich war verdutzt über seinen Widerspruch, sah in seine seltsam verschleierten Augen, riß in einem plötzlichen Impuls meinen Blick von ihnen los, schaute (mit einer merkwürdigen Starrheit in den Augen, was mir erst später bewußt wurde) zu Lena und erschrak fast zu Tode. Neben ihr stand ein riesiges, vogelartig gefiedertes Vieh, dessen Gesicht Ähnlichkeit mit der Vogeltaschen-Frau hatte.

Meine erste Überlegung war, daß diese Vision eine Folge von Hunger, Übermüdung und des Theaters um die Tasche war. Aber irgendetwas zwang mich, bewußter hinzusehen. Das war doch gar nicht möglich. Ich kniff die Augen ein paarmal zusammen. Die Erscheinung blieb und sie war keine Halluzination. Sie war so wirklich, wie jeder andere in diesem Raum. Der messerscharfe, zornige vogelwilde Blick, mit dem das Wesen mich durchbohrte, jagte mir entsetzliche Furcht ein.

Ich sah die Struktur jeder einzelnen Feder, jedes kleinste Detail. Nur sah ich die anderen plötzlich nicht mehr, war auch ohne Gefühl für meinen Körper. Ich schloß die Augen. Träumte ich? Nein. Ich wußte, daß meine Augen jetzt geschlossen waren. Die Gestalt war immer noch da. Nur war sie jetzt wie eine Erinnerung, die ich betrachtete, ein Bild, bei dessen Anblick mir plötzlich die Vorstellung kam, daß ich dieses Wesen gar nicht *neben* Lena, sondern *in* ihr gesehen hatte. Panik überkam mich. Mit unglaublicher Anstrengung riß ich die Lider wieder auseinander.

Lena malte mit einem glühenden Stock Kreise in die Luft. Das Tierwesen war verschwunden. Auch Hilario war fort. Statt dessen saß Rita da. Sie hatte mir ihre linke Seite zugekehrt, warf mir verstohlene Blicke zu. Ich fühlte mich total erschöpft. Und doch konnten höchstens Sekunden vergangen sein.

»Wo ist er?« Meine Stimme klang sehr fremd.

Rita reagierte nicht. Ich stieß sie an: »Wo ist er?«

»Wer?«

Eben noch sicher, daß das Vogelvieh ebenso körperlich anwesend gewesen war wie Hilario, zweifelte ich plötzlich an beidem. Ich bezweifelte sogar, daß zwischen Ritas Anwesenheit gestern abend und jetzt eine Nacht gelegen hatte. Ich zeigte vage in die Richtung, in der Hilario gesessen hatte und wo jetzt – zwei Peyote-Kakteen lagen! Rita drehte sich um. »Sabe«, sagte sie lakonisch, holte einen Garnknäuel aus ihrer Tasche und begann, daran herumzuwickeln.

Ich hatte inzwischen gelernt, daß die Huicholes mit dieser langgezogenen Abkürzung von »quien sabe« (wer weiß) eindeutig und endgültig kundtaten, daß sie nicht bereit waren, auf eine Frage zu antworten. Doch diesmal ließ ich nicht locker: »Rita, was ist passiert? Wo ist Hilario? Er war doch eben noch hier?«

Mein jammerndes Flehen bewirkte lediglich, daß sie wortlos ihren Kram zusammenpackte, aufstand und die Hütte verließ.

Ich hatte den Eindruck, neben mir zu stehen und wahrhaftig zuzusehen, wie ich dabei war, den Verstand zu verlieren. Oder hatte ich ihn schon verloren? Mein Kopf fühlte sich nicht nur geistig, sondern auch physisch ganz leer an.

»Lena, war hier eben ein Mann?«

»Ja, der ist gegangen.« Die Beiläufigkeit, mit der sie das sagte, machte mich rasend. Ich packte sie beim Arm: »Hast du sonst noch etwas gesehen?« Erschrocken über meine Heftigkeit sah sie auf: »Was denn?«

Ich sah sie von oben bis unten an, forschte nach irgendeiner Veränderung. »Hast du ein Tier gesehen?«

»Nö.«

Ich machte schnelle, zusammenhängende Atemzüge. Plötzlich total ruhig, spürte ich jede Faser meines Körpers, ein Vibrieren, das aus meinem tiefsten Inneren kam und mich mit einem unerklärlichen Glücksgefühl erfüllte.

Ich ließ mich an der Stelle nieder, wo ich vorher gesessen hatte, und versuchte, das, was vorhin von selbst mit meinen Augen geschehen war, zu wiederholen. Es war, als ob ich, genau wie bei einer Kamera, meine Augenlinsen auf eine andere Schärfe einstellte und aus dem Hintergrund etwas heranzog, das sich materialisierte, sobald die Einstellung richtig war.

Ich wunderte mich nicht und erschrak auch nicht, als das Vogelwesen wieder dort stand. Mir war jetzt bewußt, daß Lena weiter rechts saß und nichts mit diesem Wesen zu tun hatte. Es rührte sich nicht, fixierte mich mit dem linken Auge. Nichts geschah. Und dann hatte ich *verstanden*, daß wir an diesem Tag nicht nach La Mesita gehen durften. Wir sollten gehen, aber erst morgen Nachmittag aufbrechen.

Ich starrte den Vogel an, der keiner war, konnte aber nicht herausfinden, was so unvogelartig menschenhaft an ihm war. Er riß jetzt den Schnabel auf, so weit, daß er fast eine vertikale Linie bildete, und begann, mit aller Kraft zu würgen. Ich wußte, er wollte mir etwas zeigen, das jeden Moment aus seinem Schnabel hervorquellen würde. Ich wußte auch, daß es an mir lag, daß es ihm nicht gelang. Aber ich wußte nicht, was ich tun sollte. Er sah dabei so widerlich aus, erbärmlich und ekelerregend, daß es mir den Magen umdrehte.

Ich stürzte nach draußen und hätte mich fast über Hilario erbrochen, der neben der Tür an der Hüttenwand hockte. Ich konnte ihm gerade noch den Rücken zukehren, hörte, wie er sich ächzend erhob, spürte, wie er mir zwischen die

Schulterblätter klopfte. Es fühlte sich an, wie »schon gut, schon gut«, aber auch wie ein Abschied.

Das Erbrechen hatte mir Tränen in die Augen getrieben. Als ich mich schließlich umdrehte, sah ich verschwommen, wie er davonging.

Ich blieb vor der Hütte sitzen und versuchte, die Dinge aneinanderzureihen. Es war etwas mit mir geschehen, das war klar. Aber was und wie war es wirklich passiert? Hilario hatte kaum ein Wort mit mir gesprochen, mir keinerlei Anweisungen oder sonst etwas gegeben. Auch hatte ich nichts zu mir genommen. Überhaupt hatte ich seit – ja, ich hatte seit 48 Stunden nichts mehr gegessen.

Als ich von Rosalio gekommen war, war es zu spät, das Restaurant schon geschlossen gewesen. Am nächsten Morgen war es zu früh, später am Flughafen, als Lena etwas aß, hatte ich keine Zeit und abends hatte Rita den Topf umgekippt. Plötzlich schien alles zusammenzupassen: Rosalios ungewöhnlich lange Erzählung, Elias' mirakulöses Auftauchen und schließlich Rita, die als einzige von den wartenden Huicholes mitgenommen worden war und später die Suppe verschüttet hatte. Meine unfreiwillige Fasterei schien ferngesteuert gewesen zu sein.

Natürlich wußte ich von der den Geist reinigenden Wirkung des Fastens, hatte es öfters schon praktiziert. Aber das allein konnte auf keinen Fall die Ursache dessen, was geschehen war, gewesen sein. Ich war überzeugt, daß es mit Hilarios Anwesenheit zusammenhing. Aber warum blieb mir das »Wie« verborgen? Ich war bereit, jede Art von Anweisung von Hilario oder sonstwem auszuführen. Deshalb war ich ja hier. Statt dessen war ich nun schon zum wiederholten Mal in übernatürliche Bewußtseins-Zustände versetzt, mit mystischen Geschehnissen konfrontiert worden, ohne daß mich jemand darauf vorbereitet hätte oder bereit gewesen wäre, wenigstens danach mit mir darüber zu reden.

Ich fühlte mich entsetzlich einsam, schluchzte bitterlich los und tat mir furchtbar leid. Als ich Lenas Arme um mich spürte, empfand ich eine unbeschreibliche Wonne der Geborgenheit und ließ mich hemmungslos gehen. Als ich jedoch ihre Worte hörte: »Ja, Mammilein, ich weiß schon, ich weiß schon«, erstarrte ich, erkannte dann aber erleichtert das Echo meiner eigenen Worte, die ich sprach, wenn sie weinte, und heulte die letzten Verkrampfungen aus mir heraus. Schließlich verlor Lena die Geduld: »Was hast du denn, Mammi?«

»Ich ... ich ... ich wollte einen Don Juan à la Castaneda und nicht einen ganzen Stamm, der sein Unwesen mit mir treibt.«

Kaum hatte ich das gesagt, mußte ich furchtbar lachen. Das Lachen brach heraus, aus der Lächerlichkeit meiner selbstgezimmerten Enttäuschungen und der Sinnlosigkeit meiner Erwartungen. Hatte sich mir das Wesentliche der mystischen Erlebnisse doch jedesmal irgendwie in sich selbst offenbart. Anweisungen und Erklärungen, die ich mir erhoffte, waren bisher für das Verständnis dessen, was mir *gesagt* worden war, gar nicht notwendig gewesen.

Auf einmal wußte ich, warum mir das Wissen anderer glaubhafter und weniger bedrohlich erschien als das eigene. Etwas, das Vincente mir einmal gesagt hatte, hatte sich soeben als Erfahrung in mir verwirklicht. Meine Suche nach mystischem Wissen war in erster Linie die Suche nach jemandem, der mir das Unglaubbare auch glaubhaft machte. Vincente hatte mir längst gesagt, daß das sinnlos war. Nur hatte ich ihn nicht verstanden.

»Bevor du glaubst, was du siehst und hörst, beginne zu sehen und zu hören, was du nicht glaubst. Wenn dir das gelingt, brauchst du nicht mehr zu glauben. Dann wirst du wissen.«

Es gab keinen Weg mehr daran vorbei. Ich hatte es gesehen und gehört. Die Zeit war gekommen, mir einzugestehen,

120

daß es niemandem je gelingen konnte, mir das Unglaubliche als Wirklichkeit glaubhaft zu machen, nicht einmal mir selbst. Ich *glaubte* nicht, daß das Vogelwesen wirklich dagewesen war. Ich *wußte* es.

PEYOTE

Das Zentrum war über Nacht zu neuem Leben erwacht und wimmelte von Menschen. Die einen kamen aus einem Tal zurück, wo in den letzten Tagen ein großes Fest stattgefunden hatte. Andere waren auf der Durchreise zur Fiesta nach La Mesita. Und wieder andere kamen, weil es hieß, daß Ware in der Tienda erwartet wurde. Tatsächlich war der Lastwagen der Comunidad, der wochenlang kaputt und ohne Benzin vor der verschlossenen Tienda gestanden hatte, verschwunden. Aber nicht er, sondern zwei andere Laster kamen an diesem Tag an.

Der eine brachte, außer vier Huicholes, darunter Cassillano und Rosalio, eine Ladung Zement. Keiner wußte, wofür. Mit dem anderen kehrte eine völlig verdreckte Gruppe »Peyoteros« von der Peyote-Jagd aus Wirikuta zurück.

Es waren sieben Männer und zwei Frauen. Obwohl auch häufig Kinder an den Pilgerreisen teilnehmen, waren diesmal keine dabei. Lachend und weinend wurden die Peyoteros in Empfang genommen. Total erschöpft und trunken vor Glück, die gefährliche Reise heil überstanden und ihre Pflichten gegenüber den Gottheiten erfüllt zu haben, torkelten sie von einem Arm in den nächsten, in der Menge der sie begrüßenden Verwandten und Freunde.

Ich nutzte das allgemeine Durcheinander, ging zu den großen Körben, die sie mitgebracht hatten. Sie waren bis zum Rand mit sorgfältig geschichteten Peyote-Kakteen gefüllt. Es war der erste frische Peyote, den ich sah.

Peyote, von den Huicholes *híkuri*, von Wissenschaftlern »Lophophora Williamsii«, von den spanischen Konquistadoren »das Geld des Teufels« und von christlichen Missionaren »diabolische Wurzel« genannt, wird von den Huicholes als heilig betrachtet.

Die Geschichte des Peyote ist so alt wie die Geschichte der Ureinwohner Mexikos. Zum ersten Mal wurde der Peyote 1651 von F. Hernández[26] beschrieben; bei uns allgemein bekannt wurde er allerdings erst durch »Die Lehren des Don Juan«[27].

Seine vielseitige Verwendung und die große, sehr unterschiedliche Bedeutung, die dem Peyote seit jeher beigemessen wurde, liegt sicher nicht zuletzt daran, daß seine Wirkung zu den mystischsten, umfangreichsten und wandelbarsten Effekten aller halluzinogenen Pflanzen zählt.

Lophophora Williamsii enthält mehr als dreißig Alkaloide. Eines davon ist das Halluzinogen-Alkaloid Mescalin. 1896 zum ersten Mal chemisch nachgewiesen, wurde es von Analytikern zur Seelenforschung erprobt und seine Wirkung von Philosophen und Drogen-Aposteln als »unbegreifliche mystische Erfahrung« und »gewaltiges, religiöses Erlebnis« gepriesen.

Da Mescalin jedoch nur eines der im Peyote enthaltenen Alkaloide ist, sind Mescalin-Halluzinationen, wie z. B. von Aldous Huxley[28], Allen Ginsberg[29] oder Timothy Leary beschrieben, nicht mit der Wirkung ganzer Peyote-Kakteen, die alle Alkaloide enthalten, zu vergleichen.

Der Mescalin-Gehalt von Peyote war schon den Azteken bekannt. Doch weder bei ihnen, die den stachellosen Kaktus »peyotl« nannten, noch bei anderen mexikanischen und später auch nordamerikanischen Indianern nahm Peyote je eine so bedeutende, in ihrem Glauben und ihrer Mythologie so tief verwurzelte und über Jahrtausende bis heute unveränderte Stellung ein wie bei den Huicholes.

Von den Tolteken und Chichimecas wurde Peyote vor allem als Kraft spendendes, Hunger, Durst und Furcht vertreibendes Wundermittel verehrt. Die Coras, die, wie man

annimmt, einst mit den Huicholes eine Stammesgemein-
schaft bildeten, die Tarahumaras und andere mexikanische
Indianer sehen in ihm, wegen seiner vielseitigen und wahre
Wunder vollbringenden, magischen Heilkraft, eine übernatürliche Medizin, ein Gottesgeschenk, die Inkarnation
einer Leben gebenden und erhaltenden Gottheit schlechthin.

Im neunzehnten Jahrhundert breitete sich seine Verwendung auch bei Indianer-Stämmen der Vereinigten Staaten
bis hinauf nach Kanada aus. Mescalero-Apachen, die während der großen Indianer-Kriege bis nach Mexiko vordran-
gen, verbreiteten bei Comanchen, Navahos, Kiowas u. a.
Peyote-Zeremonien, die sich jedoch wesentlich von den
Peyote-Ritualen nordwestmexikanischer Indianer unter-
schieden.

Auch der »Peyote-Kult« der 1918 gegründeten »Native
American Church«, der Mitglieder aus über dreißig Stäm-
men angehören, ist nicht mit dem Peyote-Gebrauch der
Huicholes zu vergleichen.

Als Teil des religiösen Symbol-Komplexes Peyote-Rot-
hirsch-Mais ist Peyote nur in der Tradition und in den Mythen der Huicholes zu finden. Ebenso sind die Huicholes die
einzigen Indianer, die die Peyote-Jagd nach Wirikuta, in
das heilige Land des Peyote und ihrer Ahnen, unternehmen.

Obwohl Peyote auch in anderen Wüstengegenden entlang
der Rio-Grande-Mündung und in der sich über Teile Texas'
und Nordmexikos erstreckenden Chihuahua-Wüste
wächst, ist nur der Peyote, der am richtige Ort, mit der
richtigen Einstellung und reinen Herzens gejagt worden ist,
heilig und »gut«.

Nach Auffassung der Huicholes, wie auch nach den Erfahrungen anderer Indianer, die nicht ohne Grund ihren Peyote am liebsten von den Huicholes kaufen, gibt es zwei Arten
von Peyote: *híkuri* (Lophophora Williamsii), den »guten«

und *tsuwíri* (Ariocarpus retusus)[30], den »schlechten« oder »falschen« Peyote.

Da sich beide Pflanzen sehr ähneln und die Folgen des Genusses von Tsuwíri ebenso schrecklich wie gefürchtet sind, geben Coras und andere benachbarte Indianer dem Peyote den Vorzug, der unter Anleitung von Huichol-Mara'akaten gesammelt wurde. Denn sie sind, weithin anerkannt, die erfahrendsten und mit Hikuri vertrautesten Personen.

Die Angst der Nicht-Huichol-Indianer vor »schlechtem« Peyote ist groß und sicher nicht unbegründet. Welche Folgen es hat, Tsuwíri zu essen, beschrieb Ramón Media Silva so: »Wenn man einen davon ißt, wird man verrückt; man stürzt in die Schluchten, man sieht Skorpione, Schlangen, gefährliche Tiere, man ist unfähig zu gehen, man fällt, man stürzt sich oft zu Tode, indem man von den Felsen fällt.«[31]

Aber auch unter den Huicholes gibt es solche, die Angst vor Peyote haben. Obwohl von Männern, Frauen und Kindern gleichermaßen und jederzeit genommen, gibt es welche, die, wie mir zwei Huicholes bestätigten, entweder noch nie, oder einmal und nie wieder, Peyote gegessen haben. Denn selbst für einen Huichol-Peyotero ist der unter Leitung eines Mara'akame von ihm selbst gesammelte Peyote noch keine Garantie für positive Erlebnisse und Visionen. Peyote, der mit einer negativen Einstellung oder unter Nichtbeachtung der Gebote »gejagt« worden ist, kann sich in Tsuwíri verwandeln und zu qualvollen Horror-Visionen führen.

Im allgemeinen ist jedoch das Vertrauen der Huicholes gegenüber dem Mara'akame und dem unter seiner Führung gesammelten Peyote unbegrenzt und der Genuß des Kaktus ein oft unbeschreiblich schönes, tief religiöses, aber auch sehr persönliches Erlebnis.

Da es nicht üblich ist, über Peyote-Visionen zu sprechen, die Erlebnisse sehr unterschiedlich und von der jeweiligen Person und der eingenommenen Menge abhängig sind, sind die wenigen Beschreibungen sehr verschieden. Immer wiederkehrende Merkmale jedoch sind »brilliantfarbene Visionen in kaleidoskopischen Bewegungen, oft begleitet von Gehörs-, Geschmacks-, Geruchs- und fühlbaren Halluzinationen. Auch Empfindungen von Schwerelosigkeit, Entpersonifizierung, Zeitwechsel- oder Zeitlosigkeitswahrnehmungen werden normalerweise erlebt.«[32]

Dosierung und Wirkungsdauer wurden von dem Mara'akame Ramón Media Silva wie folgt beschrieben: »Die Wirkung hält bis zu vier Stunden an. Das ist das Äußerste, und während dieser Zeit ißt man nichts. Alles hängt davon ab, wieviel man nimmt. Um eine echte Wirkung zu erzielen, muß man einen ganzen Peyote nehmen (zwischen vier und acht Segmente). Mit einer größeren Menge geht es einem besser. Man sieht mehr Dinge. Mit zwei oder drei kleinen Stücken sieht man nicht sehr viel. Es mag sein, daß man nur einschläft, aber es ist kein richtiger Schlaf. Man schläft, aber kann die Dinge trotzdem noch hören und sehen. Und danach, wenn man einen ganzen Peyote gegessen und viele Dinge gesehen und gehört hat, kann man sich an alles erinnern. Es ist eine sehr persönliche Sache, es ist eine sehr private Sache. Es ist wie ein Geheimnis, denn die anderen haben nicht dieselben Dinge gesehen oder gehört. Deshalb ist es nicht gut, anderen davon zu erzählen.«[33]

Der Peyote-Kaktus besteht aus fünf, acht oder mehr Segmenten. Er blüht in fünf verschiedenen Farben. Es sind die gleichen wie die des Mais: gelb, rot, weiß, blau und gesprenkelt schwarz.

Es heißt, daß der Geschmack von Peyote besser wird, je mehr man davon nimmt. Auch ich habe diese Erfahrung gemacht und habe Huicholes erlebt, die innerhalb von vierundzwanzig Stunden mehr als zwanzig Híkuris aßen, ohne dabei eine Miene zu verziehen.

Peyote macht nicht süchtig. Doch wegen seiner »teuflischen Zauberkraft« haben die spanischen Eroberer viele

Versuche unternommen, den Gebrauch des halluzinogenen Kaktus in ganz Mexiko zu verbieten. Fast 200 Jahre lang waren die Indianer gezwungen, ihre Peyote-Rituale und -Heilungen im geheimen zu vollziehen. Die Huicholes waren auf ihren ohnehin schon gefährlichen Pilgerschaften nach Wirikuta noch zusätzlichen Gefahren ausgeliefert. Doch weder Bedrohungen, Verfolgung oder die fatalen Hindernisse, die die Silberminen der Spanier in Real de Catorce darstellten, konnten sie davon abhalten, ihren Pflichten gegenüber den Göttern nachzugehen und ihre Peyote-Rituale, bis heute unverändert, aufrechtzuerhalten.

Heute ist die Verwendung von Peyote innerhalb der Stämme legal. Die mexikanische Polizei wacht jedoch sehr streng darüber, daß sich der Genuß von Peyote auf die indianischen Gebiete begrenzt. Das Gepäck Fremder, die aus der Sierra kommen, wird genauestens untersucht und Nicht-Indianer ist der Zutritt nach Wirikuta offiziell verboten.

Die Peyoteros, die am Morgen angekommen waren, kehrten mit ihren schweren Körben in alle Himmelsrichtungen zurück auf ihre Ranchos. Der Mara'akame Antonio, der die Gruppe geleitet hatte, zog in den Calihuey ein, um die zeremonielle Hirschjagd, die der Peyote-Jagd in Wirikuta folgt, vorzubereiten.

Die Ursprünge dieser Jagd, deren Regeln und Rituale ebenso festgelegt sind wie die der Peyote-Jagd, mögen noch aus Zeiten stammen, in denen die Jagd die Hauptnahrungsquelle der Huicholes war. Gemäß den Huichol-Mythen war Mais einst Rotwild. Und da Rotwild auch als identisch mit Peyote betrachtet wird, ist auch die Peyote-Jagd in Wirikuta im wahrsten Sinne des Wortes eine Jagd.

Die erste Peyote-Pflanze, die der Mara'akame als Leiter der Jagdgemeinschaft entdeckt, erscheint ihm in Form »Unseres Älteren Bruders« Káuyumari. Ohne daß die Pflanze beschädigt wird, wird die Heilige Rotwildperson, deren Essenz im Peyote enthalten ist, mit Pfeil und Bogen geschossen, bevor sie aus der Erde gegraben und rituell verteilt wird.

Im Gegensatz zu der Peyote-Jagd wird bei der Rotwildjagd nicht Pfeil und Bogen benutzt. Das Wild wird mit Schlingen und Lassos gefangen. Denn Mara'akame, Jäger und Teilnehmer des anschließenden Opferfestes müssen mit den noch lebenden »Älteren Brüdern« (Böcken) oder »Älteren Schwestern« (Ricken) reden, ihnen danken und ihnen den Grund ihrer Tötung erklären, bevor man die Opfergaben mit ihrem Fruchtbarkeit, Wachstum und Leben spendenden Blut benetzt. Das Blut des Rotwildes verleiht den rituellen Gegenständen magische Kraft.

Die Hirschjagd, an der nur Männer teilnehmen, findet kurz nach der Rückkehr der Peyoteros statt. Der genaue Zeitpunkt wie auch die Anzahl des zu fangenden Rotwilds wird von dem Mara'akame festgelegt, der seine Anweisungen von Káuyumari, dem ersten Rothirsch, erhält. Erst nach Beendigung der erfolgreichen Jagd kann *Híkuri Neirra*, das große Peyote-Fest, beginnen. Es ist der zeremonielle Höhepunkt im religiösen Kalender der Huicholes und der Abschluß der Pilgerschaft. Denn erst während Híkuri-Neirra werden die Peyoteros von ihren Gelübden des Fastens, Nichtwaschens, der sexuellen Enthaltsamkeit und aus der engen Verbundenheit der Peyote-Jagdgemeinschaft befreit.

Am Nachmittag trafen wir noch einmal Rosalio. Er war auf dem Weg nach La Mesita und lud uns ein, mit ihm zu gehen. So sehr ich mich über das spontane Angebot freute und so verlockend es war, überraschte mich die Selbstverständlichkeit, mit der ich es ablehnte: »Wir kommen morgen.«

Meine Bemühungen, den Gobernador aufzutreiben, um ihm pflichtgemäß unsere Rückkehr zu melden, vor allem aber, um ihn zu bitten, unser Gepäck für die nächsten Tage in Verwahrung zu nehmen, blieben erfolglos.

Die Hütten des Zentrums waren jetzt alle von ihren Besitzern oder von Durchreisenden belagert. Wie durch ein Wunder hatte uns noch niemand den Platz in »unserer« Hütte streitig gemacht. Doch waren wir ständig umlagert. Die Atmosphäre war unheilvoll geladen. Sich daraus zu entfernen, hätte bedeutet, unsere wertvollen Vorräte im Stich zu lassen. Die Gefahr, daß der Inhalt des verschnürten Kartons entdeckt und dann entweder sofort verteilt oder später geraubt werden würde, war mir zu groß.

Ich fühlte mich wie eine Gefangene unserer Habe und begann zu ahnen, daß sich zwischen unserem Proviant nicht nur lukullische Konserven befanden, sondern auch Nahrung für geistige Erfahrungen. Peinlich berührt stellte ich fest, wie kleinlich, engherzig und ängstlich Besitz macht. Eine Erkenntnis, zu der man unter Menschen, die kaum etwas haben und jedes Mehr untereinander teilen, leicht kommt. Aber als Fremder, von dem angenommen wird, daß er in jedem Fall mehr hat, damit fertig zu werden, war schwer.

Lena wehrte sich tapfer gegen die ständige Angrabscherei. Doch das hämische Gelächter, das jede unserer Bewegungen hervorrief, verunsicherte sie so sehr, daß sie sich kaum noch von meiner Seite traute.

Nie zuvor war mir die Wirkung meines Vorbildes deutlicher geworden. Denn wichtiger als jede Erklärung für das Verhalten der Huicholes, war für Lena mein eigenes Verhalten. Und dieses wurde mir, wie soviele meiner Handlungen, erst durch sie bewußt.

Als es dunkel wurde, ließ man uns endlich allein. Das Essen, auf das ich mich den ganzen Tag gefreut hatte, schmeckte nicht. Ich schämte mich der Heimlichkeit, in der ich es zubereitet hatte.

Lena schlief noch, als ich mich am nächsten Morgen erneut auf die Suche nach dem Gobernador machte. Von einigen

Huicholes, die vor seinem Büro herumlungerten, erfuhr ich, daß Jesús in den Bergen sei. Er nehme dort an den Vorbereitungsritualen für seine erste Reise nach Wirikuta teil. Man erzählte sich, daß der Mara'akame der Rancheria, zu der er gehörte, ihm die Teilnahme an der Pilgerschaft befohlen und Jesús große Angst davor habe.

Für einen *matewame*, einen Pilger, der zum ersten Mal nach Wirikuta geht, ist diese erste Reise sehr gefährlich. Unerfahren in der Begegnung und im Umgang mit den übernatürlichen Mächten, bedarf er, stärker als jeder andere Teilnehmer, des besonderen Schutzes und größter Aufmerksamkeit des Mara'akame, da er sonst Gefahr läuft, seine Seele zu verlieren.

Obwohl man mir nichts Näheres sagen wollte, machten die Männer kein Hehl daraus, daß Jesús noch andere Gründe für seine große Angst vor dieser ersten Reise haben müsse. Ich dachte daran, wie er mir eines Tages Opfergaben anderer verkaufen wollte.

Ich hatte ihn gebeten, mir die verriegelte Ruine der einst von Franziskanermönchen erbauten Kirche im Zentrum zu öffnen. Eine gekreuzigte Vogelscheuche, die achtlos an der zerfallenden Wand lehnte, und unzählige Huichol-Opfergaben, die verstreut auf dem ehemaligen Altar lagen, bekundeten nicht nur die Einstellung der Huicholes zu den jahrhundertelangen Bemühungen der Missionare. Auch die Mönche der kaum zwei Stunden Fußmarsch entfernten Missionsstation schienen eingesehen zu haben, daß der Glaube der Huicholes an Urgroßmutter Erde, Großvater Feuer, Vater Sonne und an all die anderen Väter, Mütter, Brüder und Schwestern, die sich in Regen, Wind, Wasser, Mais, Peyote, etc. manifestieren, nicht durch den Glauben an einen einzigen, wenn auch allmächtigen, Vater eines Zimmermanns zu ersetzen war.

Die Missionare konnten den Glauben der Huicholes nicht ändern. Doch seit sich die Einflüsse von außen mehrten, hat

130

auch ihr Wirken dazu beigetragen, wenn auch keine Keile, so doch Stacheln in die Traditionen und in das religiöse und soziale Gleichgewicht der Huichol-Gemeinschaft zu treiben.

Noch sind es Ausnahmen. Aber Vorfälle, in denen sich junge Huicholes, ausschließlich ehemalige Missionsschüler, gegen Mara'akate auflehnen, »im Namen des Forschritts«, von dem sie tatsächlich nur den Namen kennen, für Neuerungen plädieren, von deren Tragweite sie nicht die geringste Ahnung haben, und mit Modernisierungsplänen nicht nur den Fortbestand ihrer Jahrtausende alten Kultur, sondern auch ihrer selbst gefährden, häufen sich.

Ich will keineswegs behaupten, daß die Gründe dieser fragwürdigen Entwicklung allein bei den Missionaren zu suchen ist. Doch wie Lena und ich später noch erleben sollten, führt der Weg über die Mission eindeutig in die Verunsicherung und Entfremdung.

Für Jesús war die »Semana Santa« zum Verhängnis geworden. Die Osterwoche ist das einzige pagano-christliche Fest, das hier gefeiert wird. Beim letzten war Jesús bereits Gobernador und somit Anlaufstelle für Fremde, die das folkloristische Spektakel auf Foto-Safarie in die Sierra zog. Ihre Souvenir-Heischerei um jeden Preis hatte bewirkt, daß Jesús zum Verräter seiner Stammesbrüder wurde. Mich bereits als potentiellen Kunden betrachtend, hatte er mir stolz erzählt, daß er mit ihren Opfergaben einen lukrativen Nebenhandel betrieben habe.

So unverständlich es ihm war, was ich überhaupt in der Sierra zu suchen hatte, da die »Semana Santa« doch bereits vorbei war, so wenig konnte er begreifen, warum ich mich nicht wie die anderen *teiguares* benahm und es zu keinem Handel kam.

Ich gebe zu, daß ich für meine Weigerung, »Souvenirs« zu kaufen, nicht nur ethische Gründe hatte. Als die Hexe Carmelita von meinem Schreiben von Bertha, der Witwe Oswaldos, erfuhr, hatte sie mir zugezischt, daß Oswaldo kurz vor seinem Tod einen heiligen Ort in der Sierra besucht und aus einer Höhle wertvolle Opfergaben entwendet haben sollte. Sie tat sehr geheimnisvoll und beschwor, daß das der Grund für seinen mysteriösen Tod gewesen sei.

Ich wußte, daß Carmelita die größte Erfinderin von Lügengeschichten war. Doch waren mir auch schon andere Gerüchte über Menschen zu Ohren gekommen, die Opfergaben gestohlen, und die daraufhin furchtbare Schicksale ereilt hatten. Auch Jesús Argument, daß die geopferten Gegenstände nach fünf Jahren ihre Kraft verlieren würden, konnte mich damals nicht dazu verleiten, irgendwelche der verlockend exotisch, aber ziemlich neu aussehenden Dinge zu nehmen. Zwischendurch hatte ich es manchmal bereut. Als ich nun von den sonderbaren Ängsten des Gobernadors erfuhr, war ich plötzlich sehr froh über meine Entscheidung.

Statt des Gobernadors, der an diesem Morgen zurückerwartet wurde, traf der Lastwagen der Gemeinde ein. Vor der Tienda bildete sich eine Traube von Menschen, die geduldig warteten, bis die Ware in das Innere der Tienda entladen war. Chilli, Zwiebeln, Kartoffeln, Salz, Zucker, Bohnen, Eier, Kekse, Streichhölzer und Manta.

Die Tienda unterschied sich von anderen Hütten nur dadurch, daß sie statt mit einer Holztür mit zwei Eisentüren verschlossen war. Keiner durfte den Laden betreten. Verkäufe fanden durch ein kleines, vergittertes Fenster in der vorderen Tür statt. Als es schließlich geöffnet wurde, reihte ich mich in die Schlange der Wartenden ein.

Von Rosalio hatte ich erfahren, daß zum Beispiel ein Kilo Zucker ein geeignetes Gastgeschenk für die Fiesta in La Mesita sei. Die Frau hinter der vergitterten Öffnung schien nicht dieser Meinung zu sein. Weder meine Bestellung noch Fragen, ob ich statt Zucker etwas anderes bekäme, noch die Erklärung, wofür er sei, brachte sie dazu, sich zu bewegen.

Sie zeigte nicht die geringste Reaktion. Sie stand wie versteinert da und starrte mich mit kalten Augen an.

Einige Huicholes lachten. Ich bat einen, dem ich schon einige Male begegnet war und von dem ich wußte, daß er Spanisch sprach, meine Fragen zu übersetzen. Er tat es. Die Folge war, daß die Frau im Hintergrund des Ladens verschwand und erst wieder zum Vorschein kam, als ich gegangen war.

Nachmittags kam der Gobernador. Er wirkte verstört, weinerlich und so aufgeweicht, daß er gar nicht in der Lage schien, irgendeine Bitte abzuweisen. Er nickte nur und wies wortlos auf einen Platz in einer Ecke seines Büros, wo ich unsere Sachen für die Zeit unserer Abwesenheit unterstellen konnte. Nach dem Erlebnis vor der Tienda hing ich mehr denn je an unserem Proviant, bat Jesús eindringlich, niemanden daranzulassen und versprach ihm die doppelte Summe der geforderten Entlohnung, wenn nach unserer Rückkehr noch alles da sei.

Es war schon spät, als wir uns endlich nach La Mesita aufmachten. Hinter den Gittern der Tienda, an der wir vorbei mußten, entdeckte ich jetzt das Gesicht von Julio, einen undurchsichtigen, aber immer fröhlich wirkenden Mann. Jedesmal, wenn wir ihm begegnet waren, hatte er gestrahlt, sobald er Lena sah, und Späße mit ihr gemacht.

Wir gingen weiter, bis wir außerhalb seiner Sichtweite waren. Dann drückte ich Lena Geld in die Hand und schickte sie zurück, um Zucker zu kaufen. Leise die spanischen Worte vor sich hinmurmelnd, zog sie los. Schüchtern stand sie vor dem Gitter, sagte etwas. Eine Hand kam zum Vorschein, tätschelte ihr Haar. Sie lachte, fragte etwas, grabschte zwischen die Stäbe, flüchtete kreischend vor der Hand, die nach ihr griff, lief zurück und streckte wieder ihren Arm durch die Öffnung. Ich sah nach dem Stand der Sonne und konnte meine Ungeduld kaum noch zügeln. Lena johlte vor Vergnügen, schien alles um sich herum vergessen zu haben.

Ihr Lachen versetzte mir einen Stich. Wie lange hatte sie nicht mehr so gelacht? Wie lange war es her, daß ich laut gelacht hatte? Oder wir beide zusammen? Meine Ungeduld machte mir bewußt, wie unfröhlich, sorgenvoll, immer nur auf die Zukunft gerichtet, meine ganze Einstellung war. Ich beschloß, das sofort zu ändern, setzte mich mit dem Rücken zur Tienda und konzentrierte mich zum ersten Mal seit einer Ewigkeit wieder bewußt auf das Jetzt. Seltsam, wie allein dieser Entschluß jedesmal alles verändert.

Lena kam mit einer Packpapiertüte voll Zucker in der einen, und einem Päckchen Kekse, das Julio ihr geschenkt hatte, in der anderen Hand, zurück. Sie hüpfte und schwatzte und sprang vor mir her, während ich mir Mühe gab, mir keine Gedanken über die Richtigkeit des Weges zu machen. Der Canyon, den wir zu durchqueren hatten, war anfänglich weithin sichtbar. Jesús hatte gesagt, daß es nur einen Weg dorthin gab. Aber dann führte dieser durch einen Wald und gabelte sich sooft, daß ich bezweifelte, immer noch auf dem richtigen Pfad zu sein.

Als wir glücklich am Beginn des Abstiegs standen, erinnerte ich mich der Worte des Piloten Elias und bewaffnete mich mit einem dicken, langen Knüppel. In der nächsten Stunde wünschte ich mir nichts sehnlicher, als seine Ermahnung nie gehört zu haben. Bei jedem Rascheln und jedem Rauschen, bei jedem kullernden Stein zuckte es durch meinen Körper, daß mein Blut stillstand. Lena wurde bei jedem Schritt unsicherer. Sie spürte meine Angst.

Je tiefer wir in das Dickicht und in den Schatten der steilen Felswände, die sich über uns zu schließen drohten, tauchten, um so mehr erschien mir der Canyon wie ein gewaltiger Kessel, in dem die Natur all ihre Gefahren zusammengebraut hatte.

Ja, ich hatte Angst, nicht nur vor den lauernden Tieren, sondern vor der Natur schlechthin. Sie war mir unheimlich, eine furchterregende Unbekannte auf der Suche nach dem

Fremdkörper, als den ich mich in ihr empfand. Und doch spürte ich auch meine Zugehörigkeit zu ihr, wie ein Kind, das neben seiner Mutter steht und, ohne sie zu kennen, ohne sie je gesehen zu haben, ihre Zusammengehörigkeit spürt.

Es war wie ein uralter Instinkt, der, über viele Generationen wegzivilisiert, von neuem in mir erwachte. Aber er war total verkümmert, unbrauchbar, ein schwaches Leuchten, gerade stark genug, um mir die Unnatürlichkeit, mit der wir Zivilisierten uns in ihr bewegten, zu zeigen.

Für einen Augenblick bekam ich eine Ahnung davon, was es bedeutet haben muß, was es zum Beispiel für die Huicholes noch heute bedeutet, eins mit der Natur zu sein, die Erde noch wirklich als Mutter, den Wind als Bruder, die Sonne als Vater wahrzunehmen. Mir waren diese »natürlichen« Verwandten so fremd, ihre Kraft und Macht so unbekannt, daß ich sie nur als Bedrohung empfand.

Nach einer Wegbiegung geschah es dann. Es war, als ob sich die Erde unter mir auftat. Bevor ich die Gewalt über jeden meiner Muskel verlor, riß ich Lena an mich, damit sie das grauenvolle Schauspiel, das sich ein paar Meter unter uns bot, nicht sah.

Von Geiern gerissen, von Coyoten gezerrt, rüttelte ein in Fetzen zerfleischtes Rind hin und her. Gedärme lagen meterweit verstreut. Ich hörte einen Schrei, noch bevor ich wußte, daß er meiner war, schrie mir das Entsetzen aus dem Leib, trieb die zitternde Lena an, es mir gleichzutun. Flügel schlugen, Geier flogen auf, Coyoten stoben davon. Wir schrien und schrien, bis plötzlich in und um uns herum Leere und totale Stille eintrat. Nichts rührte sich mehr. Wie in Trance nahm ich Lena auf den Arm, drückte ihr Gesicht gegen meine Schulter, trug sie, ohne ihr Gewicht zu spüren, an dem entsetzlichen Anblick vorbei durch die Tiefe der Schlucht, begann erst zaghaft, dann laut, immer lauter zu singen, Worte, von denen ich nicht wußte, woher sie kamen, hörte erst auf, als wir auf dem Plateau der anderen Seite waren.

Wir setzten uns auf die Erde, und ich erzählte Lena und mir von den Gesetzen der Natur, von Tieren, die andere Tiere fraßen, von Leben und Sterben und von der Angst des Menschen vor dem Tod.

Veranlaßt durch andere, wenn auch nicht so dramatische Erlebnisse, hatten wir schon oft über diese Themen gesprochen. Doch noch nie war Lena mit ihren Fragen so weit gegangen. Wir waren gerade bei der Wiedergeburt, als ich merkte, daß es schon zu dämmern begann. Wir zogen weiter und sprachen über Seelen und Geisterwesen und Dinge, die zum Beispiel nur Schamanen sehen.

Wir sahen bald überhaupt nichts mehr. Ich war froh, die Taschenlampe dabei zu haben. Noch bevor wir die Lichter erblickten, war es stockdunkel geworden. Zu beiden Seiten des runden *tokis* (Zeremonienhaus) loderten Lagerfeuer. Außer den Umrissen des großen Gebäudes war nichts von der Umgebung zu erkennen. Die Gesichter der Männer, die um die Feuer saßen, sahen gespenstisch aus. Einige deckten mit den Händen seinen Schein ab, um sehen zu können, wer gekommen sei, sahen grußlos zurück in die Flammen. Andere nahmen gar keine Notiz von uns. Huicholes, die ich vom Sehen kannte und grüßte, sahen durch mich hindurch. Es war kalt.

Aus dem türlosen Eingang des Gemeinschaftstempels fiel ein warmer Lichtschein. Die Öffnung war die einzige des Gebäudes und, wie bei jedem Tokí, nach Osten gerichtet. Von dort, wo wir uns befanden, konnte man nicht hineinsehen. Wir waren von Westen gekommen. Die abweisende Haltung, die uns sofort empfing, hatte uns im Norden zum Stillstand gebracht.

Ratlos standen wir da. Zweifel überkamen mich, ob es richtig gewesen war, hierher gegangen zu sein. Ich wußte nicht, was ich erwartet hatte. Ich hatte nicht damit gerechnet, erst im Dunkeln anzukommen, hatte wahrscheinlich gehofft, gleich auf Rosalio zu stoßen oder sonst irgendwie in Empfang genommen zu werden. Trotz der bisherigen Erfahrungen war ich auf die totale Gleichgültigkeit, mit der unsere Anwesenheit registriert wurde, nicht gefaßt. Erst jetzt wurde mir klar, daß ich nicht die geringste Vorstellung davon hatte, was uns erwartete. Vor allem aber hatte ich keine Ahnung, wie ich mich verhalten sollte. Ich zitterte vor Kälte und Unsicherheit.

Auch Lena fror. Ich gab ihr einen Schubs zum Feuer. Sie zwängte sich zwischen zwei Männer und legte wie selbstverständlich ihre Hände auf deren Knie. Die Männer lachten, steckten die ganze Runde an. Einer drehte sich um, machte nun auch mir Platz. Keiner sprach mit uns. Sie hockten da und starrten in die Flammen. Einige gingen, andere kamen. Nach etwa einer Stunde verschwanden alle im Inneren des Gebäudes, bis auf einen. Niemand gab uns ein Zeichen, ihnen zu folgen. Lena und ich blieben mit einem kasperartig aussehenden Mann allein.

Sofort als ich ihn sah, mußte ich an Don Genaro, den von Castaneda beschriebenen Mazateken-Schamanen[34], denken. Ich sagte ihm unsere Namen. Nach einigem Zögern antwortete er, daß er Margarito heiße. Unmöglich, zu schätzen, wie alt er war. Er war relativ klein, sein gegerbtes Gesicht schalkhaft verschmitzt. Seine Haltung entsprach der eines alten Mannes. Aber sein Körper war so drahtig und zäh wie der eines Jungen. In seinem Hutband steckte der Federpfeil eines Schamanen.

Ich legte einen Ast ins Feuer. Ein großer, fast durchsichtiger Skorpion schlüpfte unter der abblätternden Rinde hervor. Zu spät. Wir sahen zu, wie er verbrannte. Margarito sagte, daß sein Stich auch für einen Erwachsenen tödlich gewesen wäre. Ich hatte nur ein paar Zentimeter daneben gegriffen. Als ich wieder aufsah, war Margarito fort.

Der Gedanke, die Nacht hier draußen verbringen zu

müssen, war nicht sehr erfreulich. Aber es schien uns gar nichts anderes übrig zu bleiben. Wir packten unseren Schlafsack aus, den man in eine große Decke umfunktionieren konnte. Margarito kam genau in dem Moment zurück, als ich nichts mehr erwartete. Er forderte uns auf, unsere Sachen zu nehmen und mit ihm zu kommen. Wir folgten ihm zum Eingang des Tokí. Sein Gang war sonderbar leicht, fast schwebend. Er schien kaum den Boden zu berühren. Und dann spürte ich ihn selbst kaum mehr.

Der Anblick, der sich uns bot, war so unerwartet, so überdimensional, daß es uns den Atem verschlug und ich vorübergehend jegliches Gefühl für Raum und Zeit verlor. Es war das fremdartigste und überraschendste Bild, das ich je gesehen habe. Und doch löste es in mir eine so unfaßbare Vertrautheit und wahnwitzige Erregung aus, daß ich mich schlagartig an ein vorheriges Leben zu erinnern glaubte. Lena hauchte ein langgezogenes »Oh«. Ich fühlte mich am Ziel einer Reise in das Unterbewußtsein.

MYSTIK UND MAGIE

Der Schritt über die Schwelle war ein Schritt in die Schwerelosigkeit eines Mutterleibes. Es brodelte vor Wärme, Energie und Farbenpracht. Ein Bild für die Götter im wahrsten Sinne. Das mächtige Zeremonienfeuer, das vor uns loderte, ließ Raum, Menschen und Geschehen wie eine Vision in Rot-Gold erscheinen.

Rund um die Innenwand lagerten, in einem etwa zwei Meter breiten, bunten Gürtel, Männer, Frauen und Kinder, clanweise um kleinere Feuer geschart, zwischen Töpfen, Kürbisbehältern und sonstigem Hausrat. In der Mitte des Raumes befanden sich zwei schwere Holzsäulen. Dazwischen, frontal zum Zeremonienfeuer aufgereiht, saßen die Mara'akate und der Ältestenrat. Alle sahen uns an.

Das erste, was ich akustisch wieder wahrnahm, war Lachen. Doch diesmal klang es zum ersten Mal fröhlich. Es kam von den Frauen, die sich auf einem großen, bettartigen Gestell an der rechten Wand versammelt hatten. Ausgelassen winkten sie uns herbei. Ich sah zu den Männern zwischen den Säulen. Einer nickte. Margarito gab uns einen Stoß und wir landeten in dem Haufen kreischender und kichernder Weiber. Sie bewunderten unsere Huichol-Kleidung, fragten, woher wir kämen, und knufften uns an. Schließlich verebbte ihr Interesse, und ich hatte Zeit, die Unzahl von Eindrücken zu sondieren.

Das Innere (*tokipa*) des Rundbaus war von enormem Ausmaß. Der Durchmesser betrug etwa zwölf Meter. Die beiden Holzsäulen in seiner Mitte standen im Abstand von ca. vier Metern zueinander. Sie stützten das wegen der sprühenden Feuerfunken mindestens sieben Meter hohe Strohdach durch einen Querbalken. In etwa zweieinhalb Meter Höhe war ein weiterer Balken angebracht, auf dem ein Geweih lag.

Das Rothirschgeweih, von ebenso symbolischer wie mystischer Bedeutung, ist als eines der wichtigsten Ritual-Objekte bei jedem Fest, bei jeder Peyote-Jagd und jeder Pilgerschaft zu einem der heiligen Orte in der Sierra dabei. Es symbolisiert das Geweih der Heiligen Rothirsch-Person, Káuyumari, durch den der Cantador der Fiesta seine Anweisungen von den Göttern erhält.

Direkt hinter der Reihe der Mara'akate und hohen Beamten lag ein enormer, eckig geschnitzter Baumstamm: die Tanzfläche. An der Rückwand des Tokipas befand sich ein aus Steinen und Lehm geformter, schulterhoher Vorsprung, der *niwetari* (eine Art Altar). Zwischen brennenden Kerzen ruhten dort die verschiedensten Opfergaben. Daneben standen zwei Männer und spielten unaufhörlich eine sich immer wiederholende und doch mal fröhlich, mal klagend klingende Melodie. Ihre Instrumente sahen aus wie Mini-Nachbildungen einer Violine und einer Gitarre.

Diese beiden Instrumente, die ausschließlich von Männern gespielt werden, fehlen auf keiner Fiesta. Obwohl sie fast jeder Huichol beherrscht, geben die beiden, die während des Festes spielen, ihre Instrumente nicht aus der Hand. Oft spielen sie, mit nur kurzen Unterbrechungen und ohne Schlaf, mehrere Tage und Nächte hintereinander. Ihre Musik ist ein ständiges Gebet, ein Ruf, dem selbst die Götter nicht widerstehen können.

Zwischen dem Eingang und der Mitte der Säulen flackerte das große Zeremonienfeuer. Es wird zu Beginn des Festes in den letzten Sonnenstrahlen entzündet und brennt während der gesamten Dauer jeder Fiesta. Es ist auf einer großen runden Scheibe aus gebranntem Lehm angelegt, unter der sich in einem Erdloch ein Abbild Tatewarís (Unser Großvater Feuer) befindet.

Zu Füßen der Mara'akate war eine große Mulde. Auch sie barg eine kleine Statue unter sich – die Nakawé (Urgroßmutter Erde), die Schöpferin aller Dinge.

Die Mulde war mit unzähligen Gebets-Pfeilen, mit Opferschalen, Maisähren und Kerzen gefüllt. In ihrer Mitte standen zwei Gefäße mit Wasser. Meine Nachbarin sagte mir, daß es Wasser aus heiligen Quellen sei.

Unter den Dingen, die dort lagen, war auch ein in ein Tuch gewickeltes Bündel von Holzstäben. Diese Stäbe heißen *tatohuan*. Sie symbolisieren Autorität und Macht und führen als wegweisende Götter jede Pilgerschaft und jede Prozession während der Feste an.

Im ganzen Tokipa herrschte große Gelassenheit und ruhige Betriebsamkeit, ein leise wogendes Farbenmeer. Frauen schürten die kleinen Feuer, mahlten Mais, bereiteten Tortillas und Bohnen vor. Männer standen mit geneigten Köpfen um das Zeremonienfeuer. Die großen Federkränze auf ihren Hutkrempen schienen sich im flackernden Licht der Flammen zu bewegen.

Die Männer zwischen den Säulen saßen bewegungslos da. Die Säulen werden *guarrieta* genannt. Die linke, neben der Margarito jetzt Platz genommen hatte, stellt eine Wassergottheit dar. Die rechte repräsentiert die Göttlichkeit, die die übernatürlichen Mächte zusammenruft und ihnen das Wort erteilt.

An diese Säule gelehnt stand der Zeremonien-Stuhl des Cantadors, des wichtigsten Mannes der Fiesta. Der Stuhl, der nach einer magischen Formel gebaut wird, ist ein Kunstwerk aus Ästen und Bambusstreifen. Die Streifen bilden an Rücken- und Armlehnen ineinandergreifende Kreise. Diese Peyote symbolisierenden Blumengebilde sind mit Harzklumpen am Gestell befestigt.

Jeder Mara'akame hat einen solchen heiligen Stuhl (*uweni*), den er überall dorthin mitnimmt, wohin er gerufen wird.

Neben einfachen, kleinen Hockern (*opari*), auf denen seine

Assistenten sitzen, ist er das einzige originäre Möbelstück, das jedoch nur zu zeremoniellen Anlässen benutzt wird.

Der Uweni ist ein »Platz der Kraft«, auf dem der Cantador seinen Sang empfängt und weitergibt. Auch Götter haben solche Stühle. Es sind winzige Nachbildungen, von denen einer oder mehrere zu Füßen der Mara'akate stehen und die Anwesenheit bestimmter Mächte vergegenwärtigen.

Der Mann, der auf dem Uweni saß, hatte seinen Hut tief über das Gesicht gezogen. Noch bevor er ihn zurückschob, erkannte ich, daß es Hilario war.

Er setzte sich auf und spie dabei kräftig aus. Die Männer neben ihm sahen ihn erwartungsvoll an. Sein abwesender Blick streifte uns, als er in die Runde sah.

Siedend heiß fiel mir der Zucker ein. Allein die Vorstellung, unter den Augen aller Anwesenden vorzutreten und ihm das Gastgeschenk zu überreichen, lähmte mich. Ich flüsterte Lena zu, ob sie es nicht tun wolle. Sie sagte ja, ging vor und hielt den Männern das Bündel entgegen. Keiner rührte sich. Ich bewunderte Lenas Mut. Dann sah ich Hilario zum ersten Mal lächeln. Er gab ihr ein Zeichen, die Tüte zu den Opfergaben in die Mulde zu legen. Gleich darauf zog er sich wieder den Hut über das Gesicht. Sein brummender Singsang begann, übertönte die Geräusche im Tokipa.

Hilario war von den hiesigen Mara'akaten gebeten worden, auf dem *Namawita Neirra* von La Mesita als Cantador zu fungieren. Namawita Neirra ist Unserem Vater, der Sonne, gewidmet und wird in den Monaten April/Mai nacheinander in den Calihueys der verschiedenen Gemeinden gefeiert.

Der für den jeweiligen Calihuey zuständige Mara'akame ist keineswegs immer auch der Cantador und damit der dem Fest vorstehende Mara'akame. Für die großen Zeremonienfeste ist es durchaus üblich, einen auswärtigen Cantador zu verpflichten. Das sind meist Männer, denen eine ganz besondere Gabe des Gesangs, eventuell auch eine ganz besondere Beziehung zu der jeweiligen Gottheit, der das Fest geweiht ist, nachgesagt werden.

Die Beziehung der Mara'akate untereinander ist oft nicht einmal für den Huichol selbst, geschweige denn für einen Fremden zu durchschauen. Durch Cassillano erfuhr ich von Eifersuchtsdramen und Machtkämpfen. Außer dem fröhlichen, unbeschwerten Verhalten, das ich zwischen Vincente und Antonio beobachtete, die engere Bande zu verbinden schienen, begegneten sich alle anderen Mara'akate, die ich miterlebte, mit Zurückhaltung und großem Respekt.

Welchen Mara'akame ein Huichol für persönliche Zwecke in Anspruch nimmt, bleibt seiner persönlichen Entscheidung und Wahl überlassen.

Wie der Cantador und die ihm assistierenden Mara'akate für eine Fiesta ausgewählt werden, habe ich nicht erfahren. Fest steht jedoch, daß sie einer genauen rituellen Rangordnung, mit dem Cantador an höchster Stelle, unterstehen. Auch das Fest selbst unterliegt einer strengen rituellen Ordnung, die das Chaos der alltäglichen Welt außer Kraft setzt. Jedes Ritual, jede zeremonielle Handlung und Aufgabe erfolgt nach genauen Anweisungen und in einer ebenso festgelegten Reihenfolge.

Das schließt jedoch nicht aus, daß sich der Ablauf eines Festes und seiner Riten sowohl von Gemeinde zu Gemeinde als auch vom Fest des Vorjahres im selben Calihuey unterscheiden kann. Denn der Ablauf wird ausschließlich von dem Cantador bestimmt, der das Fest leitet. Er ist es, der die Anweisungen »von oben« erhält.

Im Gegensatz zu anderen Zeremonienfesten, bei denen tage- und nächtelang gesungen wird, singt der Cantador während eines Namawita Neirra nur nachts.
Die Mara'akate Mariano und Pancho assistierten Hilario bei seinem Gesang.

143

Mariano, der Vater von Cassillano, war ein sehr strenger und mächtiger Mann.

Pancho, der Mara'akame des Calihueys von La Mesita, hatte eine unglaublich animalische Ausstrahlung. Edel, stolz und wild wirkte er wie ein unberechenbares Raubtier. Er war relativ jung, vielleicht dreißig Jahre alt, ein gefährlicher und gefürchteter Mann. Neben ihm sah Hilario wie ein freundlicher alter Herr aus, rein äußerlich betrachtet.

Mit kehliger Stimme wiederholten die beiden Männer in den kurzen Pausen, die Hilario machte, Fragmente seines zwischen laut und leise schwingenden Singsangs.

Nach einer Weile erhob sich Cassillano, der ebenfalls in der Reihe der Leitenden gesessen hatte. Hinter ihm bildete sich eine Schlange von Männern und Frauen. Er führte sie einige Male gegen den Uhrzeigersinn um das Zeremonien-Feuer und dann hinaus in die Nacht. Mit diesem Umkreisen, mit dem jedes Ritual beginnt und endet, bezeigen die Huicholes Tatewarí, »der Unser Großvater ist«, ihre Verehrung und Dankbarkeit.

Als sie zurückkehrten, wiederholten sie ihren Weg und machten so halt, daß die ersten vor den Mara'akaten zum Stehen kamen.

Mariano tauchte seinen Federpfeil in das heilige Wasser, spritzte damit in die Flammen, in die vier Himmelsrichtungen, und schließlich in die Mitte, wobei er mit dem Pfeil erst nach oben und dann nach unten zeigte. Anschließend gab er dem ersten der Wartenden den Pfeil. Dieser kniete sich vor die Mara'akate, befeuchtete den Pfeil, sprühte die Tropfen daran ins Feuer und nahm dann einen Schluck von dem heiligen Wasser. Mariano legte die Hand auf seine Schulter und sprach zu ihm, bevor er ihn entließ und der nächste an die Reihe kam.

Nachdem der letzte den Platz verlassen hatte, wurde es plötzlich unruhig um uns herum. Auch ich spürte eine innere Unruhe, drehte mich um. Die Frauen hinter mir wiesen

144

zu Mariano. Er winkte mich heran. Ich konnte kaum gehen vor Zittern. Er gab mir ein Zeichen, auch Lena mitzubringen, und drückte mir dann den Pfeil in die Hand, forderte mich auf, ihn zu benetzen, das Feuer zu besprühen und von dem heiligen Wasser zu trinken. Während ich es tat, dröhnte Hilarios Gesang in meinen Ohren, so laut, daß ich außer »tutu« kein Wort von dem verstand, was Mariano zu mir sagte. Lenas Gesicht war von tiefer Ehrfurcht ergriffen, als sie an der Reihe war.

Die Frauen nahmen uns mit Herzlichkeit in Empfang. Sie schüttelten mir die Hände, und selbst die alten Frauen, die bisher keine Miene verzogen hatten, lächelten. Erst von ihnen erfuhr ich, daß *tútú* Blume bedeutet und Mariano mir den Namen »Blume der Nacht« gegeben hatte.

Ich hätte nie erwartet, in das Ritual, an dem nur etwa zehn teilgenommen hatten, mit einbezogen zu werden. Aber noch mehr überraschte mich die Namensgebung. Einige Jahre zuvor hatte Bhagwan mir in Indien einen ähnlichen Namen, Prem Lélia (»love born at night«) gegeben. Was mochte es mit der Nacht und mir auf sich haben? Welche Geheimnisse für mich barg die Nacht in sich? Damals ahnte ich nicht, daß ich bald *eine* Antwort darauf erhalten, daß die Nacht kommen sollte, in der in mir eine Gewißheit erblühte und ein Bewußtsein erwachte, das meine Weltsicht unwiderruflich verändern sollte.

Einige Frauen machten sich jetzt auf dem Gestell so breit, daß ich plötzlich das Gefühl hatte, hier nicht mehr willkommen zu sein. Auf der gegenüberliegenden Seite entdeckte ich zwischen zwei Männern, die an der Mauer lehnten, einen schmalen freien Platz. Ich fragte eine der Frauen, ob ich mich dort hinsetzen könne. Sie rief Cassillano, der wieder in der Reihe der Mara'akate Platz genommen hatte, etwas zu. Doch statt seiner antwortete Mariano. Die Frau stieß mich von der Kante. Ich nahm mein Bündel und ging hinüber. Lena wollte bei den Frauen bleiben.

Einer der beiden Männer, zwischen die ich mich zwängte, sah unter seinem Hut hervor. Es war Rosalio. Er sah mich abwesend an, nickte kurz und rückte etwas zur Seite.

Erst jetzt merkte ich, wie erschöpft ich war, und lehnte mich dankbar an die Wand.

Drei Männer und eine Frau hatten sich in den vier Himmelsrichtungen um das Feuer herum aufgestellt. Jeder von ihnen hatte einen langen Stock in der Hand, den sie, mal gekreuzt, mal parallel, mit denen der anderen verbanden, hoch über den Flammen zusammenschlugen, tief in die Glut stießen und wieder kreuzten. Ihre Bewegungen stimmten genau überein, wurden mit großer Sicherheit geführt und mehrmals wiederholt. Zum Abschluß des Rituals warfen sie etwas ins Feuer, das die Flammen auflodern ließ und explodierte, daß die Funken bis zur Decke stoben.

Lena kam erschrocken in meine Arme gelaufen und wollte wissen, was da geschah. Von Rosalio erfuhr ich, daß – obwohl Namawita Neirra »Unserem Vater Sonne« (Ta'yáupá) geweiht ist – Tatewarí auf diesem Fest eine mindestens ebenso große, wenn nicht noch bedeutendere Rolle spielt. Das Ritual war die Anerkennung seines Werkes. Denn Unser Großvater Feuer war es, der die fünf heiligen Himmelsrichtungen (Osten, Süden, Westen, Norden und die Mitte) geschaffen hat.

Um das Pantheon der Huicholes zu begreifen, ist es wichtig zu wissen, daß es in der Huichol-Sprache weder den Begriff Gott noch ein Wort für die göttlichen Potenzen, natürlichen Kräfte und kosmischen Mächte (die im Text nur der Einfachheit halber als »Götter« und »Gottheiten« bezeichnet werden) gibt. Auch »sind diese übernatürlichen Figuren weder zu Göttern erhoben, im Sinne eines großen Abstandes vom Menschen und dem Alltagsleben, noch werden sie verehrt.«[35]

Die Verwandtschaftsbegriffe, die in Verbindung mit den *natürlichen* und übernatürlichen Kräften gebraucht werden, sagen nichts über eine tatsächliche Abstammungslinie untereinander aus und haben auch nichts mit den alltäglichen Verwandtschaftsbezeichnungen (leibl. Großvater: *teúkali*, leibl. Vater: *kuetsi*, leibl. Mutter: *titsi*, leibl. älterer Bruder: *amatsik*) zu tun.

Vincente sagte mir einmal: »Die ausschließlich rituell gebrauchten Begriffe sind Bezeichnungen für das Heilige, für unsere Ahnen, die die Natur selber sind.«

So ist Nakawé »Unsere Urgroßmutter Erde«, die für das Wachstum verantwortlich ist und als Schöpferin aller Dinge gilt. Sie war als erste da. Sie war es, die die Erde nach der Sintflut neu erschaffen hat. Sie ist die bedeutendste aller Wasser-, Regen-, Erd- und Mais-Gottheiten, die, in ihren verschiedenen Erscheinungsformen, weiblicher Natur sind und die Bezeichnung *tateima* (»Unsere Mütter, Unsere Tanten«) tragen.

Sonne und Wind sind Unsere Väter (*tatutsi*) und wie die Gottheiten der Jagd (Peyote, Rothirsch), die als *tamatsi*, »Unsere Älteren Brüder«, bezeichnet werden, männlicher Natur.

Tatewarí, ist, neben Nakawé, die wichtigste Gottheit der Huicholes. Er war der Erste Mara'akame. Er führte »Unsere Vorväter« zum ersten Mal nach Wirikuta. Und als die Erde vor Urzeiten mit unvorstellbarer Explosionskraft die Sonne gebar, war er es, der sie durch seinen Gesang an ihren Platz im *tajeimá* (Himmel) hob. Er war es auch, der die fünf Paranußbäume an den vier Ecken und in der Mitte des Himmels aufstellte, um so den Himmel zu stützen und die Erde davor zu bewahren, daß die Sonne ihren im rechten Abstand zur Erde zugewiesenen Platz je wieder verließ.

Tatewarí ist die Macht, die mit ihrer Kraft den Abstand zwischen Himmel und Erde, den Ausgleich zwischen Tag und Nacht, zwischen Verglühen und Erfrieren, schuf. Das rituelle Bezeichnen der vier Himmelsrichtungen und seiner Mitte ist die dankbare Anerkennung seines Werkes.

147

Aufgabe jedes Mara'akame ist es, dieses Werk zu erhalten und weiterzuführen. Er ist der Nachfolger Tatewarís, des Ersten Mara'akame. Von Tatewarí erhält er, entweder durch Vermittlung Káuyumaris oder direkt, seine Kraft und seine Weisungen, um das Gleichgewicht zwischen Kosmos, Erde, Natur und Mensch zu wahren.

Die Allgegenwärtigkeit Tatewarís im Leben der Huicholes wurde in der Nacht jenes Festes besonders deutlich. Rundherum wärmend und nährend, war er der religiöse Mittelpunkt und heilige Inhalt aller Rituale. Seine sprühenden Funken waren Warnungen, die Tatewarí gab, und wurden mit großer Ehrfurcht bedacht. Während seine Flammen mit den Mara'akaten sprachen, brachte man ihm Opfergaben dar, fütterte ihn mit heiligen Zweigen und teilte mit ihm rituell die Nahrung, bevor gegen Mitternacht ein wirr anmutendes Hin und Her, Anbieten und Entgegennehmen von Tortillas, Tamales und kleinen Schüsseln begann.

Dieses Teilen, das nicht nur bei den Festen und Pilgerschaften, sondern auch im alltäglichen Leben der Huicholes eine große Rolle spielt, ist ein ritueller Akt, der das Einssein mit Tatewarí, dem Kosmos und der Zeremoniengemeinschaft bezeugt.

Alle Handlungen wurden untermalt von Hilarios ununterbrochenem Sang, in dem sich die spirituelle Kraft Tatewarís offenbarte. Rosalio, den ich nach dem Inhalt fragte, sagte, daß er nicht alles verstanden habe. Anfänglich ging es um allgemeine Probleme und Einzelschicksale, um Krankheit, Not, Kritik und Fehler, die von einzelnen und mehreren begangen worden waren. Manches brachte die Leute zum Lachen. Anderes veranlaßte den einen oder anderen, hervorzutreten und schluchzend dazu Stellung zu nehmen.

Später folgten mythische Verse von der Entstehungsgeschichte Ta'yáupás und von den Gefahren, die den Menschen drohen, wenn sie nicht im Einklang mit der Sonne, der einzigen Gottheit, die die Welt zerstören kann, leben.

Säuberungsrituale bezeugten die reinigende Wirkung und moralische Bedeutung Tatewarís. Immer wieder traten Männer und Frauen an das Feuer, hielten ihre Handflächen über die Flammen und rieben dann ihren Körper damit ab.[36] Bevor das allgemeine Nachtmahl begann, liefen Frauen herum und drückten jedem fünf Maiskörner in die Hand. Alle drängten sich um das Feuer und warfen, unter lautem Gemurmel, die Körner hinein. Lena und ich taten es ihnen gleich. Nachdem Lena Tortillas und Bohnen, die man uns gab, gegessen hatte, schlief sie neben mir auf dem schmalgefalteten Schlafsack ein.

Es war heiß im Tokí. Ich nahm ein paar Schlucke aus unserer Wasserflasche, aß aber nichts; hatte seit dem Vorabend nichts mehr gegessen, weil ich in dieser Nacht die Peyote-Kakteen, die Hilario mir gegeben hatte, nehmen wollte und darauf wartete, daß der rechte Augenblick kam.

Er kam, als plötzlich Mariano vor mir stand und mir einen halben Peyote entgegenhielt. Ich nahm ihn, griff in einer spontanen Eingebung in meine Tasche, teilte vorsichtig einen von meinen Kakteen in zwei Hälften und reichte ihm eine. Mariano hockte sich vor mich, nahm mir die Hälfte, die er mir gegeben hatte, wieder aus der Hand und zeigte mir, wie man die giftigen Haarbüschel behutsam von der Oberfläche entfernt, ohne diese dabei zu beschädigen. Dann schälte er fast zärtlich mit den Fingern die Haut von dem unteren Teil, gab mir Haut und Haare, wies mich eindringlich an, sie sorgfältig zu verwahren, um sie später der Erde wiederzugeben, und schob mir dann das ganze Stück in den Mund.

Rosalio, der zugeschaut hatte, lachte.

»Kau, kau, kau«, drang Mariano auf mich ein, »kaue ihn ganz klein.« Als er sah, daß ich kaute, stand er auf. Ich mußte mich sehr zusammennehmen, um der Versuchung zu widerstehen, das weiche Zeug in großen Stücken herunterzuschlucken.

Der erste Biß erfüllte meinen Mund mit einem widerlich metallenen Geschmack, der mit jedem Zubeißen bitterer wurde. Ich kaute so schnell ich konnte und schluckte dann den Brei, der wie ein eiskalter Strom durch meinen Körper floß, so daß ich eine Gänsehaut bekam.

Rosalio stieß mich an und verlangte ein Viertel der Hälfte, die noch in meiner Hand lag. Ich gab es ihm.

Plötzlich empfand ich das schwindelnde Gefühl einer nahenden Ohnmacht. Alles um mich herum begann sich zu drehen. Ein Anfall furchtbarer Angst packte mich, löste sich aber durch Atmen wieder auf. Matt lehnte ich an der Wand und wartete jetzt ebenso ergeben wie erregt darauf, daß sich jeden Moment eine unvorstellbare Geisterwelt vor mir auftat.

Etwa eine halbe Stunde verging. Nichts geschah. In dem Augenblick, in dem ich mich total entspannte, überfiel mich eine solche Übelkeit, daß mein Körper gefror. Ich war wie gelähmt und hatte nur noch eins im Kopf: Die Tortur durfte nicht umsonst gewesen sein. Mit unglaublicher Willenskraft, den Peyote in mir zu behalten, erhob ich mich, wankte nach draußen und torkelte in die Nacht.

Der Mond war inzwischen aufgegangen. Ich wunderte mich, daß schon wieder Vollmond war, lief in die gespenstische Landschaft, sog die Luft wie Spinnweben in mich ein. Der Brechreiz verschwand so plötzlich, wie er gekommen war. Im Mondlicht waren die Umrisse einiger Hütten zu erkennen, die im Halbkreis um den Calihuey standen.

Der von innen erleuchtete Eingang des mächtigen Rundbaus sah aus wie der glühende Schlund eines das Diesseits verschlingenden Untiers. Bei seinem Anblick wurde mir mit großer Wucht und Klarheit bewußt, wo und in welcher außerordentlichen Situation ich mich befand und daß es zwischen der einen und der *anderen* Wirklichkeit keinen räumlichen, sondern nur einen perspektivischen Unterschied gab. Es war lediglich eine Frage des Bewußtseins, und in diesem Moment stand ich genau auf der Grenzscheide. Jede der beiden Seiten war so wirklich oder so unwirklich wie die andere. Ich grub ein Loch in die Erde und legte die Peyote-Schalen und -Härchen hinein.

Dumpfes Stampfen untermalte jetzt die Musik, die lauter geworden war und zu mir herüberschallte. Ich ging zurück in den Tokí. Mariano sah kurz auf als ich eintrat. Ein angenehmer Schauer von Geborgenheit durchrieselte meinen Körper.

Kinder und Frauen hatten sich zum Schlafen auf der Erde ausgebreitet. Ich stieg über sie hinweg zu dem Platz, wo Lena schlief, und erschrak. Statt Lena lag dort eine uralte Frau. Sie grinste mit zahnlosem Mund. Ich starrte verständnislos. Sie deutete zu den Männern, die jetzt hinter den Mara'akaten eine wogende Mauer bildeten. Sie standen mit den Rücken zu uns nebeneinander auf dem Holzstamm. Ihre Arme lagen auf den Schultern ihrer Nachbarn. Leicht vorgebeugt stampften sie zum Rhythmus der Gitarre und Violine eine Art schnellen Wechselschritts auf der Stelle. Zwischen ihren Beinen, je einen Arm um das Bein ihrer Nebenmänner geschlungen, stampfte Lena kräftig mit. Nach ein paar Minuten trat eine kurze Pause ein. Fünfmal wiederholten die Männer ihren Tanz. Dann verstummte die Musik und die Tänzer stiegen lachend von dem schmalen Tanzboden.

Lenas Wangen glühten. Strahlend berichtete sie, daß die Musik sie geweckt habe und daß sie, als sie die Tanzenden sah, einfach hingegangen sei und mitgemacht habe. »Aber es war ganz schön anstrengend, sag ich dir.« Damit sank sie seufzend zwischen die Greisin und mich, nahm mir das Versprechen ab, sie zu wecken, sobald der Tanz von neuem beginne, und schlief ein.

Auch ich konnte jetzt kaum noch die Augen offenhalten und nickte ein. Da rüttelte mich die Greisin und sagte etwas. Ich verstand sie nicht. Sie stieß Rosalio an, der mit dem Kopf auf den Knien neben mir saß. Er schien total weggetreten. Die Alte piesackte ihn mit einem Stock, bis er sich aufrichtete. Die Worte kamen nur mühsam aus ihm heraus: »Du darfst nicht einschlafen.«

»Warum?«

»Die ganze Nacht nicht.«

»Warum?«

Er sprach mit der Alten, dann zu mir: »Der *mero-mero* hat es gesagt.«

»Der *mero-mero*?« Aber Rosalios Kopf war schon wieder weggesackt. Diesmal war ich es, die ihn rüttelte. Ich wußte, das »mero-mero« die Bezeichnung für den ist, der das Zeremonienfest leitet. Mir war auf einmal sehr mulmig zumute.

Rosalio hob noch einmal den Kopf und wies zu der Mulde, in der das heilige Wasser stand: »Du warst dort«, was wohl soviel hieß wie daß ich an dem Ritual teilgenommen hatte. »Niemand, der dort war, darf schlafen, bevor das Fest vorüber ist.«

»Und das Mädchen?« Ich zeigte auf Lena.

»Kinder sind etwas anderes«, sagte er und gab mir ein Segment von dem Peyote, den er aus seinem Beutel genommen hatte.

Ich kaute es zusammen mit dem Stück, das ich immer noch in der Hand hielt, säuberte, in einem plötzlichen Entschluß, auch den, der noch in meiner Tasche war und aß ihn auf. Die Wirkung trat sofort ein. Von einer Sekunde zur anderen war ich hellwach. Ein Gefühl von Schwerelosigkeit, Energie und unbeschreiblichem Glück durchströmte mich. Es war so stark, daß ich außer dieser körperlichen Empfindung nichts anderes mehr wahrnahm.

Eine Zeit lang schwebte ich in einer schwarzen Unendlichkeit, aus der plötzlich, mit der Leuchtkraft von elektrischen Blitzen, Farben explodierten, die sich mir in rasender Geschwindigkeit und in den verschiedensten Formationen näherten. Eben noch überdimensional, wurden sie direkt vor meinen Augen faßbar, wanden und wandelten sich in spielerischer Art. Es war ein so fröhliches, grelles, zärtliches und lustiges Schauspiel, daß ich lachen mußte. Überrascht stellte ich fest, daß das Lachen nicht auf meinem Gesicht war. Es war etwas tief in mir drinnen, das lachte.

Wie in einem Hinterstübchen meines Gehirns wurde mir bewußt, wo ich war und was um mich herum geschah, während ich gleichzeitig in einem *anderen* Bewußtsein war. Das normale Bewußtsein schien außerhalb von mir zu sein. Es war jederzeit einschaltbar, wie eine indirekte Beleuchtung in einem Zustand des Erleuchtetseins. Es hatte keinen Einfluß mehr auf den grenzenlosen Zustand, in dem ich mich befand. Es war, als ob ich zwei Bewußtsein hätte und das eine, das normale, nur da war, um in ihm immer wieder Halt zu finden, während ich mich, nicht mehr bei Verstand, haltlos und total in dem *anderen* auflöste.

Ich glaubte, daß der Ursprung dessen, was ich sah, die Flammen des Zeremonienfeuers waren. Aber in dem Augenblick, in dem ich mir das sagte, änderte sich alles. Die Farben verschwanden. Die Flammen redeten jetzt. Und wieder mußte ich lachen. Ich verstand nicht, was sie sagten. Aber ich *sah*, daß sie mit mir *sprachen* und daß das, was sie sagten, etwas sehr Schönes war, etwas, das mich unglaublich beglückte.

Dann trugen sie meine Aufmerksamkeit hinauf, immer höher, ließen sie eine Weile auf ihren Spitzen tanzen, daß es mich im Bauch kitzelte. Getragen von ihren Funken landete mein Blick in der Ecke, wo sich die rechte Säule mit dem Querbalken über den Köpfen der Mara'akate verband.

Ich erschrak, konnte aber nicht wegsehen. Ein kleiner hutzeliger Gnom hockte dort auf der Stange. Er war in geflickte Lumpen gehüllt, sein Kopf in einen Schal gewickelt. Ich konnte sein Gesicht nicht erkennen, spürte aber genau, daß er mich ansah und drauf und dran war, sich auf mich zu stürzen wie ein lauernder Raubvogel. In dem Augenblick, als mir dieser Vergleich durch den Kopf schoß, löste sich die

Hülle vor seinem Gesicht, wie eine Hülle vor meinen eigenen Augen, auf und ich sah, daß die Flicken Federn waren. Es war das Vogelwesen!

In dem Moment, in dem ich es erkannte, spürte ich, daß es mir wohlgesonnen war.

Obwohl mir einerseits die räumliche Distanz bewußt war, schien sie andererseits aufgehoben. Ich sah den Vogel, als hätten sich meine Augen in Mikroskope verwandelt. Er wollte mir etwas zeigen, aber irgendetwas hinderte ihn daran, hinderte mich daran, es zu verstehen.

Mein normales Bewußtsein sagte mir, daß er an der Stelle war, wo das Hirschgeweih lag. Plötzlich bekam ich Angst, verrückt geworden zu sein, und veränderte meinen Blick. Jetzt sah ich das Geweih. Aber es war viel kleiner als das Geistwesen. Es konnte also keine optische Täuschung gewesen sein. Und schon war die Vogelgestalt wieder da.

Mit jeder Faser meines Körpers fühlte ich die Wirklichkeit dessen, was ich wahrnahm. Die Details waren von so unglaublicher Schärfe und Fülle, daß sie wirklicher waren als alles, was ich bisher gesehen hatte. Mir war bewußt, daß ich die Grenzen des gewöhnlichen Sehvermögens überschritten hatte, und erkannte, ohne die Ursache dieser Grenzen zu begreifen, welch unvollkommene, oberflächliche Ansicht der Dinge das bloße Auge vermittelt.

Alles, was ich war, schien auf übernatürlichen Empfang geschaltet, während ich das normale Bewußtsein wie eine mechanische Schaltzentrale nur im Hinterkopf empfand. Ein kleiner Nebensender, der hilflos und ängstlich und sehr schwach »alles nur Einbildung« dazwischenzufunken versuchte.

Jetzt bewegte sich das Vogelwesen, wie um mir zu bestätigen, daß es wirklich war. Kaum hatte ich seine Realität akzeptiert, verwandelte es sich mit einem einzigen Schütteln wieder in den hutzeligen Gnom. Etwas *sagte* mir, daß das Margarito war. Es war völlig irrwitzig, aber ich wußte es, obwohl er anders aussah als der Mann, der da unten am Ende der Reihe der Mara'akate saß.

Ich wollte nach unten schauen, hatte aber Angst, dann das *andere* Bewußtsein zu verlieren. Das Geistwesen beugte jetzt seinen Kopf wie ein neugieriger Vogel vor und starrte nach unten, als wolle es mein Verlangen nachmachen. Bei dem Gedanken von »nachmachen«, saß ich plötzlich neben ihm und sah auf Margarito hinab. Die Gedanken, die mir durch den Kopf schossen, schienen irgendwie mit den Geschehnissen verbunden zu sein.

Was ich sah, war die leere Hülle Margaritos. Sie war furchtbar leer, trostlos leer. Seine Seele hatte den Körper verlassen und saß neben mir auf dem Querbalken. Die Tatsache belustigte mich sehr, zumal ich wußte, daß wir für das normale Auge unsichtbar waren. Ich selbst fühlte mich etwa faustgroß an, wie ein überdimensionales Auge.

Ich sah nun zu mir hinunter, dorthin wo ich saß. Komischerweise sah man mir gar nicht an, daß ich nicht in meinem Körper war. Sein Anblick ließ mich seltsam unberührt. Wie gleichgültig er mir war und wie weit fort. Da wurde mir plötzlich bewußt, daß ich hoch über dem Calihuey schwebte.

Das Dach hatte sich aufgelöst. Deutlich und scharf sah ich uns alle dort unten sitzen, sah die Landschaft um uns herum, sah hinab wie auf eine altbekannte Szene. Aber wieso war es so hell? Es war doch Nacht. Ohne nach oben zu sehen, sah ich ein unbeschreibliches Licht über mir. Eine unvorstellbare, schmerzliche Sehnsucht ergriff mich. Je näher ich dem Leuchten kam, um so stärker wurde das Sehnen, von dem ich nicht wußte, welcher Richtung es galt: Zurück in meinen Körper, von dem ich mich jetzt mit großer Geschwindigkeit immer weiter entfernte, oder hinauf in das gelb gleißende Licht, das mich mit irrsinniger Kraft ansog? Und plötzlich wußte ich, daß der Tod bedeutungslos war, weil ich immer noch *war*, bewußt geblieben war, weiterhin *sein* würde, bis in alle Ewigkeit. Ich flog ihr entgegen, der Ewigkeit, nein, sie mir, prallte auf mich, drohte, mich zu zerquetschen. Der Schmerz, den ich dabei empfand, lokalisierte sich plötzlich in meinem rechten Arm.

Jemand zerrte mich daran auf die Beine. Wasser rann mir die Mundwinkel hinunter. Ich starrte in eine Schale und trank. »Wecke sie«, fuhr Mariano mich an. Seine Stimme und der Stoß, mit dem er mich auf die Knie zwang, brachten mich nur halbwegs zur Besinnung. Meine Gedanken rasten. Was war passiert? Wollte man uns aus dem Tokí verjagen? Wie war ich so schnell herunter gekommen? Warum mußte ich Lena wecken? Lena! Das brachte mich total in das normale Bewußtsein zurück.

War ich tatsächlich eben dabei gewesen, sie, nein, mich, meinen Körper zu verlassen? Als ich Lena berührte, hatte ich das starke Empfinden, daß da noch etwas war. Eine unsichtbare, aber fühlbare Kraft begleitete meine Bewegung. »Lena! Lena, wach auf!«

Sie lächelte, noch bevor sie die Augen öffnete, strahlte, als sie Mariano erkannte. Er beugte sich vor und reichte ihr die Schale mit Wasser. Ich griff dazwischen: »Was ist das?«

»Heiliges Wasser«, sagte Mariano. Die unerwartete Sanftheit seiner Stimme und seines Gesichtes machte mir klar, daß in der Grobheit, mit der er mich eben noch behandelt hatte, nichts Bedrohliches oder Verärgertes gewesen war. Auf einmal war ich ihm sehr dankbar.

»Was ist das, Mammi? Was hat er gesagt?«

»Es ist heiliges Wasser«, übersetzte ich ihr Marianos Worte. Lena machte: »Ui«, grabschte nach der Schale, trank sie gierig leer, reichte sie Mariano und sagte: »Mchr.« Mariano lachte, schüttelte aber den Kopf und ging weiter. Lena schlief sofort wieder ein.

Hilario wankte nach draußen. Er schien total in Trance. Kurz darauf kam er zurück und setzte seinen Gesang fort. Im Tokípa herrschte jetzt große Ruhe. Die meisten Frauen und Kinder schliefen. Dazwischen saßen die Männer, starrten in das Feuer oder waren mit geschlossenen Augen in ihre Peyote-Visionen versunken.

Ich streckte mich so gut es ging neben Lena aus, sah zu dem Geweih und versuchte zu begreifen, was geschehen war. Unendliche Traurigkeit überkam mich, deren Ausgangspunkt die Stelle war, die ich fixierte. Eine sonderbare Kraft ging davon aus, und ich spürte, daß es gefährlich war, länger dorthin zu schauen. Ich mußte meinen ganzen Willen mobilisieren, um mich davon loszureißen, sah zum Dach hinauf und ließ mich von der Musik tragen.

Ein unendliches Sternenmeer hatte sich über uns aufgetan. Aber wie war das möglich? Hatte mich schon wieder mein normales Bewußtsein verlassen? Ich vergewisserte mich, daß meine Augen geöffnet waren, schloß sie. Doch das Zuklappen der Lider hatte keinerlei Einfluß auf die Vision. Und plötzlich wurde mir die Durchsichtigkeit meines ganzen Organismus, die Illusion meines Körpers, bewußt. Als ich die Augen wieder öffnete, merkte ich, daß ich beliebig zwischen Dach und Sternenhimmel hin- und herschalten konnte.

Jemand stieß meinen Fuß an. Es war Cassillano. »Geh tanzen«, befahl er und gab auch Rosalio einen Stoß. Sein Ton duldete keinen Widerspruch. Benommen folgte ich Rosalio zu dem Balken, auf dem sich etwa zehn Männer versammelt hatten. Keine einzige Frau war dabei. Die, an denen ich vorbeiging, zupften an meinem Rock und riefen mir Dinge zu, die ich nicht verstand.

Die Männer auf dem Balken rückten noch enger zusammen und machten Rosalio und mir Platz. Der Schritt war schnell, wurde mit flachen Sohlen getreten und erforderte große Konzentration. Nach drei Tänzen hatte ich Krämpfe in den Waden. Aber sobald ich stehenblieb, stieß mich mein Nebenmann an.

Ein Betrunkener torkelte zu den Musikern, die schräg vor

uns standen, und gab zum allgemeinen Gelächter eine kleine Soloeinlage. Dann wankte er näher und reichte dem ersten in der Reihe der Tanzenden eine Flasche mit durchsichtiger Flüssigkeit. Einer nach dem anderen nahm sie aus seiner Hand entgegen und trank. Als die Reihe an mir war, zögerte er einen Moment, gab sie mir dann aber auch. Ich hatte großen Durst und nahm einen kräftigen Schluck. Hundertprozentiger Alkohol ätzte meine Kehle. Ich rang verzweifelt nach Luft, wischte mir die Tränen aus den Augen und japste erbärmlich unter dem brüllenden Gelächter der Männer.

Nach fünf Tänzen wankte ich mit zitternden Knien zu unserem Platz. Die Männer schien der Tanz eher gekräftigt als geschwächt zu haben. Ich konnte mich jetzt vor Erschöpfung kaum noch aufrecht halten, sehnte mich nach dem erlösenden Sonnenaufgang und ging mehrmals in die nächtliche Kälte hinaus, um mich wachzuhalten. Als ich schließlich glaubte, die Müdigkeit nicht mehr ertragen zu können, bat ich Rosalio um ein Stück Peyote. Er verlangte eine Zigarette dafür, nahm dann aber die ganze Schachtel.

Die Müdigkeit verschwand, und ein tiefes Glücksgefühl, hier zu sein, durchflutete mich. Langsam kam wieder Leben in den Tokipa. Als die Morgenröte den Himmel färbte, schwoll Hilarios Gesang an. Als die ersten Sonnenstrahlen durch den Eingang fielen und den Cantador in orangefarbenes Glutlicht hüllten, erreichte er den Höhepunkt seiner Ekstase.

Rosalio erklärte mir, daß Hilario jetzt in vollständigem Kontakt mit Ta'yáupá sei, von dem er, mit der schützenden Kraft Tatewarís zwischen den beiden, Anweisungen und Befehle erhielt, die er mit seinem Sang an die Versammelten weitergab.

Auf meine Frage, um was für Befehle es sich handelte, antwortete Rosalio nicht, sagte aber, daß sie genau und ohne Ausnahme zu befolgen seien.

Der rote Feuerball leuchtete nun mitten in den Tokipa. Einige Männer und Frauen hoben die Opfergaben aus der Mulde, umkreisten damit das Feuer und trugen sie dann, in der gleichen Reihenfolge, in der sie auch alle anderen Rituale vollzogen hatten, ins Freie. Mariano scheuchte mich, von seinem Platz neben Hilario aus, mit einer Handbewegung hinter dem Gänsemarsch her. Nicht sicher, ob ich ihnen folgen oder nur den Tokí verlassen sollte, hielt ich mich etwas abseits.

Draußen schlossen sich noch einige andere Huicholes der Prozession an und folgten ihr zu der Hütte, die links vom Calihuey stand. Es war ein *ririki*, einer der drei kleinen Tempel, die das große Zeremonienhaus auf der Ostseite umgaben. Einige betraten den Tempel. Die anderen drängten sich um den Eingang. Unter lautem Gemurmel wurden die Opfergaben den dem jeweiligen Tempel innewohnenden Gottheiten symbolisch dargebracht. Vor den beiden anderen Ririkis wiederholte sich das Ritual. Außer einem schmalen Wand-Vorsprung, auf dem einige heilige Gegenstände und Opfer lagen, waren die Tempel leer.

Danach zog die lange Menschenschlange gen Osten zu einem heiligen Platz, einer von großen Bäumen umgebenen runden Mulde, die sich etwa einen Kilometer vom Calihuey entfernt befand.

Cassillano, der die Gruppe leitete, legte das Hirschgeweih und die *tatohuans*, die zeremoniellen Stäbe der Macht, die er getragen hatte, in die kreisförmige Vertiefung. Die anderen, die die prall mit Opfergaben gefüllten Taschen getragen hatten, taten es ihm nach.

Zwischen den Baumstämmen hindurch fiel das Sonnenlicht auf die zahllosen Opfergaben. Es schien, als berühre die Sonne mit ihren Strahlen die Dinge, die man ihr darbrachte, und als bezeuge sie damit, daß sie sie annahm.

Es war eine bunte Ansammlung von Gebetspfeilen, magischen Abbildungen, »Gottesaugen« und Gebetsschalen.

Dinge, von denen die Huichol-Mythen berichten, daß sie ein kleiner, weinender Junge einst von den Göttern verlangt hat.

Der kleine Junge hieß *Nariwame*. Er lebte dort, wo Nakawé war, und weinte und weinte. Nakawé kam und fragte ihn, warum er weinte. Doch er antwortete nicht, war untröstlich und weinte immer weiter.

Eines Tages konnte *Rapawiyeme* (die Gottheit des Südens), die seine Mutter war, das Weinen, das sie als Vorwurf gegen sich und ihresgleichen empfand, nicht länger ertragen und setzte Nariwame vor die Tür des Hauses, in dem er geboren war. Nariwame stand auf und ging fort. Er ging und ging und kam an vielen heiligen Orten vorbei. Dann begegnete er *Tamatz*, dem Wind, der sein Ältester Bruder war.

Tamatz folgte den Spuren Nariwames bis nach Wirikuta, wo er den kleinen Jungen wiederfand. Er fragte Nariwame, warum er nach Wirikuta gegangen sei und was er dort mache. Nariwame antwortete, daß er hierher gegangen sei, weil ihn dort, wo er herkam, niemand verstanden, niemand getan habe, worum er bat, und daß er nur zurückkehren würde, wenn man ihm gab, wonach er verlangte.

Tamatz fragte ihn, was das sei. Nariwame sagte: »Ich will *nierika* (Votivgaben); ich will *rukuri* (Gebetsschalen); ich will *tsikuri* (ein aus Garn und Stöckchen stilisiertes »Gottesauge«); ich will *urú* (Gebetspfeil); und ich will *ririki* (Tempel) und *terreuko* (Trommel). Wenn man mir all das gibt, kehre ich innerhalb von fünf Tagen zurück.«

Tamatz ging dorthin, wo Nakawé war, und berichtete ihr und den Göttern von Nariwames Wünschen. Die Götter beschlossen, Nariwame alles zu geben, wonach er verlangte.

Als die Götter damit begannen, die Dinge zu fertigen, zogen Wolken auf und nach fünf Tagen kehrte Nariwame mit dem Wind zurück. Nachdem die Götter Tsikuris gemacht, und sie im Osten, Süden, Westen, Norden und in der Mitte aufgestellt hatten, begann es zu regnen und die Felder wurden bestellt. Als die Gebetsschalen und Pfeile fertig waren, begann der Mais, der Nariwame genannt wird, zu wachsen.

Neben Peyote, Mais, Rothirschgeweih, selbstgezogenen Kerzen, Blut von Opfertieren, Tabak und heiligem Wasser sind *nierika, rukuri, tsikuri* und *urú* die wichtigsten Ritualobjekte und häufigsten Opfergaben. Sie sind sowohl Bitte und Gebet als auch Dank für die Erfüllung eines Wunsches oder für eine erwiesene Gnade.

Die Herstellung dieser Opfergaben, nach deren Erlangung Nariwame zu den Seinen zurückkehrte und den Huicholes Regen und Mais, der er selber war, brachte, bedeutet, das Werk der Götter zu ehren, fortzusetzen und »Unsere Ahnen, die ihr Körperherz opferten, um den Huicholes Leben zu geben, zu befriedigen«.

Auch die häufig mit mühevollen, langen Wegen und Entbehrungen verbundene Darbringung der Opfergaben einer Gemeinschaft oder eines einzelnen Huichols ist ein wesentlicher Bestandteil seines tiefen, religiösen Empfindens und seiner religiösen Aufgaben, all dessen, was Huichol-Sein bedeutet. Denn sein Haupt-Lebensinhalt und seine einzige Hoffnung auf Erfolg liegt in der Erfüllung seiner Pflichten, die er gegenüber den Göttern hat. Alles, was ein Huichol tut, hat seine »Entsprechung im einstmaligen Geschehen der Entstehung vom Leben in der Welt.«[37]

Dies mag erklären, warum die Huicholes »keinen Unterschied zwischen heilig und alltäglich und heilig und weltlich« machen. »Ein Huichol zu sein, heißt heilig zu sein, und dies gilt für jegliches Verhalten, für jede Sache und alle Ideen, die eine Kultur ausmachen.«[38]

»*Nierikas*« sind mystische Schilde, die, in geometrischen Formen, magische Abbildungen dessen tragen, was ein

Huichol, der eine Nierika fertigt, den Göttern sagen oder von ihnen erbitten will. Die Zeichen werden entweder in kleine, runde Steinscheiben geritzt oder mit bunten Wollfäden netzartig in einem Kreis oder Quadrat aus dünnen Hölzern verknotet.

In ihrer rituellen Bedeutung sind Nierikas Gesichter oder auch Spiegel mit zwei Seiten. Sie stellen die äußere Erscheinung von Menschen, Dingen oder auch der Elemente dar.

Das Loch, das jede Nierika in der Mitte hat, symbolisiert ein magisches Auge, durch das Götter und Menschen sich gegenseitig betrachten. Es läßt auch Dinge in weiter Ferne erkennen.

Nierikas findet man in Tempeln, Höhlen und an Quellen. Wie alle anderen Opfergaben werden auch sie nach Wirikuta getragen.

Um Regen oder den Schutz der Götter zu erbitten, werden Nierikas zum Pazifischen Ozean oder zum heiligen See Chapala gebracht. Auf die Felder legt man sie, um von den Göttern Schutz für die Saat zu erlangen.

Nach der Geburt eines Kindes wird eine Nierika zu einem der vielen heiligen Orte gebracht, damit die Götter dem Neugeborenen die »richtige Sicht«: Jungen ein gutes Auge für die Jagd, Mädchen ein gutes Auge für die Handarbeit, geben.

Als »rukuri« werden sowohl Opfer- als auch Gebetsschalen bezeichnet. Die zeremoniellen Rukuris dienen auf Festen dazu, den Göttern das Blut der geopferten Tiere darzureichen. Im Gegensatz zu diesen Gefäßen sind die Gebetsschalen reich verziert. Die Schalen selbst werden aus gebranntem Ton oder dem Unterteil einer Kürbisflasche hergestellt. Die Gebete, die sie enthalten, werden auf der Innenseite der Schale mit Wachs, Perlen und Wollfäden bildlich dargestellt und sollen von den Göttern getrunken werden.

Es gibt verschiedene Arten der Herstellung. Entweder werden die Innenseiten dünn mit Wachs bestrichen und darin

Figuren (Rotwild, Schlangen, Maisstauden, Peyote-Blumen, Männlein, etc.) aus Perlen oder Wollfäden eingelegt. Oder aber die Figuren selbst werden aus Wachs geformt, mit Perlen verziert und auf die in bestimmten Farben bemalte Innenseite gedrückt.

Die Farbe der Grundierung zeigt an, welcher Gottheit die Schale geweiht ist.

Auch Haare von Wild, Maiskörner, Kristallteilchen, Kürbissamen und kleine weiße Stoffstückchen, Symbole für Wolken, mit denen man um Regen bittet, werden in die Gebetsschalen eingelegt, bevor sie an ihren Bestimmungsort gebracht werden, um eine erfolgreiche Jagd, Gesundheit, eine gute Ehe oder Ernte, Schutz vor dem Bösen oder Regen zu erbitten.

Ein »tsikuri« ist ein Rhombus aus verschieden-farbigem Garn, das um das Kreuz zweier Stöckchen gespannt ist. Es ist ein Schutz-Objekt, auch »ojo de dios« (Gottesauge) genannt, weil Gottes Auge über das Leben und die Gesundheit dessen, der es herstellt oder für den es hergestellt wird, wachen soll.

Ein Tsikuri hat bis zu fünf, aber niemals mehr, Rhomben. Man findet sie auf den Dächern der Hütten, an Quellen und allen heiligen Plätzen.

Kleine Stoffteile, die an den Tsikuris befestigt sind, verdeutlichen die Wünsche, die sie beinhalten. Leere, weiße Stücke drücken die Bitte um Regen aus. Ein mit einer kleinen Figur bestickter Stoff bekundet den Wunsch nach einem Sohn oder einer Tochter. Andere zeigen Stick- oder Webmuster, mit denen Frauen um das Gelingen einer bestimmten Handarbeit bitten.

In der Hauptsache dienen Tsikuris jedoch zum Schutz der Kinder. Die Zahl der Rhomben, oder auch die Zahl der Farben (für jedes Jahr eine), weist auf das Alter des Kindes hin, dessen Vater den Tsikuri geopfert hat, um es gesund zu erhalten und von den Göttern beschützen zu lassen.

Die Verpflichtungen, die jeder Huichol von Geburt an den Göttern gegenüber hat, werden in den ersten fünf Jahren von den Eltern ausgeführt. Danach übernimmt das Kind selbst seine religiösen Aufgaben und fertigt auch seine eigenen Tsikuris an.

Der »urú« oder Gebetspfeil gehört mit zu den wichtigsten Utensilien eines Huichols.

Sobald ein Baby geboren wird, fertigt der Vater für das Kind einen ganz persönlichen Pfeil an. Dieser Pfeil, der den Huichol sein ganzes Leben lang begleitet, wird – meist nach Anweisung eines Mara'akame – einer bestimmten Gottheit geweiht, dem persönlichen Schutzgott des Neugeborenen. Er ist seine direkte Verbindung zu den Göttern und stellt seine göttliche Bestimmung dar. Jeder Huichol hat einen solchen Pfeil.

Außer diesem Pfeil, den er bis zu seinem Tod behält, stellt ein Huichol im Laufe seines Lebens viele verschiedene Gebetspfeile her. Er macht einen vor jeder wichtigen Handlung, einen, wenn er krank oder in Not ist oder sonst eine Bitte an die Götter hat. Wenn er stirbt, wird ein Pfeil auf das Dach seines Hauses gesteckt, damit er nicht dorthin zurückkehrt.

Der Gebetspfeil wird, wie der Stuhl des Mara'akame, aus schwachen und starken Hölzern gemacht, um die Zusammengehörigkeit aller Gegensätze, die erst zusammen ein Ganzes ergeben, zu symbolisieren. Das starke, spitz zulaufende Rundholz steckt in einem dünnen Bambus-Schaft.

Jeder Schaft ist mit bestimmten Farben, Zeichen und Ringen bemalt, den Symbolen des Gottes, dem der Pfeil gewidmet ist. Denn jede Gottheit hat ihren eigenen Pfeil. Die Beschaffenheit des Pfeils weist auf die Gottheit hin, an die das Gebet gerichtet ist oder der das Kind geweiht wurde.

Die Gebete selbst werden durch kleine Anhänger, die an dem Schaft befestigt sind, kundgetan:

Peyote oder ein kleiner Bogen (*tupí*) offenbaren beide den

Wunsch nach einer guten Jagd, können aber auch gesteigerte magische Fähigkeiten zum Ziel haben. Denn der *tupí* symbolisiert, als *singender Bogen*, auch die magischen Kräfte der Schamanentrommel.

»Gottesaugen« und kleine, mit einem Männlein bestickte Stofflappen bitten darum, ein Kind vor Schlangenbissen oder Skorpionstichen zu bewahren.

Mit winzigen Nachbildungen eines Mara'akame-Stuhls oder einer Trommel erbitten die Mara'akate besondere Heilkräfte und die Gabe des Sangs.

Zum Schutz der Kinder und des Mais werden Nierikas an die Pfeile gehängt.

All diese Dinge sind in der Mitte des Schafts, genau dort, wo sich das Herz des Pfeils befindet, angebracht. Denn der magische Pfeil wird als lebendiges Wesen betrachtet. Ein Wesen, das, laut Lumholtz (1902), »die mystische Macht eines Vogels, alles zu sehen und zu hören« hat. Einem Vogel gleich, trägt der Pfeil die Gebete zu den jeweiligen Gottheiten. Seine blitzartige Geschwindigkeit und Kraft wird durch Zickzacklinien symbolisiert.

Die Feder, die an manchem Urú befestigt ist und jeweils von einem Vogel stammt, der dem angesprochenen Gott zugehörig ist, soll den Flug des Pfeils und die Zustellung des Gebets noch beschleunigen.

Die Prozession hatte sich wieder zu einer Schlange formiert. Die heiligen Opfergaben wurden zurück in den Calihuey getragen und nach Umkreisung des Feuers wieder vor den Mara'akaten deponiert.

Hilario hatte seinen Gesang beendet. Er saß im Kreis einiger Huicholes und brummelte vor sich hin. Er zündete Kerzen an, die man ihm reichte, und berührte mit seinen gefiederten Zauber-Pfeilen (*muwieri*) mal die Opfergaben, mal die eine oder andere Person, die vor ihn trat.

Bis auf die Gruppe um Hilario und Lena, die immer noch

schlief, hatten nun alle den Tokí verlassen. Hilario und die Träger der Opfergaben versammelten sich in einem nach Osten geöffneten Halbkreis um das Feuer. Jeder hatte einen Becher in der Hand, aus dem sie eine Mischung aus heiligem Wasser und zermahlenem Peyote in die Glut träufelten. Dann verließen auch sie das Zeremonienhaus. Das Stieropfer-Ritual begann.

Der Stier hatte die Nacht an einem Pfahl gebunden vor dem Calihuey verbracht. Er wurde auf der imaginären Linie zwischen Sonne und Zeremonienfeuer so zu Fall gebracht, daß seine gebundenen Beine nach Osten zeigten.

Hilario und die ihm assistierenden Mara'akate stellten sich hinter das Tier und starrten bewegungslos durch ihre Federpfeile, die sie in der erhobenen Rechten hielten, in die Sonne. Neben den mit Blumen geschmückten Hörnern des Stiers lagen die Opfergaben. Davor kniete eine Frau. In der Opferschale, die sie hielt, lag ein großes Messer. Die Blicke der Umstehenden waren auf den Stier gerichtet, mit dem jeder laut Zwiesprache hielt. Das wilde Stimmengewirr verstummte, als die Mara'akate plötzlich ihre Federpfeile senkten und sie über Stier und Nierika gleiten ließen. Ihre Bewegungen waren schnell und präzise.[39] Ein Huichol trat vor, ergriff den Dolch und stieß ihn dem Tier in den Hals.

Frauen fingen das Blut in Opferschalen auf. Mit dem aus der ersten Schale wurden die Opfergaben bestrichen. Der Stier wurde geschlachtet, das Fleisch unter den Anwesenden verteilt. Danach löste sich die Festgemeinschaft auf. Jeder ging seinen Aufgaben und Pflichten nach.

Einige Männer verließen das Fest, um die Opfergaben an ihren Bestimmungsort zu tragen. Andere gingen Holz sammeln. Die Mara'akate kehrten zurück in den Tokí. Frauen knieten hinter Steintrögen und mahlten Mais, schleppten Wasser herbei und kochten das Blut und das Fleisch für das Festmahl am kommenden Abend.

Ich sah ihrem Treiben zu, unfähig, irgendeinen Eindruck

festzuhalten. Mein Aufnahmevermögen war weit über seine Grenzen hinaus strapaziert, mein Kopf dem Platzen nahe. Ein Gefühl, in dem mir alles, was ich jetzt noch optisch oder akustisch wahrzunehmen versuchte, Schmerzen bereitete.

Ich ging in den Tokí, setzte mich neben Lena und wartete mit geschlossenen Augen darauf, daß sie erwachte. Eine Welle von Schaudern durchfuhr mich bei der Erinnerung an die Erlebnisse der vergangenen Nacht.

Ich hatte schon manche Droge genommen und beeindruckende Halluzinationen gehabt. Aber das, was unter dem Einfluß von Peyote geschehen war, war unvergleichbar. Peyote hatte meine Sinne nicht verwirrt oder getäuscht, sondern unvorstellbar verschärft, hatte mir die Fähigkeit gegeben, die Grenzen der normalen Realitäten, meines Körpers, Verstandes und der Sinneswahrnehmungen zu verlassen, zu überschreiten und mein Bewußtsein in das Jenseits zu transzendieren.

Ich war in einer anderen Welt, in einer anderen Wirklichkeit, gewesen. Dieses Wissen war unauslöschbar. Es war da. Und ohne daß ich es begreifen konnte, hatte es den Realitäten unserer begrenzten Existenz ihre Gültigkeit genommen.

Plötzlich packte mich die Ungeheuerlichkeit dieses Bewußtseins mit solcher Gewalt und Klarheit, daß ich glaubte, es nicht ertragen zu können. Weinen löste die Pein. Zurück blieb das Gefühl einer noch nie zuvor so stark empfundenen religiösen Ergriffenheit.

Als Lena erwachte, sah sie mich mit großen Augen an: »Mammi, du siehst aus wie ein Indianer.« Die Beschreibung paßte auch auf sie selbst. Jede Pore sichtbarer Haut, jeder Millimeter unserer Kleidung war mit dem Staub der roten Sierra-Erde bedeckt. Wir packten unser Bündel, schoben es an die Seite und verließen den Tokí.

Die Verschlossenheit und Aggressivität, die uns, völlig unerwartet, von neuem entgegenprallte, stieß mich brutal aus dem Zauber der Nacht. Fragen nach einer Wasserstelle blieben unbeantwortet. Jemand wollte wissen, was wir hier überhaupt zu suchen hatten. Alles war wieder beim Alten. Nur ich fühlte mich transparenter und verletzbarer denn je. Es lag wohl daran, daß ich, im Gegensatz zu den Huicholes, einfach nicht so schnell in der Lage war, die für das alltägliche Leben notwendigen Abwehrmechanismen zu mobilisieren. Es war ganz offensichtlich, daß für diese Menschen hier das Umschalten vom Mystischen in das Normale, vom Rituellen ins Alltägliche, etwas sehr Geläufiges, tief in ihnen Verwurzeltes, war. Ich brauchte Zeit und Ruhe, fand beides auf einem langen Spaziergang mit Lena. Wir fanden sogar ein Rinnsal, an dem wir uns satt tranken und wuschen.

Auf dem Rückweg begegneten wir einem jungen Huichol.

»Keakú!« rief er uns schon von weitem entgegen. Fröhlich über die freundliche Begrüßung antworteten wir:

»Arri, arri, arri!«

Dieses mehrmals hintereinander gesagte Wort ist die gebräuchliche Abkürzung von *ayŕŕieme*, der Erwiderung auf den Willkommensgruß *keakú*.

»Wie gefällt euch die Fiesta?«

»Die Nacht war sehr schön.«

Damit schien uns vorübergehend der Gesprächsstoff ausgegangen. Er lachte, als ich ihn auf Huichol fragte, wie er heiße: »Ke pe ti tá hua?«

»José Louis.«

»Und wie ist dein Huichol-Name?«

Sein Lachen verschwand. Seine Augen wurden schmal. Es war dumm von mir gewesen. Ich wußte, daß ein Huichol seinen wirklichen Namen keinem Fremden preisgibt. Ich sagte ihm unsere Namen und brachte, um ihn wieder aufzuheitern, noch ein paar Brocken der Huicholsprache an, die ich inzwischen gelernt hatte: »Ke pe ti tu riene?« (Was machst du?)

»Nierikas.«

»Nierikas?«

»Nierikas, tablas, cuadros. Du suchst doch welche. Wenn du willst, zeige ich sie dir.«

Jetzt begriff ich, daß er von Garnbildern sprach. Sollte ich tatsächlich endlich an einen »echten« Künstler geraten sein?

Als ich im Calihuey von Las Blancas ein solches Gemälde aus Wollfäden sah und, beeindruckt von seiner ungewöhnlichen Ausstrahlung, Vincente nach seiner Bedeutung fragte, erfuhr ich, daß es zwei Arten von Garnbildern gibt: Die, die aus rein kommerziellen Gründen hergestellt werden und nur einen dekorativen Wert haben; und die, welche das persönliche, spirituelle Erlebnis des sichtbar gewordenen Unsichtbaren ausdrücken und von tiefer magisch-religiöser Bedeutung sind.

Beispiel für die ersten waren die ausdruckslosen, groben Darstellungen einzelner Symbole, die Santos Paria im Haus von Bertha im Dutzend herstellte. Beispiel für letztere war die Nierika im Calihuey von Las Blancas. Ein minuziös gearbeitetes Kunstwerk mythischer Symbolik.

Die Kunst der Garnbilder ist eine neue Kunstrichtung, die den ursprünglichen Nierikas entstammt. Ihre Entstehung ist auf äußere Einflüsse und kommerzielle Ausbeutung zurückzuführen, denen sich die Indianer, die in die Städte abwanderten, auslieferten. Das Geld, das die Künstler für ihre Bilder erhalten, ist nur ein Bruchteil dessen, was die Händler daran verdienen.

Obwohl diese Kunstform kaum vierzig Jahre alt und aus rein kommerziellen Gründen entstanden ist, ist ihre kurze Geschichte beispielhaft dafür, wie tief das Kunsthandwerk der Huicholes mit ihrer religiösen Tradition verbunden ist.

Von Huicholes entwickelt, die die Sierra verließen und ihr handwerkliches Geschick dazu nutzten, um mit diesen nai-

169

ven Fadengemälden ihren Unterhalt in den Städten zu bestreiten, wurde diese Kunstform schon bald von den traditionellen Huicholes als neue Variante der Herstellung von Nierikas übernommen und in den Dienst der Verehrung ihrer Götter integriert. Denn für den wahren Huichol ist jegliche Art künstlerischer Ausdrucksform religiöses Schaffen »im Dienste der Verehrung.«[40]

Alles, was ein traditioneller Huichol gestaltet, stickt, webt, formt oder malt, ist nicht Wiedergabe der optischen, organischen Erscheinung der Dinge, sondern bildliche Gestalt ihres mystischen Sinnes und mythologischen Gehalts.

Trotzdem haben sich viele Huicholes wegen des großen Interesses der Händler auf die rein optische Darstellung spezialisiert. Für den nicht Eingeweihten ist es oft schwer, zwischen den beiden Arten von Garnbildern zu unterscheiden. Und obwohl alle die gleichen Symbole und Figuren aufweisen (Adler, Rothirsch, Peyote, Blumen, Mais, Mara'akame, Feuer, Sonne, Mond und Blitz, Schlangen, Bogen, Urú, Federpfeil, Vögel und die schwarze Hündin), wäre es falsch anzunehmen, daß alle Garnbilder eine magische oder religiöse Bedeutung hätten. Alle Huicholes sind gute Handwerker. Aber nur wenige sind wahre Künstler, die vertraut genug mit der *anderen* Wirklichkeit sind, um sie gestalten zu können.

Viele Bilder, die in den Museen, Privatsammlungen und Ausstellungen in Guadalajara, Mexiko City, San Franzisco etc. hängen, drücken weder etwas aus, noch haben sie irgendeinen tieferen Sinn. Sie haben lediglich einen dekorativen Wert. »Sie sind«, wie Vincente es ausdrückte, »ohne Inhalt, ein Werk der Hand, keine Schöpfung der Seele.«

Nierikas dagegen entspringen der Seele, den persönlichen Erfahrungen, die eine Seele prägen. Sie sind nicht Wiedergabe der sichtbaren Wirklichkeit, sondern Darstellung der, meist unter Einfluß von Peyote erfahrenen, mystischen Sicht der Dinge.

Ähnlich wie die buddhistischen Mandalas sind sie Zeugnis einer magischen Gedankenwelt, Ausdruck visionärer Kraft; sind Gestalt mystischer Schau, die das Unsichtbare sichtbar macht und die die in jeder Erscheinung verborgene, transzendentale Wirklichkeit nicht nur darstellt, sondern deren Erfahrung auch im Betrachter hervorrufen kann.

Seit ich das Garnbild in Las Blancas gesehen hatte, wollte ich gern eine solche Nierika haben. Es wunderte mich nicht, daß José Louis davon wußte. Ich hatte mehrere Huicholes danach gefragt, und Nachrichten verbreiten sich in der Sierra schneller als mit einem Telegrafen. Einige hatten mir große, aber bisher nur leere Versprechungen gemacht. Zwei hatten sich sogar einen Vorschuß für das Material geben, sich aber nie wieder blicken lassen.

Vorsichtig geworden, fragte ich José Louis, ob er fertige Nierikas habe. Er sagte, daß sie vor zwei Monaten, direkt nach seiner zweiten Reise nach Wirikuta entstanden seien, und beantwortete damit auch gleich die Frage, welcher Art seine Bilder seien.

»Sie sind auf dem Rancho meines Großvaters.«

Obwohl weit und breit kein Rancho zu sehen war, versicherte er, daß es nicht weit bis dorthin sei. Ich wußte, daß die Huicholes eine andere Vorstellung von Entfernung haben als wir. Aber José Louis meinte: »Es dauert höchstens eine halbe Stunde. Wollen wir gehen?«

Ich wollte und Lena auch. José Louis hielt es für sicherer, unsere Sachen aus dem Calihuey zu holen und mitzunehmen: »Manche Huicholes kümmern sich nicht um den Unterschied zwischen dein und mein.« Es wunderte mich, daß er so von seinen eigenen Leuten sprach.

Wir holten Schlafsack und Tasche und hatten uns kaum ein paar Meter entfernt, als Pancho unseren Begleiter zurückpfiff. Nach kurzem Hin und Her verschwanden beide im Toki.

José Louis wirkte sehr eingeschüchtert, als er zurückkam. »Wir dürfen die Fiesta verlassen«, sagte er und ging dann schweigend voran. Es war noch nicht heiß. Die Luft war klar, die Landschaft sanft. Schon bald vergaß ich den bedrückenden Gedanken, nicht den Formen entsprochen zu haben, und begann, den Ausflug zu genießen, froh, der bedrohlichen Atmosphäre, die seit dem Morgen im Calihuey herrschte, entronnen zu sein.

José Louis führte uns über seichte Hügel in nördliche Richtung. Als der Calihuey außer Sicht war, verlangsamte er seinen Schritt und stellte mit einem für einen Huichol sehr untypischen Interesse Fragen nach unserer Herkunft und unserem Glauben, nach unserem Land, nach Gelderwerbsmöglichkeiten und Bräuchen.

Seine äußere Erscheinung war im Vergleich zu anderen Huicholes wesentlich gepflegter, seine Kleidung sauber, sein Haar gewaschen. Obwohl er sichtlich stolz auf seine guten Spanischkenntnisse war, waren seine Fragen keineswegs aufdringlich.

Er hatte eine sehr angenehme, zurückhaltende Art, die allerdings durch eine seltsam aufgesetzt wirkende »Wohlerzogenheit« verfälscht wurde, mit der er seine spürbare Scheu zu überspielen suchte.

Nach einer Stunde erreichten wir den Rancho. Er wurde, wie die meisten Gehöfte, von mehreren Hunden bewacht. Sie bellten wild und sprangen uns mit gefletschten Zähnen entgegen. José Louis brachte sie zum Schweigen. Winselnd nahmen sie unsere Witterung auf. Damit hatten wir gleichsam eine Visitenkarte, den Rancho nun tagsüber ungehindert jederzeit betreten und verlassen zu können. Doch sobald es dunkel ist, hat niemand, der nicht in Begleitung eines Ranchobewohners ist, eine Chance, sich ungehindert der Umzäunung zu nähern.

Außer einer Greisin, die im Schatten einer Hütte saß, war der Rancho leer. José Louis sprach mit der Alten, die seine

Urgroßmutter war. Dann folgte Schweigen. Sie schien erst einmal mit ihrem Instinkt in Kontakt zu treten, bevor sie uns die Erlaubnis gab, uns neben sie zu setzen.

Lange Zeit passierte gar nichts. Wir saßen einfach da und die Zeit schien still zu stehen. Von den Nierikas war keine Rede. Ich wußte, daß es völlig sinnlos war, danach zu fragen, hatte auch nicht die geringste Lust dazu. Viel wichtiger waren Friedlichkeit und Stille, die uns umgaben.

Lena lag in meinem Schoß. Irgendwann schlief ich ein. Als ich wieder aufwachte, war José Louis fort. Seine Urgroßmutter winkte uns in die Küchenhütte. Sie gab uns Wasser und Tortillas. Ich gab ihr die Dose Thunfisch, die ich für den Notfall mitgenommen hatte. Die Tortillas waren aus grünem Mais, dick und noch warm. Die tollsten Maisfladen, die wir je gegessen hatten.

Lena entdeckte zwei Welpen und tobte mit ihnen herum. Nach einem Blick zur Sonne führte die alte Lucia mich hinter eine der Hütten. José Louis saß dort unter einem Baum und arbeitete an einem halbfertigen Garnbild.

Die etwa einen halben Quadratmeter große Sperrholzplatte war mit einer dünnen Schicht Bienenwachs bestrichen. Umrahmt von einem dreifarbigen Wollstreifen war das Wachs mit Umrissen einzelner Figuren aus schwarzem Wollfaden belegt. José Louis füllte die Figuren mit buntem Garn aus, wobei er den Faden in der Rechten eng an das Gelegte hielt und ihn mit dem linken Daumen auf das Wachs drückte. Figuren und Hintergründe wurden nicht in gerade verlaufenden Linien ausgefüllt, sondern in unzähligen Wellen, kunstvollen Biegungen und rhombenartigen Formen, die den Darstellungen plastische Schattierungen gaben.

José Louis arbeitete sehr konzentriert. Er war nicht bereit, mir etwas über das Bild zu sagen, deutete jedoch an, daß er die Kraft für die Darstellung seiner Vision, die er in dieser Nierika ausdrücken wollte, verlieren würde, wenn er darüber sprach, bevor sie fertig war.

173

Er arbeitete etwa eine Stunde. Dann holte er zwei fertige Nierikas aus einer Hütte. Es kostete ihn offensichtlich Überwindung, sie mir zu zeigen. Er war sehr verlegen, beobachtete mich heimlich, während ich sie betrachtete.

Auf den ersten Blick waren sie fremd und grell. Aber je länger ich sie ansah, um so mehr beeindruckten sie mich. Die Anordung der mythischen Figuren, die Komposition der knalligen Farbkontraste, die Tiefe gebenden Abstufungen der Töne und die sorgfältige Ausarbeitung der Details waren voller Harmonie und Ausdruckskraft.

Scheu und wortkarg erklärte José Louis die Bedeutung einzelner Figuren. Als er zu den Zusammenhängen überging, wurde er sehr erregt. Es berührte mich, daß und wie er darüber sprach. Die Bilder berichteten über sehr persönliche Erlebnisse in Wirikuta. Sie müssen sehr einschneidend gewesen sein. Die Erinnerung daran machten ihm sichtbar zu schaffen.

»Wieso verkaufst du sie?« fragte ich ihn.

Er schüttelte den Kopf.

»Du verkaufst sie nicht?«

»Nein«.

Ich war in einem seltsamen Zwiespalt. Einerseits konnte ich ihn verstehen. Andererseits war ich enttäuscht, verstand nicht, warum er uns überhaupt mit hierher genommen hatte.

Es klang fast wie eine Entschädigung, als er plötzlich sagte: »Mein Huichol-Name ist Urú.«

Ich wußte, daß das eine besondere Auszeichnung war. Die Huicholes machen ein großes Geheimnis um ihren wirklichen Namen. Er ist bezeichnend für die wahre Identität des einzelnen, ein Teil von ihm.

Im Gegensatz zu dem »äußeren« (spanischen) Namen eines Huichol, ist sein Huichol-Name von tiefer, mystischer Bedeutung und magischer Kraft. Um diese Kraft nicht sinnlos zu vergeuden, wird er von ihm selbst nur selten, und auch von anderen nur mit größtem Respekt benutzt. Der, dessen Name unachtsam oder mit der falschen Einstellung gebraucht wird, kann dadurch Schaden erleiden.

Während ein Huichol seinen »öffentlichen« Namen frei wählen und beliebig wechseln kann, was er auch häufig tut, ist sein Huichol-Name unabänderlich, tief mit ihm verbunden. Er erhält ihn fünf Tage nach seiner Geburt von einem Mara'akame.

Oft deuten Teile dieses Namen auf eine bestimmte Gottheit hin. Denn »jeder Mann ist Sohn eines Gottes. Jede Frau Tochter einer Göttin.«[41] Im Gegensatz zu den Männernamen (Urú, Matsúwa, Eaká (Wind), etc.), sind die Frauennamen sehr poetisch. Yojana Jautsi Pu Purí, zum Beispiel, bedeutet »Schmetterling zwischen Tautropfen fliegend« oder Nahuya Tútú Tai Kaí »Tochter der Nachmittagsblume«.

Die adoptierten Nachnamen sind spanisch, die häufigsten: de la Cruz und Carrillo. Sie sind jedoch keine Familiennamen in unseren Sinne. Ein Vater kann zum Beispiel Pedro de la Cruz, sein Sohn Antonio Cortéz heißen.

Ich bedankte mich bei José Louis auf Huichol für sein Vertrauen: »Pampa riós.«

Er war gerade dabei, die Nierikas wieder sorgsam in ein Tuch zu wickeln, sah lächelnd auf: »Ich habe ihn dir gesagt, weil ich auch deinen Huichol-Namen kenne.«

Ich sah ihn groß an.

»Den Namen, den dir mein Großvater gab.«

»Dein Großvater?«

»Ja, Mariano ist mein Großvater. Dies ist sein Rancho. Ich lebe hier, seitdem ich die Missions-Schule verlassen habe.«

José Louis erzählte, daß er als Junge gegen den Willen seines Großvaters von seinen Eltern in die Mission gebracht worden sei. Dreimal war er fortgelaufen. Beim ersten Mal hatten ihn seine Eltern zurückgebracht. Nach dem zweiten Mal war er freiwillig zurückgegangen, weil, wie er sagte,

»ich mich zuhause nicht mehr zurechtfand.« Sein älterer Bruder hatte geheiratet, seine Eltern waren für ein Jahr nach Guadelajara gegangen.

Beim dritten Mal, vor zweieinhalb Jahren, hatte ihn sein Großvater aufgenommen. Nach, mit längeren Unterbrechungen, insgesamt sechs Jahren fremder Erziehung fühlte sich José Louis in der Gemeinschaft seines Stammes »oft sehr unsicher.«

»Aber«, so fügte er schnell hinzu, »sie haben mir viel beigebracht in der Mission.« Und obwohl es sich wahrscheinlich dankbar anhören sollte, war die Bitterkeit, die darin lag, nicht zu überhören.

Als ich ihn darauf ansprach, zuckte er mit den Schultern: »Mein Großvater ist ein Mara'akame. Er ist sehr streng, aber auch sehr weise.

Er ist ein echter Huichol. Aber ich …?«

José Louis blieb lange still. An seinen Backenknochen sah ich, daß er die Zähne zusammenbiß. Er sprach sehr leise, als er sagte: »Was nützt es, daß ich klüger bin als meine Brüder. Ich glaube nicht mehr, daß ich wichtigere Dinge weiß als sie.«

»Du glaubst es nicht mehr?«

»Am Anfang habe ich es geglaubt. Viele aus der Mission tun das.«

»Und dann?«

»Dann merken sie, daß die anderen über sie lachen, und werden sehr unsicher.«

»Warum lachen sie über euch?«

»Mein Großvater sagt, daß sie es nicht tun, weil wir anders sind als sie, sondern weil wir anders sind als wir selbst.«

»Anders als du selbst?«

»Er sagt, daß ich nicht der geworden bin, der ich auf natürliche Weise geworden wäre und daß mich das aus dem Gleichgewicht gebracht hat, mit mir selbst, mit den anderen und mit der Natur.«

»Stimmt das?«

»Ja, aber ich habe Glück, daß mich mein Großvater aufgenommen hat.«

»Wirst du ein Mara'akame?«

José Louis lachte: »Nein«, und fügte nach einer Pause hinzu: »Aber ein Huichol. Der, der ich wirklich bin.«

»Möchtest du in der Sierra bleiben?«

»Ja, aber um es wieder gern zu tun, muß ich noch vieles lernen, vieles nachholen.«

»Kehren alle Missions-Schüler am Ende zu ihren Familien zurück?«

»Manche gehen zurück.«

»Und die anderen?«

»Manche verlassen die Sierra. Andere bleiben gegen ihren Willen. Sie stiften Unruhe und Streit.«

»Warum?«

»Mein Großvater sagt, weil sie unglücklich und unzufrieden sind. Sie haben weder das Geld noch die Möglichkeit, die Dinge, die sie gelernt haben, zu erleben. Deshalb versuchen manche, sie in der Sierra zu verwirklichen.«

»Wie?«

»Sie unterstützen die Pläne der mexikanischen Regierung und lehnen sich gegen die Traditionen und Mara'akate auf.«

Als ich einige Tage später Carlo kennenlernte, begriff ich, was José Louis meinte. Carlo, ebenfalls ehemaliger Missionsschüler, war einer der »fortschrittlichsten« Männer in der Sierra, ein innerlich zerrissener Mann, ein Fremder in seinem Stamm.

Von Mestizen und Missionaren als Mittler, Handlanger und Fürsprecher geachtet, wurde er von seinen eigenen Stammesbrüdern geächtet, »teiguare« genannt.

Sein Rancho, der von seinen fremden Erziehern als Vorbild an Sauberkeit gepriesen wurde, wurde von seinen eigenen Leuten als großkotziges Heim eines Identitätslosen im Niemandsland belacht. Es war nicht nur der einzige Rancho in

177

unmittelbarer Nähe der Mission, in einem Gebiet, das die Huicholes, trotz Fluß und Schönheit mieden. Es war auch der Platz, auf dem das einzige »Hochhaus« der Sierra gerade im Entstehen war. Eine doppelstöckige Hütte aus Lehm, von der kaum ein Huichol glaubte, daß sie die nächste Regenperiode überstehen würde. Man erhoffte sich sogar ihre Zerstörung, denn man munkelte, daß der »teiguare« dort ein Hotel für Teiguares baute, weil man der Meinung war, daß Carlo alles, was er tat, für Geld von Fremden oder in Aussicht darauf tat.

Bevor ich Carlo in der Mission begegnete, war er mir von den Nonnen als sehr aufgeschlossener, hilfsbereiter Mann und wertvoller Informant angepriesen worden. Und ich fragte mich, ob hier von ein und dem selben Carlo die Rede war. Als ich ihn dann traf, hatte ich keine Zweifel mehr.

Carlo war etwa dreißig, ein untersetzter kräftiger Mann, der mit Stiefeln, Jeans und Nylonhemd eher wie ein Cowboy aussah als wie ein Indianer und wahrhaftig weniger wie ein Huichol als wie ein Mestize sprach. Alles, worüber er zu berichten wußte, war, was die Missionare ihn gelehrt hatten und was die Mexikaner alles planten. Alles andere war für ihn uninteressant, überholt, veraltet.

Natürlich ist die Auflehnung der Jugend gegen die Alten und ihre Traditionen nicht allein auf die Anwesenheit der Franziskaner zurückzuführen. Doch ist, seit die Missionare vor knapp dreißig Jahren in die Sierra zurückkehrten, der Boden für ihr Wirken heute fruchtbarer denn je. Denn im Gegensatz zu den Mönchen, die Anfang des 18. Jahrhunderts in die Sierra kamen, sind die Missionare heute nicht mehr die einzigen, die versuchen, das Leben, den Glauben und die Traditionen der Huicholes zu modifizieren. Inzwischen wird der Boden von vielen Seiten beackert. Mit modernen »Düngemitteln«, die die Huicholes zwingen zu »wachsen«, ob sie nun wollen oder nicht.

Als die Mönche noch die einzigen waren, die sich bemühten, die Natur der Huicholes zu beeinflussen, hatten sie keine Chance. Denn was sie säen wollten, war bereits in unermeßlicher Fülle vorhanden: ein Glaube. Er war der ganze Reichtum der Huicholes. Um sich ihn zu bewahren, waren sie bereit, jegliche Form materiellen Besitzes zu opfern.

Wie dem Bericht eines Jesuitenpaters[42] aus dem Jahre 1736 zu entnehmen ist, flohen die »Barbaren« vor den Mönchen immer tiefer in die Berge, ließen alles zurück, ließen Haus und Hof, wenn sich ein Missionar näherte, im Stich.

Dem, was sie damals bedrohte, hatten die Huicholes etwas mindestens Ebenbürtiges entgegenzusetzen. Die Einflüsse jedoch, die in den letzten Jahrzehnten von außen in die Sierra drangen, kamen von vielen Seiten, kleckerweise, unterschwellig. In ihrer Tragweite und Gefahr für die seit Jahrhunderten in totaler Isolation und Besitzlosigkeit lebenden Menschen kaum zu erkennen und unüberschaubar, schwächten sie die Abwehrmechanismen der Huicholes.

Verlockungen und Versuchungen, die mit dem politischen Interesse der Mexikaner und der dadurch geschaffenen Verbindung zur Außenwelt, mit Mestizen und Fremden kamen, infizierten sie und zerstörten ihre einheitlichen Wertmaßstäbe. Eine Tatsache, die nicht zuletzt den Missionaren zugute kam. Das lange, vergebliche Bemühen ihrer Ordensbrüder hatte sie gelehrt, daß das durch sie wiedergegebene *Wort* Gottes nichts gegen die persönlichen magisch-religiösen Erfahrungen und Erlebnisse eines Huichol auszurichten vermochte. Deshalb verlegten sie ihr Wirken auf die Indianer, die noch unberührt von derart unabänderlichen Erfahrungen waren: auf die Kinder.

Heimschulen, in denen diese Kinder fernab vom Einfluß der Eltern und der ihnen vertrauten Welt, oft monatelang ohne Kontakt zu ihren Familien, leben müssen, wurden in den beiden Missionsstationen eingerichtet, die die Franziskaner in der Sierra unterhalten.

Statt mit einem »besseren« Glauben, wurden mit einer besseren Allgemeinbildung für eine bessere Zukunft (die keiner kennt) Schüler angeworben. Die ersten wurden vor etwa zwanzig Jahren von verunsicherten Eltern gebracht.

Zwei Jahrzehnte haben diese Verunsicherungen nicht verringert. Damals wie heute werden immer wieder Kinder nach kurzer Zeit von den Eltern zurückgeholt. Die Kinder werden nicht gefragt. Oft werden gerade die, die gern in der Mission sind, wieder abgeholt, die, die ausreißen, zurückgebracht. Allein dieses Hin und Her ist ein Herd allgemeiner Verunsicherung. Auch die Kinder, die nicht direkt betroffen sind, bekommen solche Vorfälle hautnah mit, verlieren über Nacht die Freude und den Glauben an ihrem Dasein in der Mission, wenn die Schwester oder der Freund fortgelaufen ist.

Ich bezweifle nicht die *persönlichen* Anliegen der Missionare in der Sierra. Aber ich bezweifle, daß das, was sie sagen, dem entspricht, was sie tun. Ich bezweifle, daß die Huichol-Kinder in der Mission Empfänger der von den Missionaren gepredigten Nächstenliebe sind. Denn was man in der Mission spürt, ist nicht Liebe, sondern Verachtung. Was dort passiert, ist Machtausübung, die an Nötigung grenzt.

In der Mission werden die Kinder nicht behandelt, wie *sie* sind, sondern wie die Missionare sind. Sie benutzen die Kinder, um sich selbst zufriedenzustellen, berauben sie ihrer Würde und ihrer Identität, predigen beigebrachten Glauben, setzen die gleichen Fehler fort, die man an ihnen begangen hat, um sich selbst akzeptieren zu können.

Den Erziehungs-Vorstellungen und -Methoden dieser Menschen ausgeliefert, kamen die Jungen und Mädchen mir vor wie Opferschafe, mit denen fremde Menschen ihrem eigenen Glauben, der eigenen Kultur und ihren raffiniert verschleierten Machtgelüsten frönen.

Es wäre mir lieber, weniger krasse Worte für die Missionsarbeit bei den Huicholes finden zu können. Aber das, was wir dort erlebt und gesehen haben, ist für mich in milderen Worten nicht auszudrücken. Sicher trägt zu meinem Urteil auch bei, daß wir erst nach längerem Aufenthalt bei den Huicholes in die Mission kamen.

Ich habe Missionen in Indien und Afrika gesehen, Orte der Hilfe in einer zerrütteten Welt. Aber auf einem wirklich heiligen Flecken Erde, einem der wenigen Plätze, wo es Menschen bis heute fertig gebracht haben, im Einklang mit sich und ihrer natürlichen Umwelt zu leben, noch in tiefer religiöser Verbindung mit den drei kosmischen Zonen, Himmel, Erde und Unterwelt zu stehen, dort also eine Mission zu errichten, ist so, wie wenn man ein Herz in einen Baum schnitzt. Egal wie liebevoll das Anliegen *gedacht* ist, es verletzt nur den Baum, die Natur, den Huichol. Denn Huicholsein bedeutet, im Bewußtsein der Zugehörigkeit zur gottgeschaffenen Natur zu denken, zu handeln und zu leben.

Die Huicholes sind Analphabeten. Aber daß auch diese Menschen eine Erziehung genossen haben, wird allzuleicht vergessen. Die Huicholes sind keine primitiven Wilden, kein Rohmaterial, das der dringenden Bearbeitung der Mensch- und Weltverbesserer bedarf.

Im Vergleich zu uns, den geschliffenen Brillianten an den Klauen der Zivilisation, sind sie Rohdiamanten am Busen der Natur. Das, was uns von ihnen unterscheidet, ist der Preis für den Schliff. Fragt sich nur, ob der Preis sich lohnt, um nach außen zu glänzen, statt das Licht in sich zu tragen.

Die Huicholes haben eine Jahrtausende alte Kultur und ein Wissen, von dem wir schon lange keine Ahnung mehr haben. Ihr Wissen ist nicht von intellektuellen, wissenschaftlichen Erkenntnissen geprägt, sondern von geistig-religiösen Erfahrungen.

Warum sollen Menschen lesen und schreiben lernen, die noch nicht verlernt haben, mit den Göttern zu reden, die noch fähig sind, mit Religiosität statt mit Technik Einfluß auf die natürlichen Geschehnisse zu nehmen?

Ihre geistige und moralische Erziehung wird noch nicht von der Vorstellung vorangetrieben, daß Bildung mehr zählt als selbsterworbenes und -erfahrenes Wissen. Sie wird auch nicht von einer Welt bestimmt, die so schnellebig ist, daß kaum Zeit für persönliche Erfahrungen bleibt und wo der Lehrstoff nach ein bis zwei Generationen wieder überholt ist.

Der Huichol lernt nicht für das Leben. Er lernt durch das Erlebnis. Seine Erziehung unterliegt einem natürlichen Wachstum, kontinuierlich bestätigt und bereichert durch die eigene Erfahrung. Sie ist dem Menschen und seiner Umwelt angepaßt, ist eng verwurzelt mit Traditionen, Riten und mündlicher Überlieferung. Er lernt nicht die Schrift der Menschen, sondern die der Götter. Er lernt nicht die Dinge der Natur technisch weiterzuentwickeln. Er lernt die Natur der Dinge geistig zu durchdringen. Seine geistige Entwicklung geht nicht nach außen, sondern nach innen.

Ihm wird nicht von außen »beigebracht«, zu gehorchen und zu glauben, was man ihn lehrt und ihm verspricht. Er wird nicht (zurecht-)gebildet, damit er in diese Welt paßt. Er lernt sich als ein Teil des Ganzen kennen, entwickelt aus dieser Erkenntnis Selbstdisziplin, Eigenverantwortung und Religiosität; wird nicht von Gelehrten über das Leben belehrt, sondern von Weisen, den Mara'akaten, in das Leben eingeführt.

Der Beginn dieser Einführung findet alljährlich während *Tatei Neirra*, dem letzten großen Zeremonienfest des Jahres, statt.

Tatei Neirra ist das Fest des Maises und des Kürbisses, der Trommel und der Kinder. Es wird nach der Ernte im Oktober gefeiert. Zeremonien und Bedeutung sind tief mit den Traditionen und Mythen der Huicholes verbunden.

Der frische Mais und die ersten Kürbisfrüchte spielen auf dieser Fiesta eine bedeutende Rolle. Sie sind der Inhalt der

Rituale, jedoch beziehen sich diese nicht auf die Bedeutung der Früchte als tägliche Nahrung.

Während Tatei Neirra wird der mystische und mythische Aspekt dieser Erdfrüchte zelebriert. Der rituelle Gehalt des Festes liegt in der Beschwörung der geheiligten Erinnerungen an die Herkunft der Huicholes.

Es ist eine Erinnerung an die Entstehung des ersten Huichols, der in einer Kürbisschale die Sintflut überlebte, der den Mais und das Feuer in die neue Welt mitbrachte. Es ist die Erinnerung an die erste Huicholfrau, die schwarze Hündin, die Nakawé aus einem Maiskolben schuf und die den ersten Mais säte, ihn hegte und pflegte, wie ein Kind.

Der Mais ist nicht nur empfindlich und verwundbar wie die Kinder. Er gilt als blutsverwandt mit ihnen. Deshalb ist das Fest des Maises auch das Fest der Kinder. Es ist ihre Einführung in die Mythologie, in die Ausführung der Rituale und in die Peyote-Jagd. Denn wie alles im Leben der Huicholes unterliegt auch dieses Fest der unzertrennlichen Einheit, die Mais, Rothirsch und Peyote bilden.

Nachdem die Kinder, durch den Gesang des Cantadors, von ihrer Herkunft erfahren und die rituellen Handlungen der Maiszeremonien ausgeführt haben, geleitet sie der Mara'akame in mystischem Flug auf ihre erste (symbolische) Peyote-Jagd.

Durch die magische Kraft seines Gesangs und das Schlagen der Schamanen-Trommel »verwandelt« der Mara'akame die Kinder in Kolibris. Winzigen Vögeln gleich, getragen von den Vibrationen des rythmischen Trommelschlags, treten sie den magischen Flug nach Wirikuta an.

Im Gegensatz zu Violine und Gitarre, die auf allen Festen gespielt werden, wird die Trommel (*terreuko*) nur sehr selten, bei ganz bestimmten Zeremonien und immer nur von einem Mara'akame gespielt. Sie ist ein reines Ritual-Instrument und besitzt große magische Kraft.

Die Terreuko besteht aus einem ausgehöhlten Stück Baum-

stamm mit drei Füßen. Der Trommelkopf ist mit einer Rot-
wildhaut bespannt. Er »symbolisiert die heilige Rotwild-
Person Maxa Kwaxi (Hirschschwanz), der dem Schamanen
als Helfergeist auf dem Flug der Vogel-Kinder assistiert«
und als identisch mit Káuyumari betrachtet wird.[43]
Die Trommelhaut wird durch ein kleines Feuer, das man
unter der Terreuko entfacht, gespannt. Der heilige Rauch
entweicht durch ein Loch in der Vorderseite, dem »Mund«
der Trommel. Denn die Huicholes glauben, daß die Götter
durch die Trommel zu ihnen sprechen.

Die Huicholes benutzen fünf verschiedene Instrumente.
Außer Violine (*ragúeri*), Gitarre (*kanari*) und Trommel
wird, vor allem bei Peyote-Zeremonien, das Horn (*ahúa*)
geblasen, dessen Klang in die Vergangenheit zurückträgt.
Die Rassel (*kaisa*) ist das Instrument der Kinder. Sie besteht
aus einer kürbisähnlichen Frucht, die ausgehöhlt, getrocknet, mit Steinchen gefüllt und auf einen Stock gesteckt wird.
Die Kinder betätigen sie während Tatei Neirra. Sie schütteln sie, um den Regen der Sintflut zu imitieren, wenn der
Mara'akame ihre Herkunft besingt, und um die Götter zu
rufen, wenn ihre mystische Reise in das Land ihrer Ahnen
beginnt.
Sie fliegen in einer Reihe, die durch ein Seil symbolisiert
wird, das zwischen der Trommel und einem Rothirschgeweih gespannt ist. Der Mara'akame, der von Káuyumari
(bzw. Maxa Kwaxi) begleitet wird, geleitet die Kinder mit
seinem Gesang, führt sie mit vielen hundert Versen in alle
geografischen, symbolischen und mystischen Einzelheiten
der heiligen Route von der Sierra in das Land des Peyote
ein.
Er führt sie überall dorthin, wo Unser Großvater, Unser
Vater, Unsere Mütter und Älteren Brüder vorüberkamen,
als sie zum ersten Mal nach Wirikuta gingen. Er bringt sie
zu allen heiligen Orten, nach Tatei Matiniéri, Tuimaneu,

RReúnar, Kauyumari Muyehue; macht sie mit deren Lage, Bedeutung und innerstem Wesen vertraut.

Er prägt ihnen ein, wo sie das heilige Wasser finden und aus welcher Wurzel sie die gelbe Farbe für ihre Gesichtsbemalung gewinnen, bevor sie »La Puerta«, das Tor, passieren. Es ist eine sehr gefährliche, mystische Öffnung, ein Spalt, den Kaúyumari mit seinem Geweih für das Durchqueren auseinanderhält.

Der Mara'akame sagt und zeigt den Kindern mit seinem Gesang alles, warnt sie vor Gefahren, weist sie an und lehrt sie, sich richtig zu verhalten. So bringt er sie nach Wirikuta, damit sie »ihr Leben finden«, so wie einst ihre göttlichen Ahnen dort hingingen und ihr *kupúri* (Seele, Lebenskraft) fanden. Denn der Mythos berichtet, daß die Götter erst fähig waren, ihre Aufgaben zu erfüllen, nachdem sie Tatewarí, dem Ersten Mara'akame, nach Wirikuta gefolgt waren.

Als sie sich zum ersten Mal in dem von Tatewarí erbauten Toki versammelten, um ihre Plätze einzunehmen, sahen sie sich nicht in der Lage, ihren Bestimmungen nachzugehen. Krankheiten hinderten sie daran. Die Regengötter brachten keinen Regen, die Jagdgötter fanden kein Wild, usw.

»In die Versammlung der leidenden Götter trat der Mara'akame, Tatewarí. Er war es, der sie zusammengerufen hatte, so wie der singende Schamane des Tempels bis heute die Übernatürlichen zusammenruft, ›damit sie ihre richtigen Plätze einnehmen‹. Tatewarí sagte ihnen, daß sie krank seien, weil sie nicht nach Wirikuta gegangen waren ... Wenn sie ihre Gesundheit wiedererlangen wollten, müßten sie sich rituell vorbereiten und ihm auf die lange und schwere Reise zu dem Peyote folgen.« Die Götter taten wie ihnen geheißen und »folgten Tatewarí zu den heiligen Bergen am Ende der Welt – ›zur fünften Ebene‹ – wo der Rotwild-Peyote sich ihnen in der zeremoniellen Jagd offenbarte. Auf diese Weise ›fanden sie ihr Leben‹, lehrten den Huichol durch ihr Beispiel, seines zu finden.«[44] Und so lehrt es noch heute der Mara'akame die Kinder, schult ihren Geist auf subtile spirituelle Weise, während sie im Schoße ihrer Eltern sitzen.

Lena und ich waren an jenem Tag, den wir mit José Louis auf Marianos Rancho verbracht hatten, nicht mehr zum Calihuey zurückgekehrt. Etwas hatte mich davor gewarnt, zu schnell zu große Schritte zu machen.

Anfänglich hatte ich das starke Verlangen, die Nacht lieber auf dem Rancho als im Calihuey zu verbringen, meinem körperlichen Erschöpfungszustand zugeschrieben und mich, aus Sorge, etwas zu verpassen, innerlich dagegen aufgelehnt.

Während ich aber dasaß und mich bemühte, Kräfte für die Rückkehr zum Fest zu sammeln, wurde mir plötzlich bewußt, daß ich *nicht aus eigener Kraft lebe*, daß ich meine Lebenskraft und alle anderen bewußten und unbewußten Kräfte nicht einfach habe oder nicht habe, sondern *permanent erhalte*, mit einer unendlichen Kraftquelle verbunden bin, die alles ist und alles beinhaltet, vollkommen ist.

Plötzlich konnte ich mir diese Kraft als etwas vorstellen, das das *Sein* aller Seelen ist. *Das* Sein, in dem alle Gegensätze vereint und alle Gegensätze aufgehoben sind; mit dem die Seele des Menschen auf ewig verbunden ist; eine geistige Einheit bildet, von der sie jedoch durch den Körper des Menschen, je nach *Durchlässigkeit* seines Körpers, mehr oder minder »körperlich« getrennt wird.

Je mehr der Mensch in seinem Körper ist, sich mit seinem Körper identifiziert, umso starker ist diese Trennung. Je stärker er mit seinem geistigen Bewußtsein in Verbindung ist, umso durchlässiger ist sein Körper für die *vollkommene* Kraft, die mit seiner Seele eine Einheit bildet, die jedoch durch die Materie zerstückelt wird. Denn erst indem sie durch den Menschen fließt, das Sieb seines Karmas durchströmt, wird ihre Ganzheit durch unzählige Wider-

stände in unzählige, von einander isolierte Einzelkräfte gespalten.

Diese Kräfte erhalten erst dadurch eine positive oder negati-
ve Wirksamkeit, daß der Mensch sie sich als »persönliche
Eigenschaften« zu eigen macht, sie als seine *persönlichen*
Kräfte betrachtet und ihnen, durch falsche oder richtige
Anwendung, eine gute oder schlechte »Bedeutung« gibt.

So wurde mir klar, daß der Mensch weder geistig noch körperlich den geringsten Einfluß darauf hat, *daß* ihn diese
Kraft durchströmt, sondern nur darauf, *wieviel* er davon
mit seinem Bewußtsein erfaßt und *wie* er das, was sich ihm
aus dem Ganzen offenbart, willentlich nutzt oder mißachtet, verringert, sammelt oder vermehrt.

Wenn er diese Kraft – sich ihrer unbewußt – gar nicht oder
zur falschen Zeit gebraucht, verringert er sie, schwächt sie
ab. Denn indem er sie unkontrolliert ins Nichts fließen läßt,
erzeugt sie Schwäche statt Spannung. Er verliert sie, statt sie
zu gewinnen, da sie flaue Leere statt eines Vakuums hinter-
läßt, das neue Kräfte anziehen kann.

Wenn er die Kraft *zur rechten Zeit* und *am rechten Ort bewußt* nicht anwendet und sie sich bewußt in sich weiterent-
wickeln läßt, sammelt er Kraft.

Vermehren aber kann er sie nur dadurch, daß er sie ausschließlich dann und dort bewußt und willentlich nutzt,
wann und wo er es aus *tiefster, innerster Überzeugung* für
richtig hält.

Doch damit diese Richtigkeit gegeben ist, darf sie nicht mit
seinem »persönlichen« Willen, sondern muß mit seinem Innersten, mit seiner Seele, übereinstimmen. Nicht *sein* Wille
darf zur Überzeugung werden. Es muß die innerste Überzeugung sein, die den Willen verursacht, *Seine* Kraft als *sei-
ende* Kraft offenbart und *bewußte* Willenskraft schafft.

Diese Einsicht führte mich zu der Erkenntnis, daß nur
die Kräfte, die *Intuition* verursachen, schöpferisch sind.
Kräfte dagegen, die nicht Ursache bewußten Willens sind,

sondern vom eigenen, persönlichen Willen verursacht werden, sind letztlich nur Ursache der Erschöpfung, die sie zur Folge haben müssen, da sie nicht *gegebene,* sondern *geholte* Kräfte sind, nicht vom Sein, sondern vom Sein-Wollen, von Gier, verursacht werden.

Als ich vor Jahren in Klein-Tibet war, hörte ich von Menschen, die in den Bergen des Himalaya leben und viele hundert Jahre alt sein sollen. Damals hielt ich das für Humbug. Doch jetzt fragte ich mich, ob es nicht doch möglich ist, daß Menschen, die schon in jungen Jahren ihr *All*-umfassendes Bewußtsein, trotz ihres Körpers, zurückerlangen, die *Alles sind* und somit alle Ursachen geistiger und körperlicher Erschöpfung ausgeschaltet haben, den Alterungsprozeß ihrer Zellen beliebig hinauszögern können.

Während ich so auf Marianos Rancho in La Mesita saß und mich darauf konzentrierte, Kraft für eine weitere Nacht im Calihuey zu *holen*, wurde mir völlig unerwartet eine ganz andere Kraft *gegeben*. Nämlich die, zwischen der erschöpfenden Kraft des Willens und dem Willen der schöpferischen Kraft zu unterscheiden. Den Unterschied zu erkennen, zwischen dem *persönlichen* Willen, der sich im Handeln aus Befriedigungssucht offenbart, und dem *wirklichen* Willen, den man wohl »Gottes Willen« nennt, und der sich im Handeln aus tiefster Überzeugung offenbart.

Das muß es bedeuten, dachte ich, im Einklang mit den Kräften des Universums zu *sein*: aus dieser innersten Überzeugung heraus die »göttlichen« Kräfte im Selbst zu verwirklichen.

Seit ich mir vor einigen Jahren in Poona zum ersten Mal meines Selbsts *wirklich* bewußt geworden war, was wie ein Naturereignis meines Geistes, wie *von selbst*, geschah, war mit diesem Selbst-Bewußtsein auch die mir damals noch unbewußte Sehnsucht nach Wieder-Vervollkommnung dieses Bewußtseins erwacht. Ich wußte mich seitdem auf einer

Suche, von der es (sobald das Bewußtsein für das Selbst einmal geweckt war) kein Zurück mehr gab.

Diese Suche war es auch, die mich in die Sierra geführt hatte. Und während ich noch nach einem Schamanen zu suchen glaubte, war ich doch nur auf der Suche nach meinem Selbst, nach einem All-umfassenden Bewußtseinszustand, aus dem heraus ich in das begrenzte Bewußtsein meines Körpers und der Materie geboren – oder gestorben? – war. *Ich* war mir in meinem Menschenleben so fremd geworden, daß ich meinem Körper und meinem Verstand mehr vertraute als meinem Sein. Doch war ich mir seit einiger Zeit bewußt, daß das Vertrauen in mein Innerstes, in eine innere Stimme, die sich durch innerste Überzeugung offenbart, daß mein *Selbst-Vertrauen* in den letzten Wochen rapide gewachsen war – was ich von meiner *Selbst-Beherrschung* nicht sagen konnte. Jedenfalls hatte ich sie nicht im gleichen Maße entwickelt.

Nach der Nacht im Calihuey wurde mir bewußt, welche Gefahren eine solche Fehlentwicklung in sich barg. Denn ich erkannte, daß ich meinem Selbst nur in dem Maße wirklich vertrauen konnte, indem ich es auch beherrschte. Und wirklich beherrschen konnte ich es nur in dem Maße, indem ich das, von dem mein Selbst bisher unbewußt beherrscht wurde, durch Selbst-Bewußtheit zu beherrschen lernte, nämlich meinen Verstand und meinen Körper.

Denn mit dem wachsenden Bewußtsein des Selbst, als Katalysator kosmischer Kraft, vergrößerte sich auch die *Durchlässigkeit* von Körper und Geist, die Empfänglichkeit für Kräfte, denen Geist und Körper, ohne entsprechende Widerstandskraft, ohne bewußt durch das Sein entwickelte, gesammelte und vermehrte, eigene Kraft, machtlos ausgeliefert waren. Selbst-Vertrauen, das nicht auf Selbst-Beherrschung basierte, geriet zu Selbstüberheblichkeit.

Wahrscheinlich konnte ich von Glück sagen, daß sich mein Mangel an Selbst-Beherrschung bisher nur in außerordentlichen Nervenanspannungen, in jähen Tobsuchtsanfällen und der Angst, wahnsinnig zu werden, geäußert hatte. Denn ich war genug bei Verstand, um zu erkennen, daß ich, seit Lena und ich in der Sierra waren, eine Veränderung durchmachte und mich in einem latent gefährdeten Zustand befand, da ich mich Kräften auslieferte, denen ich oft nicht gewachsen war, weil es mir an seelischer, körperlicher und geistiger Widerstandskraft mangelte.

Schon die geringste Kleinigkeit reichte, um mich absolut rasend zu machen. Völlig unvorhersehbar geriet ich von einer Sekunde auf die andere total außer mir. Schrie und gebärdete mich wie eine Verrückte. Sah ohnmächtig zu, wie ich Lena, die den verheerenden Ausbrüchen ebenso hilflos ausgeliefert war, wie ich, in Angst und Schrecken versetzte. Litt Höllenqualen, sobald der Anfall vorüber war und mir in fassungsloser Verzweiflung bewußt wurde, was ich angerichtet hatte.

Nachdem mir auf Marianos Rancho der Unterschied zwischen persönlicher Willenskraft (aus Befriedigungssucht) und bewußter Willenskraft (aus tiefster, innerster Überzeugung) bewußt geworden war, erkannte ich, daß die einzige Kraft, die mich in den Calihuey zurückzog, Neugier war, und bat José Louis' Urgroßmutter, auf dem Rancho übernachten zu dürfen.

Wir blieben auch den nächsten Tag und die darauf folgende Nacht, die ich, aus einem mir damals unerklärlichen Drang heraus, an dem Feuer verbrachte, das die alte Lucia im Hof entfacht hatte, bevor sie in einer der Hütten verschwand.

Ich weiß nicht, wieviele Stunden ich, tief in mich versunken, beim Feuer gesessen hatte, als ich plötzlich in das Verlangen hinein »erwachte«, die Augen zu öffnen, und mich dem Mara'akame Mariano gegenübersitzen sah. Ich erschrak, wie man in einem Traum erschrickt, kurz bevor man aufwacht, schloß aber, wie *auf Befehl*, sofort wieder die Augen und sank zurück in einen gedankenlosen Zustand.

Als der *Traum* begann, war ich mir absolut bewußt, daß ich nicht schlief. Denn während ich in rasender Geschwindigkeit dahinflog, jede Einzelheit des Weges sah, den wir überflogen, wußte ich, daß ich einerseits *in einer anderen Wirklichkeit war*, und andererseits in Wirklichkeit Mariano gegenüber am Feuer saß. Ich konnte mich jederzeit »teilweise« dorthin zurückversetzen, ohne daß der *Traum* dadurch beeinträchtigt wurde. Es geschah mit dem gleichen Hinterstübchen-Bewußtsein, das ich auch schon im Calihuey benutzt hatte.

Ich wußte mich in einem Zustand des Gespaltenseins. Aber ich bildete mir nicht mehr ein, zu wissen, welches die wirklichere Wirklichkeit war.

Ich sah jede Furche, jeden Stein und jeden Ast auf dem Weg, der unter uns vorbeisauste. Er war sandig und führte bergan. Wir flogen sehr schnell und so tief, daß ich nur die Stämme der Bäume sehen konnte, die den Weg säumten. Wohin er führte, sah ich nicht. Aber je weiter wir flogen, umso größer wurde die Freude auf das, was mich *erwartete*.

Mit der Freude steigerte sich auch die Geschwindigkeit. Und mit ihr wiederum das, was mich immer wieder, gerade noch rechtzeitig davor bewahrte, gegen irgendwelche Hindernisse zu prallen. Etwas, das aber im selben Moment, in dem ich es als eine Art sensorisches Kribbeln in meinem Hirn *definierte*, sich derart intensivierte, daß ich plötzlich glaubte, keine Schädeldecke mehr zu haben, in Panik geriet, und die einzige Möglichkeit, *meinen Kopf zu retten*, darin sah, in die normale Wirklichkeit zurückzukehren.

Aber es ging nicht! Das Zurück war nicht mehr, wie sonst, durch einfaches »Umschalten« möglich. Überraschenderweise blieb ich ganz ruhig. Ich *wußte*, daß ich mich diesmal vom »Übergang« weit entfernt hatte und erst dorthin zurückkehren mußte, bevor ich wieder in die alltägliche Wirklichkeit eintreten konnte.

Jetzt schwebte ich langsam rückwärts. Doch mitten in diesem Zustand zwischen den beiden Welten, noch bevor ich den »Übergang« erreichte, spürte ich ein kaum auszuhaltendes, schmerzlich unangenehmes Zerren zwischen Nabel und Unterleib.

Im selben Augenblick wurde ich mir des Druckes der Hand bewußt, die die ganze Zeit über die meine gehalten hatte und die mich nun *aufforderte*, dem Ziehen nachzugeben, weiterzufliegen. Der »Händedruck« bewirkte, daß ich augenblicklich dem Ziehen nachgab und, meine Rechte in Marianos linker Hand, den Flug fortsetzte.

Doch bevor ich mich wieder total seiner Führung überließ, drängte ich mein Bewußtsein in die Hand, die er hielt. Es war mir unvorstellbar, wie es möglich sein konnte, daß ich Marianos Hand *körperlich spürte*, obwohl er mir gegenüber, auf der anderen Seite des Feuers, saß.

Da ich nicht in der Lage war, auch nur eine Faser meines Körpers zu bewegen, kostete es mich unsagbare Willenskraft, meine Finger Bruchteile von Millimetern zu krümmen. Dabei stellte ich fest, daß ich auf der Erde lag. Dann spürte ich tatsächlich einen physischen Widerstand in meiner Hand und wußte gleichzeitig, so als ob ich es *sah*, daß es eine unsichtbare Materie war.

Dieses Wissen löste ganz unerwartet tiefes Vertrauen und eine innige Verbindung zu diesem Etwas aus, das mich führte und von dem ich nur glauben konnte, daß es Mariano war.

Die Dinge, die er mir *zeigte*, betrafen mich zum Teil auf so markerschütternde Weise, daß ich den Hinweisen und Mitteilungen, die mich auf unerklärlichem Wege erreichten, nicht immer folgen konnte. Nur mit irrsinniger Anstrengung *verstand* ich Brocken dessen, was mir zu den jeweiligen visionären Bildern *gesagt* wurde, was jedoch keinerlei zusammenhängenden Sinn ergab.

Obwohl ich alles fast schmerzhaft überdeutlich *sah*, *hörte* ich nur Fetzen. Das *Gesehene* und *Gehörte* hier zu beschreiben, würde zu weit führen. Zumal diese Visionen – die man für Projektionen des persönlichen Unterbewußtseins hält – auch nur sehr persönlich zu deuten waren. Es waren von Raum und Zeit getrennte Darstellungen, die mir bestimmte, bisher höchstens als unbewußte Ahnung wahrgenommene Fähigkeiten und Aufgaben *als Weg* offenbarten, den ich »früher oder später« zu verwirklichen hatte.

Denn während ich in die Vergangenheit sah, wußte ich auf einmal, daß sie irgendwo in den Dimensionen der nichtnormalen Wirklichkeit mit der Zukunft identisch ist, eins mit ihr ist, und daß diese Einheit nur durch die *Gegenwart* in der *normalen* – räumlich und zeitlich begrenzten – Wirklichkeit in zwei Teile geteilt wird.

Gleichzeitig spürte ich, daß ich die Zusammenhänge verstehen *könnte*, da ich bereits *in* dem Nebel war, der mich von dem Bewußtsein trennte, in dem ich alles verstehen würde.

Und dann wurde mir klar, daß ich die Beherrschung meines Selbst, durch die Gier zu verstehen, an meinen Verstand verloren hatte, der in das für ihn Un(-be)-greifbare stürzte, bis er sich, in seinem zwanghaften Wunsch, zu verstehen, auf das Gehör fixierte und ich plötzlich wieder mit meinem normalen Bewußtsein Marianos Stimme, einen sonderbaren Singsang, vernahm.

Zu meiner Verwunderung stellte ich fest, daß er Huichol sprach. Ich hatte ihn also gar nicht verstehen können. Aus tiefster Überzeugung heraus, daß er mit mir sprach, war mein erster Impuls, ihn darauf aufmerksam zu machen. Doch noch bevor ich etwas sagen konnte, erkannte ich, daß das Gefühl, etwas zu versäumen, nur noch ein Überrest des Vorangegangenen war.

Sofort war mein Kopf voller Fragen. Ich wartete darauf, daß Mariano seinen brummelnden Sprechgesang beendete. Aber als es soweit war, hatte ich jedesmal, wenn ich zu einer Frage ansetzte, den Eindruck, daß auch er gerade etwas sagen wollte, was mich immer wieder zum Schweigen brachte.

Mir war absolut bewußt, daß mein Wille zu fragen, gegen die Intuition zu schweigen ankämpfte. Aber die Möglichkeit, vielleicht endlich doch einmal konkrete Hilfe zu erhalten, war zu verlockend. Die Spannung, die dieser Kampf erzeugte, wuchs. Bis ich es nicht mehr aushielt und Mariano, kaum noch wissend, was ich eigentlich wissen wollte, bat, ihn etwas fragen zu dürfen.

Er fuhr mich mit unerbittlichem Zorn über das Feuer hinweg an. Obwohl er in seiner Wut vergaß, spanisch zu sprechen (wieso nahm ich eigentlich an, daß er die spanische Sprache beherrschte), war die Antwort eindeutig. Er stand auf und ging fort, der Morgendämmerung entgegen.

Verwirrt und ergriffen von dem, was geschehen war, wurde ich plötzlich von dem Entschluß überrascht, den Rancho des Mara'akame noch am selben Tag zu verlassen. Ich spürte deutlich, daß dieser Entschluß nicht allein *meine* Entscheidung war. Wie schon bei Vincente, hatte ich auch diesmal vielmehr das Gefühl, mich lediglich einer bereits bestehenden Entscheidung zu fügen.

Gleichzeitig wurde mir bewußt, daß die Impulse meiner Handlungen immer häufiger der Intuition als dem Verstand entsprangen und jedesmal von einer unerklärlichen Gewißheit, das richtige zu tun, begleitet waren. So machte ich mich mit Lena auf den Rückweg zum Zentrum.

Kurz vor dem Canyon kam uns eine Frau entgegen. Sie schien uns einerseits erwartet, und es andererseits sehr eilig zu haben. Sagte, sie heiße Theresa, sei die Frau eines Mara'akame, forderte uns auf, unsere Sachen zu holen und dann auf ihren Rancho zu kommen, beschrieb uns den Weg und verschwand.

Als sie fort war, glaubte ich zuerst, eine Halluzination gehabt zu haben. So ein freiwilliges Angebot von einem Huichol zu erhalten, das gab's doch gar nicht! Doch auch Lena hatte die Frau gesehen, wollte wissen, was sie gesagt habe. »Aber da gehen wir nicht hin, Mammi, nicht?!« flehte sie.

»Wir gehen nicht zurück zu der bösen Frau?«
Die Panik in ihrer Stimme war unüberhörbar.
»Wieso *zurück*?« wunderte ich mich. Auch Lena stutzte jetzt:
»Na, zu der Hex'«, fuhr sie mich an und lief voraus, als wolle sie nicht mehr darüber reden.
Ich war verwirrt. Daß die Geschichte mysteriös war, stand außer Zweifel. Andererseits war es ein verlockendes Angebot, zumal ich nicht die leiseste Ahnung hatte, wie es überhaupt weitergehen würde.
Hinter dem Canyon – in dem nur noch ein nacktes Skelett an die Schrecken der ersten Durchquerung erinnerte – schlugen wir, in der Hoffnung auf eine Abkürzung, einen anderen Weg ein. Am Ende des Waldes, durch den er führte, stießen wir unerwartet auf ein kleines Gehöft. Es wunderte mich, wie heruntergekommen es von nahem aussah.
Von der Höhe des Hexen-Hauses aus hatten wir den kleinen Hüttenkomplex schon oft in der Ferne am Waldrand liegen gesehen. Und jedesmal hatte mich sein Anblick auf seltsame Weise angezogen. Aber immer wieder, wenn wir uns vorgenommen hatten, hinzugehen, war etwas dazwischen gekommen oder ich hatte es einfach wieder vergessen. Nun standen wir plötzlich davor und ich spürte seine Anziehungskraft stärker denn je. Lena schien wie hypnotisiert von dem Platz, krabbelte durch die Umzäunung und hüpfte auf die Hütten zu.
Nichts rührte sich. Die Hütten waren unverschlossen und leer. Eine war halb zerfallen, die anderen beiden verdreckt und verwahrlost. Nichts deutete darauf hin, daß der Rancho bewohnt war. Aber irgendwie wurde ich das Gefühl nicht los, daß wir nicht allein waren. Als ich gehen wollte, heulte Lena los. Ich verlor die Fassung und brüllte sie an.
So sehr Lena mich nach solchen Ausbrüchen auch anflehte, es nicht mehr zu tun, so sehr ich selbst darunter litt und mich bemühte, diese jähen Anfälle zu ergründen, vorauszu-

sehen, zu vermeiden oder zumindest aufzufangen, es gelang mir einfach nicht. Ich schien nicht den geringsten Einfluß darauf zu haben, was mich immer wieder völlig fertig machte.

Im Zentrum steigerte sich meine Niedergeschlagenheit in schiere Verzweiflung. Der Gobernador Jesús hatte am frühen Morgen das Dorf verlassen. Seine Amtsstube, in der sich unser gesamter Besitz befand, war verschlossen und sollte es, so wie es aussah, auch bis zu seiner Rückkehr bleiben. Jeder Huichol, den ich auftrieb, bestätigte mir bereitwillig, daß der heilige Ort, zu dem Jesús sich auf den Weg gemacht hatte, zwei Tagesfußmärsche weit entfernt sei. Aber niemand wußte, wo der Schlüssel war. Und ich wußte nicht mehr, wohin.

Trotz der Ausweglosigkeit unserer Lage hielt mich das Gefühl, daß irgendetwas an dem Angebot der Frau, die sich Theresa genannt hatte, nicht in Ordnung war, davon ab, auch nur in Erwägung zu ziehen, ihrer Einladung zu folgen. Wie oft schon hatte ich geglaubt, den absoluten Höhepunkt verschiedenster Entsetzlichkeiten erreicht zu haben. Aber es gab immer noch eine Steigerung – diesmal von Rat- und Hoffnungslosigkeit. Wieder einmal schien es mir ebenso unbegreiflich wie grenzenlos, was der Mensch so alles ertragen kann.

Fassungslos über die Präzision, mit der man hier von einer Wahnwitz-Situation in die nächste geschleudert wurde, bekam ich von neuem bestätigt, daß es in der Sierra keinen »Normalzustand« gab. Nichts, was man dachte, fühlte, glaubte, hoffte oder befürchtete, hatte hier länger als zwei Tage Gültigkeit. Meistens war es gar nur eine Sache von Stunden. So war es auch diesmal.

Hinter einer der großen Zentrumshütten hervor kamen zwei müde Mestizen – das letzte, was ich in meiner Verfassung gebrauchen konnte –, verfielen, als sie uns sahen, in lässige Anquatsch-Allüre und taten schon von weitem ihr

Entsetzen darüber kund, daß sich eine Frau, ohne Mann, hier, mit einem kleinen Kind, bei »diesen verdreckten, unmöglichen, verrückten, gefährlichen Wilden« aufhielt.

Als sie ihre Namen sagten und uns im selben Atemzug die Missions-Station als einzig mögliche Bleibe empfahlen, fand ich, daß das Schicksal mal wieder völlig unbegreiflich, diesmal jedoch mit ziemlich viel Humor zuschlug. Denn obwohl die beiden Männer wie Don Quichotte und Pancho aussahen, hießen sie Gabriel und Raphael. Und wie zwei Erzengel verhielten sie sich auch. Sie luden uns auf ihren klapprigen Jeep, mit dem sie – soweit Wege vorhanden – einmal im Jahr auf Malaria-Inspektion durch die Sierra kurvten, und brachten uns in die Mission.

MISSIONARE

Als wir in der Station ankamen, hatte ich den Eindruck, einen Kasernenhof zu betreten. Jungen und Mädchen standen wie gedrillte Rekruten in Reih und Glied. Unter den strengen Augen der Nonnen wurden Haare und Hände inspiziert, der Abstand zum Vordermann korrigiert und der Abmarsch in die Kirche kommandiert.

Zucht und Ordnung wurden in der Mission groß geschrieben. Aber die Disziplin, die man den Huicholes dort beibrachte, war nicht die Selbst-Disziplin, die ihre Traditionen und Vorväter lehrten. Es war die Disziplin gegenüber »Vorgesetzten«. Sie lernten nicht, wie bisher, mit den Gesetzen der Natur zu leben, sondern nach den Gesetzen der Menschen, die glauben, alles zu beherrschen, selbst die Natur.

Was die Huicholes dadurch erfahren, ist nicht Anerkennung durch die Götter, sondern vermeintliche Minderwertigkeit. Denn was sie von den Fremden lernen, entwertet nicht nur das Wissen der Eltern. Es läßt sie auch glauben, daß ihre bisherige Erziehung, die ganz ihrer Umwelt entsprach, minderwertig war, weil die Welt, in der sie leben (und in die sie wieder entlassen werden), angeblich minderwertig ist.

Aber ist sie das wirklich, im Vergleich zu einer zivilisierten Welt, in der es zwar für und gegen alles Maschinen, Mittel und Menschen gibt – aber nur ein Leben? Ein Leben, in dem nur das Diesseits *wirklich* ist. Und weil die irdische Wirklichkeit ja sowieso mit dem eigenen Tod erlischt, ist das einzige, worauf es den meisten in ihrem einzigen Leben ankommt, es ohne Rück- oder Vorsicht auf weiteres Leben um jeden Preis lebenswert für sich selbst zu gestalten.

Für den Huichol dagegen ist das Menschenleben eine von vielen Daseinsformen seiner ewigen Seele. Für ihn sind Diesseits und Jenseits eins, ist die Erde ebenso heilig wie der Himmel; ist sein Dasein nicht allein für sein Dortsein ausschlaggebend, sondern auch für die Wiederkehr seiner Seele.

In seiner allumfassenden Weltsicht ist für ihn das Göttliche nichts Imaginäres. Es ist ge- und erlebte Wirklichkeit. Sein Lebenswert liegt nicht darin, sich und die Vorstellungen anderer Menschen zu befriedigen, sondern darin, den Göttern, die die Natur selber sind, zu dienen, um ihren, und damit auch seinen Fortbestand zu gewährleisten.

Der Huichol glaubt nicht an den ewigen Tod. Er glaubt an das ewige Leben. Er verläßt seinen Körper in dem Glauben, wiedergeboren zu werden. Er lebt in dem Bewußtsein seiner engen Verbundenheit mit dem Universum und in dem Bemühen, Mutter Erde am Leben zu erhalten, um in/auf sie zurückkehren zu können.

Für den Huichol ist das Leben ein Geben und Nehmen, das nicht allein auf den Menschen beschränkt ist. Es findet auf kosmischer Ebene statt. Er lebt nicht nur *von* der Natur, sondern auch mit ihr und für sie. Sie ist ein Teil von ihm, und er ist ein Teil von ihr.

Er steht in so enger Verbindung mit den elementaren Kräften, daß seine emotionale und moralische Einstellung sich nicht nur auf ihn und seine Mitmenschen, sondern auch auf die Natur auswirkt. Sowohl mit seinem Handeln als auch mit seinem Fühlen und Denken ist er verantwortlich für die Geschehnisse in der Natur.

»Eine solche Ansicht geht von einer beeinflußbaren Umwelt aus, in der es keine moralisch neutralen Kräfte gibt, und wo der innere Zustand des Menschen die letztliche Ursache für die Ereignisse in der Natur darstellt.«[45]

Welchen Wert hat es, lernen zu müssen, mit sauberen Händen den Mais zu essen, wenn man verlernt, seinen Geist zu säubern, bevor man ihn sät?

Schmutzige Hände mögen die Gesundheit gefährden. Schlechte Gedanken gefährden die Natur, die Ernte, das Leben.

Welchen Sinn hat es, ihm, dem alles heilig ist, einen Unterschied zwischen heilig und nicht-heilig beizubringen?

Welchen Sinn hat es für einen Menschen, für den die ganze Welt ein Gotteshaus, und alles, was er tut und denkt, von tiefer religiöser Bedeutung ist, dreimal am Tag in die Kirche gehen zu müssen und zu beten?

Unser plötzliches Auftauchen in der Mission verursachte Stirnfalten und Ratlosigkeit. Der Pater war nicht da, und die Nonnen machten kein Hehl daraus, daß unsere Anwesenheit unpassend und unerwünscht war. Nach längerem Zögern wurden Lena und ich im Krankenzimmer, einer düsteren, fensterlosen Kammer, untergebracht.

Es war ein hartes Leben. Wir knieten auf harten Bänken, schliefen auf harten Brettern und wurden von harten Blikken überwacht. Keine der Nonnen richtete je von sich aus das Wort an uns. Doch ihre strengen, tadelnden Augen lauerten überall.

Bei den Huicholes zu leben, hatte mich gelehrt, mit dem Alleinsein in der Einsamkeit fertig zu werden. In der Mission lernte ich, die Einsamkeit des Alleingelassenseins zu ertragen.

Man ließ uns nicht allein *sein*. Wir *wurden* allein gelassen, sitzengelassen in unserer anstößigen Unvollkommenheit. Die Nonnen ließen uns in Ruhe, aber niemals in Frieden. Ihre Gedanken und Blicke kamen einer Belagerung gleich, der wir ebenso ausgeliefert waren wie die Huicholkinder. Kinder, die angeblich nicht bekehrt werden, deren Leben jedoch nur noch von christlichen Regeln, Geboten und Verboten bestimmt wird.

Von Eltern, deren Kinder in der Missionsschule waren, hatte ich erfahren, daß die Missionare ihnen versichert hatten, den Glauben und die Traditionen der Huicholes zu akzeptieren und sie nicht zu konvertieren. Doch was in der Mission tatsächlich geschieht, was die Kinder dort erhalten, ist keine bikulturelle Bildung, sondern Umbildung bis zur Entwurzelung – und zwar in Gottes Namen.

Der Weg ins Klassenzimmer führt durch die Kapelle. Allgemeinbildung wird ebenso mit christlichen Gottesdiensten und Gebeten verdient wie alles andere in der Mission.

Morgens, mittags und abends müssen diese Kinder endlose Predigten, Bibelgeschichten und Liturgien über sich ergehen lassen. Die Götter ihres eigenen Glaubens werden totgeschwiegen, höchstens im negativen Vergleich zum Lieben Gott erwähnt, manchmal sogar verhöhnt.

Huicholes, die weder Sohn noch Tochter in der Mission hatten, aber mit zum Teil schwerkranken Kindern dort Hilfe suchten, wurden bis zu sechs Stunden achtlos in der Gluthitze des Stationshofs sitzen gelassen, nur um dann mit zynischen Bemerkungen, wie: »Gib dem Kind doch Peyote. Das ist doch sowieso das einzige, woran ihr glaubt« oder »Na, haben eure Götter versagt?« oder »Warum kommt ihr zu uns? Geht doch zum Mara'akame«, vor den Augen und Ohren der Missionsschüler abgefertigt zu werden – weil die Glocke zum Kirchgang ertönte.

In der Kirche knieten die Kinder dann in gedrillter Ehrfurcht vor dem Unvorstellbaren. Lernten gezwungenermaßen, etwas Fremdem auf fremde Weise zu dienen und zu huldigen, mit auswendig gelernten, im Chor heruntergeleierten Gebeten. Hörten sich gezwungenermaßen an, daß die göttliche Wirklichkeit keine allumfassende Einheit ist, sondern sich auf eine heilige Dreifaltigkeit beschränkt. Auf etwas Imaginäres, das sich nicht im Sein, sondern erst im Tode manifestiert; auf etwas Allmächtiges, von dem sie nicht Teil, sondern von dessen Gnaden sie sind.

Das Sein dieser Huicholkinder wird dort nicht zum Gebet, sondern zum Beten entwickelt. Sie lernen nicht, wie ihre

Väter und Brüder, im Gebet zu handeln. Sie lernen, vor und nach dem Handeln zu beten.

Glaube und Religiosität werden hier durch Religion ersetzt. Die schulische Institution ist nur das Mittel zum Zweck einer streng katholischen Erziehung. Die Unsicherheit und Unnatürlichkeit, die hier in Gottes Namen gedeiht, sah mir nicht sehr nach Gottes Willen aus.

Im Vergleich zu Gleichaltrigen ohne Missionsschulbildung, die ich als angstlos, selbstsicher und integer erlebt hatte, wirkten die Kinder in der Mission gehemmt bis verhaltensgestört. Nicht nur uns gegenüber, auch untereinander. Jungen und Mädchen lebten hier nicht, wie auf den Ranchos, miteinander, sondern voneinander getrennt. Sie schliefen und lernten nicht nur in verschiedenen Räumen. Sie saßen, knieten und standen sich auch im Speisesaal, in der Kapelle und im Hof wie zwei Fronten gegenüber.

Die Jungen waren von an Lähmung grenzender Zurückhaltung gegenüber dem weiblichen Geschlecht. Die Lektion vom Sündenfall hatte bei den Kindern der Menschen, die Schuld und Sünde nur gegenüber der Natur kennen, sicht- und fühlbare Spuren hinterlassen.

Kein Huicholjunge außerhalb der Mission war rot geworden, wenn ich ihn ansprach oder Lena mit ihm spielen wollte. Keiner wäre auf die Idee gekommen, uns beim Waschen zu belauern oder, selbst halbnackt überrascht, beschämt zu fliehen.

Kein Mädchen außerhalb der Mission hätte sich an eine Fremde geschmiegt und mit sehnsüchtigen Augen um Zärtlichkeit und Zuwendung gebettelt, als es sah, wie die Fremde ihr Kind umarmte.

Wie konnten wir ahnen, was wir auslösen würden, als wir am ersten Tag eines der Mädchen wimmernd, allein und halb wahnsinnig vor Angst in der Dunkelheit unserer Kammer vorfanden. Im ersten Moment glaubte ich, daß es etwas verbrochen hatte und nun zur Strafe hier saß. Es lag mir fern, mich in die Erziehungsmethoden der Nonnen einzumischen. Doch der Anblick des Kindes war so herzzerreißend, daß ich vorsichtig versuchte, herauszufinden, was geschehen war.

Das Mädchen war völlig außer sich und stammelte, daß es kurz zuvor von einem Skorpion gebissen und, damit es den Unterricht nicht störte, hierher geschickt worden war, um darauf zu warten, ob Vergiftungserscheinungen auftreten würden. Diese äußern sich in Erstickungsanfällen und entsetzlichen Körperschmerzen.

Ich nahm das bebende Häufchen in den Arm, das sich erst zögernd, dann von Schluchzen geschüttelt, hineinsinken ließ. Lena und ich streichelten es, bis das Zittern langsam verschwand und das Mädchen uns erzählte, daß es miterlebt hatte, wie seine Schwester an einem Skorpionstich gestorben war.

Die Nonne, die uns mit dem Kind im Arm vorfand, bekam schmale Lippen: »Stell' dich nicht so an«, befahl sie dem Mädchen, packte es an der Schulter und schob es aus der Kammer. Auf meine Frage, warum man dem Kind nicht helfe, erwiderte sie, daß das nicht nötig sei.

Medizinische Hilfe war tatsächlich erst vonnöten, wenn der Gestochene nach Luft rang. Aber ich hatte eine andere Art von Hilfe gemeint und sprach die gottesfürchtige Frau darauf an. Die Antwort war: »Ein Skorpionstich ist hier nichts Besonderes. Mit solchen Dingen werden die Kinder schon allein fertig.«

Die Aufforderung, mich aus »solchen Dingen« herauszuhalten, war nicht zu überhören, aber schwer zu verwirklichen. Nach diesem Vorfall erfanden die Kinder sogar körperliche Wehwehchen, um Trost für die seelischen zu finden. Die Mädchen belagerten uns wie hungrige Fliegen. Die Jüngeren drängten sich förmlich in unsere Arme. Die Älteren bedrängten uns mit Fragen, wollten wissen, ob es stimmte, was man sie in den Klassenräumen und in der Kapelle lehrte.

Es wunderte mich nicht, daß unsere kleinen Zusammenkünfte plötzlich endeten. Die Blicke der Nonnen hatten es längst angekündigt. Von den Mädchen, die uns außerhalb der Mission immer wieder »zufällig« begegneten, erfuhr ich, daß die Nonnen ihnen verboten hatten, Gespräche mit uns zu führen.

Derart auf mich selbst zurückgeworfen, erkannte ich plötzlich, warum das Schicksal uns hierher verschlagen hatte. Ich wußte es in dem Moment, als ich merkte, daß ich nicht mehr mich sah, sondern dem zusah, was ich darstellte. Nicht mehr ich selbst war, sondern mir meine »Existenzberechtigung« verdiente – durch Selbstaufgabe.

Ich war hier, um mir zuzusehen, wie ich mich »normalerweise« unter Menschen verhielt, unter Menschen, die auch nur kuckten.

Erst in der Mission wurde mir klar, daß wir von den Huicholes nie beobachtet oder überwacht worden waren. Erst jetzt erkannte ich, was es mir gegeben hatte, nicht beäugt, sondern *wahrgenommen* zu werden: die Möglichkeit, mich selbst wahrzunehmen.

Ich hatte die Huicholes für verschlossene, gleichgültige Menschen gehalten. Hier erst lernte ich, daß das, was ich für Verschlossenheit und Gleichgültigkeit gehalten hatte, Erwartungslosigkeit war, eine Tür zwischen leben und leben lassen. Eine Tür, die für jeden mit dem richtigen Schlüssel zu öffnen ist. Eine solche Tür gab es in der Mission nicht.

Die Blicke der Huicholes waren ohne Erwartung und ohne Urteil, waren keine *Sender*, sondern *Empfänger*. Wenn ein Huichol mich anschaute, habe ich mich niemals *an*gesehen, sondern immer gesehen gefühlt; nicht meinen Eindruck, sondern meine Ausstrahlung wahrgenommen empfunden. Ein Gefühl, aus dem heraus ich mich selbst wahrnahm. Nicht angesehen, sondern durchschaut zu werden, hatte mich gezwungen, selbst mit meinem Innersten in Kontakt zu treten.

In der Mission wurde mir bewußt, wie sehr der Mensch Spiegel des anderen ist. Kaum unter Beobachtung, war ich wieder etwas Beobachtetes geworden. Allerdings mit dem Unterschied, daß ich durch die Erfahrung des bewußten Sehens plötzlich in der Lage war, auch mir bewußt zuzusehen. Zu beobachten, wie ich mich unter Beobachtung verhielt, wie sich meine Aufmerksamkeit von Innen nach Außen richtete, wie ich mein Sein in Höflichkeit und gutem Benehmen verlor und nur auf Wirkung bedacht war.

Ich sah mir zu, wie ich mich im Spiegel der Nonnenaugen sah, mich in alte Verhaltensmuster zwang. Von der Macht der Gewohnheit ergreifen ließ, nicht mehr nur mir selbst, sondern den Vorstellungen anderer genügen zu müssen, mich nicht mehr nach inneren, sondern wieder nach äußeren Zwängen zu richten. Sah zu, wie ich Lena und mich zurechtbog, um den lauernden Blicken, die uns ständig heimlich verfolgten, zu gefallen.

Ich sah, wie mich, auf der vergeblichen Suche nach Anerkennung, das Gefühl der Unvollkommenheit und Minderwertigkeit beschlich, deren Qualen ich plötzlich doppelt durchlitt. Denn in den Augen der kirchlichen Mütter spiegelten sich nicht nur die Augen meiner Mutter wider, sondern auch meine eigenen Mutteraugen. Augen, die nicht schauten, sondern zwangen, die nicht wachsen ließen, sondern züchteten, Produkte der eigenen Ängste und Zwänge schufen. Denn in der Macht, die die Nonnen auf die Huicholkinder ausübten, spiegelte sich auch mein Machtgebrauch gegenüber Lena wider.

LENA

Auf langen Spaziergängen mit Lena versuchte ich, sie und mich aus diesen Zwängen zu befreien und wieder zu mir selbst zu finden. Auf einem solchen Spaziergang entdeckten wir hoch oben auf einer Bergspitze eine winzige Hütte. Voller Neugier kletterten wir darauf los.

Eine Schlange, die vor uns das Weite suchte, brachte mich zur Besinnung. Erschien mir, ohne daß ich wußte, warum, wie eine Warnung. Ich sah nach oben.

Das war keine normale Hütte. Das war irgendein besonderer Platz, ein Ort, dessen Lage für sich sprach. Er wirkte ebenso schön wie furchtbar, ein Gipfel der Einsamkeit.

Mir war, als warne er mich, wie ein drohender Finger, davor, ihn zu betreten, als fordere er auf, mich zu fragen, wer mich riefe oder schicke. Seltsam berührt stellte ich fest, daß die Antwort »Niemand« war.

Der Gedanke, daß dieser Fels mehr Leben ausstrahlte als die versteinerten Nonnen, brachte mich zum Lachen. Aber es war kein bloßer Gedanke. Es war eine Tatsache. Und die war mir unheimlich.

»Komm, laß uns umkehren.«

»Nein Mammi, da oben liegt ein Schatz.«

»So ein Quatsch. Komm, das ist viel zu steil für dich.«

Schon wieder benutzte ich sie für meine Angst. Wütend rutschte ich bergab.

»Nein!!« schrie Lena. Ich zuckte zusammen, sah zurück, sah, wie Wut und Verzweiflung das Schluchzen in ihrem weit aufgerissenen Mund erstickten. Sie war wie von Sinnen, wurde blau im Gesicht. »Hol' Luft, hol' Luft! Was ist denn passiert?«

Sie sank in meine Arme, fand ihren Atem wieder: »Ich will da rauf«, schrie sie mich an.

Die Wucht, die dahinter steckte, erschreckte mich mehr, als es jeder Biß getan hätte. »Sag mal, spinnst du, wegen dem Ding da oben so ein Theater zu machen?«

»Bitte, Mammi, bitte.«

Ich sah sie an. Nein, ich hatte keine Angst um sie. Sie war nur der Spiegel meiner Angst. Der Angst vor einer unbeschreiblichen, unerträglichen Einsamkeit.

Wir krochen weiter bergan. Je näher wir dem Gipfel kamen, umso mehr hatte ich das Gefühl, daß etwas Endgültiges passieren würde. Ein Gefühl, das mich packte wie eine Todesahnung. Ich spürte, daß etwas geschehen würde, das so unausweichlich war wie der Tod selbst.

Der Berg war jetzt so steil, daß man die Spitze nicht mehr sah. Das Gefühl der Gefahr blieb. Die Gewißheit, daß Lena außerhalb dieser Gefahr stand, und die Art, wie sie die Führung übernommen hatte, ließen keinen Zweifel darüber, daß ich das Opfer sein würde. Oder war ich es schon? Ich hatte plötzlich das Bild vor mir, eine leere Hülle zu sein, die auf der Strecke blieb.

Als nächstes ertappte ich mich bei der Hoffnung, daß die Gipfelhütte nur eine Sinnestäuschung gewesen sei. Aber sie war weder das eine noch das andere. Es war ein kleines, weit heruntergezogenes Strohdach, das wie ein Hut auf einer hohen Spitze aus Felsbrocken angebracht war. Gerade groß genug, um einen sitzenden Menschen zu beschirmen.

Ohne je vorher einen solchen Sitz gesehen zu haben, *wußte* ich, daß es ein *Ort der Einweihung*, ein *Platz der Träume* war. Ein Katapultsitz ins Jenseits.

Ich war wie gelähmt. Mein Herz pochte im Hals. Ich bin einfach überanstrengt, dachte ich, lehnte mich gegen die Felsen und spürte im selben Augenblick, daß ich nicht an zu wenig, sondern an zuviel Kraft litt, vor Kraft bebte, oder besser gesagt, von einer Kraft gebebt wurde. Sie war es, die mich anstrengte. Denn es war nicht meine Kraft. Sie kam nicht aus *mir*, hatte vielmehr Besitz von mir ergriffen, einen chemischen Prozeß in mir ausgelöst, der die Todesahnung in Todesangst verwandelte.

»Ich geh' da nicht rauf.«

»Aber ich!« hörte ich Lena wie aus weiter Ferne. Ein eiskalter Schauer durchrieselte mich, als ich sie seitlich über mir an einem Felsen hängen sah. Kalt und unberührt, wie mitten in einem Verkehrsunfall kurz vor dem Zusammenprall, sah ich hin. Unfähig mich zu rühren, als ginge mich das, was dort oben geschah, überhaupt nichts an, wunderte ich mich nur, daß sie nicht schrie. Und doch hörte ich plötzlich einen *lautlosen*, entsetzlichen Schrei. Wußte, daß ihr Leben davon abhing, daß ich die Kraft, von der ich besessen war, überwand. Als ich meine Bewegungen, die ungewohnt langsam und mir fremd waren, wiederfand, wurde mir, wie in der Erinnerung, bewußt, daß ich für den Sekundenbruchteil einer Ewigkeit alles, was mich beschwerte, total losgelassen hatte.

Lange bevor ich Lena erreichte, faßte sie wieder Fuß und krabbelte ohne meine Hilfe weiter. Sie kroch vor mir her, und plötzlich hatte ich die Vision, daß sie aus mir herauskroch. Nicht aus meinem Körper, sondern aus meinem Kraftfeld als Mutter, dessen Fäden sie wie ein Kokon umgaben. Sie zog sich nicht an den Steinen hoch, sondern aus etwas heraus. Zerriß Fädenbündel, von denen sie bisher »abhängig« war, entschlüpfte ihrem seelischen Marionetten-Dasein wie ein Schmetterling seiner Puppe. Nabelte sich in ihre eigene Lebenskraft ab, um sich, wie ein Schmetterling vom Wind, von den Kräften des Universums tragen zu lassen.

Die Schmerzen, die ich dabei in der Nabelgegend empfand, waren unerträglich, keine körperlichen Schmerzen, sondern Wehen der Seele. Trennungsschmerzen, die an jeder Faser zerrten und mir Tränen in die Augen trieben.

208

»Mammi, ich habe Bauchweh.«

Ich rutschte aus, knallte auf den Fels, als habe plötzlich ein Widerstand nachgelassen. Im selben Augenblick waren die Schmerzen fort. Lena hatte sich umgedreht, sah auf mich herab, sah meine Tränen, fragte: »Hast du auch Bauchweh?«

Nein, ich empfand keinen Widerstand mehr. Für den Bruchteil einer Sekunde erkannte ich, daß das Empfinden von Leid nur im Widerstand möglich ist. Dann spürte und verstand ich überhaupt nichts mehr. Etwas, was mein Verstand und mein Körper sich noch weigerten zu begreifen, war passiert. Ich sah es in Lenas Augen, die ohne Mit-Leid waren, frei von Folgen und Schrecken der Wirkung, die meine Gefühle sonst in ihr ausgelöst hatten.

Sie war ganz nah und doch war mir, als sei sie unendlich weit weg, als entferne sie sich mit irrsinniger Geschwindigkeit in die Raumlosigkeit.

»Komisch, meine Schmerzen sind auch schon wieder weg«, hörte ich sie sagen. Sie sah verdutzt aus. Dann lachte sie und entfernte sich weiter.

Mir wurde schwindelig. Bewegungsunfähig lag ich da, die Hände Halt suchend um einen Vorsprung gekrallt. Als ich den Felsen in meiner Hand spürte, wußte ich es: Die Todesahnung war ebensowenig Einbildung gewesen wie die Erscheinung der leeren Hülle. Ich hatte soeben meinen Tod als Mutter miterlebt. Doch die entsetzliche Einsamkeit, das Nichts, der Tod, den ich dahinter befürchtet hatte, trat nicht ein.

Ich lebte! Stand fassungslos vor dem Leben, das ich mir soeben erstorben hatte, spürte das Leben, das im Tod verborgen war, das jeder Tod gebar.

Einen Geistesblitz lang wußte ich mich in vollkommenem geistigen Gleichgewicht, im Bewußtsein der Dualität allen Seins; erkannte, daß jeder Tod Geburt, und jede Geburt Tod bedeutet, daß erleben und ersterben Eins ist.

Statt mich aufzulösen, lud ich mich auf, indem die von Lena abgenabelten Kräftefäden in mich zurückdrangen und mir ein sonderbar beglückendes Gefühl von Heilung meiner Ganzheit gaben.

Lena hatte den Sitz erreicht, saß wie eine kleine Göttin im Lotussitz da. Fasziniert von der Unberührbarkeit, die sie ausstrahlte, starrte ich hinauf. Mein Blick verschwamm. Und dann *sah* ich die Ausstrahlung, eine gleißend flimmernde Aura, die sie umgab.

Ich erschrak. Aber der Schreck war nur ein Sprung in mein Selbst zurück. Ich fühlte mich vollkommen allein und doch, wie nie zuvor, zu zweit mit Lena; fühlte, daß jeder vollkommen allein, allein vollkommen war.

Eben noch zwei unförmig aneinanderklebende, durchsichtig leuchtende Wesenheiten mit ineinander übergreifenden Auren, waren wir nun voneinander getrennt; bildete jeder für sich eine vollkommene, nicht mehr durch den anderen, sondern in sich selbst abgeschlossene Strahlenkugel. Zwei Wesen, die für sich selbst verantwortlich, nicht mehr *in der Wirkung*, sondern *mit der Ursache* verbunden waren.

Plötzlich nahm ich das, worin wir schwebten, als Ur-Sache, die kosmischen Kräfte als Materie wahr, die in der Strahlenaura meines Leuchtwesens als Beulen und Dellen *sichtbar* wurde, sobald ich mich von etwas anderem treiben ließ als von den Strömungen dieser Kräfte.

Lena schwebte hoch über mir. In meinem Bemühen, ihr zu folgen, prallte ich gegen lauter Widerstände.

Erst als ich mich, wie aus einem Traum erwacht, am Fuße der Felsenspitze wiederfand, wurde mir bewußt, daß ich meinen Willen, ebenfalls den Gipfelsitz zu erreichen, aufgegeben hatte und der Richtung des *kosmischen Willens* gefolgt war.

Mein Verstand weigerte sich augenblicklich, zu glauben, was geschehen war. Verärgert versuchte ich mir zu erklären, wieso *Es* Lena hinauf und mich hinab getrieben hatte, empfand Neid und Eifersucht, bis mir auf einmal bewußt wurde, daß der vermeintliche Gegensatz, der Glaube, etwas erreicht oder nicht erreicht zu haben, nur in dem »Raum« meines begrenzten Verstandes Verkörperung fand.

Gepackt von einer unsagbaren Sehnsucht, diesen Raum noch einmal zu verlassen, mich noch einmal in der Raumlosigkeit zu empfinden, ließ ich mich im Schatten der Felsen nieder. Doch alles, was ich fühlte, war, daß ich mich am richtigen Platz befand. Je mehr ich mich diesem Eindruck hingab, um so tiefer sank ich in ein unendliches Vertrauen. Ich konnte nicht sagen, ob es aus dem Boden, auf dem ich saß, oder aus den Steinen, an denen ich lehnte, in mich hineinfloß oder aus mir heraus. Doch Vertrauen war es, das mich mit der Erde, mit den Felsen, mit Lena auf diesen Felsen, und durch Lena hindurch mit dem ganzen Universum verband. Ich war überrascht. Was hatte das mit Lena zu tun? Von dort, wo ich saß, konnte ich sie nicht sehen. Ich versuchte, mir vorzustellen, was sie tat.

Die einzige Vorstellung, die mir gelang, war, daß sie endgültig ihrer Bestimmung übergeben, aus der Endlichkeit meiner Kraftströme abgenabelt, in die Unendlichkeit der kosmischen Kräfte geboren worden war.

Indem ich sie in diese Kräfte gebar, erstarb ich mich in meiner eigenen Begrenzung. Denn in dem Moment, in dem mir bewußt wurde, daß ich sie diesen Kräften *anvertraute*, hatten sie sich mir als die *allmächtigen* Kräfte offenbart und mich in ein nie zuvor empfundenes, grenzenloses All-Vertrauen entlassen.

Kitzeln an der Stirn weckte mich. »Sieh mal, Mammi, die habe ich dir mitgebracht.«
Benommen nahm ich Lena die Feder, mit der sie vor meiner Nase herumfuchtelte, aus der Hand. »Sag mal, wie bist du denn ... Bist du etwa ...« Ich zeigte mit der Feder nach oben, wollte sie fragen, wie sie dort herunter gekommen

sei. Da sah ich die Feder. Ich wußte nicht, was für eine Feder das war. Aber ich wußte, daß ich diese Feder, genau diese, schon einmal gesehen hatte. Ich erkannte sie an der Musterung und an einer Ausfransung der Spitze.

»Wo hast du die her?«

»Aus der Hütte. Das ist der Schatz, von dem ich dir erzählt habe. Siehst du, ich habe recht gehabt.« Sie strahlte. Ich war entsetzt, dachte an die Gerüchte, daß dem, der etwas von einem heiligen Ort entfernt, Unheil widerfährt.

»Du kannst doch von dort nicht einfach was wegnehmen. Die Feder hat bestimmt irgendeine Bedeutung.«

»Das weiß ich selbst.«

»Ach, keine Ahnung hast du.«

Ihre Augen wurden schwarz, so dunkel, daß mir unheimlich wurde. Unheimlich vor meiner eigenen Tochter! »*Eigene* Tochter?« hörte ich ein Echo fragen und Lena gleichzeitig sagen: »Meine Seele ist meine Seele. Und du weißt überhaupt nicht, was meine Seele weiß.«

Wie immer, wenn sie diesen Ausspruch brachte und ich mich in einer Bevormundung ertappte, wollte ich lachen. Aber diesmal erwarteten ihre Augen kein Lachen. Sie blieben hart.

»Was hat denn die Feder mit deiner Seele zu tun?« fragte ich, hörte die falsche Sanftheit in meiner Stimme. Sie entsprach nicht der Spannung, die sich zwischen uns aufgeladen hatte.

»Was hat denn die Feder mit *deiner* Seele zu tun?« äffte Lena mich nach. Und während ich noch ganz fasziniert von ihrem Mut war, wurde mir durch ihre Betonung klar, daß es gar kein Nachäffen, sondern eine Gegenfrage war. Ich fühlte mich plötzlich unglaublich klein, schrumpfte auf ein winziges Wesen zusammen. »Ich weiß es auch nicht«, antwortete ich mit einer mir fremden Kinderstimme, »aber ich kenne diese Feder!«

Dann sah ich diese Augen, diesen Blick in Lenas Augen und

fing hemmungslos an zu weinen. Ich erinnerte mich. Aber woran?

»Du mußt sie drehen, Mammi. Wenn du die Feder ganz schnell drehst, geht die Angst weg.«

Ich wußte, daß Lena nur einen von unseren »Zauberspielen«, die wir manchmal spielten, zu Hilfe nahm, um mich zu trösten. Trotzdem begann ich, die Feder zwischen Daumen und Zeigefinger zu bewegen, ließ sie immer schneller um ihren Schaft wirbeln, bis sie wie ein flatternder Vogel aussah und ich lachen mußte.

Lena flog mir um den Hals: »Juhu, es hat geklappt. Jetzt weißt du auch, daß es ein Zauberschatz ist. Freust du dich? Ich schenke sie dir. Sie gehört dir.«

Ich freute mich jetzt tatsächlich und sagte es ihr. »Aber woher wußtest du, daß ich Angst hatte?«

»Was'n für 'ne Angst?«

»Du hast gesagt, wenn ich die Feder drehe, geht die Angst weg.«

»Ach so.« Sie zögerte. »Schimpfst du auch nicht?«

»Nein.«

»Mammi?«

Ich wußte, daß der Ton meiner Antwort ihre Rückversicherung war. »Ja?«

»Also, als ich da oben war, da kam so ein Geist, du weißt schon.«

»Nein!«

»Doch, ehrlich.«

»Ich meine, nein, ich weiß nicht, was für ein Geist.«

»Hach, so'n weißes Gewusele, du weißt schon. Wie die kleinen Feuergeister, nur in weiß.«

Ich mußte über ihre Beschreibung lachen, erinnerte mich an eines ihrer Comic-Hefte, in dem kleine Feuergeister als tropfenförmig lodernde Flämmchen dargestellt waren.

»Das ist überhaupt nicht witzig«, empörte sich Lena. »Es hat mich nämlich angefaßt.«

»Und dann?«

»Mammi?«

»Ja, Lena.«

»Dann habe ich in die Hose gemacht.« Jetzt lachte sie selbst: »Dabei wollte es nur mit mir spielen!«

In meinem Kopf überschlugen sich Fragen. Aber irgendetwas hielt mich davor zurück, sie zu stellen. Ich griff nach ihrem Po. Die Hose war naß. Zeit verging.

»Und was war mit der Feder?« fragte ich schließlich.

»Ich hatte Angst, daß du schimpfst. Da hab' ich sie gedreht und sie hat die Angst weggezaubert.« Sie wand sich aus meinem Arm: »Ich hab Hunger. Können wir jetzt gehen?«

Wir verließen den Berg, stiegen schweigend hinab. Nur einmal blieb Lena stehen: »Weißt du, Mammi, daß die Feder zaubern kann, das stimmt nicht. Das habe ich mir nur so ausgedacht.«

Das Abendessen in der Mission fand, wie immer, in absoluter Finsternis statt.

Am ersten Abend waren Lena und ich total verloren gewesen in dieser ungewohnten Dunkelheit. So verloren, daß ich am nächsten Morgen in dem kleinen Lädchen, das die Missionare betrieben, Kerzen kaufte, sie den Nonnen für den Speisesaal gab und mich ärgerte, als sie sie sofort in die Kapelle brachten. Aber schon am nächsten Abend war ich froh darüber.

Mit der Dunkelheit umgehen zu müssen, ließ mich die Blindheit der Gewohnheiten, die Bewußtlosigkeit, die meine Augen verursachten, erkennen. Denn plötzlich reichte es nicht mehr, zu sehen, was ich aß, um zu »wissen«, was ich aß. Es reichte auch nicht mehr den Grund dessen, was ich empfand zu sehen, um zu »wissen«, was ich empfand.

Die Sichtlosigkeit zwang mich, zu erspüren, was ich fühlte.

Ich war es so gewohnt, mit den Augen wahr-zu-nehmen, daß ich sogar in der Finsternis noch zu sehen versuchte,

warum ich die Blicke der Nonnen, an deren Tisch wir saßen, in der Dunkelheit noch stärker empfand als am Tag.
Aber ich sah nichts. Ich starrte ins Schwarze, bis ich mir
meiner Augen als Löcher bewußt wurde, aus denen ich meine ganze Wahrnehmungskraft sinnlos verpulverte. Ich
schloß die Augen, was sichtmäßig keinen Unterschied ergab, aber mein Bewußtsein verschärfte. Denn seit meine
Augen als Wahrnehmungsquelle total ausgeschaltet waren,
war ich gezwungen, meine anderen Sinne stärker, *bewußter*
als sonst zu gebrauchen.
So begann ich nicht nur, zu erschmecken, was ich aß, zu er-
tasten, was ich berührte, sondern auch zu erspüren, was
mich berührte. Ich fing an, äußere Einflüsse, Gedanken und
Blicke anderer, die ich zu fühlen geglaubt hatte, indem ich
sie sah, tatsächlich zu *fühlen*, die »Körperlichkeit« ausge-
strahlter Schwingungen *körperlich wahrzunehmen*.
Zuerst hielt ich es für Einbildung. Doch je stärker ich in
meinem Bewußtsein Fühlung mit diesen Schwingungen
aufnahm, umso deutlicher wurde der »Empfang«. Von Gedanken und Empfindungen, die mich auf einer bestimmten
Frequenz meines Bewußtseins als lautlose Nachrichten erreichten, von denen ich aber kaum eine »verstand«. Die
meisten empfing ich als Störungen und empfand sie auch als
solche, als körperliche Belästigung. Weil ich sie nicht verstand, sie nicht mit meinem Geist, sondern nur mit meinem
Körper »erfassen« konnte, nahm ich nicht ihren Sinn, sondern nur ihre Körperlichkeit, durch das Gefühl, erdrückt,
abgestoßen oder angezogen zu werden, wahr.
So drang ich mit der Zeit bis zu der Erkenntnis vor, daß ich,
abgesehen von meinem Mangel an Bewußtheit, die meisten
Gedanken nicht verstehen konnte, weil sie nicht *bewußt* ge-
sendet wurden. Sie erreichten mich, ohne *mich* erreichen *zu
wollen*. Ohne bewußten Willen, waren sie zu schwach, um
in mein Innerstes vorzudringen, und blieben deshalb wie
eine körperliche Last auf mir liegen.

ORT DER KRAFT

An unserem letzten Abend in der Mission zog es mich mehr
denn je nach draußen in den Wald, wo ich mich von solchen
und anderen Belastungen und Einflüssen befreien wollte.
Nachdem Lena eingeschlafen war und die Nonnen sich in
ihre Kammern zurückgezogen hatten, ging ich, wie jeden
Abend, zu »meinem« Stein.
Auf diesem Stein hatte ich einen großen Teil der Nächte, in
denen wir in der Mission waren, mit Konzentrations- und
Meditations-Übungen verbracht.
Der Stein lag einige hundert Meter außerhalb der Mission
auf einer Waldlichtung. Diese war im Rücken von Bäumen
umgeben und öffnete sich talwärts wie eine Rutschbahn in
den unendlichen Sternenhimmel.
Anfänglich glaubte ich, diesen Stein gewählt zu haben, weil
er von keinem Ast überragt wurde. So konnte ich sicher
sein, nicht von Skorpionen, die sich nachts von den Bäumen
auf ihre Opfer fallen lassen, befallen zu werden. Eine Sicherheit, die für gewisse Übungen förderlich war. Aber
noch wichtiger war die Ruhe, die der Stein selbst auf mich
ausstrahlte. Sie erhöhte meine Konzentrationsfähigkeit un-
gemein.
Nach einer solchen Übung entdeckte ich in dieser Nacht,
unweit von mir am Waldrand, ein Feuer. Zuerst glaubte ich,
eine Vision zu haben. Das Licht löste augenblicklich eine
Sensation ungeheurer Anziehung in mir aus. Sie war so stark,
daß ich alle Gründe, die mich zurückhalten wollten, miß-
achtete und meinen Körper total dieser Kraft überließ.
Im Näherkommen sah ich, daß mehrere Gestalten um das
Feuer versammelt waren. Die einen standen, die anderen

hockten. Einige drehten sich um. Jetzt erkannte ich, daß es Missionsschüler waren. Sie grinsten mich verlegen an, blickten dann hilfesuchend zu dem Mann, der ihnen gegenüber, sehr nah am Feuer hockte.

Das Gesicht des Mannes war nicht zu sehen. Es lag im Schatten seiner Hände, die er über die Flammen hielt. Er sagte etwas. Die Jungen vor mir traten auseinander, gaben mich seinem Blick frei.

Mein Herz pochte. Ich fühlte, daß ich schon wieder.in irgendetwas hineingeraten war. In eine Art Spaltenergie, die das Unsichtbare vom Sichtbaren trennt, und es dadurch sichtbar macht. Ich erkannte das daran, daß ich meinen Körper als einen Körper wahrnahm, der mich umhüllte. Ich war mir bewußt, daß ich in dieser Hülle war, aber innerlich getrennt von ihr.

Das erste, was ich wieder von meinem Körper fühlte, war mein Bauch, der sich wie ein Korkenzieher wand. Der Mann hatte die Hände gesenkt. Ich sah den wilden Ausdruck seiner Miene, sah die Veränderung dieses Gesichts, noch bevor mir klar wurde, daß es das Gesicht des Mara'akame Mariano war.

Etwas, das ich im ersten Moment nur als Schock zu bezeichnen wußte, durchdrang mich in immer tiefer greifenden Wellen und löste eine unglaubliche Verwirrung in mir aus. Auf unerklärliche Weise brachte ich Marianos Auftauchen hier sofort mit der Gipfelhütte in Verbindung – und seltsamerweise auch mit mir.

Meine Gedanken überschlugen sich. Ich versuchte zu verstehen, dachte an die Erlebnisse in La Mesita: an das Fest und an die Nacht, die ich mit ihm am Feuer auf seiner Ranch verbracht hatte, und an den *Traum*, den ich dort hatte.

Obwohl mir mein Verstand sagte, daß diese Geschehnisse keinen Zusammenhang zwischen seiner und meiner Anwesenheit begründeten, daß alles nur Einbildung, Wunschdenken war, wußte ich aus einer tiefen, inneren Betroffenheit heraus, daß es doch so war. Es war kein Zufall, daß wir uns gerade hier wiederbegegneten, daß sich irgendetwas von uns genau hier wiedertraf.

Ich hatte höchstens ein paar Sekunden dort gestanden. Viel zu kurz für einen Kreislaufkollaps, dachte ich. Aber das kribbelnde Ziehen von den Schläfen zum Mund ließ keinen Zweifel zu. Erstaunt, fast belustigt, stellte ich fest, daß ich im Begriff war, ohnmächtig zu werden. Ich wollte es nicht glauben, aber ich mußte. Meine Beine gaben nach. Wie um mein Innerstes noch rechtzeitig vor dem Aufprall mit meinem Körper wieder aufzufangen, sank ich – gebeten oder nicht, das war mir egal – in die Hocke.

Mariano starrte mich durch die Flammen hindurch an. Wie glühende Pfeile durchbohrte mich die Kraft, die der ungeheuerlichen Glut seiner Augen entsprang. Aber so bedrohlich und abstoßend sie auch aussahen, sie zogen mich immer tiefer in ihren Bann. Auf einmal war mir, als würde er mich gar nicht sehen, sondern mit etwas ganz anderem in Verbindung stehen.

Plötzlich zog er seinen Blick in die Flammen zurück, sagte etwas. Die Jungen lachten. Die beiden, die schräg vor mir standen, traten neben mich, so daß der Halbkreis, den sie gebildet hatten, wieder geschlossen war.

Der Mara'akame sah noch einmal kurz auf, als überprüfe er irgendetwas. Dann widmete er seine ganze Aufmerksamkeit wieder dem Feuer. Wenn er ein Holz hineinlegte, sah es aus, als würde er es füttern. Und wenn er sprach, hatte ich den Eindruck, daß er nicht mit den Umstehenden redete, sondern mit den Flammen.

Die Jungen schwiegen. Nur hin und wieder lachten sie kurz auf über etwas, was Mariano sagte. Dann lockerte sich für einen kurzen, und wie mir schien, für alle erholsamen, Moment die Spannung.

Mariano schenkte mir keinerlei besondere Beachtung mehr. Nur manchmal, wenn er einen staccato-artig aus ihm herausdringenden Wortschwall beendet hatte, die Hände über die Flammen hielt und seine überschatteten Augen unsere erleuchteten Gesichter abtasteten, spürte ich seinen Blick auf mir.

Eine Zeitlang versuchte ich, herauszufinden, worüber er sprach. Da ich aber kein Wort verstand, gab ich es bald auf und hing meinen eigenen Gedanken nach.

War es wirklich erst wenige Tage her, daß ich Mariano in gleicher Weise gegenüber gesessen hatte? Während ich dasaß und ins Feuer starrte, hatte ich für einen Augenblick den Eindruck, als habe es gar kein Dazwischen gegeben, als habe die Zeit wieder dort begonnen, wo sie damals – nachdem er in der Morgendämmerung verschwunden war – aufgehört hatte. Mit Hilfe des Feuers gab ich mich ganz dieser Vorstellung hin und begann, etwas Sonderbares zu beobachten. Marianos Stimme schien auf mysteriöse Weise Einfluß auf die Figuren zu haben, die ich in der Glut sah.

So sah ich zum Beispiel einen Hund ohne Ohren. Ich wußte, daß es nur ein glühender Ast war, der sich da vor meinen Augen in ein enthäutetes Tier verwandelte. Doch als Marianos Stimme lauter wurde, verzog der Hund sein Maul zu einer widerlichen Grimasse und bellte im Rhythmus der abgehackten, nun sehr erregten Worte des Mara'akame.

Es war lächerlich. Und doch packte mich eine solche Furcht vor dem Vieh, daß ich wegsah. Aber mit unglaublicher Kraft zog es meinen Blick wieder an.

Plötzlich zerfiel die Glut unter dem »Tier«. Mein Gefühl für Dimensionen schien ausgeschaltet. Es sah aus, als mache das jetzt pantherartig aussehende Ungeheuer einen riesigen Satz auf mich zu – mitten hinein in eine Speerspitze, die in sein Maul drang. Durch die Berührung begann die Spitze zu glimmern und verwandelte sich augenblicklich in eine Feder. Eine Feder?!

Ich erschrak so sehr, daß ich fast geschrien hätte, als ein enormes Trumm das Tier erschlug. Es war, als hätte ich selbst einen Schlag erhalten. Entsetzt fand ich mein Bewußtsein in den weit aufgerissenen Augen des Mara'akame wieder.

Wie vom Donner gerührt wurde mir klar, daß die Glut so lebendige, so *wirkliche* Formen angenommen hatte, daß ich tatsächlich glaubte, das »Tier« würde von dem Holz, das Mariano ins Feuer geworfen hatte, erschlagen.

Der Mara'akame zeigte keinerlei Reaktion. Sein Blick hatte mich bereits wieder wie eine heiße Kartoffel fallengelassen. Vergeblich wühlten meine Augen in der Glut nach einem erklärenden Hinweis. Ich sah noch ein paar seltsame Tiere und Figuren, aber nichts, dem das Feuer oder Marianos Stimme Leben eingehaucht hätte. Nichts, das mich berührte oder betraf, so wie es der schwarze Hund mit der Feder getan hatte.

Die Feder! Ob es einen Zusammenhang zwischen ihr und der Feder gab, die Lena mir von dem mysteriösen Platz auf dem Gipfel mitgebracht hatte?

Eine starke Bö fegte über uns hinweg. Ich hatte den Wind vorher gar nicht bemerkt. Die Bö kam von Norden, von dort, wo der Berg mit der überdachten Spitze lag.

Plötzlich hatte ich die Vorstellung, daß dieser Wind nicht nur aus der Richtung, sondern direkt von diesem Ort kam, irgendwie in Verbindung mit ihm stand, eine Verbindung zwischen ihm und mir schuf. Einen Strom hinab bildete, um mich in seinem Gegenstrom, wie auf einer Rolltreppe, hinaufzutragen. Es kam mir vor, als ob ich auf der untersten Stufe saß.

Jemand berührte meine Schulter. Der Junge, der neben mir gesessen hatte, war aufgestanden. Auch die anderen hatten sich erhoben. Mariano hockte immer noch auf seinem Platz, fixierte mich mit so brutaler Kraft, als wolle er mit seinen Augen irgendetwas bewirken. Herrje, konnte ich denn nirgendwo mehr hinkucken, ohne mehr wahrzunehmen, als ich normalerweise sah? Mit flehendem Blick versuchte ich, Mariano zu erweichen, sich meiner auf eine mir verständliche Art anzunehmen. Die Antwort war eine knappe Kinnbewegung, mit der er mich anwies, zu gehen. Ich drehte mich in Richtung der Mission um, blieb aber verwirrt stehen, wußte auf einmal nicht mehr, wohin. Dann folgte ich langsam den anderen.

Es war sehr dunkel. Als ich die Schatten der Jungen vor der Umzäunung sah, war ich froh, daß sie noch nicht in der Mission verschwunden waren. Ich hörte, daß sie ziemlich aufgeregt miteinander sprachen. Auf gleicher Höhe mit ihnen, glaubte ich, in der Art, wie sie zu mir herübersahen, Erwartung zu spüren, und blieb unschlüssig stehen. Erst als ich mich ihnen zögernd näherte, wandten sie sich wieder einander zu und diskutierten leise, aber heftig weiter.

Sie schienen gar nicht zu bemerken, daß sie mich in den engen Kreis, den wir nun bildeten, mit einbezogen hatten. Ich konnte mir nicht erklären, was es war, das diesen jungen Männern die Scheu vor meiner Nähe nahm, uns sogar irgendwie zu verbinden schien. Aber es war offensichtlich, daß es stärker war als die beigebrachten Regeln, die ihr Verhalten sonst bestimmten.

In ein allgemeines Schweigen hinein fragte ich, worüber Mariano eigentlich gesprochen habe. Ich hatte mich schon damit abgefunden, keine Antwort zu erhalten, als plötzlich alle auf einmal zu sprechen anfingen. Wir lachten.

Cesar, der älteste unter ihnen, erklärte mit knappen Worten, daß Mariano und auch andere Mara'akate aus verschiedenen Gründen in gewissen Abständen immer wieder hierher kämen. Er war nur sehr zögernd bereit, mir einige der Gründe zu nennen, und sah mehrmals zu einem der anderen Jungen hin, bevor er weitersprach.

So erfuhr ich, daß das Hauptanliegen der Mara'akate, die zum Teil einen Weg von mehreren Tagen zur Mission zurücklegen mußten, war, die Einflüsse der Missionare zu schwächen; die Gefahren, die sie durch die Mission auf sie

alle zukommen sahen, abzuwenden und für die Aufrechterhaltung ihres Huichol-Bewußtseins und ihrer Traditionen
zu kämpfen; aber auch, um für deren Fortführung direkt
Sorge zu tragen, indem sie bestimmte Schüler in gewisse
Aufgaben und Pflichten einwiesen.

»War Mariano deshalb hier?«

Cesar warf seinem Gegenüber einen schnellen Blick zu,
worauf dieser meine Frage mit einem kurzen Nicken beantwortete.

Ich sah die fünf Missions-Schüler erstaunt an. »Euretwe-
gen?«

Cesar packte den Jungen, der neben ihm stand, beim Schopf
und stieß ihn sanft aus dem Kreis: »Seinetwegen nicht.«

Die anderen lachten.

»Werden nur Jungen eingewiesen?« fragte ich.

Sie sahen sich überrascht an. Dann blickten alle auf mich.
Einer murmelte etwas auf Huichol, was die anderen zum
Lachen brachte. Kaum war es verebbt, platzte ein anderer
mit etwas heraus, und wieder ein anderer, so daß jede Be-
merkung das Lachen von neuem entfachte. Es gab keinen
Zweifel, daß ich diejenige war, über die sie Witze machten.
Schließlich fiel keinem mehr etwas ein. Ein paar Minuten
standen wir schweigend beisammen. Dann löste sich der
Kreis, wie auf ein lautloses Kommando hin, auf. Wir gingen
wortlos auseinander.

Ich war gerade dabei, mich in der Dunkelheit unserer Kammer auszuziehen, als Marianos Gesicht in meinem Gedächtnis auftauchte und es mir wie Schuppen von den Augen fiel: Die Kinnbewegung, mit der er mich so unwirsch
zum Gehen aufforderte, hatte mich gar nicht nach Westen,
wo die Mission lag, fortgeschickt, sondern nach Norden!
Dorthin, wo der Berg war.

Das Bild dieser Bewegung traf mich wie ein Elektroschock,
löste den Zwang, ihr augenblicklich zu folgen, aus.

Mein Verstand schien blockiert, außer sich zu sein, konnte

222

nicht fassen, daß ich tatsächlich im Begriff war, mitten in der Nacht auf den Gipfel zu steigen. Gedanken wie »Das kannst du doch nicht machen«, »Bist du verrückt geworden?«, »Wie weit willst du in deiner Einbildung eigentlich noch gehen?« schossen durch ihn hindurch, hatten jedoch keinerlei Wirkung auf mich.

Nicht mein Hirn, sondern die innere Erregung, die meinen Körper wie eine elektrische Kraft schubweise durchfuhr, bestimmte mein Handeln. Mit pochendem Herzen zog ich mich wieder an, suchte mit zitternden Händen nach der Taschenlampe, nahm die Feder, sah noch einmal nach Lena, wollte sie streicheln. Aber irgendetwas hielt mich davon zurück, sie *in diesem Zustand* zu berühren.

Ich ging über den Hof, lief über den Platz, der der Mission vorgelagert war, sah das Feuer am Waldrand, blieb, wie an einer unsichtbaren Weggabelung, stehen.

Zog es mich nicht vielleicht doch zu dem Mara'akame? Nein, ich hatte bloß Angst, entsetzliche Angst vor dem, was ich im Begriff war, zu tun, tun mußte. Denn ich wußte, daß der Zustand, in dem ich mich befand, wahrscheinlich nie wiederkehren würde, vielleicht die einzige Chance war, um mir Klarheit zu verschaffen, um herauszufinden, wozu ich mir nur einbildete bereit zu sein und wozu ich wirklich bereit war.

Zuviel war inzwischen geschehen, um weiterhin im Stillstand der Erwartung zu verharren, im Versuch, jemanden zu finden, der mich in etwas einführen würde, zu dem ich doch bereits Zutritt hatte; der geschehen lassen würde, was ja längst geschah; der mir erklären und bestätigen würde, was mit Worten nicht zu erklären oder zu bestätigen war; und der mich an Orte schicken würde, wohin es mich ohnehin – wenn auch bisher unbewußt – zur rechten Zeit gezogen hatte.

Ich hatte einen Punkt erreicht, an dem ich nicht mehr umhin kam, mir einzugestehen, daß ich das, hinter dem ich her war, bereits überholt hatte, daß es sich längst verwirklichte, nur eben auf eine ganz andere Weise, als ich es mir vorgestellt hatte. Es war eindeutig, daß mich etwas zu dem Berg *schickte*. Die Worte eines Mara'akame hätten das nicht deutlicher tun können. Kaum hatte ich die ersten Schritte in Richtung des Berggipfels getan, wußte ich, daß es sich in dieser Nacht zeigen würde, ob ich tatsächlich den Mut besaß, den zu haben ich bisher nur geglaubt hatte.

Das Licht der Mondsichel war gerade hell genug, um Wald und Weg mit unheimlichen Schatten zu bevölkern. Da ich nur noch eine Ersatzbatterie hatte, zwang ich mich, die Taschenlampe nur im äußersten Notfall zu benutzen. Bis zum Fuß des Berges hatte ich mich aber derart in Angst und Schrecken geknipst, daß ich mich in einem wilden Entschluß von der Lampe trennte und sie an einem Platz deponierte, wo ich sicher sein konnte, sie später wiederzufinden. Worte fehlen, um die Angst zu beschreiben, die mich packte, der zu begegnen ich eigentlich erst auf dem Gipfel erwartet hatte. Bereits nach den ersten Höhenmetern überfiel sie mich wie eine schwarze Masse aus der gespenstischen Finsternis, ergriff mit jedem Schritt mehr Besitz von mir, grabschte und leckte, sog mich auf wie ein Strudel, zog mich immer tiefer und tiefer in ihren Bann.

Etwa auf halber Strecke glaubte ich, in ihr Zentrum gelangt zu sein. Glaubte, den nächsten Schrecken, den mir das Geräusch eines fallenden Astes oder Blattes, der Schatten eines Strauches, einjagen würde, nicht zu überleben.

In einem Zustand, der nur noch als Delirium der Angst zu beschreiben ist, erstarrte ich in dem Gewimmle von Schlangen, Skorpionen und Gespenstern, in dem ich mich wähnte. Ich sah den einzigen Ausweg, nicht verrückt zu werden, bloß noch darin, aufzugeben. Doch die Verzweiflung, die das Verlangen, umzukehren, in mir auslöste, machte mir bewußt, daß die Gefahr nicht *vor*, sondern *hinter* mir lag. Dieselbe Kraft, die mir beim ersten Mal als ich mit Lena den

Berg bestieg, von der Spitze entgegengeströmt war, wirkte mir jetzt von unten entgegen. Es war die *Kraft der Vorsicht*, etwas, das mich eindeutig warnte. Nur warnte sie mich diesmal nicht davor, weiterzugehen, sondern davor, umzukehren.

Ich spürte die Bedrohung, die unter mir lauerte, wie einen Nebel, der langsam den Hang heraufglitt, und wußte, daß ich ihm nur entgehen konnte, wenn ich weiterstieg. Doch weiterzusteigen bedeutete plötzlich – ohne daß ich verstand, warum –, bereit zu sein, zu sterben. Umzukehren aber hätte bedeutet, mich konkret in Gefahr zu begeben. Und wenn ich noch lange stehen blieb, würde ich wahrscheinlich den Verstand verlieren.

Gefangen zwischen Feigheit und Vorsicht stand ich da. Bewegungsunfähig, wie in einem Alptraum, sah ich das wabernde Gebilde, das wie ein schwarzes Loch in einer Nebelwand aussah, mich einholen. Bevor es mich aber umhüllte und ich den Rest meiner Selbstbeherrschung verlor, war es, als überhole mich das Überbewußtsein eines erlösenden Lichtes, das vom Gipfel ausging. Wie in einem letzten Aufflackern dieses Bewußtseins wußte ich, daß ich dem, was jetzt geschehen würde, nur Einhalt gebieten konnte, indem ich diesem Licht folgte. Doch das totale Versagen jeglicher Nervenzentren machte mich diesem Wissen gegenüber völlig gleichgültig. Ich konnte weder vor noch zurück, erstarrte in der lähmenden Faszination, *zuzusehen*, wie ich dabei war, auf der Stelle durchzudrehen.

Teilnahmslos sah ich zu, wie mein Geist »verrückte«, seinen Platz verließ, blind vor Angst weder in dieser noch in irgendeiner anderen Wirklichkeit Halt fand, langsam entrückte. Ich hörte, wie es in mir schrie: »Reiß' dich zusammen! Beherrsche dich!« Lauter, immer lauter, bis ich es wirklich *hörte*, auffuhr, mich in einer plötzlichen Eingebung in die Hocke stürzte, meinen Körper zu einem Ei zusammenpreßte.

Ich umklammerte mich, als umklammerte ich den Rest meines Verstandes, die Beine meines entweichenden Geistes, bis sich das Ringen mit einer unsichtbaren Kraft in dem Bewußtsein, daß ich doch nur meinen Körper umgriff, auflöste und ich vor Erschöpfung in Tränen ausbrach.

Ich heulte mich aus meiner Angst, sprang in den Fluß meiner Tränen, wurde selbst der Fluß, der alle Qualen mit sich fortriß, überspülte, wegwusch, sich friedlich glättete und schließlich in einem Meer der Ruhe mündete.

Als ich aufsah, war die Finsternis fort. Es war immer noch Nacht. Aber ihre Dunkelheit erschien mir auf einmal wie das *Licht* der Nacht, so als sähe ich mit einem zusätzlichen Auge. Ich sah nicht *mehr* als vorher. Aber es war, als könne ich *sehen*, daß ich vor nichts Angst zu haben brauchte.

Ich sang vor Freude, merkte irgendwann, daß es immer das gleiche war. Ein paar Töne, die wie eine Kindheitserinnerung aus der Tiefe stiegen, begleitet von Wort-Gedanken, die keinen Sinn ergaben, mich aber seltsam beglückten.

Mit der Sicherheit einer Schlafwandlerin erreichte ich die Spitze des Felsens. Jäh durchzuckte mich das Gefühl, daß bereits jemand unter dem Dach saß. Als ich mich bückte, um nachzusehen, konnte ich einfach nicht glauben, was ich sah. Ich sah niemanden! Und doch spürte ich die Gegenwart von irgendjemandem so deutlich, daß ich unter das Dach schlüpfte und, in der Luft herumtastend, nach einem Widerstand suchte. Nichts. Ich befühlte den Fels, der wie ein Sitz mit Rückenlehne geformt war. Nichts. Ich setzte mich darauf und war augenblicklich allein.

Das kleine, spitz zulaufende Strohdach, das den Sitz behütete, hatte die Form einer Pyramide. Es war höchstens eineinhalb Meter hoch und endete, mit einem Durchmesser von nicht mehr als einem Meter, ein paar Handbreit über dem Platz, der gerade groß genug für eine sitzende Person war. Ich steckte die Feder, die Lena mir von hier mitgebracht hatte, wie einen Pfeil in das Dach vor mir. Es war meinem

Gesicht so nah, daß das Ende der Feder mich an der Stirn berührte.

Der Impuls, die Feder höher zu stecken, versiegte in der Erinnerung, daß Lena mich auf gleiche Weise damit gekitzelt hatte. Und plötzlich erschien mir die Berührung wie die Gegenwart Lenas, die mich, egal was hier mit mir passieren sollte, zurückholen würde, so wie es schon einmal, bei der Hexe Carmelita, geschehen war.

Wind umfegte den Gipfel, rüttelte an dem Dach, bewegte die Feder. Das Kitzeln wurde zur Folter, die Feder zum Bohrer, der an meiner Schädeldecke angesetzt hatte, einen Schmerz produzierte, der unbeschreiblich, nicht körperlich war, sondern geistig, entsetzlich, sich ins Unerträgliche steigerte. Ich riß den Kopf zur Seite und erblickte durch den Spalt zwischen Dach und Stein, tief unter mir, ein Feuer. Mariano!

Da wußte ich mich plötzlich auf der obersten Stufe der »Rolltreppe« und war sicher, daß es Mariano war, der dort am unteren Ende wachte.

Erleichterung ließ mich tiefer in die Felslehne sinken, entfernte mich um Haaresbreite von der Federspitze. Ich konnte meinen Blick nun wieder ungehindert geradeaus in die Dunkelheit des Daches richten. Ich sah nichts. Und nichts geschah. Müdigkeit überkam mich. Doch sobald ich drohte einzuschlafen, sackte meine Stirn gegen die Feder, die mich zurückstieß.

Irgendwann wurde ich mir der Erwartung bewußt, daß etwas von außen passieren müßte. Ich löste mich davon, lenkte meine ganze Aufmerksamkeit nach innen. Das Gefühl, am richtigen Ort zu sein, durchflutete mich, als würde ich von ihm angenommen. Vermittelte mir die Vorstellung, daß die Kraft dieses Ortes aus der Erde kam. Jedenfalls merkte ich plötzlich, daß sich der Fels, in dessen Schoß ich saß, öffnete. Ich konzentrierte mich darauf, das, was ich tatsächlich wie eine Öffnung wahrnahm, zu erweitern. Es dehnte sich wie ein Loch. Und als es groß genug war, war es, als ob sich eine durchsichtige Haut von unten nach oben von mir abpellte, aufstieg, während ich *nackt* in den Felsen hinabfuhr. Im selben Moment war mein Körperbewußtsein überall, nahm mit derartiger Intensität wahr, daß ich glaubte, *enthäutet* zu sein.

Diese absolute Schutzlosigkeit löste, irgendwo weit entfernt, Panik aus. Ich sehnte meinen Schutz, meine »Haut«, die ich über mir wähnte, zurück. Doch stattdessen schwebte von dort etwas ganz anderes, viel stärkeres – das Empfinden, nicht ge-, sondern beschützt zu sein – auf mich nieder.

Das Bewußtsein *seines* Schutzes erreichte mich, noch bevor ich *ihn* sah. Gleichzeitig wußte ich, daß ich dieses wirkliche Wesen, das aus dem Nichts vor mir auftauchte, nur mit diesem *anderen* Bewußtsein sehen konnte. Fragte mich, wieso ich dieses Vogelwesen immer wieder sah. Spürte sofort, daß die Verbindung mit ihm diesmal unvergleichbar tiefer war. Glaubte plötzlich, den Vogel nicht zu *sehen*, sondern Vogel zu *sein*. Ich sah, daß er mit mir sprach, merkte aber, daß ich Angst davor hatte, *genauer* hinzusehen.

»Sieh hin«, forderte er noch einmal und schlug mit seinen riesigen Flügeln. Da sah ich, daß alles schon einmal dagewesen war. Erinnerte mich, schon einmal dort, schon einmal *so weit*, gewesen zu sein. Nicht heute, nicht hier, nicht an diesem Platz und nicht in dieser Zeit. Aber schon einmal genau da, mit so einem Bewußtsein an so einem Ort. Nur die Tiergestalt war eine andere gewesen. Ich versuchte, mich an sie zu erinnern. Doch der Vogel plusterte sich auf, mahnte mich, *ihn* anzusehen. Ich tat es, hörte Anweisungen und Erklärungen und vergaß sie im selben Augenblick.

Wie Pfeile schoß es zwischen uns hin und her. Viel zu schnell, als daß ich das Gesagte hätte *erfassen* können. Ich *berührte* lediglich die Gewißheit, daß er sich mir als *Gestalt meines Bewußtseins, beschützt zu sein, offenbarte*. Und doch *wußte* ich sie unauslöschbar in mir.

Ich wollte meine Augen von seinen lösen, wollte das braun-weiße Gefieder nach der Feder absuchen. Sein Blick durchschnitt mein Vorhaben mit unglaublicher Schärfe. Da *wußte* ich, daß es eine von seinen Federn war, daß ich sie an *ihm* schon einmal gesehen hatte. Wie eine Erinnerung schoß es mir durch den Kopf: Natürlich, er hatte sie mir ja gegeben! Ich versuchte, es zu begreifen, wurde jedoch plötzlich von unendlicher Sehnsucht gepackt, die Körperlichkeit des Vogels zu erhalten, der sich vor meinen Augen zu demateriali-sieren begann. Die Langsamkeit, mit der das geschah, war wie eine Gnade. Denn sie brachte mir die Gabe, zu erkennen, daß *mein* Wille nicht *Sein Wille*, nicht Wille des Seins, war. Daß der persönliche Wille nicht den geringsten Einfluß auf die andere Wirklichkeit hat, da er in keinerlei Verbindung zu ihr steht.

Ich »erwachte« halbwegs in dem Glauben, eingeschlafen gewesen zu sein. Als ich die Augen aufmachte, wurde mir bewußt, daß sie offen waren und ich die Feder vor mir anstarrte.
Es war immer noch stockfinster. Bevor ich mich wundern konnte, wieso ich die Feder trotzdem sah, verschwand sie und mit ihr der Wunsch zu denken. Ich fiel zurück in das Gefühl, mit offenen Augen zu *sehen*. Gleich darauf war das Vogelwesen wieder da, kam näher, immer näher, bis sein Auge mein Auge war. Ich versank im Nichts. Sank durch mich hindurch, tiefer und tiefer in den Felsen unter mir.
Ich *träumte*, durch eine Röhre zu fallen, schwebte vorbei an einer rasenden Abfolge verrückter Bilder. »Über-legte«, ob ich wirklich in der Erde verschwand. Stürzte plötzlich haltlos durch einen Tunnel. An den Wänden krallten Gestalten, die von so grauenhafter Entsetzlichkeit waren, daß keine Phantasie sie hätte erdenken können.
Schnäbeln riesiger Raubvögel gleich, grabschten und hackten gebogene Nägel widerlichster Krallen in meinen ent-

häuteten Körper, zerfetzten ihn mit Leichtigkeit, als zerrissen sie einen Wattebausch. Ich schrie, erschrak über den tierischen Laut, der aus meiner Kehle kam. Es war der Schrei eines – *meines* Vogels.

Grenzenloses Entsetzen packte mich, als ich den aufgerissenen messerscharfen Schnabel des Vogelwesens zwischen den Krallen und Klauen sah. Ich wollte schreien vor Schmerzen. Da wurde mir bewußt, daß ich überhaupt keine Schmerzen empfand, nur die geballte Vorstellung von fürchterlichen Qualen hatte. Und auf einmal war ich *heil*, war ich frei!

Losgelöst von jedem Schmerz betrat ich den Ort, an dem sich alle Schmerzen dieser Welt in einem einzigen schauderhaften Ungeheuer krümmten und wanden.

Ich schwebte an dem Ungeheuer entlang. Und überall dort, wo mein Blick hinfiel, löste sich ein Schmerz aus dem sie alle verbindenden Körper, trat als wurmartiges Gebilde vor mich hin, *um sich mir zu zeigen*.

Wie Dankbarkeit strömte Mitleid aus mir in jede einzelne dieser Gestalten. Einige, deren Innerstes ich mit meinem Mitleid nicht erreichte, blieben *verschlossen*. Doch jene Gebilde, die der Strom des Mitleids in ihrem Zentrum traf, *öffneten* sich wie ein Tor, führten mich, eines nach dem anderen, zu ihrem Ursprung zurück, offenbarten mir in »Kraft-Bildern« die Ursache, aus der sie entstanden waren.

Und ihrer aller Ursache war eine Kraft, die in Angst umgesetzt worden war. Ich *sah* Angst als den Ursprung jeden Leids, das sich mir zeigte.

Einige dieser Ängste sah ich nicht in Bildern, sondern in Personen, von denen sie Besitz ergriffen hatten. Ich versuchte vergeblich, diese Personen zu erkennen.

Dann wurde mir bewußt, daß ich die Gebilde nicht mehr in ihrem *Ursprung*, in Ängsten, sondern in ihrer *Wirkung*, in Krankheiten, sah.

Die aus den Kräften der Ängste geformten Gestalten entwickelten sich nicht mehr *zurück*, lösten sich nicht mehr in ihrer Ursache auf. Sie entwickelten sich in den Körpern der Menschen, die ich sah, *weiter*, breiteten sich als Krankheit aus.

Der wirkliche Ablauf war also gar nicht Krankheit-Schmerz-Angst, sondern Angst-Schmerz-Krankheit! Jeder Krankheit lag eine Angst zugrunde!

Manche Ängste sah ich, sobald sich die Krankheit *öffnete*. Andere lagen so tief verborgen, daß es mir schien, als müsse ich *einen weiten Weg zurücklegen*, bevor sie sich offenbarten. Aber in jedem Fall führte jetzt der Weg direkt von einer Krankheit zu ihrer Ursache.

Als ich mir dessen bewußt wurde und merkte, daß die »Zwischenstadien« ausgeschaltet waren, daß ich die Gebilde, die ich wie *Seh-Hilfen* empfunden hatte, nicht mehr sah, wußte ich mich plötzlich in großer Gefahr.

Noch *spürte* ich, daß diese Gebilde mich umgaben. Ich fühlte aber, daß sie, an die ich mich auf einmal nicht mehr als Schmerz-, sondern als *Hilfs-Wesen* erinnerte, dabei waren, mich zu verlassen; daß auch meine eigenen Kräfte mich verließen – und daß ich dadurch *zur Gefahr für andere* wurde. Ich wußte, daß es jetzt reichen würde, nur an eine Angst *zu denken*, um die mit ihr verbundene Krankheit *zu bewirken*. Wußte, daß, wenn mich *meine Kraft, nicht zu denken*, hier verließe, ich es sein würde, die Krankheit bewirkte.

Eiseskälte ließ mich in dem von Furcht aufgeheizten Kampf gegen solche Gedanken erstarren. Es war also tatsächlich möglich! Es war möglich, andere Menschen auf diese Weise krank zu machen!

Während ich mich wunderte, woher ich das alles *wußte*, wurde mir plötzlich bewußt, daß ich es *hörte*. Ich bekam alles *gesagt*. Bekam seit einer Ewigkeit gesagt, daß ich sofort umkehren mußte, *auf keinen Fall irgendetwas denken*, *nichts berühren* durfte.

Auf einmal fielen Gedanken von allen Seiten über mich her.

Ich rannte um mein Leben, wußte, als würde ich hinter mich schauen und sie sehen, daß die »Gedanken«, die mich verfolgten, Krankheits-Wesen waren. Als nächstes wurde mir bewußt, daß es dieses Wissen war, *das mir die Kraft gab*, ihnen zu entkommen. Ich konnte diese Kraft *so groß machen*, daß meine Verfolger schließlich aufgaben und ich ungehindert den Tunnel erreichte, durch den ich gekommen war.

Ich glitt hinein und war unglaublich überrascht, etwas *mitgenommen* zu haben. Dieses Etwas war *in mir* und so stark, daß ich mich wie ein von seiner Kraft angetriebenes Geschoß fühlte, das durch einen luftleeren Raum schwebte.

Noch bevor ich – in der Gewißheit, *eine neue Kraft* aus der *anderen* Welt mitgebracht zu haben – mich auf dem Sitz unter dem Dach wiederfand, mußte ich über die plötzliche Klarheit des Zusammenhangs zwischen der Kraft und diesem Ort lachen. Ich erwachte von meinem eigenen Lachen. Und im Echo dieses Lachens lachte und erwachte die ganze Welt mit mir. Durch einen schmalen Seitenspalt des Daches sah ich die Sonne aufgehen.

Ich war jetzt wieder völlig im *normalen* Bewußtsein. Und doch spürte ich, daß ich mich immer noch, wie zusätzlich, in einem geistigen Zustand befand. Ich erkannte diesen Zustand sofort. Denn ich war schon einmal, vor fast einem Jahr, hineingeraten. Hatte ihn aber, trotz allem Bemühen, später nie wieder erreicht. Und jetzt war er da: Ich brauchte meinen Blick nur auf einen Punkt zu fixieren und hatte augenblicklich eine Vision.

Als mich diese Fähigkeit während des Orr-Seminars in den Schweizer Bergen zum ersten Mal völlig unerwartet und überraschend befiel, hatte ich noch nie zuvor eine Vision gehabt. Ich hatte mich auch noch nie mit diesem Phänomen beschäftigt. Und doch war es nach der ersten Vision, als beherrschte ich spontan eine neue Technik. Ich konnte damals jederzeit willentlich Visionen hervorrufen. Diese Fähigkeit hielt jedoch nur so lange an, solange ich mich in einem gesteigerten spirituellen Bewußtseinszustand befand, in den ich ganz unbeabsichtigt hineingeraten war. Daß dieser Zustand *durch Absicht* auch gar nicht zu erreichen war, wurde mir erst klar, als ich später versuchte, ihn willentlich wiederzuerlangen. Erst da wurde mir bewußt, welche extremen Situationen ihm vorausgegangen waren, welche Bedingungen ich unbewußt, durch tage- und nächtelanges, intensivstes *Zusammensein* mit der Natur, erfüllt hatte. Ich hatte mich, *ohne ein Ziel*, auf Dinge eingelassen, die sich im »normalen« Leben, mit meinem normalen Willen, in normaler Umgebung als ebenso unwiederholbar wie unerreichbar erwiesen. Doch solange ich damals *in* diesem Zustand *war*, konnte ich jederzeit willentlich Visionen bewirken. Das faszinierte mich derart, daß ich während der dreitägigen Dauer dieser Fähigkeit kaum noch etwas anderes tat.

In den Visionen spielte sowohl das Geschehen als auch die Umgebung eine große Rolle. Aber der jeweilige Inhalt war nicht die entscheidende Aussage. Sie lag in der starken *emotionalen Ausstrahlung*, die von jeder Vision ausging. Mit manchen wußte ich nichts anzufangen. Andere waren so eindeutig, daß ich glaubte, es nicht ertragen zu können, das, was sie offenbarten, für mich zu behalten. Trotzdem traute ich mich in jenen Tagen nicht, mit jemandem darüber zu reden. Ich hatte Angst, für verrückt gehalten zu werden.

Schließlich ergab es sich dann aber doch, wie zufällig, daß ich mit Orr, den zwei der Visionen direkt betrafen, darüber sprach. Er bestätigte, daß eine der von mir *gesehenen* Situationen sich vor Jahren in Polen ereignet hatte. Die andere, so stellten wir nachträglich fest, hatte sich, kurz nachdem sie mir als Vision erschienen war, verwirklicht.

Was mich damals wunderte, war weniger die Tatsache, daß das, was ich einmal voraus-, und einmal im nachhinein *gesehen* hatte, wirklich geschehen war. Was mich viel mehr erstaunte, war die Selbstverständlichkeit, mit der Orr die Gegebenheit solcher Fähigkeiten aufnahm und behandelte. Obwohl in anderen Visionen auch andere Menschen aufgetaucht waren, die ich kannte, blieb er der einzige, mit dem ich je über die Inhalte sprach – sprechen konnte. Denn später befiel mich, sobald ich zu irgendjemandem irgendetwas darüber sagen wollte, eine Art Sprachlähmung, etwas, das mich immer wieder gerade noch rechtzeitig davor *warnte*, auch nur ein einziges Wort über die Visionsinhalte zu verlieren.

Orr hatte die Visionsfähigkeit als mein »Privatfernsehen« bezeichnet. Und tatsächlich spielten sich damals wie diesmal die Visionen wie Fernsehfilme, in Bildschirmgröße, gleichgültig, wie weit der jeweilige Fixpunkt entfernt war, vor meinen Augen ab. Wie im Fernsehen waren die lebenden Bilder mal schwarz/weiß und mal in Farbe. Und wie ein Fernseher konnte ich sie ein- und ausschalten.

Ich vergaß alles um mich herum und vergnügte mich mit der wiedergewonnenen Fähigkeit wie mit einem langersehnten Geschenk – bis mich ein Bild mit großer Wucht zum ersten Mal selbst betraf.

Ich sah Lena auf einem Rancho, sah nur sie, wußte aber, daß sie nicht allein war. Ich hielt es für Vincentes Rancho und suchte nach ihm. Lena, die auf der Erde saß, stand auf und ging auf eine der Hütten zu. Obwohl ich mich nicht sah, wußte ich, daß ich in dieser Hütte war und mich aus Angst, *alles weggenommen zu bekommen*, dort eingesperrt hatte.

Lena ging nicht in die Hütte, sondern um sie herum und rannte *mit einer Unbekümmertheit, die ich ihr sehr übel nahm,* hinter irgend etwas her. Da erkannte ich, daß es sich um den leerstehenden Rancho handelte, an dem wir zufällig vorbeigekommen waren, nachdem wir Marianos Hof in La Mesita verlassen hatten.

An jenem Morgen auf dem Gipfel formte sich das, was wie ein Zufall ausgesehen hatte, zu einem Kreis, der genau dort endete, wo er begonnen hatte: Auf dem kleinen, verlassenen Rancho, auf dem wir an dem Morgen, bevor wir in die Mission kamen, gewesen waren, und auf dem ich uns nun in einer Vision wiederfand.

Der Wunsch, die Sehnsucht, dort mit Lena zu wohnen, muß in meinem Unterbewußtsein schon lange vorhanden gewesen sein. Noch während der Vision packte er mich mit solcher Macht, daß ich einfach abbrach, mich bei dem *Ort der Kraft* bedankte, meine Feder schnappte und den Berg mehr hinunter flog als sprang.

In der Mission war über Nacht ein Wunder geschehen. Die versteinerten Nonnen waren, im Vergleich zu vorher, zu fast hemmungslos anmutendem Leben erwacht. Ihre Augen funkelten, die Gesichter strahlten. Sie tuschelten, schwatzten und kicherten hinter sittsam vorgehaltener Hand.

Himmel, bedurfte es wirklich nur der Veränderung des eigenen Blickes, um Wunder geschehen zu lassen? Die Antwort kam mir über den Hof entgegen und lautete: Nein. Im Falle der Nonnen bedurfte es schlichtweg eines Mannes.

Der Pater war von seiner Reise zurückgekehrt und wollte gerade mit zwei zu Meßknaben verkleideten Huicholjungen ins Zentrum aufbrechen, um einen Gottesdienst zu halten.

Ich brauchte ihn nicht lange zu bitten, uns in seinem Wagen mitzunehmen. Die Kunde von unserer Anwesenheit in der Mission hatte ihm sichtlich zu schaffen gemacht. Er war froh, die bereits vorbereitete Rede – die in etwa den Tenor hatte, daß fremde Einflüsse in seinem Machtbereich nicht im Sinne der Erfinder des Christentums seien – abbrechen zu können, bevor sie in einem indirekten Rausschmiß eskalierte.

Er wartete geduldig, bis ich Lena geweckt und unsere zwei Sachen zusammengekramt hatte. Verharrte, während wir den Nonnen Lebewohl sagten und uns aus den Händen der Kinder befreiten, die uns festzuhalten suchten. Sie waren die einzigen, denen bei unserem Abschied nicht Erleichterung anzusehen war.

Während der Fahrt machte ich mit Lena, die mein Vorhaben, den leeren Rancho zu beziehen, begeistert aufnahm, große Pläne. Doch wie immer kam alles ganz anders als erwartet.

GEFAHREN

Ich hatte zwar sehr gehofft, den Gobernador anzutreffen.
Auf die Idee aber, ihn inmitten einer Menschenmenge ausfindig machen zu müssen, wäre ich nie gekommen. Das
sonst so öde Zentrum der Gemeinde war von mindestens
zweihundert Huicholes bevölkert.

Wie der Pater zu berichten wußte, waren sie aus allen Teilen
der Sierra hierhergekommen, um die Vorschläge der mexikanischen Regierung anzuhören und darüber abzustim-
men. Die ungewöhnlich große Ansammlung von Indianern
war auch der Grund, warum er diesen Tag für seinen Gottesdienst gewählt hatte.

Obwohl einmal mehr kaum eine Chance bestand, endlich in
den Besitz unserer Habe zu gelangen, geschweige denn,
dem Gobernador mein Anliegen vorzutragen, überraschte
mich die Freude, die ich empfand, wieder unter den »verdreckten, unmöglichen, verrückten, gefährlichen Wilden«
zu sein. Die meisten von ihnen hatten sich vor dem Regierungshaus versammelt.

Das Regierungshaus (*karrariari*) ist das größte Gebäude des
politischen Zentrums, das, wie gesagt, aus ein paar größeren, meist leerstehenden Hütten besteht. Jede der fünf Gemeinden der Sierra Huichola besitzt ein solches Gebäude
und jedes ist nach dem gleichen Grundriß gebaut.

Die Längsfront des rechteckigen Baus ist nach Osten ge-
richtet, das Strohdach auf dieser Seite weit vorgezogen. Von
Pfählen gestützt überschattet es in seiner ganzen Länge den
Vorplatz.

Im Gegensatz zu den anderen Hütten ist das Innere des Regierungshauses in zwei Räume aufgeteilt: in eine karge

237

Amtsstube und in das Gefängnis: ein leerer, finsterer Verschlag, wo die Gefangenen mit den Füßen im Strafblock, auf der Erde sitzend, ihre Strafe abbüßen.

Der eigentliche Regierungs-Sitz und -Saal befindet sich außerhalb des Gebäudes. Links unter der nach Osten hin offenen verandaartigen Überdachung steht der mächtige »Tisch der Obrigkeit«, dahinter, an die Außenwand gelehnt, die Bank des Ältestenrats. Jeder, der hier unbefugt Platz nimmt, wird bestraft.

Wie alle Versammlungen und Verhandlungen der Gemeinde, fand auch diese nicht in, sondern vor dem Regierungsgebäude statt. Auf der langen Bank aufgereiht saßen die Alten und Weisen. Vor ihnen, auf dem Tisch, stand Carlo, der Nachbar der Missionare und Besitzer des ersten »Hochhauses« in der Sierra. Er übersetzte, was der neben ihm stehende mexikanische Regierungsbeamte der vor ihnen versammelten Menge zu sagen hatte.

Was der Beamte den Leuten zuschrie, hörte sich nicht sehr nach »Vorschlägen« an.

Carlo strahlte, als er den Pater sah, zwinkerte ihm zu und versuchte, das aufgebrachte Stimmengewirr seiner Stammesbrüder zu übertönen. Allerdings, ohne den Worten des Regierungsmannes viel Aufmerksamkeit zu schenken. Er schien seinen Text auswendig zu können.

Überall um uns herum waren hitzige Diskussionen im Gange. Es war ein chaotisches Durcheinander. Den Flöhen sollte der Kampf angesagt, die Wände des Calihueys weiß gestrichen, sein geheiligter Boden überzementiert werden. Als Grund wurden Beschwerden von Schaulustigen genannt, die sich während der Osterwochen-Foto-Safari dort reihenweise Flöhe eingefangen hatten.

Zur Belohnung für das Befolgen dieses Vorschlags stellte die Regierung in Aussicht, den Indianern die Opfertiere für ihre Feste zu schenken.

Daß die Beschaffung eines solchen Tieres für den Huichol

weniger eine Frage des Geldes als traditionelle Pflicht ist, die für jeden, den sie trifft, von tiefer religiöser Bedeutung ist, eine rituelle Aufgabe, die z. B. von Krankheit und anderem Unglück erlöst und für die jeder, dem sie von den Göttern über den Mara'akame gestellt wird, hart arbeiten muß und will, weil er es der Tradition, der Gemeinschaft und seinem Glauben schuldig ist, das kümmerte den Regierungsvertreter nicht.

Nur wenige sahen die Gefahren der Abhängigkeit und die Erpressungsmöglichkeiten, die hinter dem scheinbar großzügigen Angebot lauerten. Warnungen der Alten, daß das der Anfang vom Ende ihrer geheiligten Traditionen wäre, daß schon nach kürzester Zeit niemand mehr bereit sein würde, diese Pflicht wieder aufzunehmen, wenn die Regierung es mit den Opfertieren ebenso hielt wie mit den Landebahnen, indem sie unlukrative Gebiete einfach wieder fallen ließ, wurden von Carlo und seinen Gesinnungsgenossen lauthals als Unkereien hingestellt.

Als Männer aus einem von einer stillgelegten Landepiste betroffenen Gebiet das Thema aufgriffen und von allen Seiten Unterstützung erhielten, wechselte der in die Enge getriebene Mexikaner schnell zu den vielen, schönen, Pesetenbringenden Möglichkeiten, Handelsunternehmen für die gestickten und gewebten Handarbeiten der Huicholes zu starten.

Einige der Frauen braußten über die Aussicht, ihr religiöses Schaffen als Massenware vermarktet zu sehen, auf wie erregte Furien. Die Männer nahmen das zum Anlaß, ihrerseits erneut über die Ausschlachtung ihrer Wälder zu streiten, was einen weiteren Regierungsfunktionär auf die Tischplatte brachte.

Mit vereinten Kräften versuchten sie, die Huicholes zu überreden, ihre Waldbestände an die Mexikaner zu verkaufen. Das unvorstellbar niedrige Kaufangebot wurde mit Kreditzusagen für Landwirtschaftsmaschinen aufgebessert.

Den Kauf selbst belobhudelten sie als »weiteren großen Schritt der Entwicklungshilfe« für die unterentwickelten Sierra-Bewohner. Unterentwickelt hieß für die »Helfer«: unterentwickelt in der Ausbeutung der Natur.

Daß dieser Handel für die Huicholes, auf längere Sicht gesehen, von keinerlei, für die Interessen der mexikanischen Regierung dagegen von doppeltem Vorteil sein würde, das sahen nur wenige Indianer.

Die staatlichen Gesellschaften schlachten die Wälder aus, geben den Indianern für die Zerstörung ihrer Umwelt Kredite, mit denen diese wiederum von ihnen Maschinen kaufen, deren baldige Nutzlosigkeit die wirtschaftliche und politische Abhängigkeit der Huicholes besiegelt.

Denn »wie man aus anderen Teilen Mexikos weiß, machen diese Gesellschaften Kahlschlag ohne Wiederaufforstung. In einem Gebirge wie diesem würde dann in einer einzigen Regenzeit das ganze Erdreich weggeschwemmt werden und zurück bliebe eine unwirtliche Felswüste. Die Huicholes müßten in die Elendsviertel der Großstädte abwandern.«[46]

Das Ende der Huicholes ist absehbar. Die »Verschmutzung« einer der letzten reinen Quellen geistig-religiösen Lebens hat bereits begonnen. Unsicherheit, Habgier, Alkoholismus, Kriminalität und zerstörte Familien sind in der Sierra keine Seltenheit mehr.

Hier, wo Menschen es fertiggebracht haben, bis heute im Einklang mit sich selbst, mit der Gemeinschaft, ihrer Umwelt und den Göttern zu leben, und bis heute keine Nöte kannten, die durch »Hilfe« von außen zu beheben gewesen wären, weil sie sich für alle Geschehnisse in ihrem Leben, und damit auch für Hunger, Krankheit und Unglück sowie für die Erhaltung der Natur *noch selbst verantwortlich fühlten*, werden jetzt von fremden Menschen, die diese Werte nicht mehr kennen, Nöte geschaffen, um sie dann wieder beheben und sich vor Gott, der Welt und sich selbst ihrer eigenen, persönlichen Werte rühmen zu können.

Denn diesen Leuten geht es nicht um die Indianer, sondern um sich selbst. Für sie sind die besten Indianer keine toten Indianer, sondern die, die man ausbeuten kann. Dem Kahlschlag ihrer Seelen soll nun der Kahlschlag ihrer Natur folgen.

Die, die für die Vorschläge der mexikanischen Regierung stimmten, waren fast ausnahmslos »Stadt-Indianer« und, wie der Pater stolz bestätigte, ehemalige Missionsschüler. Sie stimmten gegen ein angeblich minderwertiges Leben. Aber *wofür* sie wirklich stimmten, das erkannten sie nicht. Einwände derer, die für die Aufrechterhaltung ihres unabhängigen Huicholseins plädierten, interessierten sie kaum noch. Warnungen weitsichtiger Alter schlugen sie in den Wind. Ihnen hatte man beigebracht, daß im Namen des Fortschritts Opfer notwendig seien. Doch niemand hatte ihnen gesagt, daß sie am Ende selbst die Opfer sein würden.

Wie um das Zusammenspiel der verschiedenen Ebenen, auf denen die Zerstörung der Huicholes vorangetrieben wird, zu demonstrieren, begann der Pater in einer Verhandlungspause, vor der dem Regierungsgebäude gegenüberliegenden Kirchen-Ruine seine Messe zu zelebrieren.

Es war ein Bild des Grauens. Hoffnungslos eingeengt zwischen den Machenschaften der »Nächstenliebe« einer fremden Religion und der »Entwicklungshilfe« einer fremden Regierung, zerfiel die Versammlung der Indianer in kleine, sich bekämpfende Gruppen. Eine ehemals starke Gemeinschaft wurde hier, durch systematische Zerstückelung, zur endgültigen Zerquetschung vorbereitet.

Dies länger mit anzusehen, hielt ich nicht aus. Ich floh mit Lena zum Fluß, der inzwischen zu einem Rinnsal ausgetrocknet war. Wir wuschen unsere Sachen, ließen sie in der Sonne trocknen und kehrten erst am Nachmittag zum Zentrum zurück.

Die Versammlung hatte sich in ein Saufgelage verwandelt. Der Bierkisten-Berg, der mit dem Flugzeug der Funktionäre gekommen und vor der Tienda aufgestapelt war, war abgetragen. Erste Anzeichen des Nach-mir-die-Sintflut-Syndroms lagen überall in Form von leeren Dosen zerstreut.

Jesús war sehr betrunken und wenig überrascht, uns wiederzusehen. Den Schlüssel für sein Büro hatte er angeblich nicht dabei. Sein Versprechen, ihn zu holen, war mehr als vage, der Bescheid, daß er für den leerstehenden Rancho nicht zuständig sei, niederschmetternd.

Der für solche Angelegenheiten entscheidungsbefugte *capitán* Heronimo war sternhagelblau. »Morgen, morgen!« schrie er mich an und stieß, auf der Erde liegend, mit dem Fuß nach mir, als ich ihn in meiner Not zum wiederholten Male versuchte, darauf anzusprechen.

Die Atmosphäre im Zentrum war aggressiv, um nicht zu sagen, bedrohlich. Padre und Funktionäre waren abgereist. Ich konnte es den Huicholes nicht verübeln, daß sie ihren aufgestauten Zorn an mir, der Fremden, ausließen, die noch da war. Ihre feindseligen Zurufe und Blicke waren schwer zu ertragen.

Abseits warteten wir auf die Rückkehr des vor Stunden verschwundenen Gobernadors. Da ich keinen anderen Ausweg sah, hatte ich mich entschlossen, die Nacht ohne Erlaubnis auf dem leeren Rancho zu verbringen. Ich wollte aber wenigstens den zweiten Schlafsack und etwas zu essen mitnehmen.

Als Jesús bei Einbruch der Dämmerung immer noch nicht wieder aufgetaucht war, gaben wir es auf und liefen los, in der Hoffnung, die Ranch noch vor der Dunkelheit zu erreichen. Der Weg führte am etwa einen Kilometer vom Zentrum entfernten Calihuey vorbei.

»Keakú!« rief jemand aus dem Inneren des Tokis. Wir gingen hinein. Ein alter Mann saß dort mit einer Frau und zwei Kindern, winkte uns an das kleine Feuer, neben dem sie saßen.

Ich freute mich sehr, als ich den Alten erkannte. Es war der

Mann, der mir die Huicholkleidung verkauft hatte. Er hieß Eusebio.

Auf die Frage, was er hier mache, sagte er nur, daß er ein »cargo«, eine Pflicht, zu erfüllen habe. Seine Frau, die meine Sachen bestickt hatte, wollte wissen, wohin wir unterwegs waren. Voller Vertrauen erzählte ich es, bat Eusebio aber gleichzeitig, bleiben zu dürfen. Er antwortete nicht, bot uns Tortillas und salzigen Käse an, nahm dafür eine Packung Zigaretten. Wir aßen zusammen.

Inzwischen war es dunkel geworden. Ich wiederholte meine Bitte, bei ihnen im Tokí übernachten zu dürfen. Eusebio schüttelte den Kopf. Ich mußte die Zähne zusammenbeißen, um nicht loszuheulen. Die Hoffnung hatte mich schwach gemacht. Ich raffte mich auf, bedankte mich und trug Lena in die Nacht hinaus.

Wir weinten beide leise vor uns hin, waren aber noch nicht weit gegangen, als Eusebio uns zurückrief. Er brachte uns in den dem Toki gegenüberliegenden Ririki, und ließ uns allein.

Nachdem ich Wände, Decke und Boden mit der Taschenlampe nach Skorpionen abgesucht hatte, rollten wir den Schlafsack auf der nackten, kalten Erde aus und krochen hinein. Wir froren erbärmlich. Ich zog meine Jacke aus, legte sie unter mich und Lena auf meinen Bauch. Sie schlief sofort ein. Erst jetzt, da ich vor Kälte kein Auge zubekam, wunderte ich mich, daß ich sie auf dem Berggipfel überhaupt nicht gespürt hatte. Gegen Morgen muß ich dann doch kurz eingeschlafen sein. Eusebio weckte uns im Morgengrauen, weil er eine Zigarette wollte. Ich tauschte die letzten gegen ein paar frische Tortillas ein.

Heronimo schwankte noch immer bedenklich, als ich ihn endlich am folgenden Abend fand. Es mag mein Glück gewesen sein. Zweimal schickte er mich mit irgendwelchen Nachfragen zum Gobernador, der in seinem »Büro« saß.

Beim dritten Mal, als es um das Empfehlungsschreiben von Bertha ging, das Jesús nicht bereit war aus der Hand zu geben, begleitete er mich schließlich höchstpersönlich in die Amtsstube.

Nach einer endlosen Unterhaltung der beiden war es dann doch Jesús, der mir die Erlaubnis gab, uns drei Tage auf dem kleinen Rancho aufzuhalten. Mit der Auflage, uns nach Ablauf dieser Frist wieder bei Heronimo zu melden.

Trotz seiner Hilfe fanden wir niemand, der bereit gewesen wäre, uns tragen zu helfen. Ich weiß nicht mehr, wie ich es schaffte, aber ich schaffte es, Kiste und Rucksack allein den weiten Weg zu unserem neuen Heim zu schleppen.

Als wir ankamen, war es gerade noch hell genug, um zu sehen, wie sehr mich die Wunschvorstellung meiner Erinnerung betrogen hatte. Nicht nur die zerfallene Hütte, auch die beiden anderen waren völlig verrottet und starrten vor Schmutz.

Von Ekel, Enttäuschung, endlich nachlassender Anspannung und Erschöpfung geschüttelt, heulte ich auf und brach über unserem Gepäck zusammen. Lena legte sich auf meinen Rücken. »Hier Mammi, ich geb' dir was von meiner Kraft ab«, flüsterte sie, drückte sich auf mich und nach einer kurzen Weile durchflutete mich plötzlich eine unbändige Energie.

Wir sprangen auf und tanzten einen Freudentanz, schaufelten mit einem Brett eine Ecke zum Schlafen frei, machten zwischen all dem Schutt, der uns umgab, ein Feuer, öffneten eine Konservendose, aßen, schliefen und erwachten am nächsten Morgen schwarz vor Staub und Dreck, aber glücklich, ein Zuhause zu haben.

Auf der Suche nach den seltsamen Geräuschen, die ich in der Nacht hinter der Hütte gehört hatte, entdeckten wir in einem Loch unter der Rückwand zwei winzige Welpen. Der eine war schwarz, der andere weiß. Sie mußten in der Nacht geboren worden sein.

Es war ein Geschenk des Himmels. Die Sorge, womit sich Lena in dieser Einsamkeit beschäftigen, womit sie spielen könnte, war wie weggeblasen.

Eine bis auf's Skelett abgemagerte Hündin kam zweimal am Tag, um ihre Jungen zu nähren. Lena schimpfte mit ihr, wenn sie spät kam und die winselnden Knäule hatte warten lassen. Voller Glück beobachtete sie die Fortschritte, die die Welpen machten, und konnte es kaum erwarten, bis sie groß genug waren, um sie anfassen und mit ihnen spielen zu können.

Wir brauchten zwei Tage, um den Rancho einigermaßen bewohnbar zu machen. Aus Zweigen bauten wir Besen, schrubbten eine verrostete Tonnenhälfte so lange mit Sand, bis sie wieder als »Herd« benutzbar war. Den Dreck stapelten wir zu einem großen Haufen zusammen.

Es machte Spaß, die geräumige Wohnhütte mit den spärlichen Mitteln, die uns zur Verfügung standen, wohnlich zu machen. Die Küchenhütte war klein. Der Lehmsockel, auf dem sich die Feuerstelle befand, nahm die Hälfte des Raumes ein, der in L-Form zu der zerfallenen Hütte stand. In der Verbindungsmauer klaffte ein Loch. Der einzige Zugang zu der mit Schutt und Unrat gefüllten Rumpelkammer.

Es kostete mich einige Überwindung, um auf der Suche nach verwendbarem Material hineinzukriechen. Aber es lohnte sich. Ich fand einen alten Eimer, was die mühsame Wasserversorgung etwas vereinfachte. Denn bis zur Quelle brauchten wir hin und zurück jedesmal fast eine Stunde und bisher hatten wir nur den kleinen, in der Stadt erworbenen Plastikkanister. Nachdem ich die Löcher im Boden des Eimers mit Holzpflöcken gestopft hatte, waren wir nun im Besitz von zwei Wasserbehältern. Das ersparte uns zwar einen Gang pro Tag, der ohnehin viel zu kurz war, aber es machte das Wasserholen nicht gerade leichter. Ich hatte weder gewußt, wie schwer Wasser war, noch wie schwer es überhaupt sein würde, in und mit der Natur zu leben: Feuer machen, Wasser holen, waschen, wieder Feuer machen, weil es ausgegangen war, Frühstück bereiten, abwaschen, Holz sammeln, das wir in unseren Röcken herbeischleppten, putzen, Feuer machen, Tortillas backen, während Lena einen Mittagsschlaf hielt, Wasser holen, Klamotten waschen, Feuer machen, Küche entqualmen, rußgeschwärzt von vorn anfangen, Abendessen kochen bei Kerzenschein, die Pfanne, ohne zu stolpern, durch die Dunkelheit in die etwa zehn Meter entfernte Wohnhütte tragen, während des Essens zurück in die Küche laufen, um Holz für Tee- und Abwaschwasser nachzuschieben, da auf der »Herdplatte« nur Platz für einen Topf oder eine Pfanne war, zurückrasen, weil die Kerze ausgegangen war und Lena schreiend in der Finsternis saß, abwaschen, um nicht noch mehr Viecher anzulocken, als uns ohnehin umgaben, Hände waschen, Zähne putzen, Schlafsäcke und Hütte nach Skorpionen absuchen, Lena ins Bett bringen.

Am Ende der ersten Tage war ich derart geschafft, daß ich mich kaum noch rühren konnte. Aber ich fühlte mich so lebendig wie noch nie. Daß ich einmal ein Leben geführt hatte und wieder führen würde, in dem ich nur Griffe und Knöpfe zu betätigen brauchte, um automatisch Wasser, Wärme, Feuer, Licht und Sauberkeit zu haben, schien mir unvorstellbar.

Hier, wo es nichts mehr gab, das in unbegrenzter Fülle zur Verfügung stand, wo wir für jeden Tropfen Wasser, den wir verbrauchten, für jede Flamme, die uns wärmte und nährte, hart arbeiten mußten, wo unsere Nahrungs- und auch alle anderen Mittel begrenzt waren, erhielten plötzlich alle Dinge, die ich bisher mit achtloser Selbstverständlichkeit gehandhabt hatte, eine neue Bedeutung; wurden selbst die alltäglichsten, aus Gewohnheit unbewußten Verrichtungen zu bewußten Handlungen.

Am zweiten Tag besuchte uns ein junges Mädchen. Sie hieß Estrella und war achtzehn Jahre alt. Während wir über belanglose Dinge sprachen, wurde ich den Eindruck nicht los, daß sie etwas Bestimmtes auf dem Herzen hatte.

Auf die Frage, woher sie so gut Spanisch könne, sagte sie, daß sie eine ehemalige Missionsschülerin sei. Dann sprudelte es aus ihr heraus: Ob es stimme, daß ich schon einmal auf Hilarios Rancho gewesen sei und sogar vorgehabt hätte, bei ihm zu wohnen. Sie wollte es nicht glauben und bedrängte mich mit Fragen, ob ich denn keine Angst vor diesem schrecklichen Mann habe, nicht wisse, wie gefährlich er sei und was ich von ihm halte. Aber meine Antwort interessierte sie gar nicht.

Nach längerer Pause überraschte sie mich mit der Frage, ob man da, wo wir herkamen, auch daran glaube, daß wir kurz vor dem Weltuntergang stünden. Hilario rede immer wieder davon. Und nun habe er von einer Familie, deren Kind halb Junge, halb Mädchen sei, verlangt, das Kind zum Pazifik zu bringen und es dem Meer zu opfern. Er habe gesagt, daß die Geburt eines Hermaphroditen unter den Huicholes ein Zeichen sei, daß die Erde in großer Gefahr sei.

Ich erinnerte mich, daß der Huichol-Mythos von der Entstehung der Erde und der Menschen besagt, daß Canahué, der durch das Zusammenwirken von Sonne und Wasser entstand, eine hermaphroditische Gottheit war, die, halb Mann, halb Frau, Tmurrahue, den ersten Huichol, gebar.

Estrella sah mich erstaunt an, als ich sie fragte, ob sie glaube, daß das Zeichen, von dem Hilario sprach, etwas mit Canahué zu tun habe. Sie sagte Ja. War sich aber auf einmal nicht mehr sicher, ob Hilario wirklich verlangt habe, das Kind zu opfern oder es nur zum Pazifik zu bringen. Das bestätigte mich in der Annahme, daß durch das Gerücht und die Furcht vor Hilario ihre Phantasie mit ihr durchgegangen war. Ich hatte noch nie von Menschenopfern bei den Huicholes gehört oder je etwas darüber gelesen. Trotzdem trug Estrellas Gerede dazu bei, daß ich mich auf unserem Rancho wirklich wohlzufühlen begann.

Am dritten Abend endlich war es soweit. Bei Sonnenuntergang zündeten Lena und ich den zusammengetragenen Schmutzhaufen an und feierten mit Gejohle und Tanz die Fertigstellung unseres neuen Heims. Zwei Hexen gleich tanzten wir um das Feuer, dankten den Göttern und der Sonne für den schönen Tag, riefen den Mond und die Sterne, begrüßten die Dunkelheit und baten die Geister, uns beizustehen, da wir am nächsten Tag unseren schicksalbestimmenden Gang zu Heronimo zu machen hatten.

Lena war durch nichts mehr davon abzuhalten, jeden Sonnenuntergang, den wir auf unserem Rancho erlebten, mit dem »Abendsonne-Danke-Hallo-Mond-Tanz«, wie sie ihn nannte, zu feiern. Es wurde ein Ritual, in dem wir alles besangen, was uns am Tag beglückt hatte, aber auch, was uns bedrückte und vor dem wir Angst hatten.

Auf diese Weise teilten Lena und ich uns indirekt Dinge mit, über die wir sonst nicht sprachen und von denen wir uns ohne Unterbrechung, Rechtfertigung oder Zurechtweisung befreien konnten, da der andere nur Zuhörer der eigenen Zwiesprache mit den Mächten der Natur war.

Ab dem dritten Tag pilgerten wir jeden Morgen in banger Erwartung los, um Heronimo unsere Aufwartung zu machen. Als wir ihn am fünften Tag schließlich antrafen, bekam ich gleich zwei Lektionen über die Sinnlosigkeit von Sorge erteilt. Heronimo erinnerte sich überhaupt nicht mehr an die Drei-Tages-Frist und gab uns ohne jeden Vorbehalt und ohne zu zögern die Genehmigung, bis zum Ende unseres Sierra-Aufenthaltes auf dem Rancho zu bleiben.

Die zweite Lektion betraf die in den letzten Tagen gewachsene Sorge, daß uns der Hunger zwingen würde, vorzeitig abzureisen. Der Proviant, der mehrere Wochen reichen sollte, war bereits so gut wie erschöpft.

Bevor ich endlich dahinter gekommen war, daß das harzhaltige Holz, das wie Zunder brannte, nur in dünnen Scheiten zum Anzünden, nicht aber zum Heizen geeignet war, hatten die Qualmwolken, die mehrmals am Tag aus der Küchenhütte quollen, wie Rauchsignale die Nachricht verbreitet, daß der Rancho wieder bewohnt war. Mehrere Huicholes fanden sich daraufhin täglich pünktlich zum Essen bei uns ein. Je leerer unsere Kiste wurde, um so kleinherziger wurde meine Gastfreundlichkeit.

Ich hatte zwar von den sozialen und religiösen Hintergründen des Ausgleichsprinzips der Huicholes gelesen, hatte erfahren, daß es einem Volk, das noch so eng mit dem Geben und Nehmen der Natur und der Götter verbunden ist, unmöglich ist, nach dem Motto »wer hat, der hat« zu leben. Teilen, opfern und geben wird bei den Huicholes groß geschrieben. Wer hat, der gibt. Aber für jemanden wie mich, für den Besitz immer noch Sicherheit bedeutete, war es verflucht schwer, sich von seiner Habe zu trennen. Zumal mir das Teilen sehr einseitig schien.

Ich hatte immer nur das Gefühl, zu geben, ausgenommen zu werden, nie etwas umsonst zu erhalten. Und irgendwann passierte dann tatsächlich, was ich in der Vision auf dem Gipfel gesehen hatte. Heulend vor Wut und Schmerz, daß man mir alles nahm, stand ich in unserer Hütte, während Lena lachend über den Hof hopste und hinter ihrem Hund herlief. Ihre Unbekümmertheit, ihr Vertrauen und ihre Fröhlichkeit machten mich rasend vor Neid.

Daß Gaben von Menschen, die keinen Besitz kennen, oft erst wahrnehmbar sind, wenn man auch nichts mehr hat, nicht mehr besitzt als sie, sollte ich erst erfahren, als es soweit war. Der erste Schritt in diese Richtung geschah an dem Tag, an dem uns Heronimo die endgültige Erlaubnis gab, auf dem Rancho zu wohnen.

Bisher hatte man mich noch jedesmal abgewiesen oder mir das kleine Fenster vor der Nase zugeknallt, wenn ich versucht hatte, in dem kleinen Lädchen, das nun fast täglich geöffnet war, etwas zu kaufen. Es erschien mir wie ein Wunder, als ich an jenem Tag zum ersten Mal eine Antwort auf meine Frage erhielt, was vorhanden sei, und bekam, wonach ich verlangte. Erst auf dem Rückweg wurde mir klar, daß das Wunder nur Folge einer wachsenden inneren und äußeren Anpassung an ihre Lebensbedingungen war. So begannen wir ein ganz normales Indianer-Leben.

An einem Nachmittag entdeckten wir beim Holzsammeln im Wald ein paar Kilometer hinter unseren Hütten, einen großen Rancho, unsere nächsten Nachbarn in nordöstlicher Richtung. Zwei Frauen saßen dort und webten. Sie riefen uns zu sich, verkauften uns zwei Gürtel und luden uns für den übernächsten Tag zu einem privaten Rancho-Fest ein. Auf dem Rückweg schleiften wir große vertrocknete Äste hinter uns her, weil wir von den Frauen erfahren hatten, daß schon bald die Regenzeit einsetzen würde.

Unsere Freude über den schönen Tag hielt an, bis wir heimkamen und vor der Hütte drei wüst aussehende Huicholes vorfanden. Die Angst, die ich sofort bei ihrem Anblick spürte, war nicht die, die ich vor Hilario oder anderen hatte. Es war eine körperliche Bedrohung, die diese Männer ausstrahlten und mit der ich nun plötzlich konfrontiert war.

Ich schickte Lena in die Hütte, wies sie an, die Tür mit dem Pfahl von innen zu verriegeln, mit dem wir sie nachts notdürftig schlossen, befahl ihr, nur mir aufzumachen, setzte mich vor die Tür und harrte der Dinge.

Keiner sprach. Als der Rädelsführer schließlich mit einer Bierfahne das Wort ergriff und mit Unverschämtheiten und Drohungen versuchte, eine Reaktion aus mir herauszulokken, sah ich meine einzige Chance darin, völliges Unbeteiligtsein zu üben. Ich wußte, daß das, was in den Männern darauf wartete, auszubrechen, sich auf den kleinsten Widerstand von mir stürzen würde; war überrascht, wie leicht es mir fiel und welche Kraft es mir gab, unberührt von den Provokationen *bei mir* zu bleiben. Ich sah mir zu, wie ich das Verhalten der Huicholes mir gegenüber nun selbst an anderen ausprobierte und heil blieb.

250

Nie zuvor war mir der Schutz des Wörtchens »sabe«, das ich in der von ihnen gelernten Form vage in die Länge zog, so bewußt geworden wie jetzt, da es mir gelang, damit jede Herausforderung abzuschwächen oder zu umgehen.

Ich wurde so sicher, daß ich irgendwann aufstand, um in der Küche Feuer zu machen. Als ich zurückkam und sie bat, zum Essen zu bleiben, erhoben sie sich und verschwanden in der Dunkelheit.

Bei Sonnenaufgang bollerte jemand an die Tür. Vor der Hütte stand der Gefährlichste von den Dreien und verlangte Geld für einen Köcher mit Pfeilen, den er mir entgegenhielt. Erklärungen, daß ich sie nicht brauchte, interessierten ihn nicht. Er schimpfte, daß ich am Vortag für zwei Gürtel Geld gegeben hätte und deshalb jetzt auch von ihm die Pfeile kaufen müsse.

Ich mochte sie nicht; wollte sie auf keinen Fall haben. Aber er ließ sich einfach nicht abwimmeln. Um ihn loszuwerden, bot ich ihm Geld an, weigerte mich aber, den Köcher anzunehmen. Da drohte er mir, uns vom Rancho zu vertreiben, wenn ich es nicht täte.

Ich war drauf und dran, die Fassung zu verlieren, wollte ihn anschreien, als mir plötzlich bewußt wurde, daß er mich dann genau da haben würde, wo er mich haben wollte. Im selben Moment wußte ich, daß die Gefahr nicht direkt von ihm, sondern von den Pfeilen ausging, daß ich sie um nichts in der Welt berühren durfte. Ich *spürte* es.

Eben noch voller Wut und Furcht, fühlte ich mich auf einmal der Situation total gewachsen. Ich holte Kind und Eimer aus der Hütte, verschloß sie von außen, ließ den Mann einfach stehen und ging mit Lena zur Quelle.

Als wir am nächsten Morgen auf den Nachbar-Rancho kamen, sah ich mit Enttäuschung, daß das Fest bereits in vollem Gange war. Ich war traurig, daß man mir wieder etwas Falsches gesagt hatte. Doch das Bild der bunt gekleideten

Menschen, die unter den Bäumen lagerten, und die Musik, die uns entgegentönte, vertrieb meine Niedergeschlagenheit.

Das Rudel Hunde, das uns entgegensprang, lenkte die Aufmerksamkeit auf uns. Rosita, die uns eingeladen hatte, saß mit mehreren Frauen und Kindern unter einem von drei Seiten ummauerten Strohdach und winkte uns heran.

Schweigen trat ein, als wir den Hof überquerten. Ich erschrak fast zu Tode, als uns jemand von der Seite in den Weg sprang, mich anschrie, ich solle seinen Rancho verlassen. Es war der Mann, der mir am Vortag den Köcher, der immer noch um seine Schulter hing, hatte aufzwingen wollen. Er wankte betrunken vor uns hin und her, erstarrte plötzlich, stierte mich an und holte unvermittelt zu einem Stoß aus.

Rosita, die auf einmal zwischen uns stand, gab ihm einen kräftigen Schubs. Zwei Männer fingen den Strauchelnden auf. Rosita packte mich am Arm und brachte uns zu den anderen Frauen. Sie nahmen uns in ihre Mitte, gaben Lena Tamales, drängten mir einen Becher *tejuino* (Maisbier) nach dem anderen auf und erklärten, daß Pedro, der Ranchobesitzer, der gefährlichste Mann der Sierra sei, ein Hexer, der schon vier Menschenleben auf dem Gewissen habe.

Von der anderen Seite des Hofes, wo die Männer ihn hingeschleift hatten, schrie er etwas zu uns herüber. Eine alte, dicke Frau, die neben mir saß, drohte ihm mit der Faust.

Die Feindseligkeit, die ich ausgelöst zu haben schien, berührte mich. Ich sagte Rosita, daß ich es für besser hielte, zu gehen, und wollte aufstehen. Sie zog mich zurück: »Bleib, *ich* habe dich eingeladen.«

Eine andere stieß Rosita feixend an, zeigte auf sie und lachte: »Das ist seine Frau.«

Ich dachte, sie machte einen Witz. Aber Rosita nickte. Dann sah sie mir voll ins Gesicht und sagte: »Nimm nichts von ihm und gib ihm nichts. Nichts, nichts, hörst du.«

Sie nahm die Eier, die ich ihr mitgebracht hatte, und meinte, fast entschuldigend, daß der Mara'akame das Fest unerwartet einen Tag vorverlegt habe. Dabei deutete sie auf Antonio, der mit Federpfeilen in der Hand zwischen zwei Männern saß und vor sich hinstarrte.

Etwa vierzig Leute, Familienmitglieder, Freunde und Nachbarn waren auf dem Rancho versammelt, um an *Mawarirra*, dem Fest des Stiers, teilzunehmen, das Pedro und seine Familie ausgerichtet hatten.

Mawarirra ist eines der wenigen Zeremonienfeste, das nicht im religiösen Zentrum der Gemeinde, sondern der Reihe nach auf jedem Rancho der Sierra stattfindet. Es ist den Regengöttern gewidmet, soll Regen für die Saat erbitten und wird in der Trockenzeit bis kurz vorm Bestellen der Felder gefeiert.

Sowohl der Opfer-Stier als auch die Festspeisen (Tamales, Tortillas, Bohnen, Obst und Unmengen *tejuino*), die großzügig an alle Gäste verteilt werden, werden vom jeweiligen Rancho-Besitzer gestiftet. »Da angenommen wird, daß der Spender nicht nur Regen und Glück für den ganzen Bezirk bewirkt, sondern auch einen speziellen Segen für seine Felder und sein Haus erhält, gibt es immer jemanden, der bereit ist, einen Stier zu opfern.«[47]

Da das Fest schon am Vorabend begonnen hatte und auch der Stier schon geopfert worden war, hatten wir zwar die Höhepunkte verpaßt, aber auf dem Rancho herrschte immer noch reges Treiben.

Kunstvoll mit Nahrungsmitteln behangene, große Kürbisflaschen, Körbe voll Tamales und andere Essenssachen wurden jetzt zusammengetragen und vor den Mara'akaten aufgebaut.

Die drei Männer, die eifrig mit ihren *muwieris* (Federpfeilen) hantierten, wurden nun von den Gästen umringt. Nachdem alle laut und lange gebetet hatten, wurden die geweihten Festspeisen in kleinen Portionen an alle verteilt und mit großem Vergnügen verzehrt.

Jeder Essensgabe folgte ein Becher Maisbier, der bis auf den letzten Tropfen ausgetrunken werden mußte. Als ich nach dem vierten Becher Anstalten machte, mich zu weigern, hielten mich zwei Frauen lachend fest, während eine dritte mir das dickflüssige Zeug einflößte.

Obwohl der Alkoholgehalt von Tejuino relativ niedrig ist, tat die Menge, in der er getrunken wurde, bei allen ihre Wirkung.

Lena brauchte, wie auch die anderen Kinder, nur hin und wieder einen Schluck zu nehmen. Sie flüsterte mir zu, daß sie den Geschmack eklig fände, verzog aber beim Trinken nicht einmal die Miene. Es war erstaunlich, wie bereitwillig und leicht sie sich jeder Situation anpaßte und wie schnell sie sich zurechtfand. Nur manchmal kam sie, um sich in meinem Schoß auszuruhen oder, wie sie es bei den anderen Kindern sah, an meinem Busen zu saugen. Dann ging sie wieder und ich sah sie plaudernd inmitten einer Gruppe sitzen, mit den Männern herumalbern oder Frauen beim Entlausen ihrer Kinder helfen.

Alles, was Lena tat oder sagte, löste um sie herum Fröhlichkeit aus. Es war ziemlich eindeutig, daß es ihre Ausstrahlung war, die mir zugute kam. Denn hauptsächlich war sie es, über die die Leute Kontakt mit mir aufnahmen. Von überall, wo sie sich gerade aufhielt, warf man mir freundliche Blicke zu oder rief mich zu einem Gespräch heran. Selbst der Gobernador, den sie mit Blättern schmückte, gab sich jovial und erkundigte sich, wie wir auf dem Rancho zurechtkämen.

Glücklich, daß Lena die von mir übernommene Angst vor Hunden langsam zu überwinden schien, beobachtete ich, wie sie mit einem gräßlich aussehenden Köter spielte. Plötzlich merkte ich, daß auch andere ihr lachend zusahen, wieder andere auf die beiden aufmerksam machten und alle verblüfft das Spiel verfolgten. Etwas irritiert wandte ich mich an Rosita, die mir kichernd offenbarte, daß meine

Tochter nicht mit einem Hund, sondern mit einem Cojoten spielte.

Gegen Mittag wurde die Stimmung auf dem Rancho zunehmend aggressiver. Die sonst so wortkargen Huicholes lieferten sich Wortgefechte, die nicht selten in Handgreiflichkeiten ausarteten.

Das ständig wechselnde Verhalten jedes einzelnen strengte mich ungeheuer an. Jemand, mit dem ich eben noch freundlich gesprochen hatte, konnte mich im nächsten Moment wie Luft behandeln oder mir aus unerklärlichem Grund einen Tritt verpassen.

Hinter der Undurchsichtigkeit der Huicholes verbirgt sich eine starke Emotionalität, die besonders auf den Festen mit großer Intensität zum Ausdruck kommt. Immer wieder brachen sie ganz plötzlich und unerwartet in Gelächter, Tränen oder Wut aus. Man mußte ständig auf dem Quivive sein. Denn jede Sekunde konnte sich das Lamm, neben dem man sich wähnte, in eine giftige Schlange oder einen reißenden Wolf verwandeln.

Nach zwei mißglückten Versuchen, das Fest, das keines mehr war, zu verlassen, hatte ich mich, erschöpft vom Tejuino und der geladenen Atmosphäre, unter einen abseits stehenden Baum zurückgezogen und für einen Moment die Augen geschlossen. Plötzlich spürte ich einen stechenden Schmerz an der Schulter. Jemand hatte mich brutal angestoßen. Pedro. Er hockte vor mir und schnauzte mich an, ich solle ihm Wasser holen.

Ich dachte an Rositas Ermahnung, ihm nichts zu geben, und blieb ruhig sitzen. Er schubste mich mehrmals gegen den Baum und pöbelte dabei lauthals völlig unzusammenhängendes Zeug. Jemand rief etwas, woraufhin er kurz schwieg und dann mit überraschend veränderter Stimme auf mich einzureden begann.

Wir starrten uns an. Ich hörte seine schmeichelnden Worte, wußte, daß sie eine Falle, nur das Ausholen zu einem neuen Schlag, waren. Wollte trotzdem reagieren, aus Angst, sonst unhöflich zu erscheinen. Doch das Echo von Rositas Worten bewahrte mich davor. So gab ich dem, was auf mich prallte, einfach nach, setzte ihm keinerlei Widerstand, nicht die geringste Energie, entgegen.

Gleichzeitig überkam mich das Gefühl, das ich schon bei unserer ersten Begegnung gehabt hatte. Das Gefühl, total *unberührbar* zu sein, wenn ich einfach nur völlig bei mir war. Ich *fühlte*, daß ich mich in einem Zustand befand, in dem mir dieser Mann nichts anhaben konnte.

Pedro schüttelte immer wieder den Kopf, als wolle er seine vom Alkohol verschleierten Sinne befreien, schien immer verwirrter, daß er das, worauf er hinauswollte, einfach nicht erreichte, immer wieder in einer Sackgasse landete. Er setzte wieder und wieder von neuem an, was ihn schließlich derart in Rage brachte, daß er aufbrüllte wie ein Tier. Plötzlich fiel er um.

Erst als er vor mir auf der Erde lag, wurde mir klar, daß Lena hinter ihn getreten war und ihn umgeschubst hatte. Alle lachten. Ich stand schnell auf und ging mit Lena zurück unter das Strohdach. In einem unbeobachteten Moment nahm ich unsere Tasche und wollte mich gerade davonschleichen, als einer der beiden Musikanten auf uns zukam und fragte, ob ich Peyote haben wolle. Es war Gregorio, ein kleiner, untersetzter Mann in den Zwanzigern.

Ich hatte am Morgen längere Zeit mit ihm gesprochen und vom ersten Augenblick an ein unerklärliches Vertrauen ihm gegenüber empfunden. Zusammen mit einem anderen Mann, der die kleine Gitarre zupfte, hatte er fast ununterbrochen auf der Mini-Violine gespielt. Er hatte eine sehr ruhige, zurückhaltende Art. Umso überraschter war ich, daß er mich ansprach und mir auch noch Peyote anbot. Hätte ich damals schon gewußt, daß er ein Enkel von Hilario war, hätte mich seine Frage vielleicht nur erstaunt. So aber war ich verunsichert. Jesusita hatte mich gewarnt, außerhalb des

Calihueys von jemandem, den ich nicht kannte, Peyote anzunehmen.

Soweit ich es übersehen konnte, hatte, seitdem wir hier waren, niemand Peyote gegessen. Ich verspürte nicht die geringste Lust, in dieser Stimmung selbst welchen zu mir zu nehmen. Auch hatte ich auf einmal Bedenken, ob das Vertrauen, das ich zu Gregorio hatte, tief genug war, daß ich auf sein Angebot eingehen konnte.

Gregorio schien meine Gedanken gelesen zu haben: »Es ist guter *híkuri*. Ich selbst habe ihn aus Wirikuta mitgebracht. Du wirst ihn brauchen für *Híkuri Neirra*.«

Die Tatsache, daß er mich für das Peyote-Fest versorgen wollte, und die Freundschaftlichkeit, die in seinen Worten mitschwang, rührte mich. Ich bedankte mich und nahm an.

Gregorio bat mich zu warten, da er die Kakteen erst holen müsse, und ging. Ich sah nicht, wohin. Schreie von der anderen Seite des Ranchos lenkten die Aufmerksamkeit aller dorthin. Pedro kniete vor einer weinenden Frau und schrie auf sie ein.

Eine innere Stimme mahnte mich, nicht auf Gregorio zu warten und sofort zu gehen. Doch das sichere Gefühl, das ich ihm gegenüber hatte, ließ mich die Stimme überhören.

Alle verfolgten bewegungslos das Geschehen. Plötzlich krächzte die korpulente Greisin, die Pedro schon morgens mehrmals mit der Faust gedroht hatte, auf, erhob sich ächzend von ihrem Platz und walzte, gefolgt von Rosita, über den Hof.

Bei ihrem Anblick warf sich Pedro auf den Boden, streckte, wie ein Hund, alle Viere nach oben. Die beiden Frauen griffen nach ihm. Angstvoll wälzte er sich herum, versuchte auf Knien und Händen zu entkommen. Die Alte schlug auf ihn ein. Er wimmerte, zerrte sich an Rosita hoch. Doch die Greisin stieß ihn einfach wieder um. Jede der beiden Frauen packte nun ein Bein und so schleiften sie ihn auf dem Rük ken über den Hof hinter die Hütten. Lena stand neben mir und klatschte. Die Männer und Frauen um uns herum sahen sie verdutzt an, lachten und taten es ihr erst zögernd, dann mit großem Vergnügen, gleich.

Der Mann, der zusammen mit Gregorio die Gitarre gespielt hatte, bat mich um eine Zigarette. Ich hatte keine mehr und sagte es ihm. Er fuhr mich an, daß er genau gesehen habe, daß ich allen eine angeboten hatte, nur ihm nicht. Ich entschuldigte mich und versuchte ihm zu erklären, daß ich nur drei Packungen gehabt und es eben nicht für jeden gereicht habe. Er fuhr mir über den Mund, riß mir die Tasche aus der Hand, wühlte darin herum, schmiß sie mir vor die Füße, erklärte in unverschämtem Ton, er habe jetzt Lust zu rauchen. Ich solle zur Tienda gehen (wofür ich hin und zurück zwei Stunden gebraucht hätte) und ihm welche holen. Wenn nicht, so drohte er mit gemeinem Lachen, würde er abends auf unseren Rancho kommen und mich zusammenschlagen. Zitternd vor Furcht fauchte ich ihn an, er solle nur kommen. Mir könne er keine Angst machen. Ohne noch eine Sekunde länger auf Gregorio zu warten, nahm ich Lena bei der Hand und verließ, so langsam und gefaßt ich nur konnte, den Rancho.

Auf halbem Wege zu unserer Hütte brach ich auf einmal zusammen. Lena, die alles, was passiert war, genau beobachtet hatte, aber durch nichts aus ihrer unbeschreiblichen Ruhe gebracht worden war, saß still neben mir. Um sie nicht noch mehr zu belasten, versuchte ich, meinen Schmerz, meine Angst, Enttäuschung und Erschöpfung so gut ich konnte zu unterdrücken. Da hörte ich sie nach qualvollen Minuten, die ich bewegungsunfähig auf der Erde lag, sagen: »Mammi, warum läßt du nicht einfach deine Wut und alles heraus?«

Ich schrie und brüllte, weinte und weinte, bis mich eine tiefe Ruhe überkam und ich einschlief. Lena weckte mich und zeigte mir stolz den Holzhaufen, den sie in der Zwischenzeit zusammengetragen hatte. Ich kam von so weit her, daß es mir schien, als habe ich nicht geschlafen, sondern als sei ich ohnmächtig gewesen. Die Fiesta erschien mir wie ein böser Traum. Allerdings wirklich genug, daß ich mir auf dem Heimweg einen dicken, handlichen Knüppel suchte, den ich seither griffbereit in der Hütte aufbewahrte.

Nie zuvor (aber noch oft danach) hat mich der Anblick unseres Ranchos, das Eintauchen in Ruhe, Frieden, Einsamkeit und Geborgenheit unseres kleinen Reichs, so glücklich gemacht wie an diesem Nachmittag. Mehr denn je nahm ich es als ein wirkliches Zuhause wahr.

Das Glück dauerte genau zwei Stunden.

Wir hatten gerade unseren Tanz beendet und wuschen uns im Dämmerlicht, als ich plötzlich spürte, daß jemand hinter uns war. Der Gitarrenspieler hätte mich nicht mehr erschrecken können als Dolores, die, wie aus dem Nichts aufgetaucht, mitten in unserem Hof stand. Ihr Anblick löste Panik in mir aus. Erinnerungen stürzten über mich her.

»Was willst du hier?« fuhr ich sie an.

»Du sollst zu meiner Tante kommen«, krähte sie los. »Sie will mit dir reden.«

Ich spürte, wie ich eine Gänsehaut bekam. »Ich will aber nicht mir ihr reden. Sie soll mich in Ruhe lassen. Geh' und sag ihr das.«

»Ich traue mich nicht«, jammerte sie plötzlich, tat, als ob sie heule, und klagte: »Carmelita wird mich schlagen. Gib mir etwas von dir, damit sie mir glaubt, daß ich hier war. Du bekommst es bestimmt wieder.«

Ich horchte auf. ›Gib ihm nichts, hörst du, nichts!‹ hallte es in meinem Hirn wider. »Ich denke gar nicht daran. Verlaß jetzt den Rancho.«

»Das ist nicht euer Rancho«, keifte sie. »Carmelita hat gesagt, ihr müßt zurückkommen. Sie hat gesagt, ihr dürft hier nicht bleiben.« Sie stockte. »Der Gobernador hat gesagt, ihr sollt den Rancho sofort verlassen.«

Ich bekam einen hysterischen Lachanfall.

»Wenn du jetzt nicht mitkommst zu meiner Tante, passiert etwas. Ja, ja, du wirst es sehen. Es wird etwas Schlimmes geschehen!« hörte ich sie schreien.

Das war eine Drohung zuviel für einen Tag. Getragen von einem tierischen Schrei stürzte ich auf sie los. Sie raste davon, warf sich unter der Umzäunung hindurch und entkam mir nur um Haaresbreite. Erleichtert und entsetzt sah ich ihr nach. Die Vorstellung, was ich mit ihr gemacht haben würde, wenn ich sie erwischt hätte, ließ mich erschaudern.

Dolores war noch nicht außer Sichtweite, als ich Lena kläglich weinen hörte. Sie kniete hinter der Hütte neben dem Mauerloch. Vor ihr lag einer der kleinen Hunde, die uns vorhin, bei unserer Rückkehr, beide noch schwanzwedelnd entgegengetapst waren.

Der Hund war tot. Ich konnte es einfach nicht fassen. Nahm Lena in den Arm. Klammerte mich an die Hoffnung, sie habe ihn fallengelassen. Lena beruhigte sich nur langsam. Von Schluchzern geschüttelt erzählte sie schließlich, daß der Kleine eben noch herumgesprungen und dann plötzlich umgefallen sei. Als sie ihn streicheln wollte, habe er ein paarmal gezuckt und sich dann nicht mehr gerührt.

Sein Tod nahm sie sehr mit. Doch das Schlimmste war, daß es ausgerechnet den längst zu ihrem Liebling auserkorenen weißen Hund getroffen hatte.

Der Gedanke, daß sein Tod in Zusammenhang mit Dolores Drohung stand, ließ mich tagelang nicht mehr los.

Die Begräbnisfeierlichkeiten, die wir für ihn veranstalteten, lenkten Lena ein bißchen ab. Aber ihr Schmerz war so groß, daß sie mehrmals in der Nacht aufweinte.

Am nächsten Tag tauften wir den schwarzen Hund auf den Namen »Boogie«. Wie um ihn nicht auch noch zu verlieren, bastelte Lena aus bunten Bändern ein Halsband und eine Leine. Seine Mutter ließ sich jetzt kaum noch blicken.

Um meines Widerwillens Herr zu werden, wenn Lena ihn auf den Arm nahm, da er vor lauter Hunger unsere Scheiße fraß, und um ihr kleines Glück aus hygienischen Gründen nicht noch mehr zu begrenzen, als ich es ohnehin schon tat, opferten wir kostbares Milchpulver und Essen, um ihn hochzupäppeln. Nach ein paar Tagen war er zu einem kräftigen, frechen Kerl herangewachsen. Er war so lustig, gelehrig und niedlich, daß ich sehr aufpassen mußte, Lena die Rolle als »Frauchen« nicht streitig zu machen.

Durch ihre kleinen Sorgen, daß ihm etwas zustoßen könnte, ihren Ärger, wenn er ihr nicht gehorchte, und ihre Angst, wenn er ihr davonlief, begann sie in kleinen Schritten meine ihr oft unverständlichen Reaktionen ihr gegenüber zu begreifen.

Bald begleitete er sie auf Schritt und Tritt. Nachts schlief er in einer Kuhle, die Lena vor der Hütte gegraben hatte, und wuffte beim kleinsten Geräusch. Überhaupt schien er sich seit dem Tag, an dem sein Bruder gestorben war, für unseren Wachhund zu halten. Mit seiner piepsigen Stimme knurrte und kläffte er jeden an, der sich unserem Rancho näherte. Doch so liebenswert er auch war, Lena vergaß nie den anderen, den sie den »Geist von Boogie« nannte.

Zwei Tage nach Dolores' Erscheinen hielt ich die Ungewißheit nicht mehr aus, nahm allen Mut zusammen und machte mich mit Lena auf ins Zentrum, um mit dem Gobernador zu sprechen und herauszufinden, ob etwas Wahres an Dolores' Worten war.

Vor dem Regierungsgebäude herrschte Feststimmung. Miguel, der *topile* (Assistent) des Gobernadors, trat aus der Menge, begrüßte uns freundlich, erkundigte sich, warum wir das Fest auf dem Rancho so schnell verlassen hatten, entschuldigte sich offiziell für Pedros Verhalten und lud uns ein, dem gerade beginnenden Höhepunkt des *Kurrupurik* beizuwohnen.

Kurrupurik ist eine der fröhlichsten und ausgelassensten

Fiestas der Huicholes, da sie vier Monate Straffreiheit einleitet und garantiert. Denn an diesem Tag, der Anfang Juni gefeiert wird, stellt das Tribunal der Gemeinde für die Dauer der Saat- und Erntezeit seine Tätigkeit ein. Der Höhepunkt des Festes ist, wenn der »Tisch der Obrigkeit« (*itsukate wamerra*) gegen die Mauer des Regierungshauses umgekippt und der »Marterpfahl« eingebracht wird, an den sonst sowohl Opfertiere als auch mit Auspeitschen Bestrafte gebunden werden.

Jeder im Zentrum war von der ungewohnt vergnügten Stimmung erfaßt. Alle waren freundlich. Manche begrüßten uns wie alte Bekannte. Einige, die wir wochenlang nicht gesehen hatten, waren so überrascht, uns immer noch hier anzutreffen, daß sie beinahe erfreut schienen.

Mit Gelächter und Stößen ermutigte man uns, näher zu treten, um das Umkippen des schweren, langen Tisches, das unter großem Jubel vor sich ging, mitzuerleben. Von Rosalio, der uns fast herzlich begrüßte und den ich mich besonders freute wiederzusehen, erfuhr ich, daß der Tisch nun vier Monate in dieser Position bleiben würde. Erst Anfang Oktober, wenn die Zivilautoritäten ihre Funktionen von neuem aufnehmen, wird er wieder aufgerichtet. Der Beginn der neuen Sitzungsperiode wird dann mit dem *Rapalarriko*-Fest zelebriert und endet für die jeweils nur ein Jahr amtierenden Beamten mit *Parrikúte*, dem Wechsel der Macht.

DER WECHSEL DER MACHT

Parrikúte, das Fest des »Wechsels der Macht« (auch »Wechsel der Stäbe« genannt), findet alljährlich in der ersten Januar-Hälfte statt. Es ist das erste Fest im Zeremonienkalender der Huicholes. Obwohl von großer politischer Bedeutung, ist es tief den Traditionen und dem religiösen Glauben dieser Indianer verhaftet.

Wie schon erwähnt, hat jede der fünf Gemeinden in der Sierra Huichola eine eigene Regierung. Sie besteht aus einer kleinen Gruppe von Huicholes, die jedes Jahr im Januar neu zusammengesetzt wird. Ihre Mitglieder werden nicht durch allgemeine Wahl von den Gemeindemitgliedern gewählt, sondern vom Ältesten-Rat (*kawitero*) bestimmt.

»Die Namen des zukünftigen Gobernadors und wichtiger Beamter werden häufig von dem obersten Mara'akame *geträumt* und nach allgemeiner Zustimmung des Ältesten-Rates bestätigt.«[48]

Andere werden von Rats-Mitgliedern vorgeschlagen. Fähigkeiten, Charakter und Eignung des Nominierten werden ausgiebig analysiert, diskutiert und nach sehr strengen Maßstäben beurteilt, bevor ihn der Kawitero akzeptiert.

Jeder Huichol ist verpflichtet, der Entscheidung des Konzils Folge zu leisten und sich, der Reihe nach, in den Dienst der Gemeinschaft zu stellen. Da jedoch keines der Ämter mit besonderen Privilegien oder materiellem Profit verbunden ist, sondern auf jeden während seiner Amtszeit noch mehr Arbeit, Sorgen, Ausgaben und absolute Treueverpflichtung zukommen, kommt es nicht selten vor, daß ein Auserwählter, wenn er von seinem Los hört, sich anfänglich weigert, seinen öffentlichen Dienst anzutreten.

Obwohl jeder weiß, daß er, wie alle anderen auch, das ihm zugeteilte Amt übernehmen muß, willigen viele nur mit großem Widerstand und erst nach endlosen Diskussionen mit dem Ältesten-Rat (dem auch Mara'akate angehören) in ihre Ernennung ein. Welches der verschiedenen Ämter einem jeden zugeteilt wird, hängt allein davon ab, für welches die Alten ihn für qualifiziert halten.

Das höchste öffentliche Amt ist das des *tatohuani* (Gobernador), gefolgt vom *arkárite* (Friedensrichter), dem *cahuitero* (Berater), dem *capitán* (Hauptmann), dem *arkuatsile* (Stellvertreter), dem *tsaraketi* (Sergeant) und den *topiles* (Polizisten).

Die *topiles* werden im Gegensatz zu den anderen o. g. nicht vom Rat, sondern von den neu ernannten Amtsträgern selbst gewählt. Ihre Zahl variiert je nach den Bedürfnissen des Stammes.

Dem *tatohuani* und dem *arkárite* müssen jeweils zwei, jedem der anderen Beamten mindestens ein *topile* als Untertan zur Verfügung stehen.

Außer den Funktionen des Gobernadors und denen der *topiles*, sind die Wirksamkeiten der Amtsinhaber nicht genau festgelegt. Sie fungieren als Berater und Assistenten des Gobernadors, können jedoch ohne diesen keine wichtigen Entscheidungen treffen. Doch auch in Anwesenheit des Gobernadors werden keine wesentlichen Entschlüsse ohne die Zustimmung des Mara'akame gefaßt, der die Wünsche der Götter an die zivilen Autoritäten weitergibt.

Die *topiles* haben keinerlei eigene Entscheidungsbefugnis. Sie sind ausführende Organe ihrer Vorgesetzten. Als Wächter von Gesetz und Ordnung, Boten und Diener des Calihueys haben sie Aufgaben sowohl in politischen als auch religiösen Bereichen. Zu ihren Pflichten gehört es ebenso, Übeltäter einzufangen und Versammlungen zusammenzurufen, wie sich um die Organisation der Feste und die Vorbereitungen im Calihuey zu kümmern.

Da die Verantwortlichkeiten der »cargos« (zeremonielle Ämter) im Calihuey für Männer und Frauen unterschiedlich und genau festgelegt sind, sollte der *topile* verheiratet sein. Denn mit seiner Ernennung erhält auch seine Frau automatisch das Amt eines *tenanche* (Tempeldieners).

Während die *topiles* u. a. für die Herstellung bestimmter Ritualgegenstände und die Holzbeschaffung für das Zeremonienfeuer verantwortlich sind, gehört es zu den Obliegenheiten ihrer Frauen, für die Wasserversorgung, das rituelle Ausfegen des Tempels und das Kochen der zeremoniellen Mahlzeiten zu sorgen.

Bevor das Fest des Machtwechsels stattfindet und die neuernannten Beamten ihre Tätigkeit übernehmen, begeben sich die drei höchsten neuen Amtsinhaber in die jeweilige Kreisstadt, der ihre Gemeinde administrativ zugehörig ist, um sich den Vertretern der mexikanischen Regierung zu präsentieren und auch von diesen offiziell in ihren Ämtern bestätigt zu werden.

Ein bis drei Tage nach ihrer Rückkehr versammeln sich alle im Calihuey. Wie jede Fiesta beginnt auch diese am Abend mit den heiligen Gesängen der Cantadores und rituellen Tänzen, die erst kurz vor Sonnenaufgang, mit dem Opferritual enden.

Wieviele Stiere geopfert werden müssen, wird von dem Mara'akame bestimmt. Es soll Feste gegeben haben, wo bis zu 25 Stiere getötet wurden, um die Götter zufriedenzustellen. Mit ihrem Blut werden die »Stäbe der Macht« geweiht.

Der Tag verläuft mit dem Schlachten der Tiere, dem Zubereiten und Verteilen der heiligen Brühe aus ihrem Fleisch und anderen rituellen Aktivitäten. Während des festlichen Treibens dieses Tages und der folgenden Nacht verharren die alten und die neuen politischen Vertreter, tief in sich gekehrt, auf ihren Plätzen, bis am nächsten Morgen die Zeremonie des »Wechsels der Stäbe« beginnt.

Die »Stäbe der Macht« gelten als Zeichen der Autorität des

265

jeweiligen Beamten. Sie sind aber, ähnlich wie die *tatohuans* (die heiligen Stäbe, die über Riten und Zeremonien wachen), auch Symbole religiöser Mächte, die denen, die sie tragen, besondere Kräfte verleihen, sie beschützen und überwachen.

Die Stäbe werden aus dem roten Stammesinneren des den Huicholes heiligen Brasil-Baumes gefertigt, sind schwer und knorrig und haben, je nach dem Rang dessen, dem sie gehören, verschiedene Längen und Stärken. Auch die Bänder, die am oberen Ende eines jeden Stabes befestigt sind, haben unterschiedliche Farben, die jede ihre eigene Symbolik beinhalten.

Der Stab des Gobernadors z. B. ist der dickste und mit ca. 60 Zentimetern der längste. Er ist mit Bändern in allen Regenbogentönen ausgestattet. Der des *arkárite* weist die Farben Rot, Grün, Blau, der des *capitán* Rot, Gelb und Blau auf.

Nachdem die »Stäbe der Macht« den künftigen Zivilautoritäten im Calihuey übergeben sind, begeben sich alle Versammelten in das politische Zentrum. Dort, vor dem Regierungsgebäude, werden nun die abdankenden Beamten von ihren Stammesmitgliedern und dem *cahuitero* (dem vom Mara'akame eingeweihten Berater) gelobt und getadelt, was nicht selten zur Folge hat, daß Betroffene, Berater und andere weinen. Anschließend ziehen alle zurück in den Calihuey, wo das Fest bis zum nächsten Sonnenaufgang fortgesetzt wird.

Als Lena und ich in die Sierra kamen, war Jesús seit knapp drei Monaten im Amt. Ich hatte mich oft gewundert, warum gerade dieser so linkisch, entscheidungsunfähig und hilflos wirkende Mann Gobernador war. Erst jetzt, während des *Kurrupurik*-Festes, als ich von Rosalio über die Hintergründe der Ernennungen erfuhr und von der panischen Angst, die Jesús vor dem ihm oktroyierten Amt hatte und die er für seine Pflichterfüllung gegenüber der Gemeinschaft überwinden mußte, sah ich ihn in einem ganz anderen Licht und mußte mir mal wieder meine Voreingenommenheit eingestehen.

Jesús lachte, als ich ihm von Dolores' Drohung, den Rancho verlassen zu müssen, erzählte, lobte meinen Mut, den ich Pedro gegenüber bewiesen hatte, und lud uns für den nächsten Tag zu einem anderen *Mawarirra* auf den Rancho seines Bruders ein. Er bot uns sogar an, ihn persönlich dorthin zu begleiten.

Ich konnte nicht leugnen, daß mir sein Angebot schmeichelte. Aber ich konnte auch nicht leugnen, daß mir die Widrigkeiten des letzten Rancho-Festes noch zu tief in den Knochen saßen, als daß ich den dreistündigen Fußmarsch zu dem Festort in einem entlegenen Tal in Kauf hätte nehmen wollen. Ich wollte unsere Kräfte lieber für das angekündigte Peyote-Fest sparen und sagte dankend ab.

Die den Regengöttern geweihten Zeremonien müssen ein durchschlagender Erfolg gewesen sein. In der Nacht der Fiesta brachen Stürme, Eiseskälte, Wolkenmassen und Nässe über die Mesa herein. In den dicken Nebelwolken, die am bitterkalten Morgen um unsere Hütte fetzten, konnte man keinen halben Meter weit sehen.

Der unvorstellbar krasse Wetterumschwung und Temperaturabfall überraschte uns derart, daß ich dachte, der Himmel bräche über uns zusammen. Ich war der Situation nicht im geringsten gewachsen. Es dauerte fast einen Tag, bis ich mich aus meiner Hilflosigkeit soweit aufrappelte, um zu retten, was noch zu retten war.

Wir stopften die Löcher und Risse in den Wänden mit Lehm und machten uns auf, um Holz für die nächsten Wochen zu sammeln und es in die Küchenhütte zu schaffen, bevor es vom Regen durchtränkt war.

Die Hütte, die Schlafsäcke und all unsere Sachen waren klamm. Die Schuhe Klumpen aus Schlamm, in dem wir bis

267

zu den Knöcheln versanken. Wir froren entsetzlich und ich verfluchte meine Leichtsinnigkeit. Denn um unser Gepäck zu erleichtern, hatte ich die meisten warmen Kleidungsstücke während unseres Aufenthaltes in der Stadt nach Deutschland geschickt.

In der Hütte war es kaum auszuhalten vor Kälte. Nachts zogen wir alles an, was wir hatten, und banden die Schlafsäcke über den Köpfen zusammen. Der Versuch, in der Hütte ein Feuer zu machen, erstickte im Qualm des nassen Holzes. Draußen war es tagsüber zwar etwas wärmer als drinnen, aber so unheimlich, daß wir uns kaum vor die Tür wagten.

Die milchige Suppe, die uns umhüllte, war nicht einfach Nebel. Es waren gespenstische Schwaden, deren kriechende Feuchtigkeit fühlbar nach uns grabschte. Sie kamen mir vor wie eine unheilvolle Materie, von der ich mich auf seltsame Weise bedroht fühlte.

Drei Tage lang drang nicht ein wärmender oder trocknender Sonnenstrahl durch die beklemmende, erdrückende Wolkenmasse. Als am vierten Vormittag die undurchsichtigen Schleier, die uns in totale Isolation gepfercht hatten, zerrissen, hatte ich einen weiteren Schritt über die vermeintlichen Grenzen von Einsamkeit und dessen, was der Mensch ertragen kann, getan.

Es war, als würde uns mit der Sonne ein neues Leben, ein neues Bewußtsein für Licht und Wärme, gegeben. Wir tanzten und jubelten, umarmten die Bäume und den Wind und streichelten mit unserer Freude alles, was uns an diesem Tag in die Quere kam.

Die Sierra dampfte und mit ihr alles, was wir der Sonne zum Entfeuchten gaben. Boogie kläffte und sprang zusammen mit dem Heer von Flöhen, die sein Fell beherbergte, die Sachen an, die wir zum Trocknen herausgehängt hatten.

Mittags holte Lena den Schlaf nach, den sie in den eiskalten Nächten nicht gefunden hatte. Pfeifend vor Glück über die

Wärme der Sonne, den Geruch, der von der Erde aufstieg, und die Befreiung aus der Bedrückung der letzten Tage, machte ich mich an die Arbeit, den Holzvorrat für die bevorstehende Regenzeit vorzubereiten. Ich hievte Stämme und Zweige, die wir zusammengeschleppt hatten, ins Freie, kroch, auf der Suche nach einer Machete oder einem anderen Gegenstand, um die dicken Äste zu zerkleinern, durch das Loch der Küchenwand in die zerfallene Hütte.

Als ich das Rasseln hörte, gerann das Blut in meinen Adern. Bevor ich sah und begriff, was es war, und mich blankes Entsetzen übermannte, wußte ich für den Bruchteil einer Sekunde, daß ich mit dem Tod in einem Raum war – daß aber *mein* Tod anders aussehen würde. Was mir – beim Anblick einer riesigen Klapperschlange vor mir – wohl als die idiotischste und eingebildetste Gewißheit erschien, die ich je gehabt hatte. Die Gewißheit verschwand auch sofort, als ich die rasselnd erhobene Schwanzspitze der Schlange sah.

Wie Pfeile sausten Bilder und Gedanken durch meinen Kopf. Ich sah Lena, die in der Hütte lag, dachte an den Zettel in meiner Tasche, auf dem in drei Sprachen stand, was zu tun sei, wenn mir etwas zustoßen würde. Und doch schien mir die Situation total unwirklich, die Gefahr mehr *eingebildet*, das Tier hundertmal harmloser als die Erlebnisse und Wesen der *anderen* Wirklichkeit. Das änderte aber nichts an meiner Angst.

Überrascht stellte ich fest, daß die Schwanzklapper tatsächlich wie eine Maiskolbenspitze aussah. Urgroßmutter Erde, die sie der Urschlange aufgesetzt hatte, fiel mir ein. Gleichzeitig spürte ich den Kontakt mit ihr unter den Sohlen, flehte die Urmutter, durch die Füße hindurch, um Hilfe an.

Der steil aufgerichtete Schwanz sank herab. Das Rasseln verstummte. Bewegungsunfähig wartete ich auf das Vorschnellen des Körpers, auf den Biß. Ich würde ihn aufschneiden, aussaugen. Hoffentlich käme ich an die Stelle heran.

Ich starrte wie hypnotisiert in das widerwärtige, gemeine Gesicht der Schlange. Konnte mich weder davon lösen, noch die gnadenlose Schärfe ihres Blickes länger ertragen. Es war so still, daß es weh tat. Oder war es der Blick, der mich schmerzte? Die Sehnsucht, weiterzuleben? Oder die plötzliche Erkenntnis, daß dieses Auge genauso aussah, wie das, welches ich auf dem runden Platz in Las Blancas *gesehen*, das sich in einen weißen, peitschenden Faden verwandelt hatte?

Aber die Schlange war nicht weiß.

Endlich konnte ich meinen Blick von dem ihren lösen, sah die wunderschöne Musterung, dachte an die Stickereien der Huicholes, versuchte, ihre Länge zu schätzen. Der hochgestreckte Kopf ragte eine halbe Armlänge aus der endlos wirkenden Spirale, zu der sie ihren Körper zusammengelegt hatte. Sie lauerte etwa zwei Meter entfernt, in Hüfthöhe, auf einem Haufen Unrat. War mindestens ebenso lang wie die Distanz, die zwischen uns lag.

Bildete ich mir das nur ein, oder war der Ausdruck ihres Gesichts jetzt tatsächlich ein ganz anderer? Wo war das Hinterhältige, Gemeine? Ich sah nur List und Weisheit und *die Aufforderung, ihr zuzuhören.*

»Ich versteh dich nicht«, versuchte ich ihr gedanklich zu signalisieren und tat einen Schritt zurück. Die Klapper schoß in die Höhe. Der Schock traf mich bis ins tiefste Mark, wo ich spürte, daß das, was da rasselte, von meiner Unzufriedenheit, meinen Enttäuschungen und Boshaftigkeiten sprach, deren Symbol die Klapper war. Es sprach von Situationen, die von Bosheit und Ärger geprägt und doch aus nichts anderem als aus Ängsten und Erwartungen geboren waren. Der Schwanz sank herab. Gleichzeitig kam die Gewißheit zurück, daß die Schlange nicht hier war, um mich zu töten. Sie war hier, um mich auf das, was in *meiner* Klapper, in dem Mark meiner Wirbel, steckte, aufmerksam zu machen.

Letzteres spielte sich in Sekunden, jenseits meines Verstandes ab. Bevor er wieder einsetzte, kroch ich rückwärts aus dem Loch, verbarrikadierte es mit allem, was in Reichweite stand. Ich brauchte einige Zeit, bis ich mich soweit beruhigt hatte, um leise zu Lena in die Hütte zu gehen. Als ich sie, die so oft wehrloses Opfer meiner Unzufriedenheiten geworden war, dort liegen sah, spürte ich einen tiefen Stich in der Herzgegend. Und ich schwor, solange an mir zu arbeiten, bis es nichts mehr gab, was in mir zustechen konnte.

Lena war noch nicht ganz wach, als sie fragte, was geschehen sei. Ich fuhr zusammen. Welche Wahrnehmung hatte dieses Kind, die ich nicht, oder nicht mehr, hatte? Was konnte ich nur tun, um ihr das zu erhalten? Obwohl ich mich das fragte, sah ich mir zu, wie ich alles tat, um es zu zerstören: Ich sagte ihr, nichts sei geschehen, verbot ihr aber, ab sofort die Küche zu betreten oder sich der zerfallenen Hütte zu nähern. Doch diesmal war mir wenigstens bewußt, welchen Mist ich aus meiner Angst heraus verzapfte.

Die Vorstellung, daß die Klapperschlange womöglich schon längere Zeit mit uns lebte und daß, ohne daß wir es wußten, noch alles Mögliche mit auf unserem Rancho war, verwirrte mich ungeheuer. Vor allem, weil ich mich nicht traute, mir einzugestehen, daß es auch etwas Beruhigendes hatte, daß uns trotzdem bisher noch nichts geschehen war. Die Frage, ob ich das Schicksal herausforderte, wenn wir noch länger hier blieben, oder ob es die Herausforderung des Schicksals war, ihm total zu vertrauen, quälte mich. Auf jeden Fall mußte etwas geschehen.

Ich ließ Lena keinen Moment mehr aus den Augen, nahm sie und Boogie zum Wasserholen und dann ins Zentrum mit. Ich mußte unbedingt jemanden finden, der mir half, die Schlange zu töten, bevor sie anfangen konnte, auf unserem Rancho herumzukriechen. Ich wußte, daß der Tienda-Inhaber eine Pistole besaß, hatte auch hin und wieder andere Männer gesehen, die Waffen trugen.

Die Reaktion der Huicholes war völlig unerwartet. Jeder, den ich bat, uns mit seiner Waffe zu helfen, sah mich entsetzt an. Die Nachricht, daß auf unserem Rancho eine Klapperschlange hauste, sprach sich schneller herum, als wir laufen konnten.

Alle waren unheimlich nett zu uns, aber niemand war bereit, uns zu begleiten. Auch konnte ich weder Julio, den Ladenbesitzer, noch irgendeinen anderen dazu überreden, mir seine Pistole zu leihen. Ich war sehr treffsicher und würde es auch allein schaffen. Doch da nach kürzester Zeit alle wußten, wofür ich die Waffe brauchte, konnte ich nicht einmal jemanden dazu überreden, mir seine zu vermieten oder zu verkaufen.

Julio schenkte uns Bananen. Ein Mann bot mir eine Zigarette an. Es war die erste, die ich von einem Huichol erhielt. Eine Frau steckte uns wortlos ein Ei in die Tasche. Ich wußte überhaupt nicht, wie uns geschah. Aber ich konnte mich nicht freuen, empfand die Geschenke wie eine Henkersmahlzeit. Als wir uns mit den milden Gaben, den ungewöhnlich bereitwillig verkauften Essenssachen, aber ohne Beistand und ohne Waffe auf den Heimweg machten, war ich nur froh, daß Lena nicht genug Spanisch konnte, um zu verstehen, was vorging.

Zwischen den Ririkis des Calihueys waren mehrere Männer bei der Arbeit. Sie gruben Löcher in den Boden und winkten uns heran. Ich war viel zu verzweifelt und sauer, daß keiner dieser Menschen bereit war, uns in unserer Not zu helfen, um darauf zu reagieren; wußte, daß es zwecklos war, es noch bei irgend jemandem zu versuchen, und ging grußlos vorbei.

Jemand rief meinen Namen. Ich blieb verdutzt stehen. Es war das erste Mal, daß mich, nach all den Wochen und Monaten, die wir hier verbracht hatten, einer mit meinem Namen ansprach. Es war Gregorio, der Violin-Spieler, der hinter uns hergelaufen kam – gefolgt von dem anderen Musikanten, der mir vor ein paar Tagen mit Schlägen gedroht hatte. Als ich ihn sah, ging ich schnell weiter. Aber Gregorio holte uns ein und hielt mich am Arm fest: »Ich habe *hikuri* für dich.«

Ich sah ihn überrascht an. Sollte sein Angebot damals gar keine Finte gewesen sein?

»Warum hast du nicht gewartet, als ich ihn dir holen ging?«

Ich sah zu dem Mann, der grinsend hinter Gregorio stand: »Frag' ihn.«

Gregorio lachte: »Warte hier. Ich hole meine Tasche.«

»Nein, warte«, rief ich hinter ihm her. »Ich komme lieber mit.« Aber der große Kerl stellte sich mir in den Weg.

»Entschuldigung«, sagte er.

»Laß mich vorbei.«

»Du brauchst keine Angst zu haben«, beteuerte er und hockte sich, wie um das zu unterstreichen, vor mich hin: »Weißt du, ich habe nur Spaß gemacht, damals. Ich hatte zuviel getrunken.« Ich traute meinen Ohren nicht. Was war bloß heute los mit den Leuten?

»Hast du jetzt eine Zigarette?«

Ich gab sie ihm und bot auch Gregorio eine an, der zurückgekommen war und seiner Tasche fünf Peyote-Kakteen entnahm.

Das war zuviel für mein Zuwendung-entwöhntes Gemüt. Ich heulte los und flehte sie an, uns bei der Beseitigung der Klapperschlange behilflich zu sein. Gregorio und Manuel hatten bereits von ihr gehört, bedauerten, nichts tun zu können, versuchten aber trotzdem, auf eine für Huicholes ungewöhnliche Weise zu helfen, indem sie mir erklärten, warum sich jeder weigerte, auch nur im entferntesten etwas mit dem Tod der Schlange zu tun zu haben.

Denn in den Schlangen, so Gregorio, manifestieren sich nicht nur Götter und Göttinnen. Sie sind das Symbol für Kraft, Gesundheit, Wohlstand und Leben.

Manuel deutete auf das Gras vor uns, durch das sich der auf-

kommende Abendwind wellenförmig wie eine Schlange bewegte, und zählte, zusammen mit seinem Freund, alles auf,
in dessen Bewegung und Gestalt die Huicholes den Geist
der Schlange sehen: Im Wind, in den Wellen des Ozeans
und des Grases; in Blitzen, Flammen, Rauch und Wolken;
in den Flüssen und im Regen; in den Pfaden, in ihren Gür-
teln, Stirnbändern und in den Faserflechten, aus denen sie
ihre Hüte machen. Ja selbst, wie sie lachend gestanden, in
ihrem Penis verwirklichen sich Kräfte der Schlange.
Eine zu töten oder indirekt an ihrem Tod beteiligt zu sein,
indem man jemandem seine Machete oder seine Pistole dafür leiht, würde bedeuten, sich selbst Schaden zuzufügen.
Der Mais, dessen Felder die Schlangen bewachen, würde
nicht gedeihen, man würde krank, impotent oder arm. Die
Wasserlöcher und Quellen, in denen die Schlangengötter
leben, würden versiegen oder die Frau würde die Gabe zu
sticken verlieren.
»Und was macht ihr, wenn euch eine Schlange angreift?«
wollte ich wissen.
»Schlangen greifen nicht an.«
»Aber wenn du auf eine trittst?«
»Dann ist es deine eigene Schuld und unnötig, sie noch zu
töten.«
»Aber es sterben doch immer wieder auch Huicholes an
Schlangenbissen. Würdet ihr lieber selbst sterben als eine
Schlange zu töten?«
Gregorio sah mich ruhig und freundlich an: »Was willst du
gegen den Willen der Götter unternehmen?«
»Und was hat es zu bedeuten, daß diese Klapperschlange
auf unserem Rancho ist?«
Manuel und Gregorio standen auf: »Weißt du es nicht?«
»Nein!«
Sie hoben die Schultern und lachten: »Wir müssen jetzt ge-
hen.« Gregorio drückte mir den Peyote in die Hand.
»Was willst du dafür haben?«

274

Er hob abwehrend die Hand und grinste verlegen: »Ich schenke ihn dir.«

Langsam fiel es mir schwer, mich des Gefühls zu erwehren, daß hier etwas höchst Mysteriöses vor sich ging.

Auf dem Rancho stellte ich mit der Taschenlampe fest, daß sich die Klapperschlange nicht von der Stelle gerührt hatte. Der unumgängliche Aufenthalt in der finsteren Küche wurde zum Alptraum. Unnötig zu beschreiben, in welcher Verfassung ich unser Abendessen bereitete. Überall im gespenstischen Flackern des Feuers und der Kerze sah ich Schlangen schleichen. (Der Aufenthalt dort und das Hin und Her in der Dunkelheit zwischen Küche und Hütte sollten sich in der Folgezeit noch als ungeheures Training für die Widerstandskraft meiner Nerven erweisen.)

Glücklich, den teuflischen Schatten zu entkommen, rannte ich mit der Pfanne in der Hand hinüber zu unserer Hütte. Der in Zwiebeln gebratene Reis dampfte. Ein Rascheln vor meinen Füßen. Ich schrie auf. Die Pfanne klatschte in den Matsch. Im Licht der Taschenlampe hopste ein verschreckter Frosch von dannen. Dreiviertel unseres Essens lag im Dreck. Boogie stürzte sich auf das Festmahl. Lena bekam den in der Pfanne verbliebenen Rest. Obwohl ihr mein Gesicht nicht ganz geheuer war, konnte sie sich das Lachen, daß ich wegen eines kleinen Frosches das Essen hatte fallen lassen, nicht verkneifen.

Am nächsten Morgen lag die Schlange immer noch auf ihrem Platz. Ich war erleichtert, wenigstens zu wissen, wo sie war, bezweifelte aber langsam, daß sie noch lebte. Sie hatte sich nicht einen Millimeter bewegt. Später kroch Lena an der Mauer der alten Hütte herum. Ich brüllte sie an. Sie erschrak entsetzlich und weinte jämmerlich, sie habe doch nur Blümchen pflücken wollen, um mir eine Freude zu machen.

Nichts deutete mehr auf die Unwetter der vergangenen Tage hin. Die Sonne brannte, die Erde war wieder trocken. Ich saß im Schatten und stickte an einem Rock für Lena, die hinter unserer Hütte mit Boogie herumtobte.

»Mammi, Mammi, schau mal!«

Ich sah auf und stach mir vor Schreck in die Hand.

»Mammi, ist das die Schlange, von der ihr immerzu geredet habt?«

Lena stand da und hielt stolz eine dünne, schwarzblau schimmernde, etwa 50 Zentimeter lange Schlange in der Hand. Boogie wedelte mit dem Schwanz.

»Sieh mal«, sagte sie und drückte mit Zeigefinger und Daumen die Kiefer des Reptils, das dadurch das Maul weit auf- und zuklappte. Der Schlangenkörper berührte meinen Arm, löste mich aus der Starre: »Nein! Ohgott! Igitt! Laß sie fallen! Schmeiß sie weg! Wo hast du sie her?«

»Also Mammi, stell dich doch nicht so an. Die ist doch tot. Schau her, was man damit machen kann.«

Sie machte einen Knoten in den Leib. »Sieh mal, wie hübsch das aussieht.«

Wieder berührte sie mich mit dem Vieh. »Nicht, hau ab. Rühr mich damit nicht an!«

»Warum denn nicht. Du brauchst wirklich keine Angst zu haben, kuck.«

Zack hatte ich das kalte Ding im Gesicht. Wenn das keine Rache war … Ich schrie auf. Lena lachte. Es machte ihr offensichtlich einen Höllenspaß, daß sie endlich etwas gefunden hatte, worin sie mir eindeutig überlegen war. Mit Boogie im Gefolge und der Schlange in der Hand jagte sie mich über die Ranch, bis ich die Wut bekam und stehenblieb: »Hör jetzt endlich auf damit. Wo hast du die Schlange her?«

»Gefunden.«

»Aber du kannst doch nicht einfach irgendeine Schlange aufheben!«

»Hab' ich ja auch nicht.« Sie begann zu weinen: »Ich dachte, es sei ein Band.«

Ich schämte mich, erkannte, daß ich sie mal wieder zum

Opfer meines Zornes über meine eigene Dummheit gemacht hatte. Ich hatte mir eingebildet, ihr Angst zu ersparen, wenn ich ihr die Anwesenheit, wie ich bisher angenommen hatte, einer Schlange auf unserem Rancho verheimlichte. Nun mußte ich feststellen, daß sie es trotzdem mitbekommen, ich sie mit den Qualen der Ungewißheit allein gelassen und auch noch in Gefahr gebracht hatte.

Ich nahm sie in den Schoß, erzählte ihr von meiner unerklärlichen Angst vor Schlangen. Erzählte, was seit gestern geschehen war und was ich von Gregorio und Manuel über Schlangen erfahren hatte.

»Wo ist sie, Mammi, ich will sie sehen!« Lena sprang auf: »Schnell, zeig sie mir. Eine richtige Klapperschlange, juhu! Wie sieht sie aus?«

Wir gingen in die Küche. Ich sah durch das Guckloch, sprang zurück, suchte alles um uns herum ab. Riß Lena von dem Loch weg. Nein, unmöglich, dort hindurch konnte sie nicht entschlüpft sein. Lena strampelte sich frei. »Wo ist sie? Ich sehe sie nicht. Zeig' mir doch, wo sie ist.«

»Sie ist weg. Oh, verflucht, Lena, und ich weiß nicht, wohin.«

Lena drehte sich um. Ihre kleinen Fäuste schlugen auf mich ein: »Du bist gemein, du bist gemein! Du blöde Doofe! Jetzt habe ich sie nicht gesehen. Und du hast Schuld. Das sage ich Vincente!«

»Vincente? Was hat der denn damit zu tun?«

»Du wirst schon sehen!« Sie rannte hinaus.

»Gib mir meine Schlange wieder!« hörte ich sie den Hund anschreien. »Das ist ein Gott, laß ihn los!« Boogie jaulte auf.

Am Nachmittag stand plötzlich eine Frau am Gatter. Seit Stunden hatte ich, nach dem Vorbild der Stickereien auf meinem Huicholgewand, Adler auf Lenas Rock gestickt. Eine mühselige Zählarbeit. Es flimmerte vor meinen Augen, als ich aufsah. Die Frau stand sehr still da, reagierte weder auf den Gruß, noch auf die Zeichen, näher zu kommen. Ihr Verhalten und Aussehen wirkten sonderbar. Ich verließ meinen schattigen Platz und ging auf sie zu.

Je näher ich ihr kam, um so bekannter schien mir ihr Gesicht. Aber ich konnte mich einfach nicht erinnern, wo oder wann sie mir schon einmal begegnet war. Es war, als würde mein Gedächtnis daran gehindert, sich zu erinnern, als blockiere irgend etwas meinen Verstand.

Die Frau sagte etwas ohne, wie mir schien, dabei den Mund zu bewegen. Ich verstand sie nicht, spürte aber plötzlich am ganzen Körper, daß sie etwas von mir wollte, etwas ganz anderes, als sie vorgab. Etwas, das mit dem, was sie sagte, überhaupt nichts zu tun hatte.

Plötzlich, als spräche sie auf einmal eine andere Sprache, hörte ich sie mit harter Stimme fragen: »Wo ist meine Nadel?«

»Was für eine Nadel?«

»Die Nähnadel, die du von mir bekommen hast. Deine Tochter hat damit gestickt.«

Jesusita?!

»Ohgott, Jesusita, entschuldige. Ich habe dich überhaupt nicht erkannt.«

Ich erkannte sie auch jetzt nicht. Aber sie war die einzige, die uns je eine Nadel geliehen hatte. Es war ihre Statur und irgendwie auch ihr Gesicht. Aber irgend etwas stimmte nicht. Ein Mensch konnte sich doch nicht so verändern!

»Du bist doch Jesusita?«

»Ich brauche die Nadel zurück.«

»Ich habe sie nicht.«

»Sieh nach!«

Ich war absolut sicher, sie ihr wiedergegeben zu haben, und beteuerte dies mehrmals. Es war mir sehr peinlich, daß sie annahm, ich hätte sie mitgenommen, und nicht glauben wollte, daß ich es nicht getan hatte.

»Bring mir die Nadel morgen. Es ist sehr wichtig, hörst du, morgen.«

»Nein, warte, ich gebe dir eine von meinen.« Ich drehte mich um, stolperte fast über Lena. »Mammi, was machst du da eigentlich. Mit wem redest du?«

»Gleich!«

Ich lief in die Hütte, wühlte in den Nähsachen nach der größten Nadel, die immer noch viel kleiner war als die, die sie uns damals geliehen hatte.

Als ich wieder herauskam, war Jesusita fort. Ich lief zu der Umzäunung. Das war doch unmöglich. Sie war wie vom Erdboden verschluckt, weit und breit nicht mehr zu sehen.

»Wo ist denn die Frau hin?« fragte ich Lena, die Boogie an dem Zaun festband.

»Was für eine Frau?«

»Na, Jesusita. Sie hat doch eben noch hier gestanden.«

Lena sah sich entgeistert um: »Wo?«

Ich packte sie bei den Schultern: »Sag mal, willst du mich auf den Arm nehmen? Du hast doch selbst gesehen, daß ich mit jemandem gesprochen habe.«

Sie riß sich von mir los, stampfte mit dem Fuß auf: »Ich dachte, du redest mit dir selbst«, warf Boogies Leine hin und lief weg.

Ich rannte hinter ihr her: »Entschuldige. Weißt du, ich bin ganz durcheinander. Überleg' bitte noch mal. Du standst doch fast neben mir. Du mußt sie doch gesehen haben.«

»Also Mammi, ganz ehrlich: da war niemand.«

Sie streichelte meinen Bauch: »Vielleicht siehst du Gespenster«, gab sie zu überlegen.

Ich mußte lachen. Lena lachte erleichtert mit: »Oder weißt du was, Mammi, es war irgendein Geist, der uns besucht hat.«

Sie ahnte sicher nicht, wie nah ihre Überlegung meiner Vermutung kam.

Den Rest des Tages war ich sehr verstört. Die irgendwo herumkriechende Schlange und die Tatsache, daß die letzte Taschenlampenbatterie an jenem Abend ihren Geist aufgab, trugen nicht gerade zur Hebung der Stimmung bei.

In der Nacht schreckte ich plötzlich hoch. Las Blancas! Wir mußten nach Las Blancas. Es ging gar nicht um die Nadel. Es ging darum, daß wir nach Las Blancas kommen sollten, und zwar am nächsten Tag.

Aber wenn es so war, warum hatte Jesusita es dann nicht klar gesagt? Wegen der Klapperschlange? Wollte man uns auf diese unausgesprochene Weise vor ihr schützen? Nadel. Schlange. Ach was, Hirngespinste. Wut überkam mich. Warum hatte die Frau nicht gewartet, bis ich ihr eine andere Nadel brachte? Nahm sie im Ernst an, daß wir wegen eines dämlichen Metallstäbchens noch einmal die Strapazen des Weges zu ihrem Rancho auf uns nehmen würden?

Aus einem spontanen Impuls heraus zündete ich einen Kienspan an, griff nach der Vogeltasche, wühlte darin herum, kehrte sie von innen nach außen, berührte etwas Kaltes, erschrak. Die Nadel, die ich – so wahr ich Lenas Mutter war – Jesusita zurückgegeben hatte, steckte, mit einem blauen Faden im Öhr, im untersten Teil der Tasche.

Ich erinnerte mich genau, daß Lena kein blaues Garn benutzt hatte. Jesusita mußte die Nadel, nachdem ich sie ihr zurückgegeben hatte, dorthin gesteckt haben. Als ich sie sah, war mir endgültig klar: Ich mußte nach Las Blancas. Und sei es nur deshalb, um vor Jesusita nicht als Lügnerin dazustehen.

Egal was Einbildung war und was nicht, eines *wußte* ich: Es war der einzige Weg, um heil aus dieser mysteriösen Sache herauszukommen.

Mein Entschluß stand fest. Wir würden morgen nach Las Blancas gehen. Die Anspannung, zu verstehen, was und warum es geschah, wich. Ich war hier, um etwas, was über den Verstand hinausging, zu wagen. Und wenn kein fremder Weiser bereit war, mich konkret durch diese Wagnisse zu führen – warum sollte ich mich nicht auf die mir immer vertrauter werdende Weise meiner eigenen Intuition einlassen? Schließlich war ich jedesmal, wenn ich ihr folgte, nicht schlecht gefahren. Und wer konnte schon wirklich sagen, mit wem sie *wirklich* in Verbindung stand?

TOD

Lena war, trotz des bevorstehenden Abstiegs, begeistert und glücklich über die Aussicht, Vincente wiederzusehen. Ich stutzte, als sie das sagte, traute mich aber nicht, sie noch einmal zu fragen, wieso sie ihn gestern so überraschend erwähnt hatte.

Da noch verschiedene Vorbereitungen zu treffen waren und es jetzt schon früh kühl wurde, beschlossen wir, erst am Nachmittag loszuziehen. Beim Calihuey, an dem wir, auf der Suche nach einem Maultier, vorbeikamen, waren Männer damit beschäftigt, Pfeiler in die gegrabenen Löcher zu rammen. Gregorio war nicht dabei. Manuel erzählte bereitwillig, daß er nach Las Blancas (!) gegangen und daß die Pfeiler für einen neuen Ririki bestimmt seien. Der Tempel solle während *Hikuri Neirra* eingeweiht werden.

Manuel verscheuchte meine Sorge, nun womöglich das von allen ungeduldig erwartete große Peyote-Fest zu verpassen. Denn wie er sagte, würde es nicht vor Ablauf der nächsten Woche beginnen.

Im Zentrum war kein Mensch zu sehen. Auch die nächstliegenden Ranchos waren leer. Auf dem Rückweg fragte ich Manuel, wo denn alle hingegangen seien. Diesmal hatte er keine Lust, mit mir zu reden. »Para allá« (dorthin), war, begleitet von einer vagen Handbewegung in Richtung Las Blancas, die einzige Auskunft, zu der er bereit war.

Lena war froh, daß wir kein Muli gefunden hatten. Nach einem kräftigenden Mahl und Mittagsschlaf packten wir unsere Sachen. Obwohl ich sie auf das notwendigste reduzierte, war das Paket mit Schlafsack, Jacken, Regencapes und Kleidung zum Wechseln für Lena, falls wir naß werden sollten, so voluminös, daß keine Chance bestand, sie hin und wieder zu tragen.

Die Frage, ob Lena es schaffen würde, machte mir weniger Sorgen als die dunklen Wolken, die sich über den Bergen im Norden zusammenbrauten. Wir mußten uns beeilen. Rasch versorgten wir Boogie, den wir dreimal zurück auf den Rancho jagen mußten, bevor er begriff, daß er uns diesmal nicht begleiten durfte. Traurig stand er da und warf uns herzzerreißende Blicke nach.

Schon nach den ersten Höhenmetern verblüffte mich Lena, die sich in den ersten Wochen wie eine Stadt-Pomeranze auf Stöckelschuhen bewegt hatte, mit ihrer Behendigkeit. Wie eine kleine Bergziege hüpfte sie mit großer Sicherheit über das Geröll des steilen Zickzackpfades.

Die schwarzen Wolkenmassen wälzten sich näher und näher. Der Abstieg geriet zu einem Wettlauf mit dem drohenden Unwetter. Wir verloren ihn im letzten Drittel, zusammen mit einigen anderen Huicholes, die uns eingeholt hatten. Sie waren unterwegs zum Calihuey von Las Blancas, wo, wie wir von ihnen erfuhren, an diesem Abend das *Hikuri Neirra* der Ranchería begann.

Als hätten sie nur darauf gewartet, sich direkt über uns zu entladen, brachen die Wetter um uns herum ein. Blitze, wie ich sie noch nie gesehen hatte, und ohrenbetäubende Donner krachten über uns zusammen. Stachelbeer-große Hagelkörner peitschten auf uns nieder.

Lena und ich konnten mit den Huicholes nicht mehr Schritt halten. Die Gewalt dieses Naturereignisses und die Schutzlosigkeit, mit der wir ihm ausgeliefert waren, ließ mich erschaudern. Es machte mir bewußt, wie sehr Häuser, Dächer, Mauern uns diesen Kräften entfremdet haben.

Durch die weiße Regen- und Hagelwand hindurch sahen wir einige Huicholes, die zwischen einer Baumgruppe Unterschlupf suchten. Sie winkten uns heran, lachten und sprachen mit uns wie mit alten Freunden. Das Wasser, das der Himmel auf uns schüttete, machte uns alle gleich. Wir zitterten vor Kälte und konnten kaum sprechen, so klapperten unsere Zähne.

Die Bäume boten kaum Schutz vor der Nässe, bremsten jedoch die Wucht der Hagelkörner ab, die wie Geschosse auf uns niederschlugen. Der Mann und eine der beiden Frauen entschlossen sich, weiterzuziehen. Nach einigen Minuten kamen sie zurück, um die anderen zum Mitgehen zu überreden. Die drei Jungen, die offensichtlich die Söhne der Frau waren, die noch neben uns stand, zogen mit. Die Frau selbst weigerte sich. Unter ihren Röcken hockte ein kleines Mädchen. Eng aneinander gedrängt, blieben wir mit den beiden zurück.

Plötzlich überkam mich ein ungutes Gefühl. Jeder Blitz, der niederfuhr, schien einen Volltreffer zu landen. Waren wir wirklich sicher unter diesen Bäumen? Es waren fünf, die in einem Kreis standen. Fünf, dachte ich und verscheuchte meine Bedenken.

Für die Huicholes ist die Zahl Fünf, die ihren Ursprung in den vier Himmelsrichtungen und der Mitte hat, von großer magischer und mystischer Bedeutung.

Die Welt der Huicholes ist in fünf Abschnitte unterteilt, in denen die wichtigsten Gottheiten leben, von denen es wiederum jeweils fünf gibt.

Der Mais hat fünf Farben und in fünf Farben blüht der Peyote. Der *hikuri*-Kaktus mit fünf Segmenten wird als der heiligste angesehen. Ritualen, Gebeten, Tänzen etc. unterliegt die Zahl Fünf. Fünfmal muß der Mara'akame, der fünf Jahre lernen und seine Fähigkeiten der Gemeinde fünf Jahre kostenlos zur Verfügung stellen muß, nach Wirikuta gehen.

»Mammi, wenn's blitzt, darf man doch nicht unter Bäumen stehen.«

Im selben Augenblick traf mich ein Hagelkorn mit solcher

Wucht mitten auf die Stirn, daß ich glaubte, vom Blitz getroffen worden zu sein. Blut vermischte sich mit dem Regenwasser, das über mein Gesicht lief. Auf einmal war mir, als wittere ich eine Gefahr, als könne ich sie *riechen*.

Ohne recht zu wissen, was ich tat, zog ich Lena von den Bäumen fort, bat die Frau, mit uns zu gehen, versuchte, ihr zu erklären, daß der Platz unter den Bäumen gefährlich sei. Wurde mir der Anmaßung bewußt, eine Huichol über die Gefahren der Natur zu belehren. Sie lachte und deutete uns mit der Hand, nur ruhig allein weiterzuziehen.

Der Pfad hatte sich in einen Sturzbach verwandelt, der Erde und Geröll mit sich trieb. Steine knallten gegen unsere Knöchel, Eiskörner auf unsere Köpfe. Gepeitscht vom Hagel, gejagt vom Getöse des Sturms und von krachenden Donnern angebrüllt, rutschten, stolperten und glitten wir talwärts. Lena weinte, schluchzte auf: »Ich kann dir gar nicht sagen, wie traurig ich bin, daß Pappi nicht da ist.«

Wie ein Stoß traf mich die Erkenntnis, wie sehr ich mich in meiner eigenen Sehnsucht nach einem Beschützer gehen, und dadurch Lena und auch mich selbst allein ließ. Ich blieb stehen, stoppte den in dieses Verlangen sinnlos verpulverten Kräftestrom, sammelte ihn zurück, spürte ihn wieder in mir fließen. Dann schnallte ich das Bündel nach vorn und nahm Lena huckepack auf den Rücken.

Vincentes Rancho war leer, die Türen versperrt. Ohne lange zu überlegen, liefen wir weiter zum Calihuey. Kurz bevor wir ihn erreichten, hörte das Unwetter schlagartig auf. Lena und ich waren, trotz der Regenumhänge, bis auf die Haut durchnäßt.

Hilario stand neben dem Toki und sah in den Himmel, erwiderte meinen Gruß nicht. Ich suchte nach den richtigen Worten, ihn zu bitten, eintreten zu dürfen. Gerade wollte ich den Mund aufmachen, als er uns stehen ließ und zurück in das Zeremonienhaus ging. Minuten später kam ein junger Mann heraus und winkte uns herein.

Im Licht des Zeremonienfeuers glühende Augen starrten uns an. Der Tokipa war überfüllt. Verlegen suchte ich in dem Gewimmel von Menschen nach einem freien Platz, legte unser Bündel auf einen leeren Flecken Erde an der Wand und bettete das erschöpfte Kind darauf.

Der Schlafsack und die Sachen, die ich in ihn eingerollt unter dem Cape getragen hatte, hatten die Nässe einigermaßen unbeschadet überstanden. Die triefenden Kleider der Huicholes, die um das Feuer standen, dampften. Ich zog Lena aus, schämte mich plötzlich, etwas Trockenes, mehr als die anderen, zu haben. So gab ich mein T-Shirt und Lenas Rock fort, zog ihr Strumpfhosen und Pullover an.

Es war warm im Tokipa. Weder Vincente noch Jesusita waren da. Hilario, Antonio und vier andere Männer saßen in der Mitte, zwischen den beiden Säulen.

Alle schienen auf etwas zu warten. Nichts geschah. Nur manchmal, wenn ein kurzer, hoher lockender Laut aus dem Mund von Antonio hervordrang, schnellten die Köpfe in seine Richtung. Doch der Gesang brach jedesmal nach ein paar zaghaften Tönen wieder ab.

Lena hatte Hunger. Es kostete mich einiges an Überwindung, meinen Proviantanteil an unsere Nachbarn zu verteilen, damit ich ihr guten Gewissens zu essen geben konnte. Sie aß Tortillas und hart gekochte Eier, bis kein Krümel mehr übrig war, und schlief gleich darauf, trotz des neuerlich einsetzenden Donnergekraches, in meinem Schoß ein. Ich lehnte an der Wand und hatte das Gefühl fehl am Platze zu sein.

Vom Donnergetöse begleitet, drang plötzlich ein ganzer Pulk von Menschen in das Innere des Gebäudes. Gedränge entstand. Zwei Männer, die am Feuer gestanden hatten, bauten sich vor uns auf und forderten mich in rüdem Ton auf, den Platz zu verlassen.

Ich stand auf, nahm Lena auf den Arm. Bevor ich nach unserer Decke greifen konnte, saßen drei Huicholes darauf.

Hin- und hergestoßen, suchte ich verzweifelt nach einem anderen freien Flecken. Das Wort »teiguare« traf mich wie Messerstiche von allen Seiten. Einer der Huicholes, die uns von dem Platz gejagt hatten, scheuchte mich bis zum Ausgang.

Um der feindseligen Stimmung zu entkommen, flüchtete ich mit Lena auf dem Arm nach draußen, suchte Schutz unter dem schmalen Vorsprung des Daches, unter dem noch einige Indianer standen.

Der Boden vor dem Calihuey war überschwemmt. Es regnete kaum noch. Lena schlief. Lange würde ich sie nicht mehr halten können.

Wo mochten Jesusita und Vincente sein? Waren sie es, auf die man dort drinnen wartete? Oder waren Unwetter und Lage, in die wir geraten waren, die Antwort auf die Frage, ob der »Ruf« nach Las Blancas nur Einbildung gewesen war?

Aus der Dunkelheit kamen zwei Männer durch die nach allen Seiten spritzenden Pfützen gerannt. Sie wechselten ein paar erregte Worte mit den Leuten neben uns, eilten dann in den Toki.

»Ist etwas passiert?« fragte ich meinen Nachbarn.

»Eine Frau und ein Kind sind tot.«

Ich erstarrte: »Eine Frau und ein Mädchen?«

Er sah mich an, nickte: »Ein *mimiérka* (Blitz) hat sie getroffen.«

Mich schauderte. Lena stöhnte im Schlaf. Ich dachte sofort an die Frau und das Mädchen, mit denen wir unter den Bäumen gestanden hatten. Sah uns, eng aneinander gedrängt, noch neben den beiden stehen, sah die Frau uns nachwinken. Dachte daran, wie sie sich vorher geweigert hatte, mit den anderen zu gehen.

»Eine Frau und ein Mädchen, eine Frau und ein Mädchen«, echote es in meinem Hirn. In der Ferne zuckten Blitze wie riesige Schlangen nieder. Und plötzlich die Frage: Hatten es die Götter womöglich auf uns abgesehen gehabt? Meine Arme umklammerten Lena noch fester. Ach Quatsch, schließlich hatte uns irgendeine Kraft rechtzeitig fortgeschickt. Und wieso nahm ich überhaupt an, daß gerade die beiden es waren, von denen die Rede war?

Beim Anblick des Mannes, der anfänglich mit uns unter den Bäumen gestanden hatte und jetzt auf mich zukam, wußte ich, ich hatte mich nicht geirrt.

»Komm rein«, befahl er. Meine Knie wurden weich. Er ging voran, wartete am Eingang, stieß uns zwischen den auf der Erde lagernden Menschen vor sich her, bis zu der Säule, neben der die Mara'akate saßen.

Hilario nahm den Hut vom Kopf, schirmte damit das Licht des Zeremonienfeuers ab. Durchbohrte mich mit einem blitzschnellen Blick. Ließ den Hut herabsinken, starrte in die Flammen. Fuchtelte, ohne seinen Blick aus dem Feuer zu lösen, mit der rechten Hand in seitlicher Richtung. Lena hob den Kopf von meiner Schulter, wollte wissen, was los sei. Die Leute zu unseren Füßen rückten unwillig zur Seite. Der Mann hinter uns sagte etwas, drückte uns auf das freigegebene Stück Erde.

Von einer Sekunde zur anderen zu Tode erschöpft, zog ich mit letzter Kraft die feuchte Jacke aus, legte Lenas und meinen Kopf darauf und kriegte die Augen nicht mehr auf. Zuerst war es mir egal. Dann dachte ich, daß ich sie deshalb nicht aufbekam, weil ich es gar nicht wollte. Weil ich Angst davor hatte, die exponierte Lage, in der ich uns wähnte, bestätigt zu sehen – oder überhaupt der Wirklichkeit ins Auge zu blicken.

Ich spürte Leute über uns hinwegsteigen. Geräusche verrieten, daß irgendwelche Aktivitäten eingesetzt hatten. Die Spannung im Tokipa war fühlbar. Es reizte mich sehr, zu sehen, was vorging. Doch die Überzeugung, daß die einzige Chance, nicht wieder fortgejagt zu werden, darin bestand, die Augen geschlossen zu halten, hinderte mich daran.

Stille trat ein. Die plötzliche Annahme, daß der Raum leer sei, erschreckte mich dermaßen, daß ich die Lider hochriß, hochreißen wollte. Aber es ging nicht!

Im selben Augenblick erhob sich eine hohe, kehlige Männerstimme zu einem unsagbar lieblichen Gesang. Ich nahm an, daß es die Stimme des Mara'akame Antonio war, der auf diesem Fest als Cantador zu fungieren schien. Die unwirklichen Laute nahmen mich sofort gefangen und gaben mich der Vorstellung hin, fortgetragen zu werden von dem heiligen Sang.

Den heiligen Gesängen der Mara'akate werden überaus magische Kräfte beigemessen. In einer sehr esoterischen, geheimnisvollen, für die anderen Huicholes oft über lange Strecken unverständlichen, Sprache abgefaßt, sind die Gesänge sowohl Überlieferer von archaischem Wissen, Träger von Mythen, Gebeten und göttlichen Mitteilungen, als auch *Kraftlieder*, mit denen der Mara'akame seine Hilfsgeister ruft. Sind Manifestation seiner Macht; Gefährt des Übergangs in den schamanischen Bewußtseinszustand; Ausdruck seiner mystischen Verwandlung; Zeugnis der direkten Verbindung, in der er mit dem Übernatürlichen steht; und seiner ekstatischen Erfahrung, die er während des magischen Fluges macht.

Auch ist der Gesang fester Bestandteil jeder Heilungs-Zeremonie. Mit ihm verleiht der Mara'akame der kranken Person eine Sprache, »in deren Begriffen sie die Natur ihres Leidens begreifen«[49] und das Leid durch das Verstehen auch überstehen kann.

Als Hüter der Traditionen und all dessen, was Huichol-sein bedeutet, beschwört der Cantador mit seinem Sang die Mythen; gibt, als Mittler zwischen Göttern und Menschen, die Bitten seiner Stammesbrüder nach Schutz, Beistand, Regen, Gesundheit, guter Ernte und langem Leben an die betreffenden Gottheiten weiter; teilt seinen Mitmenschen, durch seinen Gesang, die Botschaften und Wünsche der Götter mit, die von jedem bedingungslos akzeptiert werden.

Denn in der Anschauung der Huicholes ist der heilige Sang des Mara'akame Ausdruck der Augenblicke schöpferischer Erleuchtung, in denen nicht *er*, sondern *Es* singt.

Es sind die himmlischen und höllischen Laute der Götter, Geister und anderer nicht-materieller Erscheinungsformen, mit denen er im schamanischen Bewußtseinszustand in *direkter* Verbindung steht und die für ihn, innerhalb des Zusammenhangs der nicht-normalen Wirklichkeit, vollkommen real, unmittelbare Wirklichkeit, sind.

Die Lieder, »gesungen mit dem Atem, der einsetzt, wenn Menschen von großen Kräften bewegt werden und die gewöhnliche Rede nicht mehr ausreicht«,[50] sind göttliche Laute. Laute, die in Seele und Geist des Cantadors Gestalt annehmen, wenn er in Ekstase die Quelle des Göttlichen anzapft, und die, ohne daß er nach Worten suchen muß, als Gesang über das, was er in der *anderen* Wirklichkeit konkret sieht, hört, spürt und erfährt, aus ihm emporsteigen.

Die Verse, die im Tokí ertönten, waren kurz. Zwei dem Cantador assistierende Männer wiederholten, mit nachahmenden Stimmen, Fragmente des von ihm Intonierten, gaben ihm Zeit, aus der Tiefe zu schöpfen, bis ein neuer Vers aus ihm hervordrang.

Begleitet von den geisterhaft durchsichtigen Lauten schwebte ich zwischen Wachen und Träumen in gedankenlosem Halbschlaf dahin, bis mir ganz unvermittelt bewußt wurde, daß ich schon seit längerer Zeit von jemandem fixiert wurde. Noch bevor ich begriff, daß ich die Augen, wider Erwarten, aufbekommen hatte, sah ich, daß mir jemand Peyote entgegenhielt. Spürte die bleierne Schwere meiner Glieder, als ich ihn nahm. Empfand trotz, nein, gerade wegen der bisherigen Peyote-Erfahrungen, zum ersten

Mal eine ungeheure Angst, nachdem ich ihn gegessen hatte. Ich mißtraute der Situation, in der ich mich befand, meiner Umgebung, dem Grund, der mich hergeführt zu haben schien. Ich hatte Angst, allein, ohne daß jemand auf mich aufpaßte, weiterzugehen. Dorthin, wohin ich mich aus tiefster Seele sehnte.

Mit einem gewaltigen Schrecken wurde mir klar, daß ich meine Tasche mit all unserem Geld, unseren Flugkarten und Papieren unter der Decke hatte liegen lassen. Ich wollte aufspringen, konnte mich aber nicht mehr rühren. Die Wirkung des Peyote hatte bereits eingesetzt. Ich verlor mich in aus dem Nichts herausplatzenden Farbgebilden von unendlicher Schönheit und Intensität. Schaute ihnen zu, wurde leichter, immer leichter, begann zu schweben. Sah, daß sie mich *riefen*, daß es Wesen waren. Wußte, daß ich sie gleich *erkennen* würde, verstehen könnte, gleich, gleich, ihnen nur zu folgen brauchte. Aber dann ...? Die Tasche!

Es war, als ob mich die Tasche *am Leben*, im Dasein hielt. War ein verrückter Kampf zwischen zwei Bewußtseinsebenen. Ein Kampf, in dem ich auf einmal nur noch *Zuschauer* war. Der nur stattfand, damit ich ihm *zusah*. Erleichtert nahm ich die »Aufforderung« an, sah zu. Bis ich plötzlich in dem Bewußtsein war, daß es überhaupt nicht um die Tasche ging, sondern um den Tod.

Ich hatte Todesangst, mich dem *anderen* Bewußtsein ganz hinzugeben; glaubte zu sterben, wenn ich von dem normalen Bewußtsein total losließ. Ebenso wie ich glaubte, vor Armut zu sterben, wenn mir mein Besitz abhanden käme. Ich hatte Angst, *mich aufzulösen*, sobald sich mein geistiger oder materieller Halt auflöse.

In einem Geistesblitz sah ich mich als Gefangene der meinem *Sein* auferlegten Grenzen und Sicherheiten. Ich sah, daß das, was ich zu besitzen glaubte, mich besaß und das, was ich zu beherrschen glaubte, mich beherrschte. Erkannte, daß *Leben* in Wirklichkeit nur *Da*-sein ohne *Dort*-sein ist und *Sein* nur als grenzenloses Ganzes zu erleben ist, wenn man die Grenzen *dorthin* überschreitet.

Soviel Peyote ich in dieser Nacht auch aß, es gelang mir nicht, diese Grenzen zu überwinden – weil ich es mit einer falschen Einstellung tat. Ich wollte etwas bewirken, etwas erzwingen. Wurde Zeuge der Zerstörungswut meines Verstandes und hatte bei Sonnenaufgang nur noch den einen Wunsch: zum Bach zu gehen, um mich von der Enttäuschung und der Frustration der letzten Stunden zu reinigen.

Die meisten Huicholes hatten den Tokí bereits verlassen, als Lena endlich aufwachte, aber nur, um mir zu sagen, daß sie weiterschlafen wolle.

Erleichtert, eine Zeitlang mit mir ganz allein sein zu können, ging ich zum Bach, wobei ich mich über meinen schwebenden Gang wunderte. Das Vakuum, das die Müdigkeit der durchwachten Nacht in meinem Kopf geschaffen hatte, schien meinen Körper zu tragen. Die Sonne brannte vom wolkenlosen Himmel.

Der Bach war durch das Unwetter zu einem reißenden, kleinen Fluß angewachsen. Ich suchte eine versteckte Stelle, wusch meine verdreckten Sachen, breitete sie zum Trocknen auf den glatten Felsen aus. Stieg langsam in das eiskalte Wasser und unterzog mich einem meditativen Reinigungsritual.

Die Wirkung trat mit so unerwarteter Macht ein, daß es mir schien, als brächen die in den letzten Stunden unbewußt unterdrückten Kräfte des Peyote alle auf einmal in mir aus. In einem kribbelnden Gemisch aus Verwunderung, Erleichterung, Dankbarkeit und tiefem Vertrauen gab ich mich ihnen total hin. Ich sprudelte und trudelte in die Empfindung, in einer Säure zu liegen, die meinen Körper auflöste.

Das Gefühl war so wirklich, so stark, so erschütternd, so erhebend, so total, daß ich Tod und Ewiges Leben gleichzeitig zu erleben glaubte.

Während die Säure meinen Körper fraß, drang ich tiefer und tiefer in das Empfinden von Körperlosigkeit ein. Bis ich plötzlich in einem Licht Zuflucht fand, das mich als Bewußtsein, in ihm unsterblich zu sein, umgab.

Ich kam mir auf einmal unwahr-scheinlich winzig vor, sah mich um und stellte überrascht fest, daß ich selbst die Quelle dieses Lichtes war, daß ich mich, wie ein Samenkorn, auf ein All-beinhaltendes Selbst reduziert hatte. Ich war weder lebendig noch tot, sondern in einem Zustand, in dem ich mir, jenseits von Raum und Zeit, meiner Seele, dessen, was ich bin, immer war, immer sein, auch in zukünftigen Daseins- und Nicht-Daseins-Formen bleiben würde, bewußt war.

Wie damals, im Calihuey von La Mesita, als ich mich zum ersten Mal in diesem *Seelen-Zustand* befunden hatte, nahm ich mich jetzt als »sehendes Lichtbündel« wahr.

Das Bewußtsein aber, daß ich mich, im Gegensatz zum ersten Mal, nicht außerhalb, sondern innerhalb meines Körpers befand, löste einen wahnwitzigen Wirbel von Körperteilen aus. Sie fetzten um mich herum, heizten sich auf, kamen tiefer, dem Mittelpunkt, der ich war, immer näher, bis ich mir wie ein kraftgeladener Atomkern vorkam, es mir die Sinne raubte und ich mich im Echo des Gefühls, *wieder zusammengesetzt worden zu sein*, im Bach liegen fand.

Als ich dem Wasser entstieg, war es, als ob ich jede Zelle meines Leibes spürte. Ich zog die fast trockenen Sachen an und ging mit der kleinen Kürbisflasche, die Vincente uns geschenkt hatte, am Ufer entlang, zur Trinkwasserquelle.

Bei ihrem Anblick erlebte ich eine so tiefe Verbundenheit mit der Natur, wie ich sie noch nie zuvor empfunden hatte. Die Quelle war eine von den mächtigen Wurzelarmen des Baumes dargereichte Erdschale voll Wasser. Mir war, als ob ich *endlich verstehen* würde, und ich fiel, von tiefer Dankbarkeit ergriffen, vor dem Geschenk von Himmel und Erde auf die Knie.

Eine neue Energiewelle durchflutete meinen Körper. Während mein Blick auf der glitzernden Oberfläche einer unergründlichen Tiefe verschwamm, *wußte* ich plötzlich, ohne es zu *begreifen*, auf welche Weise die Indianer mit der Natur reden. Ich erschrak in dem Eindruck, daß jemand mit mir sprach, schaute auf und sah etwas, was mein Verstand sich weigerte, anzunehmen.

Die Zeit stand still. Bevor mir bewußt wurde, was ich sah, geschah etwas Merkwürdiges. Ich war schlagartig in dem Wissen, daß es verschiedene Ebenen der *anderen Wirklichkeit* gab.

Auch dies wußte ich, ohne es zu begreifen, erlebte es, ohne Worte dafür zu suchen oder zu finden: Jesusita, die mir auf unserem Rancho »erschienen« war, hatte die Grenzen der *normalen* Wirklichkeit überschritten. Der Vogel, den ich mehrmals *gesehen* hatte, war ein *Wesen des anderen Bewußtseins*. Und der, der sich vor meinen Augen, über dem Wasser, wie in einem magischen Kraftakt, *aus sich selbst heraus* materialisierte, war eine *Gestalt der anderen Wirklichkeit*. Ein Geist. Jemand, der nicht bzw. nicht mehr von *dieser* Welt war und deshalb weniger »kompakt« erschien als die Erscheinung Jesusitas. Jemand, der augenblicklich in »Kontakt« mit mir trat. Mich durch Schwingungen, die mit dem normalen Bewußtsein nicht wahrzunehmen waren, *wissen ließ*, daß er nicht Dunstgebilde, nicht Einbildung, nicht anfaßbar, aber so real war, wie ich ihn sah.

Ich spürte weder Schrecken noch Angst, sondern wunderte mich, wie sehr ich mich inzwischen an Dinge jener Art gewöhnt hatte. Was sich mir zeigte, war die kristallklare Gestalt eines großen, sehr alten Mannes, der sich in einem flimmernden Energiefeld (das so ähnlich aussah, wie die Hitzeschleier über Wüstensand) *gebildet* hatte.

Ich konnte nicht sehen, ob er mit dem Unterkörper im Wasser stand, oder, mir gegenüber, am Rande der Quelle saß. Seine untere Hälfte war fast unsichtbar, sein Oberkörper, je nachdem, wo ich hinsah, durchsichtig. Doch Gesicht und Kopf blieben gestochen scharf. Jedes Haar, jede Runzel, jedes Fältchen waren zu sehen. Seine Augen, die unergründlich, schwarz und wissend waren, sahen mich sehr intensiv, halb besorgt, halb auffordernd an. Es waren diese Augen! In einem blitzartigen Moment des *Erkennens* barst in meinem Innersten ein unbändiges Glücksgefühl und durchflutete mich in Wellen vehementer Zuneigung.

Er war der Geist eines Menschen, den – ich kannte! Obwohl ich mich einfach nicht erinnern, nicht *verstehen* konnte, wer er war, *erinnerte* ich mich, daß mir niemand auf der Welt so vertraut war, wie er. Erinnerte mich nicht mit meinem Gedächtnis, sondern erlebte, in einer Emotion von fast unerträglicher Tiefe, *eine Erinnerung meiner Seele*. Es fühlte sich an, als erkenne meine Seele die Seele des Geistes als den Ursprung, den »Vater« ihres Bewußtseins.

Gleichzeitg *erkannte* ich, daß *er* es war, der mich nach Las Blancas gerufen hatte. Allein um *ihm* zu begegnen war ich hier. Jesusita hatte nur als Bote fungiert, stand auf irgendeiner Ebene in Verbindung mit ihm.

Auf eine Weise, die wahrscheinlich nur dadurch zu erklären ist, daß es tatsächlich andere Formen von Wirklichkeit gibt, war er ebenso real, wie Jesusita oder das Vogelwesen. Doch ich *wußte*, daß er auf eine andere Art real war. Ebenso, wie ich auf einmal wußte, daß die Ebene, auf der die Begegnung stattfand, und die Kraft, die sie stattfinden ließ, eine andere war als bei den beiden anderen Erscheinungen.

Es war keineswegs so, daß *ich* mich in einem nicht-normalen Zustand befand, der mich befähigte, etwas zu sehen, was ich mit normalem Bewußtsein nicht sah. Denn obwohl ich mich nicht rühren konnte, war ich mir absolut sicher, total in meinem normalen Bewußtsein zu sein.

Es war vielmehr so, daß *er* sich in einen, für ihn nicht-normalen – und damit für mich normalen – Zustand begeben hatte, um sich mir zu zeigen.

Ich war mir völlig bewußt, daß das, was ich sah, nicht meiner, sondern *seiner* Kraft entsprang. Ich wußte, daß die »Fähigkeit«, ihn zu sehen, nicht das geringste mit mir zu tun hatte; weder von dem Unter-, Über- oder einem anderen Bewußtsein, noch von meinem Willen oder durch Peyote hervorgerufen oder beeinflußt war. Die Gestalt dieses Mannes war der materialisierte Wille eines jenseitigen Wesens, das *wollte*, daß ich es sah – *damit ich ihm zuhörte!*

Urplötzlich wurde mir bewußt, daß ich etwas – alles – *gesagt* bekam. Ich versuchte, mich zu erinnern, was es war. Aber der Alte fuhr fort zu sprechen, ohne seinen Mund zu bewegen. Er war Sender einer Art Gedankensprache mit Überschallgeschwindigkeit. Und doch waren die *Mitteilungen*, die ich erhielt, weder Worte noch Gedanken. Sie waren einfach da, wie *Einfälle*, die mich mit unglaublichem Tempo durchschossen, viel zu schnell, um sie mit dem Verstand zu erfassen.

Ich raste mit meinem Geist hinter ihnen her, übersprang das *Gehörte*, holte das *Gesagte* ein und erlebte mich plötzlich nur noch als Geisteszustand, als etwas, das, jenseits des Verstandes, in einer seelischen Verbindung mit einer anderen Seele stand.

In dem Augenblick, in dem der Geist verschwand, wußte ich nur aus dem übermächtigen Zwang, der mich veranlaßte aufzuspringen, daß ich irgendwelche Anweisungen erhalten hatte, die ich unbedingt befolgen mußte. Doch was es war, daran erinnerte ich mich nicht. Ich verließ die Quelle, ohne mich noch einmal umzudrehen.

Auf halbem Weg aus der Schlucht fiel mir ein, daß ich weder etwas getrunken noch die Kürbisflasche in meiner Hand gefüllt hatte. Ich hatte Durst, und auch Lena würde durstig sein, wenn sie aufwachte. Aber irgendeine Kraft hielt mich davon ab, umzukehren.

Es war die gleiche Kraft, die mich auch daran hinderte, auf dem Rückweg zum Calihuey bei Vincentes Rancho vorbeizugehen. Es war, als würde mein Vorhaben von ihr einfach beiseite geschoben, als schütze mich ein unfehlbarer Instinkt davor, einen falschen Schritt zu machen.

Als ich merkte, daß ich, statt zum Calihuey zu gehen, eine ganz andere Richtung eingeschlagen hatte, blieb ich verwirrt stehen.

Sorgen, die ich mir um Lena machen wollte, fanden keinen Halt. Das Gefühl, daß ich mich dennoch an meinen Verstand klammerte, offenbarte mir die Angst, die ich hatte, ihn zu verlieren. Je mehr ich über das, was geschehen war, nachdachte, um so größer wurde die Furcht, wahnsinnig zu sein.

Etwas in mir, das keinerlei Anteil an dieser Panik hatte, sagte mir, daß ich nicht geisteskrank war. Was jedoch das Grausen, es jeden Moment zu werden, nicht minderte. Denn größer noch als das wachsende Entsetzen, daß das, was ich erlebt hatte, Wirklichkeit war, war der Horror vor dem, was mich erwartete.

Wenn es wirklich so war, daß ich einen Geist gesehen hatte – und so sehr ich mich auch bemühte, mich vom Gegenteil zu überzeugen, ich wußte unauslöschbar, daß er *wirklich* gewesen war –, dann war auch alles andere, was selbst meine kühnsten Phantasien nicht zu berühren gewagt hatten, möglich.

Dann war es auch möglich, daß ich tatsächlich Anweisungen erhalten hatte, die ich, ohne zu wissen, wie, wann und warum ich es tat, ausführte!

Und wenn das so war, war es dann nicht auch möglich, daß es schon immer so war: daß der Mensch nicht *denkt*, sondern *gedacht wird*? Wo kamen meine Gedanken, Ideen, Einfälle wirklich her?

War es wirklich mein Verstand, der sie erzeugte! Oder mein Karma? Oder meine Seele?

Oder war der menschliche Geist nur Empfänger von Mitteilungen elementarer oder kosmischer Geistes-Kräfte? Wäre das nicht eine Erklärung dafür, warum oft zwei oder mehrere Menschen zur selben Zeit denselben »Einfall« haben? Weil sie, ohne sich dessen bewußt zu sein, gleichzeitig für einen *in der Luft liegenden* Gedanken offen sind?

Gibt es ein Bewußtsein, in dem man eine solche Mitteilung, den *Erhalt* eines Gedankens bewußt erleben kann? Ist es das, was die Indianer »mit den ›Göttern‹ reden« nennen? War es das, was mir vorhin widerfahren war? Aber warum wußte ich nicht, was ich *gesagt* bekommen hatte? War Nicht-wissen nur ein Mangel an *Bewußtheit*?

Wie oft hatte ich in letzter Zeit, im Zustand erhöhter Sinneswahrnehmung, den Eindruck gehabt, trotz absoluter Gedankenlosigkeit von Wissen *befallen* zu werden. Von Wissen, das nicht von meinem Verstand erarbeitet worden war, sondern in meinem Geist, in meinem Bewußtsein wachgerufen wurde, um erst dann von meinem Verstand, entsprechend seiner Entwicklung, verarbeitet zu werden.

Weder die Sorge um Lena, noch der Gedanke, daß ihr oder mir in meiner Abwesenheit etwas zustoßen könnte, konnten mich davon abhalten, weiterzugehen. Je größer die Distanz zwischen dem Calihuey und mir wurde, um so zuversichtlicher, fröhlicher, freier, fühlte ich mich.

Nicht wissend, wohin es mich führte, und doch sicher, geführt zu werden, verfiel ich in ein Schrittempo, das von einem fremden Willen bestimmt zu werden schien. Irgend etwas hinderte mich daran, zu denken. Die Frage, ob ich weiter vorn nach rechts, links oder geradeaus gehen würde, erübrigte sich. Jedesmal, wenn ich den Punkt erreichte, wußte ich im letzten Moment, wo es weiterging. Zweimal glaubte ich, mich in der Richtung zu irren. Der Weg war viel zu schwierig, als daß ich ihn freiwillig gewählt hätte. Ich konnte mich aber nicht dagegen wehren, es dennoch zu tun. Überstieg Hügel, durchquerte Gräben und wußte mich beim Anblick des großen, schönen Ranchos am Ziel.

Ich stieg über die niedrige Steinmauer, die ihn umgab. Überquerte den Hof, auf dem mindestens 30, 40 Huicholes versammelt waren. Spürte, daß man mich anstarrte, stand plötzlich vor der Leiche eines Mannes, die aufgebahrt auf der Erde lag, und sah dem Tod ins Gesicht.

Der Tod. Alles, was geschah, seitdem wir in Las Blancas waren, hatte irgendwie mit Tod zu tun. Ich starrte auf die Leiche, hatte noch nie zuvor einen Toten gesehen, wollte es auch jetzt nicht. Aber irgendwas zwang mich, hinzuschauen, zuzusehen, was ich dabei empfand.

Es war Angst. Doch plötzlich machte es »Klick«, alles Schreckliche, Endgültige, Furchterregende verschwand, und in einem einzigen kristallklaren Nu *erkannte* ich, daß ich unsterblich war. Erschrak in dem Bewußtsein, von einem Schub unbeschreiblicher Glückseligkeit in das Empfinden von Unendlichkeit geschleudert worden zu sein.

Erschrak, denn jemand hatte mir auf den Rücken geschlagen, so stark, daß ich es nicht als Begrüßung, sondern als Feindseligkeit auffaßte. Ich fuhr herum und stand Vincente gegenüber. Die Herzlichkeit, mit der er sich über das Wiedersehen freute, traf mich völlig unerwartet. Auch andere, die in der Nähe standen, gaben mir freundlich die Hand.[51]

So viel Freundlichkeit auf einmal war mir von den Huicholes noch nie entgegengebracht worden. Sie verwirrte und beschämte mich zugleich. Im Gegensatz zu ihnen, die einen Grund zu haben schienen, meine Anwesenheit anzuerkennen, hatte ich keine Ahnung, was und warum es mich hierher verschlagen hatte. Die Geschehnisse gaben mir keine Zeit, darüber nachzudenken.

Der Leichnam wurde jetzt in ein Tuch gehüllt und in eine klobige Kiste aus groben Brettern gelegt. Mehrere Männer hievten den Sarg auf die leiterartige Trage aus langen Stäben und banden ihn darauf fest. Musik setzte ein. Hilario hantierte mit seinen gefiederten Pfeilen. Der Junge neben ihm weinte. Es war Juanito, einer der Missionsschüler, mit denen ich damals die halbe Nacht am Feuer des Mara'akame Mariano verbracht hatte.

Unter den Versammelten waren viele, die ich kannte. Auch Jesusita, Hilarios Frau Marisita, Gregorio und der alte Usebio waren da.

Acht Männer schulterten die schwere Trage, zwei weitere den Deckel des Sarges. Nun liefen auch Hilario, Vincente und einigen anderen Männern Tränen über das Gesicht. Von den Frauen sah ich nur zwei weinen.

Hinter den Trägern, die, unter ihrer Last wankend, den Rancho verließen, reihten sich die Anwesenden zu einer langen Schlange ein. Allen voran die Mara'akate und Musikanten. Männer und Kinder folgten der Witwe des Toten und seinen vier Söhnen. Gregorio, der älteste Sohn, und sein Bruder Juanito nahmen ihre beiden kleinen Brüder bei der Hand. Die Frauen verließen als letzte den Hof.

Ich wußte nicht, was ich tun, ob ich bleiben oder gehen sollte. Da nahm Marisita mich beim Arm und zog mich lachend mit. Sie erzählte, daß der Verstorbene der älteste Sohn von Hilario war. Doch schien sie von seinem Tod nicht sonderlich berührt zu sein. Später erfuhr ich, daß es sich um den Sohn von Hilarios erster Frau handelte.

Die Prozession wand sich einen Hügel hinauf. Vor einer Felsenhöhle wurde der Sarg abgestellt und von der Trage gebunden. Die Familie des Toten legte nun seinen Peyotero-Hut, seine Schultertasche, einen Beutel mit Tabak und einen anderen mit Geld, fünf Tortillas und ein Gefäß mit Wasser auf den Leichnam. Dinge, die jedem auf den Weg in das andere Leben mitgegeben werden.

Nachdem der Sarg mit dem schweren Deckelbrett verschlossen worden war, wurde er von mehreren Männern in die niedrige Höhle geschoben und dort so gestellt, daß die Füße des Toten nach Osten zeigten.

Um die Höhle herum waren fast nur Männer versammelt.

Die Frauen hatten sich, weiter unten, über den Hügel verteilt, stickten und schwatzten und nahmen kaum Notiz davon, was bei der Felsenhöhle geschah.

Marisita sagte mir, daß es tags zuvor einen großen Streit innerhalb der Rancheria-Gemeinde um den Begräbnisplatz gegeben habe. Denn die Höhle sei ein heiliger Ort und viele seien nicht damit einverstanden gewesen, daß dieser Sohn Hilarios dort begraben würde. Doch der Mara'akame habe diese letzte Ruhestätte für den Toten *geträumt* und so habe man sich seinen Anordnungen fügen müssen.

Der Frage, ob Hilarios Sohn kein guter Mensch gewesen sei, wich Marisita aus. Stattdessen erklärte sie, daß nur sehr bedeutende Persönlichkeiten in Höhlen beigesetzt werden. Die anderen werden auf ihren Feldern beerdigt.

In früheren Zeiten wurde das Familienoberhaupt in seinem eigenen Haus begraben, in dem dann seine Familie noch vier weitere Generationen lebte, bevor man den Rancho verließ und einen neuen baute.

Ich dachte sofort an unseren Rancho. Die Vorstellung, womöglich auf dem Grab eines Toten zu schlafen, bereitete mir Unbehagen. Marisita wollte auch dazu nichts sagen, meinte nur, daß noch heute viele Familien ihre toten Kinder im eigenen Haus beisetzen.

Während ich mit Marisita sprach, stand plötzlich Jesusita zwischen uns und streckte mir fordernd die Hand entgegen. Ich griff sofort in die Tasche und suchte nach der Nadel. Bevor ich sie herausnehmen konnte, packte Jesusita meinen Arm, lähmte den Versuch, etwas zu sagen, mit einem warnenden Blick, sprach mit ihrer Schwester und zog mich dann neben sich her den Hang hinab. Marisita rief uns etwas nach. Ich verstand es nicht. In meinen Ohren fiepte ein schriller Ton.

Jesusita hatte jetzt meinen Arm losgelassen. Schweigend gingen wir hintereinander her. Auf einem Hügel blieb sie stehen, drehte sich um. Der wilde Ausdruck ihrer Augen

301

erschreckte mich. »Hast du die Nadel?« fragte sie schroff. Ich wollte in die Tasche greifen. Sah, daß wir auf dem selben Hügel standen, auf dem wir schon einmal zusammen gewesen waren. Glaubte plötzlich, ihn nie verlassen zu haben. Wußte im selben Moment, daß seit damals eine Verbindung zwischen Jesusita und mir bestand. Etwas, das nie abgebrochen oder unterbrochen war. Eine Beziehung, die auf unerklärliche Weise auch mit Vincente verknüpft war.

Ein Anflug von Belustigung huschte über Jesusitas Gesicht: »Hast du verstanden?«

»Ja.« Ich griff in die Tasche. Nein, so schnell war ich diesmal nicht bereit, aufzugeben: »Jesusita, warum ist niemand bereit, mit mir über das zu sprechen, was mir widerfährt? Warum will mir niemand erklären ...«

»Es gibt keine Erklärung dafür«, unterbrach sie mich energisch.

»Aber Jesusita, all diese Dinge, die passieren, die ich sehe – welchen Sinn haben sie, wenn ich sie nicht verstehe?«

»Du verstehst sie nicht«, fuhr sie mich an, »weil du ihnen nicht *zuhörst*. Du *siehst*, aber du *hörst* nicht auf dieselbe Weise.« Sie sah mich eindringlich an: »Bemühe dich nicht, *damit*« – sie tippte sich an den Kopf – »zu verstehen, was du damit weder *sehen* noch *hören* kannst. Lerne, mit derselben Kraft zu hören, mit der du siehst. Dann wirst du verstehen. Denn es wird dir alles gesagt.« Sie schwieg, fixierte einen Punkt direkt neben mir, schien abwesend und gleichzeitig so konzentriert auf das, was sie sah, daß ich plötzlich den Eindruck hatte, nicht mehr alllein mit ihr zu sein. Es war dasselbe Gefühl, das man hat, wenn man einen dunklen Raum betritt und, bevor man ihn sieht, die Anwesenheit eines Menschen spürt.

Nach einer Weile fuhr Jesusita mit ungewöhnlich sanfter Stimme fort: »Um das Lied eines Vogels zu verstehen, reicht es nicht, seine Melodie zu hören. Du mußt selbst Vogel werden, eins sein mit ihm, Vogel-sein.«

Ihre Worte versetzten mich mit einem Schlag in die Erinnerung an das Bewußtsein, in dem ich dem Vogelwesen begegnet war. Und plötzlich fiel es mir wie Schuppen von den Augen, was Eins-sein bedeutet. Als mir das Vogelwesen erschienen war, war ich im Bewußtsein des Vogel-Seins gewesen, so wie ich an diesem Morgen im Bewußtsein des Geist-Seins gewesen war. Ich erinnerte mich an die *Mitteilungen* des Geistes, wußte auf einmal, daß sie in einer *anderen* Bewußtseinsebene gespeichert waren. Aber wieso konnte ich mich erinnern, was ich *gesehen* hatte, wenn ich mich nicht erinnern konnte, was mir *mitgeteilt* worden war?

»Du mußt Geduld haben«, sagte Jesusita, als habe sie meine Gedanken gehört. »Du weißt, was du wissen sollst. Höre auf, nach Bestätigung und Erklärungen zu suchen. Wissen über diese Dinge kannst du nicht erlernen. Du kannst es dir nicht mit deinem Willen aneignen, kannst es nur durch die richtige Einstellung, durch dein Sein, auf *direktem* Wege erhalten.«

»Du meinst, durch die eigene Erfahrung?« fragte ich, um sie zum Weiterreden zu bewegen.

Sie sah mich streng an: »Diese Erfahrungen kann man nicht *machen*. Man kann sie nicht erzwingen. Entweder man hat die Kraft oder man hat sie nicht. Aber Vorsicht!« Ihre Augen ließen keinen Zweifel, daß sie mich jetzt direkt ansprach. »Es ist eine *Kraft* – keine *Macht*. Nur der, dem sie *gegeben* ist, kann sie entwickeln.«

Nach einer Pause fügte sie hinzu: »Es dauert lange, sehr lange.« Dabei sah sie mich halb mitleidig, halb spöttisch an. Dann wurden ihre Augen schwarz, sogen mich auf, daß ich nicht mehr wußte, ob sie mit sich selbst oder mit mir sprach: »Was dir gegeben ist, kann dir jederzeit wieder genommen werden.« Sie wiederholte dies ein paarmal, bevor mich ihr Blick wieder soweit freigab, daß ich seinen warnenden Ausdruck sah: »Gehe behutsam und furchtlos damit um. Habe niemals Angst vor denen, die dir die Kraft geben, niemals. Aber hüte dich vor denen, die sie dir nehmen. Lasse dich nicht davon täuschen, daß du glaubst, sie zu kennen.« Irgendwie hatte ich das Gefühl, daß sie jetzt von *Menschen* sprach, die ich kannte. Doch ein Augenzucken verbot jede Frage. »Vertraue allein der Kraft. Lerne sie zu entwickeln, sammle sie, tue alles, um sie wachsen zu lassen. Mißbrauche sie niemals. Benutze sie niemals für deine eigenen, persönlichen Zwecke. Gebrauche sie nur, wenn es dir befohlen wird. Tue nichts, solange es dir nicht gesagt wird von *ihnen*. Wenn es geschieht, befolge die Anweisungen genau. Befolge sie sofort und genau so, wie es dir gesagt wird. Aber warte nicht darauf. Versuche niemals, mit dieser Kraft etwas zu bezwecken oder zu erzwingen. Es ist nicht deine Kraft. Nichts, was du verursachst, nichts, was *du* beherrschst. Sie ist dir gegeben worden. Vergiß das nie.«

Nach diesen Worten drehte sie sich um und ließ mich stehen. »Jesusita, deine Nadel.«

»Bring sie mir heute abend in mein Haus.«

Ich verbrachte den Nachmittag unter einem Baum in der Nähe des Calihueys. War unfähig, einen klaren Gedanken zu fassen. Beobachtete das zusammenhanglos erscheinende Treiben. Sah Lena auf Vincentes Arm, sah sie mit ihm tanzen, sah sie an seiner Hand. Als ich sie holen wollte, um zu Jesusita zu gehen, saß sie zusammen mit Vincente und Antonio. Um die drei, die einen engen Kreis bildeten, standen mehrere Huicholes. Durch ihre Beine hindurch sah ich, daß die beiden Mara'akate mit und über Lena sprachen. Ich wollte zu ihr. Aber irgendetwas hielt mich davon ab. Es ging mich überhaupt nichts an. Ich ging vorbei, wartete in einiger Entfernung. Ging durch Neid, Angst und Sorgen, was sie mit ihr machten, begegnete der Aufforderung, zu vertrauen, ging ihr nach und war plötzlich in der absoluten Gewißheit, daß für und mit Lena alles in Ordnung war. Es war, als flöge mich von dort, wo sie saßen, einfach ein gutes Gefühl an.

Eine Ewigkeit schien vergangen, als Lena mit hochroten Wangen auf mich zugelaufen kam. »Mammi, Vincente hat gesagt, wir können auf sein Rancho gehen.«

»Ich wollte sowieso gerade hin, komm.«

»Aber unsere Sachen, willst du sie nicht mitnehmen?«

»Warum? Wir kommen ja gleich zurück.«

»Nein, ich will dort bleiben.«

»Aber das geht doch nicht.«

»Doch, er hat es gesagt. Kannst ihn ja fragen.«

»Aber ich trau mich nicht.«

»Ehrlich, Mammi, bitte!«

Ich suchte Vincente, fand ihn nirgends.

»Bitte, Mammi, nimm doch den Schlafsack mit. Wenn es nicht geht, kommen wir eben zurück, Okay?«

»Okay.«

Wir blieben fünf Tage und fünf Nächte auf dem Rancho. Tage und Nächte, in denen Vincente und Jesusita es sich zur Aufgabe gemacht zu haben schienen, mich keine Sekunde aus den Augen zu lassen und – Lena von mir fern zu halten. Einer von beiden blieb immer da, während der andere Lena mit zum Calihuey, zum Wasserholen, auf Nachbar-Ranchos oder sonstwohin mitnahm.

Es dauerte zwei Tage, bis ich begriff, daß ich keine Chance hatte, den Rancho allein zu verlassen. Wenn ich mich waschen ging, kam Jesusita mit. Wenn ich spazieren gehen wollte, hielt man mich unter irgendeinem Vorwand zurück. Sobald ein Dritter auf dem Rancho war, ließ Vincente mich links liegen. Nur wenn wir allein waren, sprach er manchmal mit mir. Dann war es ein Bombardement von Worten, das mir keine Sekunde Zeit ließ, eine Zwischenfrage zu stellen. Seine Sätze waren kurz und abgehackt, oft völlig zusammenhanglos. Kaum einer, den er nicht mehrmals wiederholte, keiner, den er erklärte.

Wenn es vorüber war, gab es nichts, was Vincente dazu bewegen konnte, ein Thema noch einmal aufzugreifen. Er war nicht bereit, auch nur auf eine einzige Nachfrage näher einzugehen.

Erst als ich aufhörte, Fragen zu stellen, meine Aufmerksamkeit nur noch darauf konzentrierte, zuzuhören, einfach hinzunehmen, was er sagte, auch wenn ich es nicht verstand, wurden seine Aussagen klarer, ausführlicher, bedeutungsvoller für mich. In manchem entdeckte ich einen Zusammenhang mit Vorhergegangenem, zum Teil auch mit dem, was Jesusita mir sagte. Anderes bekam langsam einen Sinn, wuchs. Wieder anderes schien mir nur wirres Gerede zu sein. Belanglose Nebensächlichkeiten, die sich mir jedoch durch ihre ständige Wiederholung tiefer einprägten, als ich ahnte, und die sich zum Teil Wochen und Monate später, ja sogar heute noch, in bestimmten Situationen als genaue Verhaltensmaßregeln entpuppten.

Die Momente, in denen Vincente mit mir sprach, schienen ebenso bewußt wie spontan gewählt. Manchmal weckte er mich sogar nachts. Doch während der Stunden des Sonnenauf- und -untergangs sprach er niemals. Dann saß er mit seinem *muwieri* in der Hand, der Sonne zugewandt, auf seinem Stuhl.

Der *muwieri* ist das wichtigste Handwerkszeug des Mara'akame, nicht identisch mit dem Urú, dem Gebetspfeil.

Es ist ein zur Hälfte mit Garn umwickelter Pfeil, von dessen oberem Ende ein Federbündel (mindestens zwei Federn) eines bestimmten Vogels herabhängt. Es sind die Federn von Adlern, Falken, Eulen, Sperbern, Truthähnen u. a., die den Mara'akame befähigen, alles zu sehen und zu hören. Federn, durch die dem gewöhnlichen Huichol, je nachdem welche er auf seinem Hut trägt oder an seinem Stirnband befestigt, Weisheit, Mut oder Schutz vor dem Bösen zuteil wird. Denn die Huicholes glauben, daß diese Vögel – die sich in die höchsten Lüfte erheben, die in der Nacht sehen, oder so wie der Truthahn (der Sonnen-Vogel) – mystische

Kräfte besitzen, die sich in ihre Schwanz- und Flügelfedern übertragen, welche dem Gegenstand, an dem sie befestigt sind, ihre Kraft und ihren Geist verleihen.

Durch diese Federn spricht der Mara'akame mit den Göttern. Mit ihnen kann er Geschehnisse in weiter Ferne sehen, kann Geister und Elemente beschwören, Regen machen, den Bann eines Hexers erkennen und brechen, Dinge vorhersagen. Er benutzt sie bei Heilungen und Reinigungsritualen. Sie begleiten ihn bei seinem Gesang und seinem magischen Flug, sind, entsprechend ihrer Beschaffenheit, Kraftträger und Werkzeug jeder Zeremonie.

Der Mara'akame besitzt fünf Muwieris, mit denen er die verschiedenen Krankheiten heilt, und fünf gefiederte Zeremonienpfeile. Jeder Muwieri ist mit den Federn eines anderen Vogels ausgestattet.

Funktion und rituelle Bedeutung jedes Pfeiles sind genau festgelegt, werden sowohl von den Federn und Farben der Garnumwicklung als auch von den zusätzlichen Anhängern (Kristalle, Klapperschlangen-Rasseln, Adlerklauen und Hirschhufen) bestimmt.

Durch die Federn der Eule und des schwarzen Adlers sprechen die Mara'akate mit Tatewarí; durch die Federn des Sperbers rufen sie die Götter des Ostens an, mit denen des Truthahns die Sonne. Die Federn des Adlers, Symbol des magischen Fluges, ermöglichen es ihnen, mit jedem und allem in Verbindung zu treten. Mit ihnen können sie alles sehen und hören, was auf und unter der Erde und im Himmel geschieht.

Der Mara'akame trägt seine Muweries in einem *takuatsi* bei sich. In diesem schmalen, aus Kaktusfasern geflochtenen Kästchen befindet sich außerdem das Horn eines Rothirsch-Geweihs. Denn das Rothirsch-Geweih symbolisiert das Geweih Káuyumaris, der Heiligen Rothirsch-Person. Káuyumaris Geweih wiederum symbolisiert die zeremoniellen Pfeile Tatewarís. Tatewarí, der Erste Mara'akame, hat sie Káuyumari auf den Kopf gesteckt, um sich durch sie mit ihm zu verständigen.

Am vierten Tag forderte Vincente mich überraschend auf, mit ihm zu gehen. Lena wollte bei Jesusita bleiben. Ich folgte Vincente auf den Rancho des verstorbenen Sohns von Hilario. Diesmal waren dort noch mehr Menschen versammelt, als bei der Beerdigung. Und diesmal bezog man mich wie selbstverständlich in alles mit ein, schien vergessen zu haben, daß ich eine Fremde war.

Kurz nach unserer Ankunft wurde ein Stier geopfert. Später bot Gregorio mir an, bei seiner Familie zu sitzen. Dort erfuhr ich, daß gerade das Totenfest für seinen Vater stattfand. Es wird jeweils fünf Tage, nachdem ein Huichol »gegangen« ist, gefeiert.

Um das Haus des Verstorbenen wurde ein großer Kreis aus eng nebeneinander gepflockten Ocote-(mex. Fichte) Scheiten gesteckt. Nur ein schmaler Durchgang in Richtung Westen wurde freigelassen. Innerhalb des Kreises brannte ein Feuer. Darum herum wurde das an die Gäste verteilte Fleisch zum Garen aufgespießt.

Als die Sonne untergegangen war, wurde der Kreis entflammt. Die harzhaltigen Holzscheite loderten auf. Nun durfte niemand mehr den Kreis betreten oder verlassen. Vincente, der vor dem Feuer saß, begann zu singen. Schweigen trat ein. Alle lauschten seinem Gesang.

Gregorio sagte mir, daß der Cantador von seinem Vater singe, sein Leben von der Geburt bis zu seinem Ende erzähle. Immer wieder lösten seine Verse starke Emotionen unter den Anwesenden aus. Mal schluchzten die einen, mal lachten die anderen, mal machte sich aufgeregtes Gemurmele breit. Vincente sang viele Stunden.

Die ganze Nacht wurde darüber gewacht, daß der Feuerkreis keine Sekunde unterbrochen wurde. Sobald ein Scheit zu erlöschen drohte, wurde er durch ein neues ersetzt.

Im Morgengrauen setzte der Gesang des Mara'akame von neuem ein. Juanito, der bereitwillig auf meine Fragen antwortete, erklärte, daß das Fest jetzt seinem Höhepunkt entgegenging. Der Mara'akame würde sich nun auf die Suche nach der Seele des Toten machen. Mit seinem Gesang erwachte der Rancho zu neuem Leben.

Plötzlich glaubte ich, Jesusita und Lena über den Hof gehen zu sehen. Nein, sie konnten es nicht sein. Zu innig, zu vertraut war die Art, in der sie miteinander lachten und das Kind die Beine der Frau umschlang. Als sie sich umdrehten, schien es mir eine Sekunde, als sähe ich Lena zum ersten Mal – ihre Vollkommenheit und Unabhängigkeit; als *erkenne* ich zum ersten Mal das Wesen, das auf dem Berggipfel geboren worden war. Sie lächelte verschlafen, strahlte, als sie mich entdeckte, winkte, sagte etwas zu Jesusita, ging, ohne sich noch einmal umzudrehen, mit ihr weiter, auf die andere Seite des Feuerkreises.

Vincente war jetzt aufgestanden, hielt in der Hand mit hochgestrecktem Arm einen gefiederten Pfeil. Hielt ihn gen Osten, dorthin, wo Wirikuta war und wo die Seele eines Toten zuerst hinging. Der Mara'akame rief die Seele, rief den Toten bei seinem Huichol-Namen, suchte ihn überall, teilte den Anwesenden mit, wo er sich gerade auf seinem magischen Flug befand, was er sah, was er tat und wohin er sich weiter auf den Weg machte, um die Seele des Toten zu finden. Er suchte lange. Als er sie schließlich entdeckte, den Zuhörern sagte, wo und wie er sie sah, tauschten die Gäste Blicke der Erleichterung und Zufriedenheit.

Vincentes Stimme erhob sich nun, bekam einen lockenden Klang, lud die Seele ein, sich auf seinem Muwieri niederzulassen. Kurz darauf senkte er vorsichtig seinen Pfeil, nahm sehr behutsam etwas aus den Federn, hielt es in der geschlossenen Hand. Juanito flüsterte, daß es die Seele seines Vaters sei, in Gestalt einer winzigen, weißen Fliege.

Hilario, der Vater des Verstorbenen, und seine Witwe gingen nun zu dem Mara'akame. Beide weinten, als sie Vincente kleine Stückchen des gebratenen Fleisches gaben, die dieser mit zarten Tönen der Seele offerierte. Dann hob er die Hand und gab die Seele frei, verfolgte mit den Augen ihren Flug. Einen Augenblick lang schien sie über uns zu kreisen, bevor sie durch die Öffnung des Flammenkreises davonflog, nach Westen, dorthin, wo sie ihre Urahnen in Empfang nahmen.

Bei Sonnenaufgang wurde der Besitz des Verstorbenen vor dem Mara'akame ausgebreitet. Einige Gegenstände wurden verbrannt, die übrigen Sachen an Witwe und Söhne verteilt. Danach begann das Festessen.

Am Nachmittag des nächsten Tages verließen wir den Rancho von Jesusita und Vincente zum zweiten Mal ohne Abschied. Die beiden Mara'akate verschwanden unbemerkt, während wir unsere Sachen zusammenpackten. Ich war weder traurig noch betroffen. Denn ich hatte das sichere Gefühl, daß wir uns wiedersehen würden.

Als wir nach fast dreistündigem Aufstieg unseren Rancho endlich weit vor uns liegen sahen, schien es uns in unserer Erschöpfung, als wolle er einfach nicht näher kommen, als würden wir uns mit jedem Schritt weiter von ihm entfernen. Lena hielt nur noch die Freude auf Boogie auf den Beinen. Sie rief ihn schon von weitem und rannte die letzten Meter.

Boogie war nicht da. Wir brüllten seinen Namen und suchten ihn überall. Das Wachhäuschen, das Lena ihm gebaut hatte, war zerstört. Eine Schleifspur führte von dort über den Hof. Als wir sie entdeckten, fing Lena an zu weinen. Mir fiel mit Grausen die Klapperschlange ein und ich eilte mich, vor dem Dunkelwerden Hütte, Küche und Hof nach ihr abzusuchen. Außer ein paar Skorpionen, die sich während unserer Abwesenheit eingenistet hatten, fand ich nichts.

In den folgenden Tagen stellte ich überrascht fest, daß wir

die Schlange tagsüber seltsamerweise völlig vergaßen. Doch sobald ich einen Schritt in der Dunkelheit über unseren Rancho tat, wähnte ich sie überall.

Am Tag nach unserer Rückkehr kam ein Mann vorbei, um uns zu sagen, daß unser kleiner, schwarzer Hund bei der Hexe sei. Ohne lange zu überlegen, machte ich mich mit Lena auf den Weg, hieß sie in sicherer Entfernung von dem Hexen-Rancho warten und entdeckte Boogie, noch bevor ich die Umzäunung erreichte. Weder Carmelita noch Dolores waren zu sehen. Als Boogie meinen Pfiff hörte, kam er angerast. Ich öffnete das Tor und ließ ihn frei. Er war völlig verdreckt, stank und war abgemagert. Doch seine Ausstrahlung war so *rein*, daß ich keine Sekunde zögerte, ihn wieder mitzunehmen. Lenas Glück wurde vorübergehend von dem kläglichen Gejaule überschattet, in das er ausbrach, als wir ihn einshampoonierten.

HEILUNG

Wir nahmen Boogie nun überallhin mit, egal ob wir Wasser
holen, Holz sammeln, zum Waschen, spazieren-, zu Juana
oder sonstwohin gingen.

Juana war eine sehr schöne Frau von 35 Jahren. Obwohl sie
ebenso unberechenbar war wie die anderen Huicholes, hatte ihr fröhliches Gemüt es mir von Anfang an erleichtert,
Kontakt zu ihr zu finden. Sie lebte zusammen mit ihrer Familie auf einem großen Rancho, der etwa eine Stunde von
dem unseren entfernt lag.

Als wir zum ersten Mal dorthin kamen, war die Familie
dabei, Lehmziegel für eine neue Hütte herzustellen. Die
Ziegel wurden in einem Holzrahmen geformt, auf eine glat-
te Fläche gestülpt und in der Sonne getrocknet. Auf Lenas
Bitte hin ließ man erst sie, dann auch mich mitmachen und
uns später sogar beim Bau der Hütte helfen.

Mit der Zeit hatte sich zwischen Juana und mir – soweit das
zwischen einem Huichol und einer Fremden, noch dazu in
nur wenigen Wochen, überhaupt möglich war – eine
Freundschaft entwickelt, die auf dem Austausch von
Kenntnissen basierte. Ich brachte Juana ein paar Lieder und
das Häkeln bei, während sie mir zeigte, wie die Huicholes
es fertigbrachten, Kreuzstich zu sticken, ohne daß auf der
Rückseite auch nur ein Schrägstich oder ein Versäuberungs-
faden zu sehen war. Außerdem lehrte sie mich mit Geduld
und Gelächter, zu weben. Das machte mir nicht nur Spaß,
sondern gab mir auch einen Grund, jederzeit wiederzukommen, um an dem unter ihrer Anleitung begonnenen
Gürtel weiterzuarbeiten.

Der Webstuhl der Huicholes ist eine sehr simple Konstruktion. Das eine Ende ist an einem Pfahl oder Baum befestigt, das andere um die Taille der webenden Person gebunden.

Bevor ich mit dem Gürtel begann, hatte Juana ihren Vater Daniel veranlaßt, eine Schlange zu fangen. Schon nach kurzer Zeit war er mit einem wunderschön gemusterten Exemplar zurückgekehrt und hatte mir die mit dem Kopf in eine Zweiggabelung geklemmte Schlange vor die Nase gehalten. Zur allgemeinen Belustigung ihrer Familie hatte Juana mich gezwungen, dem kalten Tier in der üblichen Art über den Rücken, und dann mit derselben Hand über meine Stirn zu streichen. Allein die Überwindung, die ziemlich große, zischende Schlange anzufassen, hatte damals mein Blut derart in Wallung gebracht, daß ich es für nicht unwahrscheinlich hielt, daß die Berührung auch andere Energien zum Fließen brachte.

Als Lena und ich nach unserer Rückkehr aus Las Blancas zum ersten Mal wieder auf Juanas Rancho kamen, erwartete man dort voller Ungeduld die Ankunft des Mara'akame Jacinto. Daniel, Juanas Vater, hatte am frühen Morgen nach dem für seine großen Heilkräfte berühmten Mann geschickt und weinte, als er uns sagte, daß seine Frau sehr krank sei. Von Juana erfuhren wir, daß ihre Mutter seit der vorangegangenen Nacht ohne Bewußtsein war. Offensichtlich froh über etwas Ablenkung, lud sie uns trotzdem ein, zu bleiben. Die ganze Familie war versammelt, um an der bevorstehenden Heilungszeremonie teilzunehmen.

Während wir auf den Mara'akame warteten, erzählte Juana, daß Jacinto schon einmal, vor einem halben Jahr, von ihrer Familie gerufen worden war, um ihren kranken Bruder zu heilen. Daß dieser damals, trotz der Bemühungen des Mara'akame, gestorben war, war für die Familie kein Grund, nicht auch dieses Mal nach ihm zu schicken. Denn erstens, so Juana, habe Jacinto, nachdem er die ganze Nacht für ihren kleinen Bruder gesungen hatte, seinen Tod als unabwendbaren Willen der Götter vorhergesagt. Und zweitens war Juanas Mutter nicht, wie damals ihr Bruder, von einem *Krankheits-Wesen* befallen, sondern verhext. Die Hilfsgeister eines Hexers, eines Mara'akame, den Daniel, nach eigener Aussage, sehr gut kannte, hatten die Seele seiner Frau entführt.

Die Huicholes, die jede Krankheit übernatürlichen Ursachen zuschreiben, unterscheiden zwischen zwei Arten von Krankheiten: die, welche vom »Verlust der Seele«, und solche, die vom Eindringen eines krankheitserregenden »magischen Objekts« herrühren. Im ersten Fall gilt es die Seele des Kranken zu finden und wieder in ihn einzufügen, im zweiten, das unheilstiftende Objekt auszutreiben.[52]
Der Mara'akame, der kraft seiner Hilfsgeister, seiner ekstatischen Fähigkeiten, seines magischen Gesangs und seiner Muwieris die Heilung vornimmt, wird entweder von dem Kranken selbst oder von seiner Familie bestimmt. Da die nicht-normale Wirklichkeit am besten in der Dunkelheit zu erkennen ist, finden Heilungssitzungen fast immer nachts, meistens im Hause des Kranken im Beisein der Familie, statt. Nicht selten dauern sie von Sonnenuntergang bis Sonnenaufgang.
Sobald es dunkel ist, beginnt der Heiler mit seinem Lied, ruft seine Hilfsgeister. Dabei streicht er mit seinem Muwieri, der ihm hilft, den Krankheitsherd (besondere Energieausstrahlung) zu lokalisieren, über den Körper des Patienten. Sobald er in Kontakt mit seinen »Kräften«, seinen Hilfsgeistern und Schutztieren, steht, spricht er mit ihnen, fordert sie auf, ihm Beistand zu leisten. Sie helfen ihm, die Krankheitsursache zu erkennen, das Fehlen der Seele oder das »wahre« Wesen des eingedrungenen pathogenen »Gegenstandes« zu *sehen* und die Diagnose zu erstellen. Sie schützen ihn beim Herausholen oder Aussaugen des magischen Objekts oder stehen ihm, wenn die Krankheit durch

314

Seelenverlust verursacht ist, beim Wiederauffinden der verirrten oder entführten Seele bei.

Für die Huicholes ist der Verlust der Seele nicht unbedingt gleichbedeutend mit Tod. Ebenso wie die Seele im nichtnormalen Bewußtseinszustand aus dem Körper abwandern kann, kann das *kupúri* (die Lebensessenz des Menschen) den Körper auch während des Schlafens, Träumens oder einer Ohnmacht verlassen. Kehrt die Seele nicht zurück, wird der Mensch krank, bewußtlos oder von Sinnen, weiß nicht mehr, was mit ihm geschieht. Träume, die die Seele zur Flucht veranlassen, können für den Verlust der Seele ebenso Ursache sein wie plötzliches Aufwecken. Sie kann auch durch einen Unfall verloren gehen oder sich zu weit von dem Körper entfernt, verirrt haben.

»Man stellt sich das Kupúri als einen winzigen Energiekörper vor, so klein wie eine Fliege oder eine Zecke, der einen Zisch- oder Pfeifton von hoher Frequenz abgibt.«[53] Da die Seele in diesem schutzlosen Zustand von Tieren gefressen, von Hilfsgeistern eines Hexers entführt oder von anderen bösartigen Wesen eingefangen werden kann, bedeutet der Verlust der Seele für jeden Huichol eine große Gefahr.

Ist die Krankheit eines Patienten auf Seelenverlust zurückzuführen, begibt sich der Mara'akame, dank seiner Fähigkeit des magischen Flugs, auf die Suche nach ihr.

»Er sucht dort, wo der Kranke gewesen war, sucht überall. Lauscht, horcht mit seinen Federn. Wenn er sie hört, in ihrer Nähe ist, sucht er weiter, bewegt sich sehr vorsichtig, denn sie ist sehr klein, sehr verletzbar. Dann sieht er sie, spricht mit ihr, findet heraus, warum sie den Körper verlassen hat; erfährt, ob er sie dem Kranken zurückbringen darf.«[54] Letzteres erfragt er von den Göttern, von denen er dann Anweisungen erhält, sie mitzunehmen und wieder in den Kranken einzufügen.

Findet der Mara'akame die Seele nicht, weil sie sich schon zu weit entfernt hat oder zu schwach ist, um einen Ton von sich zu geben, der es dem Mara'akame ermöglicht, sie zu orten, stirbt der Kranke. Gelingt es dem Mara'akame jedoch, dem Patienten sein Kupúri zurückzubringen, wird dieser auch nur dann gesund, wenn die an ihn und seine Familie gestellten Forderungen der Götter erfüllt werden.

Ist die Krankheit durch ein magisches Objekt verursacht, durch einen Krafteindringling, der auf übernatürliche Weise in den Körper des Kranken eingedrungen ist, ist die Behandlung eine andere. Doch das Erkennen der Ursache wie auch der Heilungsmethode ist ebenfalls nur im schamanischen Bewußtseinszustand möglich.

Für den Mara'akame hat dieses magische Objekt – das sowohl von Göttern oder Geistern geschickt als auch von einem Hexer durch die Macht seiner Gedanken oder seiner Hilfsgeister in den Körper eines Menschen eingeführt werden kann – einen normalen und einen nicht-normalen Aspekt.

Der nicht-normale Aspekt zeigt ein Wesen, das dem Mara'akame nur im ekstatischen Zustand, im Körper des Kranken, sichtbar wird und von dem er weiß, daß es auch die verborgene Natur eines bestimmten materiellen Gegenstandes ist. Dieser, das heißt der normale, sichtbare Aspekt, kann sowohl ein Korn, ein winziges Tier, eine Pflanze, ein Steinchen oder ein Insekt sein. Zu dem Wissen eines Mara'akame gehört es, den jeweiligen normalen Aspekt jedes Krankheitswesens zu kennen.

Wenn sich dem Mara'akame, kraft seiner Hilfsgeister, Ursache, Herkunft und »wahre« Beschaffenheit des krankheitserregenden Objekts enthüllt haben, kehrt er – immer noch singend – in das normale Bewußtsein zurück. Erst dann schreitet er zur Extraktion.

Doch bevor er Mund oder Hand an den Körperteil legt, den er als Sitz des Krankheits-Wesens *gesehen* hat, legt er – je nachdem, ob er es herauszieht oder aussaugt – den entsprechenden materiellen Aspekt (z. B. ein Korn oder ein Insekt) in seine Hand oder seinen Mund, um die geistige Essenz der nicht-normalen Wesenheit darin aufzunehmen, sobald er sie aus dem Körper entfernt.

Gefangen in der Substanz ihres materiellen Aspekts wird sie dann von dem Mara'akame ausgespuckt oder fortgeworfen, vergraben oder verbrannt, entsprechend den Weisungen, die er von seinen Hilfsgeistern erhält.

Dieser sichtbare Gegenstand unterstützt zwar den Glauben des Patienten, daß der Krankheitserreger tatsächlich entfernt worden ist, dient aber in erster Linie dazu, die nicht-normale Wesenheit damit anzuziehen und darin einzufangen und den Mara'akame davor zu schützen, daß die Krankheit in seinen Körper dringt.

Je nachdem wie stark die in den Patienten eingedrungene Kraft ist, wird die Prozedur des Extrahierens vom Mara'akame mehrmals wiederholt. Zeigt sich nach einer von ihm festgelegten Frist keine Besserung, wird häufig ein anderer Mara'akame konsultiert.

Um die Seele aus der Macht böser Geister zu befreien, bedarf es in jedem Fall eines Mara'akame, der mächtiger ist als der Hexer, unter dessen Einfluß die seelenraubenden Wesen stehen.

Daniel war überzeugt, daß nur die magischen Kräfte Jacintos stark genug waren, um die Seele seiner Frau den Hilfsgeistern des Hexers zu entreißen. Juana erklärte mir seine Ungeduld damit, daß der Mara'akame die Seele ihrer Mutter nur wieder finden könne, solange sie noch am Leben, ihr Kupúri noch in der Nähe, noch nicht zu weit entführt, oder gar von den Geistern gefressen worden sei.

Als Jacinto, ein großer, bulliger Indianer mit freundlichem Gesicht, aber sehr wilden Augen, endlich kam, ging er sofort in die Hütte der Kranken. Die Familie folgte ihm. Nach Rücksprache mit dem Mara'akame bat Juana auch uns hinein, damit wir an dem Heilungsritual teilnähmen.

Jacinto sang die ganze Nacht. Erst jammernd, als ob das

Singen ihm Schmerzen bereite. Dann wurden aus den klagenden Lauten lockende Töne, kurze Phrasen, in eine kleine, immer gleichbleibende Melodie verpackt; endlose Wiederholungen knapper Verse, zwischen denen immer wieder Pausen eintraten, in denen es mir schien, als ob Jacinto aufmerksam lauschte. Als er den Höhepunkt seiner Ekstase erreichte, schwoll der Gesang an. Die Energie in der Hütte war zum Bersten geladen, schlug aber, noch bevor der Morgen dämmerte, plötzlich in Erleichterung und Fröhlichkeit um.

Jacinto hatte die Seele aus den Klauen der bösen Geister befreit, kehrte – während Juana mir flüsternd erklärte, was geschah – nun mittels seines Gesangs von seiner ekstatischen Reise zurück, brachte die Seele mit sich, führte sie, mit unglaublich behutsamer Geste, durch den Kopf der Kranken wieder in ihren Körper zurück.

Noch sichtlich benommen, gab Jacinto der Familie Anweisungen, die eine kurze Diskussion unter den Anwesenden hervorriefen, bevor man sich an die Vorbereitung des Opferrituals und anderer Verrichtungen begab, die für die Genesung des Patienten notwendig waren. Denn die Heilung einer Krankheit – egal ob sie durch Verlust der Seele oder Eindringen eines magischen Objekts verursacht wurde – ist wie erwähnt – nicht allein von den Kräften des Heilers, nicht allein von der Rückführung der Seele oder dem Entfernen des pathogenen Gegenstandes abhängig.

Sowohl der Kranke als auch seine Familie erhalten über den Mara'akame von den Göttern genaue Anweisungen, welche Aufgaben zu erfüllen sind, um das übernatürliche Wesen, das die Krankheit bewirkt hat, zu versöhnen; die Schutzgeister des Kranken wieder zu mobilisieren und dadurch seine Genesung zu unterstützen. Hierbei kann es sich um ein Stieropfer, um eine Pilgerschaft, die Jagd eines bestimmten Tieres, um das Herstellen gewisser zeremonieller Gegenstände oder andere Aufgaben handeln. Werden die

Weisungen der Götter aus irgendeinem Grund nicht genaustens befolgt, verschlechtert sich der Zustand des Patienten häufig rapide.

So habe ich z. B. einen Huichol erlebt, der, nach Behandlung seiner Rückenschmerzen durch den Mara'akame Antonie, die ihm gestellte Aufgabe, ein Stieropfer zu erbringen, nicht erfüllen konnte, weil seine Schwester vor vielen Monaten in die Städte abgewandert war und er sich somit nicht in der Lage sah, seine Familie vollständig zu versammeln, was jedoch für das Opferritual unbedingt erforderlich war.

Innerhalb von wenigen Tagen wurde daraufhin aus dem starken, überaus lebenslustigen Mann ein Wrack. Eine Weile schleppte er sich auf Krücken herum. Als ich ihn kurze Zeit später auf einem Zeremonienfest wiedersah, konnte er sich nur noch auf dem Bauch robbend fortbewegen. Seine Beine waren gelähmt, sein Gesicht gezeichnet von den Qualen der Schmerzen, die ihm jede Bewegung bereiteten, während er sehnsüchtig auf die Ankunft seiner Schwester wartete, nach der seine Familie geschickt hatte.

Fünf Tage, nachdem sie endlich zurückgekehrt und das Stieropfer vollzogen war, tanzte der vor kurzen noch schwerkranke Mann Tag und Nacht auf dem *Híkuri Neirra*, dem großen Peyote-Fest, im Calihuey des Gemeinde-Zentrums.

Das Híkuri Neirra, das als das wichtigste Ereignis im zeremoniellen Kalender der Huicholes seit Wochen mit großer Spannung erwartet wurde, sollte auch für mich zum einschneidendsten Erlebnis meines Aufenthaltes bei diesen Menschen werden.

Das Fest, das ich nicht nur mit Freude, sondern wegen der bisherigen Erfahrungen auf Festen mit sehr gemischten Gefühlen erwartete, begann wenige Tage, bevor die Regenzeit endgültig über der Sierra einsetzte und die Huicholes – ja, man könnte fast sagen, zu fröhlichen Menschen machte. Denn Regen bedeutete nicht nur Wasser und Nahrung. Er bedeutete vor allem, daß die Götter den Menschen wohlgesonnen waren. Und sie schienen es auch wirklich zu sein. Allnachmittäglich, auf die Stunde genau, wälzten sich gewaltige Gewitterwolken über die fernen Berggipfel, näherten sich mit Donnergetöse und entluden sich bis in die tiefe Nacht hinein in einem Feuerwerk von Blitzen. Morgens, wenn die Sonne durch den Frühnebel brach und trocknete, was nachts naß geworden war, dampften die Felder, und die Natur strotzte nur so vor Kraft und Fruchtbarkeit. Je nässer, nebliger, feuchter (und für uns oft ungemütlicher) es wurde, um so fleißiger, fröhlicher, freundlicher und gemütlicher wurden die Huicholes.

Doch während Híkuri Neirra, das im Gegensatz zu den anderen großen Zeremonienfesten nicht in, sondern zum größten Teil vor dem Toki stattfand, fiel nicht ein Regentropfen. Trotz der vorangegangenen Gewitterstürme und Unwetter wunderte das niemanden. Denn der Mara'akame hatte verkündet, daß der große Regen erst nach der Fiesta kommen würde.

Inzwischen hielt ich es nicht mehr für Feindseligkeit, daß niemand auf die Frage, wann ein Fest beginne, eine genaue Antwort gab. Denn inzwischen wußte ich, daß der »meromero«, der Mara'akame, der das jeweilige Fest leitete, das Datum meist erst ein oder zwei Tage vorher bekannt gab.

Verschiedene Aktivitäten um den Calihuey herum kündigten jedoch an, daß es bald soweit war. Große Holzmengen wurden gesammelt und neben dem nach Osten gerichteten Eingang des Tokis aufgestapelt. Rund um seine Außenmauern bauten Familien kleine Lauben aus Ästen und Zweigen, ihre Unterkünfte für die Festtage. Rechts und links vom Zeremonienhaus wurden zwei große »enramadas« (von Pfählen gestützte Überdachungen aus Blätterzweigen) errichtet. Der neue Tempel war fertiggestellt.

320

Aus allen Richtungen strömten Huicholfamilien herbei, kamen, bepackt mit ihrem gesamten Hausrat, von ihren weit entlegenen Ranchos, kehrten sogar aus den Städten zurück, um Híkuri Neirra zu feiern.

Bei der Tienda, wo Hochbetrieb herrschte, begegneten wir einem jungen Paar, das sich in seiner protzigen, aufgedonnerten Aufmachung sonderbar von den festlich gekleideten Huicholes abhob.

Ich konnte mich nicht erinnern, die beiden schon einmal gesehen zu haben, und wunderte mich über das übertriebene Gehabe, mit dem uns der junge Mann lauthals begrüßte. Das Gesicht des Mädchens war bis zur Unkenntlichkeit mit Schminke bedeckt.

Erst als der Mann etwas von Bertha sagte, begann ich zu ahnen, mit wem ich sprach. Es war Santos Paria, der junge Huichol, den ich in Berthas Haus getroffen hatte. Er war nicht wiederzuerkennen.

Das bißchen Geld, das er mit den unbeholfenen Kopien der mystischen Fadenbilder verdient hatte, der Einfluß der Stadt und die Verunsicherung durch das Gefühl von Minderwertigkeit, das ihn dort sichtlich überwältigt hatte, hatten in wenigen Monaten aus dem einst so bescheidenen und selbstbewußten Indianer einen oberflächlichen, affigen Macho gemacht, der sich in Großgrundbesitzerallüre gebärdete.

Das scheue kleine Mädchen, das ihm damals geholfen hatte, war – mit billigem Tand behangen – sein Besitz und Vorzeigepuppe des Scheins geworden, den er, fast Mitleid erweckend, darzustellen bemüht war.

Der Anblick der beiden machte mir, die sich seit vielen Wochen nicht mehr im Spiegel gesehen hatte, bewußt, wie sehr auch wir uns verändert hatten. Äußerlich stand das Maß unserer Veränderung, die wir im umgekehrten Sinne, erlebt hatten, der Veränderung des Paares sicher in nichts nach. Doch war die innere Veränderung, die diese beiden Huicholes in der »Welt des Fortschritts« durchgemacht hatten, wohl kaum vergleichbar mit der, die wir in ihrer Welt erfahren hatten. Was diese beiden Menschen dort verloren zu haben schienen, hatten wir hier gefunden: Selbst-Bewußtsein. Das Leben mit Menschen, deren Sein noch auf Selbst-Verständnis und Selbst-Verantwortung basierte, noch nicht, um das Verständnis und die Verantwortung anderer zu befriedigen, »zivilisiert« worden war, hatte mir die Möglichkeit gegeben, meine Maßstäbe, Muster, Programme und Gewohnheiten, kurz, die Verpackung meines Selbst, zu erkennen.

Die Unbegreiflichkeit, Unheimlichkeit, Unbeeinflußbarkeit, Wildheit und Unberechenbarkeit der Huicholes hatte mich aus dieser Verpackung katapultiert, hatte den Grenzen meiner normalen Wahrnehmungen und meines alltäglichen Bewußtseins die Gültigkeit genommen. Durch die radikale Andersartigkeit des Huicholes war ich mir mehr und mehr meiner Fremdartigkeit dem eigenen Selbst gegenüber bewußt geworden, hatte in der wilden Fremde angefangen, mich selbst – und erst dadurch auch die Huicholes – besser zu verstehen oder, besser gesagt, einfach zu akzeptieren. Denn das wahre Selbst ist nur außerhalb des Verstandes zu erfahren und deshalb sicherlich wohl auch eher außerhalb einer vom Verstand geprägten Welt.

Nichts und niemand hätte mir die Einflüsse unserer zivilisierten Welt deutlicher vor Augen führen können als Santos, dieser in so kurzer Zeit von sich selbst und seiner Gemeinschaft entfremdete Mann. Es tat weh, mit anzusehen, wie er in den folgenden Tagen mit Großkotzigkeit, Bier, Gebrüll und Verachtung die unübersehbare Zurückhaltung seiner Stammesbrüder zu überspielen suchte. Carlo, der »Hochhaus«-Besitzer, war der einzige, den ich während des Hikuri Neirra mit dem Paar zusammensitzen sah. Die Fiesta begann, wie alle Zeremonienfeste, am Abend.

322

HÍKURI NEIRRA

Híkuri Neirra ist das Fest des Peyote. Es wird, nacheinander, in allen Rancheria-Bezirken gefeiert, aus denen Pilgergruppen nach Wirikuta gegangen sind. Da während der gesamten Trockenzeit Pilgerreisen unternommen werden, gibt es zwischen Januar und Juni immer wieder irgendwo ein Híkuri Neirra. Das größte ist jedoch das, welches im religiösen Zentrum der jeweiligen Gemeinde abgehalten wird.

Híkuri Neirra findet statt, nachdem die Peyoteros (*híkuritámete*) aus dem heiligen Land zurückgekehrt sind und die anschließende Hirschjagd erfolgreich beendet haben. Das Fest ist der Abschluß der Pilgerschaft und das Ende der spirituellen Gemeinschaft, zu der die Pilgergruppe, seit dem rituellen »Einknoten« (siehe Anm. 36), auf Gedeih und Verderb verknüpft ist.

Die Pilgergefährten, deren Verbindung streng auf den religiösen Bereich beschränkt und zeitlich begrenzt ist, stellen eine mystische Einheit dar, die sie verpflichtet, »in vollkommenem geistigen und seelischen Einklang zu handeln«.

Erst das Auflösen der Knoten – mit denen der Mara'akame während der Feuer-Reinigung vor Reisebeginn die Mitglieder der von ihm geleiteten Gruppe symbolisch zu einem Ganzen zusammenfügt – entbindet die Teilnehmer aus dieser Einheit und von den mit der Pilgerschaft verbundenen Vorschriften und Pflichten.

Als wir zum Calihuey kamen, waren noch nicht sehr viele Menschen dort. Usebio begrüßte uns so herzlich, daß eine wärmende Kraft meinen Körper durchströmte und ich mich auf der Stelle wohlzufühlen begann. Usebio erklärte, daß diese Nacht hauptsächlich den Peyoteros vorbehalten sei und daß ihre Familien und die meisten anderen Gäste erst am folgenden Tage eintreffen würden. Auch der Cantador würde nicht vor dem nächsten Morgen eintreffen und mit seinem Gesang beginnen.

Usebio geleitete uns in den Tokí und nahm seinen Platz zwischen den Säulen ein. Das Zeremonienfeuer brannte lichterloh. Unter der linken Säule saß Antonio, der Mero-Mero der Fiesta. Neben ihm waren seine Frau, der junge Cassillano, Usebio und andere Mara'akate aufgereiht. Ihre Familien lagerten rund um die Innenmauern.

Vergeblich suchte ich unter den Anwesenden nach Vincente und Jesusita. Erst jetzt wurde mir klar, wie sehr ich gehofft hatte, wie überzeugt ich gewesen war, sie hier anzutreffen. Nachdem ich Antonio unser Gastgeschenk überreicht hatte, wies er uns, nach kurzer Debatte mit den anderen, einen Platz neben der Familie des Mara'akame Mariano zu, der ebenfalls in der Reihe der Weisen saß und uns freundlich begrüßte. Hinter ihnen, neben dem Altar, hockten Gregorio und Manuel mit ihren Musikinstrumenten und spielten.

Sowohl die Mara'akata als auch die Peyoteros trugen ihre mit großen Federkränzen geschmückten Hüte. Die Gesichter der Híkuritámete (fünf Männer und drei Frauen), unter denen sich auch Antonios Sohn José und seine dicke, rabiate Tochter Clara befanden, waren mit runden, gelben, geometrischen Zeichen bemalt. Als sie vollständig versammelt waren, begannen die nächtlichen Zeremonien mit dem Begrüßungsritual.

In der Reihenfolge, die auch während der Pilgerschaft strikt eingehalten werden mußte, umkreisten die Peyoteros das Feuer und traten dann einzeln vor Antonio, den Mara'akame, der die Gruppe in das heilige Land des Peyote geführt hatte. Jeder berührte mit einer schnellen Bewegung die Schulter des Mara'akame und wartete dann ehrfurchtsvoll auf das, was dieser ihm zu sagen hatte. Mit manchen sprach Antonio lange. Mit anderen wechselte er nur wenige Sätze.

Einer der Männer, der auf Antonios Worte hin in haltloses Schluchzen ausbrach, begann, kaum daß er sich etwas gefangen hatte, ein endloses Palaver mit dem Mara'akame.

Antonio reagierte zuerst überhaupt nicht darauf, was den Peyotero immer mehr außer sich geraten ließ. Dalia, Marianos Frau, sagte mir, daß für ihn die Reise nach Wirikuta nicht gut verlaufen sei.

Antonio schien völlig unberührt von dem Gejammere, ließ nur hin und wieder, fast gleichgültig, eine Bemerkung fallen. Auch der heftige Stoß, den der Peyotero ihm, in verzweifelter Rage, verpaßte, brachte ihn, im Gegensatz zu den anderen Anwesenden, nicht aus der Ruhe. Er wartete geduldig, bis der Mann seine Beteuerungen und sein Wehklagen plötzlich abbrach, und wandte sich dann an den nächsten in der Reihe.

Die Zeremonien, die sich über die ganze Nacht hinzogen, bezogen sich alle in irgendeiner Form auf die Pilgerschaft, waren sowohl Rekapitulation verschiedener Ereignisse als auch Gebete und Danksagungen an die Götter, die die Pilger auf ihrer gefährlichen Reise beschützt hatten und denen sie begegnet waren.

Die heiligen Gegenstände, das Hirschgeweih, die Tatohuans (zeremoniellen Stäbe), das heilige Wasser, Gebetspfeile und andere Ritualobjekte, die die Peyoteros aus Wirikuta zurückgebracht hatten und die, nachdem sie dort von den Göttern geweiht worden waren, fünf Jahre lang ihre Kraft behielten, lagen, in prall gefüllten Schultertaschen, in der Mulde vor den Mara'akaten.

Jedes Ritual begann und endete damit, daß die Peyoteros, die alle Zeremonien durchführten, die jeweiligen Gegenstände, für die sie die Verantwortung trugen, aus der Mulde nahmen und sie in einer Reihe hintereinander um das Feuer trugen.

José, der seinem Vater während der Pilgerschaft als Helfer gedient hatte, führte, mit Hirschgeweih und Tatohuans, die

Peyoteros an. Hin und wieder verließ die Prozession den Tokí, zog gen Osten und zu den Ririkis, wo sie lange Gebete sprachen.

Der dumpfe Schall des Horns (ahúa), das nur während der Pilgerreise und Híkuri Neirra geblasen wird, dröhnte durch die Nacht, ertönte auch im Tokí, wenn die Peyoteros, nach nochmaligem Umkreisen des Feuers, die Ritualobjekte auf ihren Platz zurückbrachten. In dieser Nacht wurde nicht getanzt.

Bei Sonnenaufgang folgte Antonio den Híkuritámete nach draußen. Der Sonne zugewandt nahm er den verknoteten Faserstrang aus seiner Tasche, rief jeden Peyotero der Reihenfolge nach bei seinem neuen Namen, den er in Wirikuta erhalten hatte, und löste den Knoten jedes einzelnen aus dem Strick. »Mit diesem abschließenden Ritual wurden alle Vorschriften für das Waschen, die sexuellen Beziehungen, das Essen und Trinken, Stuhlgang, das Urinieren und Schlafen außer Kraft gesetzt.«[55]

Einige weinten, als der Mara'akame sie aus der geistig-religiösen Gemeinschaft, in der sie miteinander verknüpft waren, befreite. Doch als sie sich zum ersten Mal wieder symbolisch wuschen, indem sie sich, über das Feuer geneigt, Kopf, Hände und Gesicht mit heiligem Wasser betupften, machte sich Heiterkeit und Freude über die Aufhebung der Verbote breit.

Anschließend wurde die durch das Waschen zerlaufene Gesichtsbemalung erneuert. Sowohl die *Urra*-Wurzel, als auch das Wasser, mit dem sie angefeuchtet, und der flache Stein, auf den die Wurzel anschließend gerieben wurde, stammten aus Wirikuta. Mit der so gewonnenen gelben Farbe und einem kurzen Halm malten sich die Peyoteros gegenseitig Kreise und Spiralen auf die Wangen, die, mit Punkten, Strichen und Linien verziert, stilisierte gelbe Blumen in der Farbe Tatewarís waren.

Diese Blumen sind das Symbol des Peyote und der Heiligen

Rothirsch-Person und stellen u. a. das religiöse Feuer dar, das in dem Peyotero entfacht ist und seine Wangen zum Glühen bringt. Auch die Musikinstrumente und Tabakbehälter, die die Peyoteros auf ihrer Reise begleitet hatten, waren auf diese Weise bemalt.

Am Morgen trafen Narciso, der *híkurikuikame* (Peyote-Singer), und Juan, der in den folgenden Tagen als eine Art Zeremonienmeister fungierte, ein.

Narciso war ein großer, schlanker Mann mit scharfgeschnittenem Gesicht und Halbglatze. Er stellte seinen Stuhl, den er mitgebracht hatte, in die Mitte des Calihueys. Auf den von Ririkis und Enramadas umgebenen Rundhof vor dem Zeremonienhaus. Bevor er, nach Osten gerichtet, darauf Platz nahm, achtete er genau darauf, daß der Stuhl sich in einer Linie mit dem Eingang des Tokís und dem Zeremonienfeuer befand.

Auf einer kleinen Bastmatte zu seinen Füßen deponierte er seinen Takuatsi (Muwieri-Behälter), einige frische Peyote-Kakteen, eine Kürbisflasche mit Wasser aus Wirikuta sowie eine Schale, in der sich ein Gemisch aus Híkuri-Pulver und heiligem Wasser befand, von dem er immer wieder trank.

Zwei Oparis (kleine Hocker) wurden aus dem Tokí getragen und rechts und links neben den Cantador gestellt. Auf den rechten setzte sich ein kleiner, sehr alter Mann, der Narciso mit hoher, zarter Stimme assistierte. Miguel, der Topile des Gobernadors, saß links von Narciso. Er war ein Lehrling des Cantadors und wich ihm Tag und Nacht nicht von der Seite.

Während der greise Mara'akame, der den Gesang Narcisos unterstützte, hin und wieder von Antonio abgelöst wurde, sang der Cantador 36 Stunden ununterbrochen hintereinander.

Mit seinem Gesang begannen nun auch die rituellen Tänze, die während Híkuri Neirra fast ausschließlich im Freien stattfanden. Außer den Peyoteros, die keinen Tanz auslassen durften, konnte sich jeder nach Lust und Laune daran beteiligen. Sobald sich die Huicholes in Zweierreihen neben dem Cantador formierten, sprang Lena auf und mischte sich unter die Tanzenden.

Juan tanzte am Kopf der langen Schlange, die, sich wiegend, wogend und windend ihren Weg über den Hof nahm. Mit einem Stock in der Hand, dessen Griff ein stilisierter gehörnter Rehbockkopf war, führte Juan unermüdlich sämtliche Tänze an. Die von ihm bestimmten Schlenker, Kreise, das Umdrehen der eigenen Achse und das häufige, für die meisten überraschend einsetzende Rückwärtstanzen der ganzen Schlange löste auch unter den Nichttanzenden immer wieder Gelächter und fröhliche Zurufe aus.

Die in getragen gehüpftem Schritt getanzten Polonaisen begannen rechts neben dem Cantador, führten hin und wieder um das Feuer im Tokí und endeten, nach unzähligen Umkreisungen des Platzes und des Híkurikuikame wieder an seiner rechten Seite.

Der von den kraftvoll gestampften Schritten aufgewirbelte Staub erhob sich wie eine Wolke über dem Calihuey und überzog die festlichen Kleider der immer zahlreicher werdenden Gäste mit einem rotbraunen Schleier.

Am späten Nachmittag näherte sich dem Calihuey eine Gruppe von etwa fünfzig Leuten. In einigen hundert Metern Entfernung machten sie Halt und campierten auf offenem Felde. Topiles wurden zwischen ihnen und dem Tokí hin- und hergeschickt. Kurz vor Sonnenuntergang wurde ein Empfangskomitee ausgesandt. Unter der Führung des mächtigen Pancho zogen die Leute aus La Mesita in den Calihuey ein.

Nachdem sie sich unter der großen Enramada, die links vom Tokí für sie errichtet worden war, niedergelassen hatten, wurden sie von den wichtigsten Männern des Festes begrüßt

Pancho, der, auf seinem Mara'akame-Stuhl sitzend, seine

Gefolgschaft überragte, ließ das lautstarke, verbale Durcheinander gelassen über sich ergehen.

Vor der Enramada wurde von Antonio und fünf Männern rituell ein weiteres Zeremonienfeuer entfacht, Opfer wurden dargebracht und Gastgeschenke – Körbe mit Essenssachen und riesige, kunstvoll mit Früchten behangene Kürbisflaschen – ausgetauscht.

Kurz darauf traf noch eine weitere Festgesellschaft aus der entgegengesetzten Richtung ein. Der Clan kam aus einem tief unterhalb der Mesa liegenden Tal und wurde unter die rechte Enramada geleitet, wo sich das Begrüßungs- und Feuerritual wiederholte.

Im Gegensatz zu den anderen Huicholes im Calihuey, die in dem Tokí ein- und ausgingen, betrat während des ganzen Festes keiner der beiden Gruppen je das große Zeremonienhaus. Auch die Mara'akate, die mit ihnen gekommen waren, verharrten Tag und Nacht auf ihren Stühlen unter den Enramadas.

Als die Sonne hinter dem Horizont verschwand, war der Calihuey von mindestens 200 Huicholes bevölkert. Jesusita und Vincente waren nicht dabei. Trotzdem wurde ich das Gefühl nicht los, daß sie *auf dem Weg hierher* waren, und ertappte mich immer wieder dabei, daß ich nach ihnen Ausschau hielt.

Der Tokípa, in dem sich tagsüber, außer den Honoratioren der Gemeinde, kaum jemand aufhielt, war nachts zum Bersten voll. Es war ein ständiges Raus und Rein. Zwischen den Tänzen, die draußen stattfanden, wurde nun auch in dem Zeremonienhaus getanzt.

Mit dem Rücken zum Feuer hinter den Mara'akaten aufgereiht, stampften die Männer den Rhythmus auf dem Balken, während die Frauen rechts und links neben ihnen tanzten.

Lena, die sich selbstsicher von Antonio die Erlaubnis geholt hatte, bei den Männern zu tanzen, und sie auch bekam, war das einzige weibliche Wesen auf der hölzernen Bohle. Nachdem sie tagsüber kaum einen Tanz ausgelassen hatte, schlief sie schließlich völlig erschöpft, aber selig lächelnd neben Dalia ein.

Anfänglich hatte ich die Tatsache, daß ich so oft Marianos Blick begegnete, dem Umstand zugeschrieben, daß wir neben seiner Familie lagerten. Doch in der zweiten Nacht, als er immer wieder darauf achtete, daß auch ich an bestimmten Ritualen teilnahm, gab ich mich ganz dem wohligen Gefühl hin, unter seiner Obhut zu stehen. Ich verspritzte und trank heiliges Wasser, opferte dem Feuer und bekam auch beim zeremoniellen Peyoteessen den Brei aus zerriebenem, getrocknetem Híkuri und dem Wasser heiliger Quellen in einer speziellen Kürbisschale gereicht.

Als sich die Männer am Feuer jointartige Zigaretten aus getrockneten Maishülsen und Tabak drehten, den sie aus ihren *yékueis* (kleine runde Warzenkürbisse, die als heilig angesehen werden und die sie immer bei sich tragen) nahmen, bot man auch mir zu rauchen an. Zu spät, erst als mir schwindelig wurde und ich plötzlich abzuheben drohte, meine Hände Halt suchend in die Erde krallte, wurde mir klar, daß es *yé* war, ein wild wachsendes Kraut, das Visionen hervorruft.

Juan, der neben mir saß und den panischen Schrecken, der mir wohl ins Gesicht geschrieben stand, sah, schlug mir lachend auf den Rücken und sagte, daß es der *Tabak Tatewarís* sei, den ich geraucht habe. Der kräftige Schlag hatte meinen Oberkörper, über den ich keine Gewalt mehr hatte, dem Feuer so nah gebracht, daß ich nur noch sein Licht sah, im Feuer war, mit ihm aufloderte. Die Flammen, mit denen ich hochflog, verwandelten sich in leuchtende Wesen, die immer deutlicher Gestalt annahmen, mir immer vertrauter wurden, Späße machten, zu tanzen begannen, mich in ihren rasenden Wirbel sogen. Wir drehten uns schneller und schneller, lachten und lachten.

Erst als ich plötzlich gegen etwas knallte, kam ich, halb auf dem Schoß des Mara'akame Mariano liegend, wieder zur Besinnung. Das Lachen der Leute am Feuer und meine Lage ließen keinen Zweifel, daß ich den wirbelnden Tanz mit kreisendem Oberkörper nachvollzogen hatte, was mir ziemlich peinlich war.

Ich war noch sehr benommen, und nachdem sich die Männer wieder dem Feuer zugewandt hatten, wartete ich auf einen geeigneten Moment, um nach draußen zu gehen und wieder einen klaren Kopf zu bekommen.

Während der Tokípa – in dem die meisten Rituale stattfanden und auch alle anderen Handlungen einen sehr zeremoniellen Charakter hatten – von meditativer Feierlichkeit erfüllt war, herrschte draußen eine wild-romantische Stimmung.

Überall flackerten Lagerfeuer, in deren Schein in Decken gehüllte Gestalten hockten und standen. Der Nachtwind ließ die Federn auf ihren Hüten tanzen. Aus dem Halbdunkel hinter den Feuern schimmerte die Buntheit der Huicholes, die dort lagerten.

Viele, die sich Monate, zum Teil Jahre, nicht gesehen hatten, waren in endlose Gespräche vertieft, drehten sich manchmal mit dem Rücken zum Feuer, um die kriechende Kälte zu verscheuchen. Andere starrten schweigend in die Flammen oder saßen, voll von Peyote, tief in sich gekehrt, da. Hunde streunten herum, Kinder tobten. Frauen lachten.

Der Tejuino, der in der vorangegangenen Nacht in großen Bottichen um das Zeremonienfeuer herum gekocht hatte und am Morgen zum Gären und Abkühlen in enorme Flaschenkürbisse abgefüllt worden war, floß in Strömen. Speisen wurden verteilt. Und immer wieder verschwanden Paare in der Dunkelheit. Denn auf den Fiestas herrschte große sexuelle Freiheit, was jedoch am folgenden Tag häufig Handgreiflichkeiten und Eifersuchtsdramen zur Folge hatte.

Außer Gregorio und Manuel, die im Zeremonienhaus spielten oder die Tanzenden nach draußen begleiteten, waren noch zwei weitere Musikanten-Duos da, die die beiden Rancheria-Clans zu ihrer eigenen Unterhaltung und der der um sie Versammelten mitgebracht hatten.

Ihre immer gleich bleibenden Melodien, zu denen sie während Híkuri Neirra auch hin und wieder – mal fröhlich, mal melancholisch klingende – Lieder sangen, vermischten sich mit den Klängen, die aus dem Tokí drangen, und vereinten das Geschehen von hier und dort und drüben zu einem großen Ganzen.

Seit Beginn des Festes war mir, als hätte sich die Einstellung der Huicholes mir gegenüber ausnahmslos und total verändert. Irgendetwas, von dem ich nicht wußte, was es war, veranlaßte sie, mich nicht mehr als »teiguare« zu behandeln, sondern als Mensch zu akzeptieren. Sie nahmen meine Anwesenheit nicht mehr verschlossen hin. Sie nahmen die, die ich war (oder geworden war?) offen an, bezogen mich aktiv in ihre Gespräche und Handlungen, aber auch in ihre schnellen Stimmungswandlungen ein, die mich aus meiner eigenen unbewußten, emotionalen Trägheit weckten und meinem Selbst-Bewußtsein unvergleichlich mehr Wachsamkeit abverlangten als die »Feindseligkeit« und »Gleichgültigkeit«, mit der sie mir vorher begegnet waren.

Auch Lena, der gegenüber die Huicholes von vornherein ein anderes Verhalten gezeigt hatten, spürte die Veränderung, was unser Verhältnis ungeahnt positiv beeinflußte und auf sonderbare Weise vertiefte.

In der Nacht lud Pancho mich an sein Feuer ein und ließ mir Tejuino und Tamales reichen. Später gab er mir Peyote und hielt mich an, ihn sofort zu essen. Kurz darauf gesellte sich Mariano zu uns. Nachdem er einige Worte mit Pancho gewechselt hatte, bombardierte er mich plötzlich mit Fragen, die mich so überraschten, daß ich völlig spontan, ohne nachzudenken, antwortete.

Obwohl seine knappen Sätze in einem ganz allgemeinen Zusammenhang standen, betrafen sie doch alle auf irgendeine Weise Dinge, die ich in den letzten Wochen erlebt hatte. Die schnelle Abfolge seiner Fragen und kurzen Bemerkungen zu meinen Antworten ließ mir keine Sekunde Zeit, darüber nachzudenken, wieso und woher er von diesen Dingen wissen konnte.

In dem Moment, in dem er aufstand und in der Dunkelheit verschwand, setzte bei mir, ohne daß ich von der Übelkeitsphase etwas wahrgenommen hatte, die Wirkung des Peyote ein. Wie ein Magnet zog mich die heimelige Atmosphäre des Tokípas an. Es schien, als ob mich allein der Gedanke an sie befähigte, meinen Platz dort drinnen neben Lena zu erreichen, bevor ich in der durch den Peyote hervorgerufenen Bewegungsunfähigkeit erstarrte.

Den Rest der Nacht verbrachte ich in einem unbeschreiblichen geistigen Feuerwerk von Farben und Formen, die mit jeder Gestalt, die sie annahmen, eine unerklärliche Gewißheit in mir wachsen ließen, daß ich gleich ... gleich ... gleich etwas sehen, verstehen oder wissen würde, das von unvorstellbarem Ausmaß war.

Kurz vor der Morgendämmerung fegten zwei Frauen mich buchstäblich aus diesem ebenso quälenden wie faszinierenden Zustand. Wie zwei Hexenweiber kehrten sie mit affenartiger Geschwindigkeit den Gang, der die Mara'akate und das Zeremonienfeuer umkreiste, fegten alles, was ihnen in die Quere kam, und jeden, der ihnen im Wege lag, beiseite. Ich konnte gerade noch rechtzeitig meine Jacke über Lena werfen, bevor die mächtige Staubwolke auf uns niederging.

Nach Sonnenaufgang spazierten wir zum Fluß, um uns mit dem eiskalten Wasser von der Müdigkeit, der Rotbraun-Färbung und den Krusten, die sich aus Schweiß und Staub auf der Haut gebildet hatten, zu befreien.

Als wir zum Calihuey zurückkehrten, war das Fest bereits wieder in vollem Gange. Von Vincente hatte ich häufig ge-

hört, wie mühsam und anstrengend die Arbeit eines Mara'a-
kame sei. Doch was ich bisher mehr auf ihre übernatürlichen Tätigkeiten bezogen hatte, wurde mir jetzt auch im
praktischen Sinne klar. Tag und Nacht, ohne Unterlaß,
sang Narciso, tanzte Juan und leiteten Antonio und Mariano die unzähligen Zeremonien und Rituale. Nur manchmal
kippte einer von ihnen für eine Stunde einfach um. Dann
rappelte er sich wieder auf und nahm, als sei nichts gewesen,
seine jeweilige Tätigkeit wieder auf. Gregorio spielte sogar
im Schlaf noch weiter bis ihm seine Violine aus der Hand
fiel, er davon aufwachte und wieder zu spielen begann.
Auch die anderen Festteilnehmer schliefen kaum. Wer müde war, tanzte sich wieder wach. Die Alten, die dabei
manchmal kaum noch die Füße von der Erde bekamen,
stützten sich gegenseitig, schlangen beim Hüpfen den Arm
um die Taille des anderen und gaben sich so für einen weiteren Tanz Kraft.
Außer bei zwei temperamentvollen Eifersuchtsszenen wurde niemand, trotz des hohen Tejuino-Konsums, aggressiv
oder ausfallend, so wie es auf den anderen Festen der Fall
gewesen war, wo Maisbier bereits zum größten Teil durch
das viel stärkere Dosenbier ersetzt worden war.
Auch für dieses Fest hatte man zwar das vor der Tienda ge-
stapelte Dosenbier herangeschafft. Doch durch die ungewöhnlich große Zahl der Festteilnehmer war der Vorrat
bald erschöpft. So fand der Tejuino, der ausschließlich während der Zeremonienfeste getrunken wird und dessen rituelle Zubereitung (die mindestens 36 Stunden dauert) am
zweiten Abend beendet war, reißend Absatz.
Viele Männer und Frauen tanzten und tranken, bis sie um-
fielen. Die, die bewegungsunfähig in ihrem Erbrochenen lagen, wurden behutsam von anderen gesäubert und auf einen
sauberen Flecken Erde getragen. Doch sobald sie ihren
Rausch einigermaßen ausgeschlafen hatten, erhoben sie sich
und nahmen wieder an dem Geschehen teil.

Auch dieser Tag verlief mit Tänzen, Gebeten, zeremoniellem Austausch von Essensgeschenken und anderen Ritualen. Die Männer schafften neues Holz für das Zeremonienfeuer heran und errichteten hinter dem Cantador eine Wand aus Blätterzweigen, zum Schutz gegen die glühende Sonne. Frauen schleppten frisches Wasser in großen Kürbisflaschen herbei, mahlten Mais, bucken Tortillas oder stickten stundenlang an ihren mitgebrachten Handarbeiten.

Ich hatte seit zwei Tagen und zwei Nächten so gut wie überhaupt nicht geschlafen und geriet immer mehr in einen Zustand, in dem sich alle Normen aufzulösen begannen und die Dinge ihre bisherige Bedeutung verloren, so als habe jemand die Etikettierung sämtlicher Erscheinungsformen einfach ausradiert.

Ein Baum war nicht mehr einfach nur ein Baum, sondern etwas Unbenennbares. Urteile, die ich über bestimmte Huicholes gefällt hatte, verschwanden vor meinen Augen, sobald ich den jeweiligen Menschen ansah. Nichts und niemand paßte mehr in die Raster meiner Wahrnehmungen, in die Schablonen meiner Sicht. Die Dimensionen jeder einzelnen Erscheinung erweiterten sich, als sähe ich buchstäblich mit einem zusätzlichen dritten Auge.

Mir war klar, daß das nicht allein auf den Mangel an Schlaf, sondern auch auf die Wirkung des Peyote zurückzuführen war, den ich seit Festbeginn ebenso regelmäßig aß wie die anderen. Da dies tagsüber in wesentlich geringeren Mengen, nur zur Stärkung und zum Wachhalten, geschah, beeinflußte das nicht meine Bewegungsfähigkeit, und mein Bewußtsein nur in dem oben beschriebenen Maße.

Am Abend befahl mir Mariano, vier Frauen zu begleiten, die sich, mit Wasserbehältern beladen, zur Quelle aufmachten. Als ich sah, daß auch Clara, die Tochter Antonios, dabei war, erschrak ich. Die dicke, junge Frau war mir unheimlich.

Auf einer Ebene, die etwas mit *körperlicher Ausstrahlung*

zu tun hatte, spielten sich, jedesmal wenn wir uns begegneten, sonderbare Dinge ab. Sobald ich in ihre Nähe oder ihr Blickfeld kam, reagierte mein Körper, als verstärke er instinktiv seine eigene Ausstrahlung, um die *ihn attackierenden* Kräfte abzuwenden.

Als ich nun sah, daß Clara eine der vier Frauen war, hätte ich mich am liebsten geweigert, mitzugehen. Doch da die Befehle eines Mara'akame und die Auswahl derer, die sie erhalten, nie zufällig sind, nahm ich die beiden Kürbisflaschen, die Clara mir unwirsch in die Hand drückte, und folgte den Frauen. Die Tatsache, daß es Mariano gewesen war, der mich mit ihnen losgeschickt hatte, beruhigte mich immerhin.

Es war ein wunderschöner Spaziergang. Der Himmel war rot gefärbt, und außer den immer schwächer werdenden Klängen, die uns aus dem Calihuey nachflogen, war die Landschaft erfüllt von tiefem Schweigen.

Keine der Frauen sprach. An der Quelle setzten sie sich ins Gras. Da ich nicht wußte, was ihre unerwartete Untätigkeit zu bedeuten hatte, hielt ich es für das beste, einfach abzuwarten, was geschah. Ich stand unmittelbar neben dem Wasserloch, konnte von dort, wo ich stand, direkt in die Öffnung sehen, die sich in der Überdachung der Quelle befand.

Wie eine Flamme spiegelte sich das Abendrot im Wasser, und auf einmal war mir, als löse die rotgoldene Farbe den Gegensatz von Wasser und Feuer auf und verschmelze die beiden Elemente zu einer übernatürlichen Einheit.

Fasziniert von dem, was mir die optische Täuschung offenbarte, nahm ich Clara, die plötzlich sehr nah schräg vor mir stand, nur peripher wahr. Ich fühlte, daß sie mich mit wilden Augen anstarrte. Wunderte mich, daß ich nicht darauf reagierte; den Mut hatte, sie nicht anzusehen, obwohl sie mich spürbar dazu zwingen wollte. Als ich merkte, daß ich gar nicht hinsehen *konnte,* wurde mir schlagartig bewußt, daß das, was mich daran hinderte, von dem orangenen Licht im Wasser ausging. Etwas war, das ich nicht sah, das aber meinen Blick mit aller Kraft festhielt. Im selben Moment wußte ich, daß ich in großer Gefahr war und daß ich, egal was geschah, Clara auf keinen Fall ansehen durfte.

Einen Augenblick lang glaubte ich, an einem mysteriösen Spiel beteiligt zu sein. Doch die *Bedrohung,* die von Clara ausging, machte mir klar, daß dieses Spiel ein sehr gefährliches war. Meine einzige Chance, es heil zu überstehen, lag darin, meine Aufmerksamkeit um nichts in der Welt von dem gelbroten Punkt zu lösen.

Ich *wußte,* daß sich auch Clara der Macht bewußt war, die das Licht auf mich ausübte. Da seine Anziehungskraft viel stärker war als die von Clara, fiel es mir überhaupt nicht schwer, den Punkt zu fixieren.

Je länger ich in das Licht sah, um so mehr erweiterte sich mein Blickfeld. Ich sah, ohne hinzublicken, daß Clara mich mit stechenden Augen anstarrte. Sah, daß die drei Frauen uns bewegungslos beobachteten. Nahm wahr, daß nur zwei von ihnen der Frau neben mir *halfen.*

Clara setzte mehrmals zum Sprechen an. Aber sie tat es nicht, um etwas zu sagen, sondern in dem wilden Bemühen, meine Aufmerksamkeit auf sich zu lenken. Ich wurde von dem Gefühl beherrscht, daß sie etwas von mir wollte, wußte aber nicht, was. Wußte nur, daß sie in diesem Moment alles erreichen würde, was sie wollte, wenn es ihr gelang, die hypnotische Macht, mit der das Licht mich *schützte,* zu unterbrechen.

Ich spürte deutlich die enorme Kraft, die sie mobilisierte, um diese Macht zu zerstören. Während sie mich unentwegt ansah, lenkte sie ihre Kräfte mal zum Wasser, mal zu mir. Doch auf einmal veränderte sich das, was von ihr ausging, wurde so unglaublich anziehend und ergreifend, daß ich der Verlockung, nachzugeben und Clara anzusehen, einfach nicht länger widerstehen konnte. Da machte Clara einen

Fehler. Nur einen Sekundenbruchteil zu früh glaubte sie sich am Ziel und *ließ los*.

Losgelassen von ihrer Kraft versank ich tiefer denn je in den Bann des Lichtes. Und plötzlich war alles vorbei. Clara hatte sich abgewandt. Die drei Frauen standen auf, näherten sich uns langsam. Clara bückte sich, reichte mir eine Dose und forderte mich mit völlig ruhiger Stimme auf, das Wasser zu schöpfen. Alle vier Frauen benahmen sich, als sei nicht das geringste geschehen, hielten mir ihre Gefäße hin und trieben mich lachend an, schneller zu machen. Auf dem Rückweg alberten sie herum und erzählten mir, daß an diesem Abend der große Heiler Jacinto erwartet würde.

Im Calihuey erfuhren wir, daß er bereits angekommen war. Lena hatte sich inzwischen an die Hand von Juan vorgetanzt und winkte mir nur kurz zu, da ihre neue Position ihre ganze Aufmerksamkeit in Anspruch nahm.

Zusammen mit den Frauen betrat ich das rotgolden flakkernde Innere des Tokís und tauchte augenblicklich in eine magische Sphäre. Die von sprühenden Funken, lodernden Flammen, tanzenden Schatten und wehenden Federn bebende, spannungsgeladene, verrauchte Atmosphäre traf mich wie ein Blitz.

Wie damals, als ich zum ersten Mal einen Tokípa betrat, drang der *déjà vu*-Effekt wie ein Pfeil in mein tiefstes Inneres. In der irrwitzigen Gewißheit, das alles schon einmal erlebt zu haben, bahnte ich mir, mit meinen schweren Gefäß, einen Weg durch die Menge, als mein Herz plötzlich wie wild zu pochen begann.

In der Reihe der Honoratioren, zwischen Antonio und Mariano, saß Vincente und starrte mich an. Ich nickte ihm zu. Aber obwohl er mich mit seinen Augen verfolgte, schien er mich überhaupt nicht zu sehen. Als er, ohne meinen wiederholten Gruß zu erwidern, plötzlich wegsah, hatte ich das Gefühl, daß irgendetwas durchschnitten worden war. Benommen stand ich da und suchte unter den vielen Menschen, die sich im Tokipa versammelt hatten, nach Jesusita. Ich konnte sie nirgends entdecken. Jacinto hockte neben der Mulde mit den Opfergaben und sprach leise mit den Mara'akaten.

Rund um die Innenmauer drängten sich immer mehr Indianer. Auch der schmale Streifen, auf dem unsere Decke lag, war belagert. Ich suchte nach einem anderen Platz, fand ihn in der Nähe der rechten Säule, setzte mich und versuchte mir klar darüber zu werden, was an der Quelle eigentlich geschehen war.

Lena kam mit den Tanzenden herein, sah, daß unser Lager belegt war, schaute sich suchend um. Ich wollte gerade aufstehen, als Vincente sie rief und ihr ein Zeichen gab, hinter ihn zu treten. Sie strahlte, während sie miteinander sprachen. An ihren Handbewegungen sah ich, daß sie ihm erklärte, wie und wo sie getanzt habe. Er hörte ihr aufmerksam zu. Dann zwängte er sie zwischen die Huicholes, die jetzt hinter der Obrigkeit auf dem Tanzbalken saßen.

Kurz darauf begann Jacinto zu singen. Außer den Mara'akaten, die ihm schweigend lauschten, schien ihm kaum einer zuzuhören. Überall wurde geredet, gelacht, oder es wurde an den kleinen Feuern das Essen für das zeremonielle Nachtmahl vorbereitet. Trotzdem war bei allen eine gewisse Erwartung zu spüren. Jacinto sang etwa eine Stunde.

Als die unverhältnismäßig weichen Töne, die aus dem großen, kräftigen Mann drangen, abbrachen, trat plötzlich tiefes Schweigen im Tokipa ein. Jacinto erhob sich, nahm die Muwieris, die in seinem Hut gesteckt hatten, in die Hand und stand bewegungslos da. Der Raum war von prickelnder Spannung erfüllt.

Nach kurzem Wortwechsel mit Vincente und Mariano rief Antonio einen Namen. Ein Mann erhob sich aus der Menge, umschritt das Feuer und setzte sich dann unter die rechte Säule. Er nahm das Geweih und andere Ritualobjekte, die Mariano ihm aus der Mulde reichte, entgegen, legte sie in seinen Schoß und antwortete scheu auf die Fragen, die Jacinto ihm nun stellte. Dann strich Jacinto mit seinem Federpfeil mehrmals über den Körper des Mannes, kniete sich neben ihn, hielt die Spitze seines Pfeiles auf den Bauch des Mannes und begann, indem er seinen Muwieri wie einen Strohhalm benutzte, am anderen Ende zu saugen.

Er spuckte etwas aus, fuhr noch einmal mit dem Muwieri über den Körper des Sitzenden und erhob sich. Nachdem man dem Patienten die Gegenstände abgenommen und sie zurück in die Mulde gelegt hatte, stand auch dieser auf und ging, begleitet von den Zurufen der anderen, auf seinen Platz zurück, wo man ihn herzlich in Empfang nahm.

Der nächste, der von dem Mara'akame aufgerufen wurde, war eine Frau, die ein Baby auf dem Arm trug. Auch sie bekam Geweih und andere heilige Dinge in den Schoß gelegt. Nachdem die Befragung beendet und sie von dem Federpfeil umfuchtelt worden war, entblößte sie, auf Jacintos Geheiß, ungeniert ihre Brüste. Jacinto setzte seinen Muwieri in ihrer Mitte an und saugte auf die gleiche Weise wie zuvor. Diesmal wiederholte er den Vorgang mehrere Male, bevor er die Frau entließ und Antonio, nach kurzer Absprache mit den anderen Mara'akaten, den nächsten aufrief.

Nachdem etwa ein Dutzend Indianer auf diese Weise aufgerufen und behandelt worden waren, bildete sich neben der rechten Säule eine Schlange von Huicholes, die geduldig darauf warteten, bis sie an die Reihe kamen.

Jacinto behandelte einen nach dem anderen. Und mit jeder Prozedur schien sich die Luft im Tokipa mehr und mehr aufzuladen.

Bei manchen Patienten drückte Jacinto, statt zu saugen, mit seinen Fingern tief in bestimmte Körperteile und warf anschließend kleine Teilchen auf die Erde, wobei er sehr genau darauf achtete, daß niemand von einem solchen für mich unsichtbaren Gegenstand getroffen wurde. Hin und wieder würgte er nach dem Saugen sehr stark und zweimal schien es, als ob er sich trocken erbrach. Einige, die vor ihm Platz genommen hatten, unwedelte er nur mit seinem gefiederten Stab, um bestimmte Energien wieder zum Fließen zu bringen oder sie auszugleichen.

Schließlich war die Atmosphäre in dem Tokipa so energiegeladen, daß mir der Raum wie ein Ort erschien, an dem sich tatsächlich Realitäten manifestierten, die nicht von dieser Welt waren.

Ich war derart von dem Geschehen gepackt, daß ich am ganzen Körper zitterte. Je kleiner die Schlange der Wartenden wurde, um so größer wurde das unbändige Verlangen, mich ebenfalls anzustellen. Und während ich fieberhaft überlegte, was ich sagen könnte, wo es mir wehtat, und gleichzeitig mit aller Kraft gegen das Gefühl ankämpfte, mich jeden Augenblick wie ein gasgefüllter Luftballon zu erheben, um mich hinten anzustellen, hämmerte es in meinem Hirn, daß ich das unmöglich machen könne.

Das, was da vorn geschah, ging mich nun wirklich nichts an. Was sollten die Leute denken, wenn ich mir als Fremde das Recht herausnahm, ungebeten die Kräfte eines Mara'akame in Anspruch zu nehmen. Doch irgend etwas zog mich mit ungeheurer Kraft an, wie ein Magnet, so energisch, daß ich tatsächlich zu den Mara'akaten sah, um festzustellen, ob mich vielleicht einer hypnotisierte. Niemand sah mich an.

Das Beben wurde fast unerträglich, das Sausen in meinen Ohren so stark, daß ich nichts mehr hörte, alles nur noch durch einen Schleier wahrnahm, wie von Sinnen war.

Im selben Moment, in dem ich, ohne zu wissen was ich tat, aufstand, stieß ich mit jemandem zusammen, der sich gerade neben mich zwängte. Es war Jesusita. Ich wollte mich vor lauter Schreck schnell wieder setzten. Doch sie stieß mich einfach beiseite, so als beanspruche sie meinen Platz. Und ehe ich mich versah, stand ich in der Reihe der Wartenden, von einer jähen, bodenlosen Sehnsucht gepackt, *ins Gleichgewicht* gebracht zu werden; das »Ver-rückte« in mir wieder zurechtrücken zu lassen; erlöst zu werden von den entsetzlichen, unvorhersehbaren Anfällen, die mich immer wieder befielen wie eine fremde, böse Macht, auf die ich nicht den geringsten Einfluß und unter denen vor allem Lena zu leiden hatte.

Wie im Traum nahm ich ihr kleines, erstauntes Gesicht hinter den Mara'akaten wahr. Tat ich das, was ich tat, für sie, oder war sie es, die mir die Kraft dazu gab, schoß es mir durch den Kopf, ohne daß ich einen Gedanken festhalten konnte. Mein Körper bebte so stark, daß ich den Eindruck hatte, mich in einem Zustand der Auflösung zu befinden. Ich sah, daß Jacinto auf mich zuschwebte. Jemand stieß mich von hinten an. Ohgott, ich war dran. Und plötzlich war alles ganz einfach. Ich sah nur noch Jacintos Augen, sagte irgendetwas, sah die Federn, die wie ein Vogel um mich herumschwirrten. Und obwohl ich sah, daß sie nicht mit meinem Körper in Kontakt kamen, spürte ich doch physisch überall ihre Berührung, so als habe sich mein Körper auf unsichtbare Weise ausgedehnt.

Erst als ich aufstand, wurde ich mir der vielen Menschen um mich herum wieder gewahr. In meiner Verwirrung vergaß ich, daß unser Platz besetzt war. Aber man rückte dort freundlich zur Seite, klopfte mir auf die Schulter, faßte mich an, so als wolle man an dem, was mit mir geschehen war, teilhaben. Auch Lena kam und schmiegte sich an mich, und während ich mit den Leuten um mich herum, immer noch etwas verlegen, lachte, liefen mir Tränen über die Wangen. Nachdem die Heilungszeremonie beendet war, defilierten mehrere Familienoberhäupter an den Mara'akaten und obersten Beamten vorbei, nahmen eine Handvoll der kleinen zeremoniellen Opferbrote aus ihren Körben und legten sie den Honoratioren in den Schoß.

Keiner der Mara'akate aß oder trank, ohne nicht vorher ein paar Krümel oder Tropfen den vier Himmelsrichtungen und der Mitte geopfert zu haben.

Auch die anderen verteilten jetzt Speisen untereinander und schoben sich gegenseitig Peyote in den Mund, nachdem sie ihn sorgfältig gereinigt hatten. Die giftigen Härchen und die Schalen verstauten sie in ihren Taschen, um sie später der Erde zurückzugeben.

Ich bekam ziemlich viel Peyote in dieser Nacht und fühlte mich so unendlich wohl und geborgen, daß ich ihn ohne die geringsten Ängste, inzwischen mit überraschender Selbstverständlichkeit, aß. Es wunderte mich, wie wenig ich nur noch von dem unerträglich bitteren Geschmack spürte. Auch wurde mir kaum noch übel. Und da die Einnahme seit dem Morgen keine Bewußtseins-verändernde, sondern nur eine Bewußtseins-erweiternde Wirkung in mir ausgelöst hatte, verlor ich auch alle Bedenken, die ich wegen Lena hatte, und aß, obwohl sie noch nicht schlief, was man mir in den Mund steckte.

Lena bewegte sich im Tokí, als sei es ihr Zuhause, teilte ihr Essen mit Boogie, der draußen mit den anderen Hunden herumstreunte, saß mal hier mal dort zwischen Indianern, mit denen sie Freundschaft geschlossen hatte, ließ kaum einen Tanz aus und schaute kritisch von dem Balken herab, ob ich auch alles richtig machte, wenn ich neben ihr, zwischen den Frauen, den Rhythmus stampfte.

Irgendwann kam sie zu mir und hielt mir einen kleinen Híkuri-Kaktus unter die Nase: »Schau mal, das hat mir Vincente geschenkt. Was is'n das?« Ich erklärte es ihr.

»Ist es das, was du immerzu ißt?«

»Ja.«

Tief in Gedanken setzte sie sich neben mich und sah ihn von allen Seiten an: »Wird der oll, wenn man ihn aufhebt?«

»Nein, du kannst ihn trocknen oder einpflanzen. Vielleicht wächst er dann noch.«

»Au ja, das mach' ich.« Sie legte sich hin und schloß ihre kleine Faust um die Pflanze: »Dann esse ich ihn, wenn ich groß bin und keine Angst mehr vor Geistern hab'.«

Bald darauf schlief sie ein.

Ein unglaublich beglückendes Gefühl, mit ihr zusammen und trotzdem frei zu sein, durchrieselte mich. Vertiefte sich noch, als Jesusita sich schweigend neben uns setzte und mir Peyote gab. Und als Vincente kurz darauf zu singen begann und das fast unwirkliche Timbre seiner Stimme den Raum erfüllte, war es, als öffneten sich mir die Pforten unbeschreiblicher, vollkommener Glückseligkeit.

Gleich darauf setzte der Einfluß des Peyote mit solcher Intensität ein, als habe der Híkuri den Jesusita mir gegeben hatte, das Maß voll gemacht, um die Wirkung der gesamten Menge, die ich in mir hatte, auf einmal explodieren zu lassen.

Ich konnte meinen Oberkörper nicht mehr aufrechthalten, kippte zwischen Lena und Jesusita. Tauchte in ein Licht, das uns als *universelle Liebe* umfing. Es war eine Sphäre, in der der unwirkliche Gesang Vincentes auf irrwitzige Weise eine übernatürliche Verbindung zwischen ihm und mir herstellte.

Von den magischen Klängen aus einer anderen Welt getragen, floß und flog ich dahin. Verharrte schwebend, wenn zwischen den kurzen Versen Pausen eintraten. Konnte es kaum erwarten, daß die leuchtenden *Wesen*, die aus den irresten Farbformationen Gestalt annahmen, mit den gurrenden und winselnden Geisterlauten des Mara'akame wieder zu mir sprachen.

Es machte mir nichts aus, daß ich sie nicht verstand. Allein das *Gefühl*, daß sie etwas sagten, die Schönheit ihres Anblicks, war so überwältigend, daß ich es kaum aushielt.

Als ich glaubte, es nicht mehr zu ertragen, machte es »Peng«, und während ich nun mit meinem normalen Bewußtsein die Stimmen der Menschen im Tokípa wahrnahm, explodierten in meinem *anderen* Bewußtsein, überall dort, wo ich meine Aufmerksamkeit hinrichtete, Farbgebilde, die in direktem Bezug zu den Stimmen standen.

344

Obwohl ich weder die Menschen sah noch verstand, worüber sie sprachen, *sah* ich mittels der Farben die Emotionen, die ihre Gespräche verursachten. Wo grelles Weiß mit schwarzen Kreuzen auftauchte, beherrschte die Angst vor dem Tod das Gespräch. Schillerndes Blau sagte mir, wo Zorn und Boshaftigkeit hinter den Worten verborgen war; und Gelb, wo Menschen beieinander saßen, die von Liebe und Zuneigung erfüllt waren. Überall dort, wo Störungen auftraten oder Gefühle wechselten, schoß Lila in horizontalen Schlangen oder vertikalen Blitzen aus der Menschenmenge empor.

Ein phosphoreszierendes Grün teilte mir auf übernatürliche Weise mit, daß dort ein Mensch krank war. Im Gegensatz zu den anderen Farben, die ständig wechselten, tauchte das Grün immer wieder an derselben Stelle auf, sobald ich meine Aufmerksamkeit dorthin richtete.

Auf diese Weise sah ich, daß sich noch zwei Menschen im Toki befanden, die eine Krankheit in sich hatten. Doch nur der erste war sich dessen bewußt. »Sein« Grün drängte mich, herauszufinden, wieso ich das wußte. Es kam »hilfsbereit« näher, was unter den anderen *Farb-Wesen* zuckende Unruhe und Aufregung auslöste. Sie platzten dazwischen und teilten mir in wirbelndem Tanz mit, daß ich das Grün auf keinen Fall *direkt* ansehen durfte. Denn wenn ich mich darauf konzentrierte, könnte das Krankheitswesen auf mich übergehen, da ich *noch* nicht die Kraft hätte, es abzuwehren.

Wieso »noch nicht«, dachte ich. Im selben Augenblick veränderten sich die Farben, trennten sich und ich hörte wieder die Geräusche und Stimmen im Toki, die die Farb-Gebilde von neuem belebten.

Die Farben wechselten sich nicht nur in unglaublichem Tempo ab. Sie verwandelten sich auch selbst mit ungeheurer Geschwindigkeit zu einer rasenden Abfolge von *Mitteilungen*, die sie mir in ihren verschiedenen Gestalten offenbarten. Doch so sehr ich mich auch bemühte, ich kam einfach nicht über die Aufnahme der *Emotionsaussagen,* die jedesmal die erste *Gestalt* eines Farb-Wesens waren, hinaus. Denn sobald mein nicht-normales Bewußtsein die erste Mitteilung erhalten hatte, stürzte sich mein normales Bewußtsein (das jetzt wie ein Unterbewußtsein war) unbewußt dazwischen und spaltete mein Überbewußtsein.

So konnte ich die Mitteilungen, die im nicht-normalen Bewußtsein weiterhin *Gestalt* annahmen, zwar noch *sehen,* aber nicht mehr *verstehen,* da das Hören im normalen Bewußtsein war. Ich befand mich in zwei Bewußtseinsebenen gleichzeitig, oder vielmehr dazwischen.

Während das normale Bewußtsein blind das Erfaßte abtastete, war das nicht-normale Bewußtsein taub, was zum Verrücktwerden war. Denn ich *wußte,* daß das, was sich mir offenbarte, nur ein Bruchteil dessen war, was die Farb-Wesen mir in Wirklichkeit *sagten.*

Nur wenn es mir gelingen würde, mein normales Bewußtsein total auszuschalten, würde ich mit dem, was mir in unvorstellbarer Geschwindigkeit mitgeteilt wurde, Schritt halten können. Doch irgendwie spürte ich auch, daß es damit allein nicht getan war. Es war, als müsse ich erst eine undefinierbare tiefe Furcht besiegen, aus der heraus ich mein normales Bewußtsein wie einen Rettungsring gebrauchte. Und irgendwie *spürte* ich, daß die pfeilschnellen Farbgebilde mir etwas darüber sagten.

Diese Gewißheit trieb mich so erbarmungslos voran, daß ich plötzlich in einer fürchterlichen Panik, *mich selbst zu überholen,* ganz in das normale Bewußtsein umschaltete. Da sah ich Jesusitas Gesicht über mir, und obwohl sie ins Feuer schaute, konnte ich plötzlich ihre Augen sehen und die Flammen, die sich darin widerspiegelten. Ich war mir bewußt, daß ich bereits wieder in das *andere* Bewußtsein zurückdriftete. Und da die Angst fort war, ließ ich es geschehen.

346

Augen und Feuer verschmolzen zu einem grellen Lichtpunkt, den ich plötzlich als die alles durchdringende Pupille eines Auges wahrnahm. Eines Auges, das mich scharf und gnadenlos anstarrte. Sein entsetzlich wilder Ausdruck weckte in mir erneut die Angst. Doch dann sah ich, daß die Härchen der zornigen Braue winzige Federn waren. Von einer unsäglichen Zuneigung ergriffen, erkannte ich das Vogelwesen.

»Was machst du denn hier«, dachte ich und mußte furchtbar lachen, als sich mir der Vogel – wie um seine tatsächliche Anwesenheit zu bestätigen – von allen Seiten zeigte. Dann schoß er so urplötzlich auf mich los, daß ich erschrak. Der Schock löste Leere in mir aus.

Der Vogel war jetzt auf einmal so nah, daß ich nur noch sein Auge sah. Während ich tiefer und tiefer in das grelle Licht der Pupille eindrang, dröhnte es in mir: *»Höre zu! Sieh nicht nur hin! Höre hin, höre, höre!«*

Und plötzlich wußte ich, was gemeint war, wußte, daß die Gabe, zu *verstehen,* in mir war, daß ich sie, aus einer unbewußten Furcht heraus, nur nie geweckt hatte. Der Vogel führte mich zu dieser Furcht, und ich *sah,* daß sie in dem tief in meinem Unterbewußtsein *vorhandenen Wissen* begründet lag, daß sich *alles auflösen würde,* sobald ich mich entschloß, auf dieselbe Weise zu *hören,* wie ich *sah.*

Dann sprach das Vogelwesen mit mir, und als es sicher war, daß ich im Bewußtsein des *Hörens* war, *zeigte* es mir, indem ich es *sah* und *hörte,* daß das »Sich-Auflösen« nicht, wie ich unbewußt befürchtet hatte, das Verschwinden des im nicht-normalen Zustand Sichtbaren bedeutet, sondern das Verschwinden der *Begrenzungen* des im nicht-normalen Zustand Sichtbaren.

Von einem unbändigen Willen, zu *hören,* ergriffen, hörte ich plötzlich wieder Vincentes Gesang, der mich mit magischer Kraft anzog. Ich *sah* die jetzt ausschließlich von seinen sphärischen Tönen verursachten Farb-Detonationen.

Und wieder war dieses gleich ... gleich ... gleich-Gefühl da. Es zog mich fort. Schneller und schneller flog ich dahin. Sah plötzlich das Vogelwesen aus der entgegengesetzten Richtung auf mich zuschießen. Erschrak derart, daß ich glaubte, für eine Sekunde die Besinnung verloren zu haben. Als ich wieder zu mir kam, war das Vogelwesen fort.

Die Farbwesen, die jetzt *geisterhafte*, fast menschliche Gestalten angenommen hatten, nahmen mich in Empfang, führten mich zurück zu Vincentes Lied.

Dann flimmerte es grell vor meinen Augen, und dann, als ich das Licht durchbrach, *erinnerte* ich mich. *Erinnerte,* als ob ein Naturereignis meinen Geist erleuchtete, was mir der Geist an der Quelle *gesagt* hatte – und konnte *hören.*

Erfüllt, durchdrungen und umgeben von einem unbeschreiblichen Licht, *verstand ich jedes einzelne Wort von Vincentes Gesang.*

Er sang von der Quelle, deren *Gesicht* (Wasseroberfläche) sich mehr und mehr von *ihnen* (den Huicholes) abwandte und sich *ihr* (der Erde) immer mehr zuwandte.

Aber wie war das möglich? Ich verstand ihn, als ob er Deutsch sprach. Und doch war es eine Sprache, die ich besser verstand als meine eigene Muttersprache. Obwohl er von *ihm, ihr* und *ihnen* sprach, wußte ich mit absoluter Sicherheit, wen er meinte.

In der irrwitzigen Vermutung, mich womöglich an eine Sprache zu erinnern, die ich vielleicht in einem vorherigen Leben beherrscht hatte, schaltete ich auf mein *normales Gehör* um – und verstand kein Wort mehr. Es war weder Deutsch noch Spanisch. Es war eindeutig Huichol.

Ohne zu wissen, wie ich es machte, aber in dem Bewußtsein, daß ich die Fähigkeit von dem Geist an der Quelle *erhalten* hatte, schaltete ich mühelos zurück in das *andere* Bewußtsein. *Hörte,* daß *es* (das heilige Wasser) fast verbraucht sei, hörte Vincente den *Quellen* (den göttlichen Potenzen) dieses Wassers danken.

Ich *wußte,* daß er diese »Quellen« sah, und fragte mich, wie das auf so weite Entfernung möglich war. Da geschah etwas Ungeheures. Ein gewaltiger Energieschub durchdrang mich. Durch diese *Bekräftigung,* die von Vincente ausging, wurde mir bewußt, daß ich in *seelischem Kontakt* mit ihm stand. Und plötzlich war ich im *Bewußtseinsraum* dessen, mit dem er sprach. Es war die – fast wie ein durchsichtiger Schleier sichtbare, so fühlbare – Anwesenheit einer kosmischen Kraft, die zu erleben mich fast besinnungslos machte.

Ich sah schnell fort, hörte Vincente nun fragen, ob *sie* (die Anwesenden) es nicht verdient hätten, Wasser zu erhalten, um den Schweiß und den Staub der Mühen, die *wir für Euch* unternommen haben, abzuwaschen.

Seine Worte waren sehr nachdrücklich und sehr bestimmt, aber teilweise so humorvoll abgefaßt, daß sie immer wieder ein inneres Gickeln in mir auslösten. Ein Gickeln, das zu dem tiefsten und höchsten Glücksgefühl gleichzeitig anschwoll, das ich in meinem bisherigen Leben empfunden hatte.

Selbst wenn alles *andere* auf dieser unglaublichen Reise Einbildung, Halluzinationen, Projektionen meines Unterbewußtseins oder Hirngespinste einer Ver-rückten gewesen sein sollten – daß ich jedes einzelne Wort (und mehr) einer Sprache verstand, die ich nicht kannte, war Wirklichkeit.

Es war das Unglaublichste, Unbeschreiblichste, Religiöseste und Wahrste, das ich je erlebt habe. Und nichts und niemand würde mir je mehr das Wissen nehmen können, daß es eine Bewußtseinsebene, einen im Leben (wenn auch nur vorübergehend) erreichbaren Seins-Zustand gibt, in dem Tod und Leben, Begrenzungen und Unterschiede aufgehoben sind, alles seine Wirklichkeit verliert, alles Wirklichkeit ist.

LENAS ERINNERUNGEN

Ein Jahr später diktierte Lena:

Ich war in Mexiko und hab' mich sehr gefreut und mit Boogie gespielt. Weil ziemlich in Mexiko ein Hund Boogie hieß
und mit dem hab' ich gelebt. Dort war ich sehr fröhlich mit
dem Boogie. Es gab einen schwarzen Boogie und einen weißen. Der weiße ist dann gestorben. Ich war so traurig darüber, weil ich mogte den weißen lieber.
Ich lebte bei Schamanen. Als wir dorthin kamen zu den Indianern, habe ich mich sehr erschrocken, weil die Indianer
braun waren. Als ich dort länger war, habe ich mich dran
gewöhnt.
Als allererstes wohnte ich bei einer bösen Hexe, in einem
kleinen Zimmerlein. Sie hatte eine Helferin. Die hatte sie
sich geliehen. Ich fand die Hexe ganz gräßlich und hatte
manchmal Angst vor ihr, weil sie richtig so zickig war.
Wenn die Hexe und Lélia beieinanderstanden, dann dachte
ich, daß sie sich streiten. Dort war ein Vogel. Einmal habe
ich ihn gesehen und ich fand ihn so arm, weil er immer im
Käfig sitzen mußte.
Die Hütte von der Hexe war groß und innen drin sah es
ganz schwarz aus, pfui Deifi! Die Hexe hat immer gemek-
kert und ich wollte endlich aus dem Haus weg, weil die Hexe so böse war. Ich hätte sie vor Wut eigentlich verprügelt.
Dann sind wir endlich von der Hexe weggegangen.
Als ich in der Mission war und die Mammi weg war, da hatte ich mein Auge verletzt. Da bin ich immer ums Bett gerast,
weil ich die Nonnen nicht an mein Auge ranlassen wollte.
Die Nonnen fand ich irgendwie so *geizig*.
Das ging sehr schwierig zu rennen, weil ich nicht richtig se-

hen konnte. Ich war hingefallen und hatte mir mit der drekkigen Hand über's Auge gewischt, weil ich mir die Tränen abwischen wollte. Dann konnte ich nichts mehr sehen und dann ist es passiert. Dann ging dieser Wettlauf los.

Als meine Mammi kam, hat sie mir erzählt, wie ich es machen mußte, mich auf's Bett legen und zwinkern. Und was sie mit mir macht, hat sie mir auch alles gesagt. Sie hat das Auge verbunden und ich konnte nur noch mit einem Auge schauen. Aber dann bin ich einen weiten Weg mit meiner Mamma und dem verbundenen Auge gegangen.

Als wir in *unserer* Hütte waren, fand ich es sehr schön und habe immer mit Boogie gespielt und habe mich sehr gefreut, daß ich endlich nicht mehr bei der Hexe wohnen mußte. Ich habe immer in einem Schlafsack geschlafen, wo es sehr gemütlich war. Dann hatte ich Geburtstag und wurde viereinhalb.

Ich lebte auf einem kleinen Rancho. Da war eine Klapperschlange. Ich habe eine liebe Mammi gehabt und sie hat meistens geschimpft.

Ein Indianer, ich glaube es war ein Schamane, weil er so aussah, hat mir eine Schlange gegeben. Die war schwarz und tot, weil sie sich nicht bewegt hat. In die Schlange habe ich einen Knoten gemacht und wenn ich am Hals drückte, ging der Schnabel auf.

Ich habe Lélia mit der Schlange geärgert. Ich bin immer ganz nah herangegangen und sie hat Angst gehabt. Und ich wußte nicht, warum sie Angst gehabt hat vor der Schlange. Die sah doch so niedlich aus. Sie hat geschrien, wenn ich sie damit berührt hab'. Hätt' ich die Schlange doch bloß mitgenommen nach München. Dann könnte ich Mammi jetzt damit ärgern.

In Mexiko habe ich viel geweint, weil die Mamma so geschimpft hat. Ich sollte immer das machen und das machen und das konnte ich nicht alles auf einmal.

Meine Mamma hatte auch viel Angst und es fiel uns manchmal sehr schwer, dort zu leben, weil wir dort so viel Streit hatten und weil ich immer gleich losgeheult hab', wenn sie so geschnauzt hat.

Einmal gingen wir einen Berg runter. Da hat es sehr gehagelt und geblitzt und gedonnert. Ich hatte Angst. Die Hagelkörner waren mir auf den Kopf geknallt und ich hab' geweint. Mammi hat mit mir geschimpft, weil sie nicht wußte, daß das den Kindern viel mehr wehtut.

In unserer Hütte haben wir auch ganz viele Blitze gesehen. Da hatte ich sehr Angst und wollte sofort nach München. Doch als das Gewitter vorbei war, hatte ich keine Angst mehr und bin geblieben.

In die Hütte kam mal 'ne Ratte, pfui Deifi! Die hat alles angefressen. Wir haben sie dann mit einem Besen gejagt. Es war sehr grusig. Mammi hat gesagt, ich soll unter die Decke schlupfen, weil sonst die Ratte mich anbeißt. Mammi ist in den Schlafsack gekrochen, hat ein bißchen gelurt und als die Ratte kam, da hat sie den Besen genommen und platsch, platsch, platsch gemacht.

Weil ich immer so einen Hunger hatte, ging ich einmal den ganzen, ganzen weiten Weg allein, um Kartoffeln zu holen. Ich hatte Angst, daß ich mich verlaufe. Ich habe mir gut gemerkt, wie Kartoffeln heißen, weil die »papas« heißen, wie mein Pappi. Die Kartoffeln hab' ich dann in die Tasche getan und die Tasche habe ich hinten über den Kopf gehängt. Ich hatte es mir von den Indianerfrauen abgekuckt. Abends haben wir immer den Abendsonne-Danke-Hallo-Mond-Tanz gemacht vor der Hütte.

Ich kenne einen Schamanen. Der hieß Vincente und war sehr lieb zu mir. Drum war ich auch lieb zu ihm. Bei Vincente fand ich es am schönsten. Weil dort so schön die Sonne schien. Dort haben wir gewohnt. Jesusita mogte ich auch so gern. Vincente wollte, daß ich bei ihm bleib'. Ich mogte aber nicht. Ich mogte lieber bei der Mamma sein, weil ich kein Spanisch konnte.

Manchmal war mir ein bißchen komisch, weil ich kein Spanisch konnte. Dann habe ich meine Mammi gefragt, was das heißt und dann habe ich es auf Spanisch gesagt.

Am zweitschönsten fand ich die Feste im Götterhaus. Dort war es so gemütlich. Und dort gab es auch Pausen, in denen ich geschlafen habe. Aber eigentlich habe ich ein bißchen gelurt, was meine Mammi macht. Sie hat mit einem Schamanen geredet.

Mit dem einen Schamanen hab' ich sehr schön getanzt. Er war sehr lieb zu mir. Im Götterhaus da lag ein Holzstamm. Darauf waren die Männer und darauf war ich auch. Außen waren die Frauen. Ich brauchte nicht unten bei den Frauen zu tanzen, weil ein Schamane mich rauf auf's Brett gehoben hat. Dort habe ich sehr gestampft mit den Männern. Nachts mußte mich die Mammi wecken, damit ich noch mehr tanzen konnte.

In der Mitte war ein großes Feuer und daneben stand ein großer Kessel. Da war Maisbier drin. Ich hab' darin mit einem dicken Stock gerührt. Das ging sehr schwer. Ich habe mich so angestrengt. Eine Frau hat mir dann verboten, in dem Kessel zu rühren, weil ich in der Früh eine Banane gegessen hatte und das war nicht gut für's Bier, hat sie gesagt.

Einmal hatte ich eine Zigarette geraucht. Sie schmeckte gräußlich. Aber ein Glück hatte ich meine Mammi dabei. In dem Götterhaus habe ich so Wasser gekriegt von einem Schamanen und meine Mamma hat auch was gekriegt.

Ich weiß, warum ich hier in München nicht wütend bin, nur traurig, weil ich das heilige Wasser in Mexiko getrunken habe.

Abends bei den Schamanen in der Hütte sah ich, immer wenn ich hinging, den Abendstern, den ersten.

Wenn die Schamanen Peyote essen, sehen sie Geister.

Geister erscheinen so: Andere sehen es nicht. Und es ist da.

Und wenn man wegkuckt und dann wieder hinkuckt und es weg ist, das sind Geister.

Ich habe nicht Peyote gegessen, weil ich nicht wußte, wo sie waren. Dann hat meine Mammi sie mal aufgehängt zum Trocknen und da sah ich sie. Andere haben wir hinter der Hütte eingepflanzt. Und einer gehörte mir. Sie waren sehr schön. Als Mammi mir erzählte, daß die Schamanen Geister sehen können, da fand ich das sehr spannend und wollte auch welche sehen und hab' immer rumgekuckt. Und ich liebte meine Mammi.

Einmal gingen wir einen Berg rauf. Es war sehr steil. Dort sahen wir ein kleines Dach. Es war eine kleine Hütte. Dort saß ich ganz allein und hab' ganz allein meditiert. Es war ein schöner, sonniger Tag. Und ich wollte immer in der kleinen Hütte bleiben. Ich traute mich nicht mehr runter von der Spitze. Ich dachte, wenn ich runtergehe, schimpft meine Mamma, weil ich Angst hatte. Und Schamanen glauben an Götter. Die Götter sind Kräfte: Wind und Feuer, Erde, Gras, Luft, Wolken und Wasser. Geister sind auch Kräfte. Kräfte, die in Menschen sind. Und Schamanen sind auch Indianer. Und die Indianer glauben wirklich an Götter und Geister. Ich auch. Wenn man lieb zu den Geistern ist, dann tun sie einem nichts.

ANMERKUNGEN

[1] Amerikanischer New Age-Philosoph, Begründer der Rebirthing-Methode

[2] Carl Lumholtz, »Symbolism of the Huichol Indians«, New York: Knickebocker Press, 1900, S. 6

[3] Knud Rasmussen, »Across Arctic America, Narrative of the Fifth Thule Expedition« (1921-24), New York: Greenwood Press, 1969

[4] Carl Lumholtz, »Unknown Mexico«, Vol. II, New York: Scribner, 1902, S. 234

[5] Die Symbolik dieser Einheit wird von Barbara G. Myerhoff in ihrem Buch »Der Peyote Kult«, München: Trikont, 1980, ausführlich beschrieben

[6] Ebenda, S. 39

[7] Fernando Benítez, »Los Indios de Mexico«, Vol. II, Mexico: Ediciones Era, 1968,
Gerhard Kunze, »Ihr baut die Windmühlen. Den Wind rufen wir«, München: Trikont, 1982

[8] Mircea Eliade, »Schamanismus und archaische Ekstasetechnik«, Zürich: Rascher, 1956, S. 14

[9] Carmen Blaker, »The Catalpa Bow«, London: Allen & Unwin Ltd, 1975, S. 317

[10] Zitiert aus Knud Rasmussen, »Intellectual Culture of the Iglulik Eskimos«, Report of the Fifth Thule Expedition, Vol. VII, Kopenhagen: Gyldendal, 1930, S. 112

[11] Michael Harner, »Der Weg des Schamanen«, Interlaken: Ansata, 1983, S. 45

[12] Zitiert aus Joan Halifax, »Die andere Wirklichkeit der Schamanen«, München, Scherz, 1983, S. 116

[13] Peter T. Furst in »Flesh of the Gods«, London: Allen & Unwin Ltd, 1972, S. 152-153, wie auch Carlos Castaneda in »Die Lehren des Don Juan, ein Yaqui-Weg des Wissens«, Fischer Taschenbuch 1457, Frankfurt a.M., 1973, beschreiben sehr anschaulich Demonstrationen dieses schamanischen Gleichgewichts.

[14] Michael Harner, a.a.O., S. 15

[15] Mircea Eliade, a.a.O., S. 14

[16] Barbara G. Myerhoff, die mit dem Mara'akame Ramón Medina Silva während und noch mehrere Jahre nach Abschluß seiner Lehrzeit in Kontakt stand, erwähnt in ihrem Buch (1980/S. 71) allerdings noch eine fortgeschrittene Ausbildung des Mara'akame, die auf die fünf notwendigen, erfolgreich geleiteten Peyote-Jagden folgt: »Jetzt eröffnete er mir, daß es noch eine weitere ›Stufe‹ in der Mara'akame-Ausbildung gibt, die wiederum fünf Jahre dauert und nach der er hauptsächlich durch Peyotevisionen in Wirikuta ›mehr versteht‹.« Sie folgert daraus, daß das Wissen des Mara'akame offensichtlich wächst, aber sich nicht endlos fortsetzt. »Nach zehn Jahren«, so Ramón, »weiß man alles.«

[17] Ebenda, S. 70

[18] siehe 2

[19] Carl Lumholtz, »Unknown Mexico«, S. 21

[20] Barbara G. Myerhoff, a.a.O., S. 65

[21] Zitiert aus Ramón Mata Torres »La Vida de los Huicholes«, Tomo I, Guadalajara: Editiones de la Casa de la Cultura Jalisciense, 1980, S. 21-22

[22] Ebenda, S. 22

[23] Obwohl Rosalios Version der Huichol-Genesis im wesentlichen mit anderen Darlegungen dieses Mythos übereinstimmt, sind in den von Huicholes wie auch von Anthropologen wiedergegebenen Details häufig Abweichungen und Unterschiede zu finden. Das mag daran liegen, daß es keinerlei schriftliche Überlieferungen der Huichol-Mythologie gibt. Auch wird der Wichtigkeit der Gottheiten in den verschiedenen Gebieten unterschiedliche Bedeutung beigemessen. Zum anderen verlangt – wie Joseph Evans Grimes in »Huichol tone and intonation«, International Journal of American Linguistics, XXV/1959, S. 221-232, betont – der Erzählstil der Huicholes eine Menge Hintergrundwissen vom Zuhörer. Personen und andere wichtige Elemente werden namentlich oft erst nach der Hälfte der Erzählungen oder, ihre Kenntnis voraussetzend, gar nicht genannt, was dazu beigetragen hat, daß die Darstellung mancher Mythen unterschiedlich verstanden und ausgelegt wurde. Ich habe mich daher ausschließlich an das gehalten, was ich – mit vielen Nachfragen – von Rosalio erfahren habe.

356

[24] Wie auch in vielen anderen Sprachen ist in der Weltanschauung der Huicholes das natürliche Geschlecht der Sonne männlich und das des Mondes weiblich.

[25] Gregorio Gutiérrez López, »El mundo de los Huicholes«, Mexico: Costa-Amic Editores, 1980, S. 24

[26] Francisco Hernández »Nova Plantarum, Animalium et Mineralium Mexicanorum Historia«, Rome: Deuersini et Masotti, 1651

[27] Carlos Castaneda, »The Teaching of Don Juan, A Yaqui Way of Knowledge«, New York: Ballantine Books, 1969, 1973 als Fischer Taschenbuch 1457 erschienen

[28] Aldous Huxley, »The Doors of Perception«, London: Chatto & Windus, 1957

[29] Allen Ginsberg, »Birth«, San Francisco: City Lights Books, 1963

[30] Peter T. Furst, »*Ariocarpus retusus,* the ›false peyote‹ of Huichol tradition«, Economic Botany XXV/1971, S. 182-187

[31] Zitiert aus Barbara G. Myerhoff, a.a.O., S. 148

[32] Richard Evans Schultes »An Overview of Halluzinogens in the Western Hemisphere«, in Peter T. Furst, »Flesh of the Gods«, S. 15

[33] Zitiert aus Barbara G. Myerhoff, a.a.O., S. 150-151

[34] Carlos Castaneda, »Eine andere Wirklichkeit, Neue Gespräche mit Don Juan«, Fischer Taschenbuch 1616, 1973

[35] Barbara G. Myerhoff, a.a.O. S. 63

[36] Eines der wichtigsten Reinigungsrituale ist die Feuer-Reinigung vor Beginn jeder Peyote-Jagd. Bei diesem Ritual muß jeder Peyotero den versammelten Teilnehmern seiner Pilgergruppe all seine sexuellen Fehltritte gestehen, um vorhandene oder mögliche Spannungen auszuschließen. Jeder Fehltritt wird von dem Mara'akame mit einem Knoten in einen Maisfaserstrang gebannt. Am Ende des Rituals wird das Seil dem Feuer übergeben, wodurch der, der aufrichtig gestanden hat, den Zustand von Reinheit und Unschuld zurückerlangt. Für die folgende Begegnung mit den Göttern in Wirikuta ist dieser Zustand von lebenserhaltender Wichtigkeit, nicht nur für den einzelnen, sondern für die gesamte Pilgergruppe, die nun eine spirituelle Einheit bildet. Diese Einheit wird durch einen weiteren Strang symbolisiert, in den der Mara'akame für jeden Teilnehmer einen Knoten knüpft.

[37] Juan Negrín, »Die Huichol-Indianer, Eine vorkolumbische Kultur in Mexico heute«, in Unesco Kurier, II/1979, S. 17-27

[38] Barbara G. Myerhoff, a.a.O., S. 51/52

[39] Wie ich später auch bei anderen Zeremonien beobachtete, legt der Mara'akame bei der Tötung des Opfertiers nicht selbst Hand an, sondern befaßt sich nur mit dem spirituellen Aspekt des Rituals, die betreffenden Gottheiten anzurufen und die Seele des geopferten Tiers zu ihnen zu führen.

[40] Paul Westheim, »Ideas fundamentales del arte mesoamericano«, Mexico, 1972

[41] Carl Lumholtz, »Unknown Mexico«, S. 99

[42] Pater José Arlegin, »Cronica de la Provincia de San Francisco de Zacatecas, Mexico, 1736

[43] Peter T. Furst, a.a.O., S. 148-149

[44] Ebenda, S. 145-146

[45] Barbara G., Myerhoff, a.a.O., S. 143, zum Beispiel: »Schlechte Gedanken, Unaufmerksamkeit und Zweifel sind für die Arbeit auf dem Felde unangemessene Geisteshaltungen, denn sie können den Mais leicht beleidigen. Eine positive, ruhige geistige Haltung sichert dagegen den Erfolg der Ernte.«

[46] Gerhard Kunze, a.a.O., S. 19

[47] Carl Lumholtz, a.a.O., S. 11

[48] Peter T. Furst, a.a.O., S. 140

[49] Barbara G. Myerhoff, a.a.O., S. 160

[50] Knud Rasmussen, »The Netsilik Eskimos, Social Life and Spiritual Culture«, Report of the Fifth Thule Expedition, Vol. VIII, Kopenhagen: Gyldendal, 1931

[51] Der Händedruck der Huicholes ist eine sehr bewußte Handlung. Die Hände berühren einander mit den Innenflächen, kreisen dann um den Daumen, so daß die Finger den Handrücken des anderen greifen, drehen sich zurück und drücken sich noch einmal gegenseitig.

[52] Mircea Eliade, a.a.O., S. 288

[53] Joan Halifax, a.a.O., S. 210

[54] Persönliche Mitteilung des Mara'akame Jacinto

[55] Barbara G. Myerhoff, a.a.O., S. 117

19.80   (34,-) 85